中国铜商文化研究资料系列丛书

国家古籍整理出版专项经费资助项目

云南「铜政四书」整理校注

《铜政便览》校注

[清] 佚 名 著

杨黔云 总主编

陈艳丽 校 注

西南交通大学出版社

·成都·

图书在版编目（CIP）数据

《铜政便览》校注 ／（清）佚名著；杨黔云总主编；
陈艳丽校注. —成都：西南交通大学出版社，2017.7
（云南"铜政四书"整理校注）
ISBN 978-7-5643-5633-0

Ⅰ. ①铜… Ⅱ. ①佚… ②杨… ③陈… Ⅲ. ①铜－有
色金属冶金－工业史－研究－云南－清代 Ⅳ.
①F426.32

中国版本图书馆 CIP 数据核字（2017）第 182955 号

云南"铜政四书"整理校注
《TONGZHENG BIANLAN》JIAOZHU
《铜政便览》校注

[清]佚 名 著
杨黔云 总主编
陈艳丽 校 注

出 版 人	阳 晓
策 划 编 辑	黄庆斌
责 任 编 辑	吴 迪
助 理 编 辑	李施余
封 面 设 计	严春艳

出 版 发 行	西南交通大学出版社 （四川省成都市二环路北一段 111 号 西南交通大学创新大厦 21 楼）
发 行 部 电 话	028-87600564　028-87600533
邮 政 编 码	610031
网 址	http://www.xnjdcbs.com

印 刷	成都市金雅迪彩色印刷有限公司
成 品 尺 寸	170 mm × 230 mm
印 张	28
字 数	429 千
版 次	2017 年 7 月第 1 版
印 次	2017 年 7 月第 1 次
书 号	ISBN 978-7-5643-5633-0
定 价	88.00 元

ISBN 978-7-5643-5633-0

9 787564 356330 >

总　序

　　铜文化作为中华文化的瑰宝，在中国历史文化发展中闪耀着璀璨的光芒。早在公元前四千多年前位于今甘肃境内的人类遗址中，考古学家们就发现了人类使用的铜制物品，这是最早发现的生活在中华大地上的人们使用的铜制物品。当然，当时的铜以天然的红铜为主。之后，公元前十六世纪至公元前十一世纪，我们的祖先进入到了青铜器时代。随即铜和铜制品成为人们生活中不可缺少的物品，伴随人们走过了历史长河，我国也因此创造了辉煌的古代文明。

　　地处边疆地区的云南，素以产铜闻名于世。《云南铜志》载："滇之产铜，由来久矣。……我朝三迤郡县，所在多有宝藏之兴轶于往代，而铜亦遂为滇之要政。"储量丰富的铜矿，为云南铜文化的产生、发展创造了条件。滇铜又以滇东北的铜而闻名，从考古发掘和文献典籍记载来看，滇东北地区产铜较早。新石器时代，滇东北地区就已有较成熟的青铜器[1]。金正耀、岑晓琴用铅同位素对商妇好墓出土的青铜器及其他商周青铜器的铜料进行分析，认为妇好墓青铜器及其他商周青铜器的铜料有的来自今滇东北的昭通、东川、会泽、巧家等地[2]。到了汉代，滇东北地区的铜已负盛名。西汉在滇东北设置朱提郡领堂琅县，其辖地为今巧家、会泽、东川一带，任乃强先生认为"堂琅"是夷语"铜"的意思。《华阳国志》也记载，堂琅产"银、铅、白铜[3]、铜"。堂琅不仅产铜，还出产铜器，从全国各地考古出土的汉代铜锡铭文记载来看，以朱提、堂琅制造的铜洗为多，说明汉代滇东北的铜器制造已经为其他地区服务了。可见，滇东北的昭通、会泽、东川等地区从汉代开始就是铜文化发达的地区之一，这也为该地区以铜为中心的地方历史文化的研究提供了前提条件。

　　云南铜矿开发最盛的时期应为明清两朝，其中尤以清朝前期的规模最大、时间最长、影响最广泛。明朝建立后，随着政治稳定、经济繁荣，社会发展对铜的需求不断增加。1382年，明王朝击败蒙古残余在云南的势力，统一云南后，云南铜矿资源得到进一步开发利用。清朝建立后，康、雍、乾时期对云南铜矿的开采，特别是对滇东北地区铜矿开采达到顶峰。据严中平先生推断，滇铜开采最盛时年产达1200万~1300万斤[4]，《清史稿》对云南铜业生产经营情况的记载较为真实地反映了当时的情况："雍正初，岁出铜八九十万，不数年，且二三百万，岁供本路鼓铸。及运湖广、江西，仅百万有奇。乾隆初，岁发铜本银百万两。四、五年间，岁出六七百万或八九百万，最多乃至千二三百万。户、工两局，暨江南、江西、浙江、福建、陕西、湖北、广东、广西、贵州九路，岁需九百余万，悉取给焉。矿厂以汤丹、碌碌、大水沟、茂麓、狮子山、大功为最，宁台、金钗、义都、发古山、九度、万象次之。大厂矿丁六七万，次亦万余。近则土民，远及黔、粤，仰食矿利者，奔走相属。正厂峒老砂竭，辄开子厂以补其额。"[5]在这里值得一提的是，"矿丁六七万"左右的大规模铜矿如汤丹、碌碌（落雪）、大水沟皆为滇东北的铜矿。

铜矿业的大规模开发为云南，特别是滇东北地区的社会经济发展带来了深刻的影响。

（一）促进了西南边疆地区交通运输业的发展

清代铜运是一个浩大而又繁琐的工程，滇铜京运涉及大半个中国。云南铜矿主要分布于滇东北、滇西和滇中三个区域，零散的铜厂分布，最终构筑了复杂的铜运体系。据《滇南矿厂舆程图略》"运第七"篇："京铜年额六百三十三万一千四百四十斤，由子厂及正厂至店，厂员运之，由各店至泸店之员递运之，由店至通州运员分运之；局铜则厂员各运至局；采铜远厂则厂员先运至省，近厂则厂员自往厂运。"由于铜运，这一地区的古驿道和商道得以修筑、受到保护，并不断开辟，促进了该地区交通业的发展。值得一提的是，由于铜运而开通了多条入川线路，"乾隆七年，盐井渡河道开通。将东川一半京铜由水运交泸"，"乾隆十年，镇雄州罗星渡河道开通。将寻甸由威宁发运永宁铜斤，改由罗星渡水运泸店"，"（乾隆）十五年，永善县黄草坪河道开通。将东川由鲁甸发运宁一半铜斤改由黄草坪水运交泸"，这些入川线路成为以后滇、川人员往来、货物运输的要道。另外，乾隆十八年至二十二年任东川知府的义宁，在任期间不断勘测铜运线路，"查有连升塘、以扯一带捷近小路一条，直至昭通，将长岭子、硝厂河等站裁撤，安建于朵格一路运送，移建站房、塘房，及法纳江大木桥一座，俱系义府捐资修建"[6]，最终修建了从东店经昭店直至四川的铜运干道。

（二）促进了清代全国铸币业的发展

清朝时期，铜钱使用的广泛度应为历朝之最，促进了铸币业的发展。从康熙至嘉庆，清朝的铸币数量从有代表性的"京局"——户部宝泉局和工部宝源局来看，是不断增长的。康熙六十年（1721），户部宝泉局和工部宝源局各铸 36 卯，铸钱 67 万余串[7]，而至嘉庆时期，据徐鼒所著的《度支辑略》钱法条记载，户部宝泉局，每年鼓铸 72 卯，铸钱 899856 串；工部宝源局，每年鼓铸 70 卯，铸钱 437448 串，如遇闰各加铸 4 卯[8]。自雍正七年始，朝廷在云南广泛开采铜矿以后，宝泉、宝源二局铸钱铜料主要来源于滇东北汤丹、碌碌等铜矿开采的"京铜"。云南铜原料还供应多个省份铸币，如江苏宝苏局、江西宝昌局、湖南宝南局、湖北宝武局、广东宝广局、广西宝桂局、陕西宝陕局、浙江宝浙局、福建宝福局、贵州宝黔局、贵州大定局等。滇铜广泛供应"京局"和各省局铸币，促进了清朝前期铸币业的发展。另外，铜矿开采还促进了云南本省铸币业的发展。滇铜京运和外运各省，由于路途遥远，运铜艰难，成本较高。据《续文献通考》钱币条记载，明嘉靖年间，因大量鼓铸银钱，朝廷决定在云南就近买料铸钱，以节省成本。明万历、天启年间，朝廷曾两次在滇开设钱局鼓铸铜钱。清康熙二十一年（1682），云贵总督蔡毓荣上书朝廷建议在蒙自、大理、禄丰、祥云开局铸钱。雍正元年（1723），宝云局于云南、大理、临安、沾益、建水设炉四十七座鼓铸铜钱。据《铜政便览》载，自雍正至嘉庆年间，云南省先后设云南省局、东川旧局、东川新局、顺宁局、永昌局、曲靖局、临安局、沾益局、大理局、楚雄局、广南局等十一局铸钱。各铸局虽然"复行停止，中间兴废不一"，但是比较诸局铸钱规模、数量、开设时间，地处滇东北地区的东川旧局、东川新局影响较大。

（三）促进了中原文化的传入

由于云南铜资源储量丰富，清初朝廷实施了一系列有利于铜矿开采的政策，最终迎来了"广示招徕"的局面，内地相邻诸省的富商大贾，都远道招募铜丁，前来采矿。据《东川府志》记载：乾隆二十一年（1756），云南巡抚郭一裕奏"东川一带……各厂共计二十余处，一应炉户、砂丁及佣工、贸易之人聚集者，不下数十万人。……且查各厂往来，皆四川、贵州、湖广、江西之人"[9]。乾隆四十一年（1776），云南约有移民人口95万[10]，而矿业开发中"矿工中绝大多数是移民"[11]。大量外来移民的涌入也改变了滇东北地方的人口结构，据民国《昭通县志》载："当乾嘉盛时，鲁甸之乐马厂大旺，而江南湖广粤秦等省人蚁附麋聚，或从事开采，或就地贸易，久之遂入昭通籍。"[12]因此，随之而来的就是内地文化涌入云南。从滇东北现存众多会馆来看，会泽、昭通、巧家等地的古城都保留着众多内地移民修建的会馆。会馆是内地同乡移民建立联系的场所，是展现各地文化特色的窗口。当时涌入东川府开采铜矿的外省移民，形成一定规模和实力，并在东川地区修建的会馆有：江西人所建会馆"万寿宫"，湖南、湖北人所建会馆"寿佛寺"，福建人所建会馆"妈祖庙"，四川人所建会馆"川主宫"，贵州人所建会馆"忠烈祠"，陕西人所建会馆"关圣宫"，江苏、浙江、安徽人所建江南会馆"白衣观音阁"等。涌入昭通从事矿业开发和进行商贸活动的内地移民也建立了众多会馆，如：四川人建立的"川祖庙"，陕西人建立的"陕西庙"，江西人建立的"雷神庙"，福建人建立的"妈祖庙"以及两广会馆、两湖会馆、云南会馆、贵州会馆等。从各会馆供奉的神像、建筑风格、雕塑、绘画等来看，无论是福建人供奉的妈祖，还是江西人供奉许真君、山西人供奉关圣大帝，以及火神庙供奉的火神娘娘、马王庙供奉孙悟空、鲁班庙供奉的鲁班等，都显示出中原文化的痕迹，同时又带有各地文化的特点。建于清嘉庆二十四年（1819）的"三圣宫"（楚黔会馆），位于铜厂运送京铜至府城途中的白雾村驿站，是东川府产铜高峰时期，财力雄厚时设计建成的。三圣宫大殿内正中塑关羽，两侧为关平、周仓像，左边供孔子牌位，右边塑之文昌帝君，而故名"三圣宫"。将关羽、孔子、文昌共融于一庙之中，充分反映了当时人们对待宗教世俗的实用性及儒道合流的泛神现象。

清朝前期滇东北大规模的铜业开发，为该地区的地方历史文化内涵增添了丰富的内容。我们把以古东川府（今会泽县）为中心，大致包括滇东北会泽、东川、巧家以及相邻四川的会理、会东、通安等地域，由于铜矿开采的繁盛，而形成的独特的地方历史文化称为"铜商文化"。"铜商文化"研究除前所述的铜业开发的历史、铜运、铸币、移民与文化传播之外，还有许多内容可以挖掘，如：考古资料、地方官员的奏折、地方史志、文献通志、家谱、碑文等资料的整理与校注；铜业开发对滇东北环境影响的研究；移民与民族融合研究；铜政研究；铜的冶炼技术研究；铸币与金融发展研究；铜与东南亚、南亚经济贸易交流和文化传播的研究，等等。这些研究内容，是很有地方历史文化特色的，也是值得深入研究的。为深入开展以铜为主要研究对象的滇东北地方历史文化研究，曲靖师范学院成立了"中国铜商文化研究院"。校注云南"铜政四书"成为研究院开展工作的第一步。

研究院成立以后，针对铜商文化研究资料的繁多芜杂，确定了首先收集整理资料的工作思路。2015 年，我们决定对清代铜业铜政古籍中保存完好，内容完整的四本书进行校注，合为云南"铜政四书"。四部古籍中，《云南铜志》《铜政便览》《滇南矿厂图略》三部都是清代云南督抚及产铜地方、铜政官员等必备必阅的资料。《云南铜志》系由乾嘉时期辅助云南督抚管理云南铜政数十年的昆明呈贡人戴瑞徵根据《云南铜政全书》及省府档案编纂，资料内容记载时间截止于嘉庆时，凡铜厂、陆运、京运、各省采买、铸币等的各项管理制度及经费预算等都一一备载；《铜政便览》成书于道光时期，未题何人所纂，全书共八卷，内容框架与《云南铜志》基本一致，但补充了道光时期的资料，滇铜生产衰落期的面貌得以呈现；《滇南矿厂图略》为清代状元，曾任云南巡抚的著名植物学家、矿物学家吴其濬编纂于道光年间，该书保存了丰富的清代矿冶技术资料，并有大量矿冶工具的清晰绘图。王昶的《云南铜政全书》残佚后，云南铜政的详情就以这三本资料所载最为详备了。《运铜纪程》是道光二十年京铜正运首起主运官大姚知县黎恂运铜至北京的全程往返日记，如实记载了滇铜万里京运的全部运作过程，与前三书合观，清代铜业铜政的全貌得以较为完整的呈现。

云南"铜政四书"的校注，出于为读者尽可能丰富地提供清代云南铜业铜政全貌资料的目的，主要采取资料补注的形式进行校注，在我们有限的能力范围内，尽量搜集相关资料补缀进去，期以丰富的材料启发研究的思路，所以我们的校注除非证据十足，一般不下结论性的语言。就每本书的校注而言，由于内容体例各有特点，如《云南铜志》《铜政便览》多数据，《滇南矿厂图略》多图，《运铜纪程》也可谓是游记，所以其校注要点各有侧重，校注方式不能划一，但求方式与内容的适宜。

　　这四本书的整理校注，得到了西南交通大学出版社的青睐，双方开展了合作，并获得 2016 年国家古籍整理出版专项经费的资助。具体的校注工作主要由我院青年研究人员负责完成。在校注过程中，我们也发现了一些问题：一是资料补注校注形式可能会导致校注显得繁杂，但这种校注方式也是一种新的尝试；二是补校资料缺乏与清代宫廷第一手档案资料的比对，今后我院将加强对这部分档案资料中有关铜文化资料的收集和整理；三是缺乏第一手现场调查资料，铜厂、铜运路线的调查资料补充，会使这些文献的记录更为丰富、清晰，这也是我院今后工作的重点。

　　经过近两年的努力，我们的云南"铜政四书"整理校注即将印刷出版，我们的研究工作也将进一步推向纵深。在此，谨向对我们的工作给予大力支持的云南省图书馆和贵州省图书馆的领导和工作人员、帮助我们成长的校内外专家学者、支持我们工作的各位校领导和职能部门的工作人员表示衷心感谢；向西南交通大学出版社的领导和云南"铜政四书"整理校注的各位编辑，以及四位校注者和研究院的其他工作人员表示感谢。祝我们的工作百尺竿头，更进一步。

　　　　　　　　　　　　　　杨黔云 于曲靖师范学院中国铜商文化研究院
　　　　　　　　　　　　　　2017 年 6 月

铜政便览
校注

6

注 释

[1] 鲁甸马厂发掘的新石器时代遗址中，有铜斧、铜剑等较为成熟的青铜时代文明的代表器物。

[2] 李晓岑：《商周中原青铜的矿料来源的再研究》，《自然科学史研究》，1993（3）。

[3] 白铜是一种铜合金，呈银白色而不含银，其成分一般是铜60%、镍20%、锌20%。

[4] 严中平编著：《清代云南铜政考》，中华书局，1948：7-42。

[5] （清）赵尔巽等撰：《清史稿》，中华书局，1978：3666。

[6] （清）方桂修、（清）胡蔚纂、梁晓强校注：《乾隆东川府志》，云南人民出版社，2006：266-267。

[7] 《清朝文献通考》，商务印书馆，1937：4980。

[8] 戴建兵：《清嘉庆道光年间的钱币研究》，《江苏钱币》，2009（4）。

[9] 乾隆《东川府志》卷十三《鼓铸》卷首序、卷七《祠祀》，光绪三十四年重印本。

[10] 秦树才、田志勇：《绿营兵与清代移民研究》，《清史研究》，2004（3）。

[11] 李中清：《明清时期中国西南的经济发展和人口增长》，载于中国社会科学院历史研究室：《清史论丛》（第三辑），中华书局，1984：86。

[12] 民国《昭通县志》卷十《种人志》。

前　言

　　《铜政便览》一书成书于清道光年间[1]，保留了关于清代云南铜业的珍贵史料，为研究清代云南地区乃至全国的矿业开发与管理、交通运输、铸币等提供了珍贵的原始文献材料。该书现存有两个主要版本：一是国立中央图书馆台湾分馆所藏嘉庆年间抄本[2]（台湾学生书局于 1986 年出版了其影印本），魏明孔、魏正孔先生对这一版本进行了点校，并于 2013 年由湖南科学技术出版社出版[3]；一是清光绪十三年刻本，现藏云南省图书馆古籍部（1995 年上海古籍出版社出版的《续修四库全书》中收录了其影印本），即本校注本的底本。

　　关于云南省图书馆所藏的《铜政便览》的版本问题，现在学界主要有两种意见，一主道光刻本[4]，一主光绪刻本[5]。本书认同后一种说法，因为光绪《续云南通志稿》对于该书的流布有明确的记载："《铜政便览》八卷……不著名氏，当是嘉道间布政司幕中人所撰。原止抄本，光绪十三年夏，路南知州陈先溶购得于市，布政使曾纪凤刊存藩署"[6]。可见，该书成书后以抄本形式流传，光绪十三年（1887）夏，路南知州陈先溶购买于市，然后由布政使曾纪凤主持刊刻。

　　《铜政便览》共六册，八卷。这八卷分别为：厂地上、厂地下、京运、陆运、局铸上、局铸下、采买、杂款。前四卷单独成册，五、六卷为一册，七、八卷为一册。《续云南通志稿》云："《铜政便览》分六门，卷一卷二《厂地》，胪列厂之坐落、经费、程站，坿以开采年代、课价、经管、考成等；卷三《京运》，自限期以至滩次凡二十二条；卷四《陆运》，详载运行道路、店卡、支销凡一十五条；卷五卷六《局铸》，凡炉座增减、铸钱多寡、搭放兵饷、铸息赢绌，靡不备载；卷七《采买》，前七条始例限，终报销，后十条详记各省采买铜数；卷八杂款，凡动放工本、抽收税课以及接济水泄之需、官方工食之费，纤悉备具。铜政为滇中要务。咸丰军兴，各署册籍焚毁净尽，幸是编仅存，叙次详晰，后来办理得有所依据"[7]，对该书的具体内容和价值做了详细而中肯的记录。

严中平先生在《清代云南铜政考》一书中说："《铜政便览》八卷，不著撰人，当是嘉道间布政使幕僚中人所成……不著撰人的《铜政便览》一书，'志'称其'叙次详晰'，当必保存不少史料。……可惜的是……《铜政便览》尚能自王氏续通志稿中引见其文，我们都无缘得读。如今我们考察云南铜政史，只能从阮、王两氏通志稿和当时人的文集、笔记、碑传一类资料里去摸索。不幸就是这些著述，也找不齐全，所以这里整理出来的文字，真是挂一漏万，有待补充的地方是很多的。"[8]严先生对于《铜政便览》一书的史料价值给予了肯定，并表达了在其研究中对该书"无缘得见"的遗憾。

王德泰在《<铜政便览>考辨》一文中[9]，将《铜政便览》所载的云南铜矿的开采厂址、铜斤价格、收铜价格，云南各铸钱局铸钱数量、成本及获取铸息情况，京铜运输的线路、运脚，及各省采买滇铜的情况与中国历史第一档案馆所藏内阁题本档案中的记载做了比较，得出了"《铜政便览》的记载基本上是正确的、可信的"的结论。对于《铜政便览》一书的最新研究成果当属李明奎的《<铜政便览>研究》一文[10]。作者在史料研究和实际调查的基础上，对《铜政便览》的版本进行了详细而令人信服的考释；对《铜政便览》与《云南铜志》的关系进行了探究；同时亦将《铜政便览》与《滇南矿厂图略》《云南铜政全书》、道光《云南通志稿》进行了比较研究。

魏明孔、魏正孔先生在其点校本中，将台湾馆藏的《铜政便览》与《续修四库全书》影印的云南省图书馆所藏的《铜政便览》在记载上的差异在注释中予以了标注。更为重要的是，该书收录了影印本，使我们得以一窥台湾馆藏版本的面貌。该点校本的出版，对于推动学界对清代云南社会经济史的研究可谓大有裨益。

2016年，西南交通大学出版社申报的云南"铜政四书"整理校注（《云南铜志》《滇南矿厂图略》《运铜纪程》《铜政便览》）得到了国家古籍整理出版专项经费的资助。具体整理校注工作则由曲靖师范学院中国铜商文化研究院承担。本人负责《铜政便览》一书的整理校注工作。本校注本以云南省图书馆馆藏的清光绪十三年刻本为底本（索书号为滇甲 27/8712）[11]，主要做了以下几方面有别于前人的工作：

（1）结合相关史料对《铜政便览》中错、漏之处进行改正、补充。如：《铜政便览·厂地上·双龙厂·经费》："自厂至寻甸，共二站半。"上文"坐落"和下文"程站"均载双龙厂至寻甸共二站：双龙厂，一站至红果营，一站至寻甸店。故"二站半"应改为"二站"；《铜政便览·厂地上·碌碌厂·程站》："碌碌厂，半站至黄草坪，一站至小田坝，一站至尖山塘，一站至东川府城，待补，一站至大水塘，一站至功山，一站至寻甸州城。"根据《云南铜志》的记载，碌碌厂至寻甸为七站半，故《铜政便览》此处脱落了"〈一站至〉"待补。

（2）对于文中所载之汤丹、碌碌等38厂之坐落、经费、开采年代、产量等，参考清代伯麟《滇省舆地图说》、王昶《云南铜政全书》、清布政司《案册》《清实录》等史料在注释中予以补充说明[12]。

（3）对于文中所载官买余铜、通商铜、核减铜色、险滩沉铜豁免、运员引见、杂费银、养廉银等铜政术语，参考《钦定户部则例》《张允随奏疏》《清实录》《清史稿》《皇朝文献通考》《明实录》等史料在注释中予以补充说明。

（4）学界普遍认为《铜政便览》为戴瑞徵《云南铜志》的简编本，并补入道光以后事。故本校注本将《铜政便览》与《云南铜志》在经费、地名等方面的记载上的差异进行比较，并在注释中予以说明。如：《铜政便览·厂地上·碌碌厂·小米山子厂》："每年准支书巡工食、厂费银一百二十一两二钱"，而《云南铜志》则载为"二百二十一两二钱"；《铜政便览·厂地下·寨子箐厂》："四十三年奏定，年办额铜一万一千二百斤"，而《云南铜志》则载为"一万一千一百斤"；《铜政便览·京运·滩次·云南省》："大关同知自豆沙关水运至泸店，……黄果漓滩……普洱渡滩……大水滩、青菜滩……犁圈滩……羊牯撞滩、小水滩……三倒捌滩"，而《云南铜志》分别作"黄果漕滩……普耳渡滩……大木滩、青果滩……犁园滩……羊牯犟滩、小木滩…三倒拐滩"。

（5）对于各厂坐落之县、州、府，陆运、京运所经之县、州、府，参考相关文献资料予以注释。

（6）对于文中所涉及之巡抚、布政使、司狱、巡检、通判、州同、吏目等各级官职，工部、户部、钱法堂等清代行政机构设置，参考相关文献资料予以注释。

（7）对书中相关记载进行数据统计。如：书中所载云南38座铜厂的所在地、开采时间、年产量、额铜数量及子厂；江苏、江西、浙江、福建、湖北、湖南、陕西、广东、贵州在乾隆、嘉庆年间采买的滇铜数量等。并制成了相关数据统计表，以供读者参考、研究。

本书的顺利完成，首先要感谢云南省图书馆的王水乔馆长和古籍部的颜艳萍主任。《铜政便览》为馆藏善本，为支持我们的工作，古籍部的同仁们专门将该书进行了电子扫描，为我们提供了电子影印本。云南大学的马琦副教授为书稿提出了很多专业且有建设性的意见。西南交大出版社的阳晓社长，编辑黄建斌和李施余，为书稿的出版花费了诸多精力。曲靖师范学院中国铜商文化研究院的杨黔云院长、孙健灵老师、张建明老师、秘书丁涵，人文学院的张宝利老师，均在校注的过程中给予了诸多帮助。在此，对以上所有人员表达诚挚的感谢和敬意！

魏明孔、魏正孔先生点校的《铜政便览》珠玉在前。基于本人的专业水平和学术视野的局限，在标点断句和注释中可能存在谬误，希望各位前辈学者和广大同仁批评指正。

陈艳丽于云南曲靖

2017 年 6 月 1 日

注　释

[1]　关于该书的成书年，光绪《续云南通志稿》认为"当是嘉道间布政司幕中人所撰"，严中平等人多采用此观点。但是，书中出现了道光年间的相关记载：《铜政便览·厂地上·宁台厂》："……道光七年奏明，每年代办得宝坪厂减额铜三十万斤。通计每＜年＞煎办蟹壳京铜二百九十万斤，

紫板铜九十万斤。……钱蒙岭子厂，道光三年开采，距宁台老厂九站，每办获转运老厂铜百斤，定给脚银九钱。罗汉山子厂，道光四年开采，距老厂七站，每办获转运老厂铜百斤，定给脚银七钱"。因而我们可以进一步明确该书成书于清道光年间，至少不会早于道光七年。

[2] 关于这一抄本的成书时间，刘兆佑先生在《铜政便览·提要》中说："八卷，清不著撰人，清嘉庆年间（1796 至 1820 年）抄本……此书传本罕见，此本为清嘉庆年间抄本，原藏国立中央图书馆台湾分馆，视国立中央图书馆所藏另一抄本《云南铜志》（七卷）为详备，兹据以影印"（刘兆佑主编《中国史学丛书》三编，台湾学生书局 1986 年）。魏先生在其校注本的序言中说："（刘兆佑先生）提要清晰明确，对于《铜政便览》的来龙去脉和基本内容，标示得很全面。只是前面标明是清嘉庆年间抄本，却在《铜政便览·厂地上·宁台厂》出现了'道光七年奏明……'……因此我们可以做出一个推断，该抄本不会早于道光七年。"

[3] 魏明孔，魏正孔校注：《〈铜政便览〉点校本》，湖南科学技术出版社，2013。

[4] 李友仁著：《云南地方文献概说》，云南美术出版社，2005：171。

张利著：《中国西部地区地方文献资源论稿》，内蒙古大学出版社，2007：55。

中国古籍总目编纂委员会编：《中国古籍总目：史部第 6 册》，中华书局，2009：3534。

[5] 李小缘著：《云南书》，转引自中国文献丛书指导委员会甘肃古籍文献整理编译中心，中国西南文献丛书编委会编：《中国西南文献丛书·二编》第 3 辑《西南史地文献》，学苑出版社，2009：207。

方国瑜著：《云南史料目录概说》，中华书局，1984：730。

李明奎：《〈铜政便览〉研究》，载于《中国经济史研究》，2016（5），115。

[6] 光绪《续云南通志稿》卷一六八《艺文志》，文海出版社，1970：9898-9899。

[7] 同上条。

[8]　严中平著：《清代云南铜政考》，中华书局，1957：序1-2。

[9]　王德泰，强文学：《〈铜政便览〉考辨》，载于《中国经济史研究》，2007（2），109-114。

[10]　李明奎：《〈铜政便览〉研究》，载于《中国经济史研究》，2016（5），113-122。

[11]　云南省图书馆所藏《铜政便览》版本信息总目中显示，索书号为滇甲 27/8712 的《铜政便览》版本为清道光刻本。笔者结合学界相关研究成果，认为其属于清光绪十三年刻本。

[12]　书中注释所引用的王昶《云南铜政全书》和清布政司《案册》中的史料，引自道光《云南通志》卷七十四《食货志八之二·矿厂二·铜厂上》和《云南通志》卷七十五《食货志八之三·矿厂三·铜厂下》。参见方国瑜主编《云南史料丛刊(第十二卷)》，云南大学出版社，2001：636-654。

凡　例

　　《铜政便览》校注本以云南省图书馆古籍部馆藏的清光绪十三年(1887)刻本为底本，同时参考《云南铜志》《滇省舆地图说》、道光《云南通志》等其它文献。

　　凡原文中的繁体字、异体字，一般改为简体字；特殊繁体字、异体字保留原貌。

　　文中错别字以（　）注明，正字以〔　〕表明，漏字以<>补充，多余字以□标明。

　　对于文中错记、漏记等内容，参考其它文献在注释中予以说明。对于《铜政便览》与《云南铜志》记载不同之处，亦在注释中予以说明。书中附有相关数据统计表，以供读者参考。

目　录

铜政便览
校注

铜政便览校注

卷一·厂地上

滇之产铜，由来久矣。怀陆见于《汉书》[1]，装采著于《后汉》[2]。自蒙段[3]窃据以来，画江为界，皆无可考。元、明产铜之所，仅金齿[4]、临安[5]、曲靖[6]、澄江[7]四处[8]。我朝三迤[9]郡县所在，多有宝藏之兴轶于往代，而铜亦遂为滇之要政。按，滇省年运京铜六百三十余万，局铸、采买（又）〔共〕需千万[10]。向有四十八厂[11]，以次封闭[12]，现在开采者三十八处。宁台十五厂[13]专供京运，凤凰八厂[14]兼拨京运、局铸、采买，回龙十四厂[15]及宁台、香樹二厂之紫板铜[16]专供局铸、采买，金钗厂低铜专拨采买。此各厂产铜供运之大略也。爰列其坐落、经费、程站，而以开减、经管、考成附焉。

注 释

[1]《汉书》：又称《前汉书》，东汉班固（32～92）撰。内容记述汉高祖元年（前206）至新朝的王莽地皇四年（23），共230年的史事。包括纪十二篇，表八篇，志十篇，传七十篇，共一百篇，八十万字。《汉书》是我国第一部纪传体的断代史，以后列朝的正史都沿袭《汉书》的体例，如刘知几所说"自尔迄今，无改斯道"。

[2]《后汉》：指《后汉书》，南朝宋顺阳人范晔撰。《后汉书》包括本纪十篇，列传八十篇，志八篇。志取自司马彪《续汉书》。全书主要记述了上起东汉的汉光武帝建武元年（25），下讫汉献帝建安二十五年（220），共195年的史事。此书综合当时流传的七部后汉史料，并参考袁宏所著的《后汉纪》，简明周详，叙事生动，故得以取代以前各家的后汉史。《后汉书》是继《史记》《汉书》之后又一部个人撰写的重要史籍。与《史记》《汉书》

《三国志》并称为"前四史"。

[3] 蒙段：即蒙氏建立的南诏国和段氏建立的大理国。南诏国，由蒙舍诏首领皮罗阁于738年建立，国民主要是乌蛮和白蛮，极盛时期统治范围包括今云南全境及贵州、四川、西藏东南部、越南北部、老挝北部和缅甸北部地区。大理国，由通海节度段思平于937年灭南诏建立，定都羊苴咩城，国民以白族为主体。大理国灭亡后，元世祖至元七年（1270）置大理路，辖境包括今大理、洱源、巍山、祥云、永平，以及姚安、大姚、保山、腾冲等地。蒙段代表唐宋时期与中原王朝相对应的西南地区少数民族政权。

[4] 金齿：今保山地区，元置金齿宣抚司，明置金齿卫，清为永昌府。建置沿革见《大清一统志》卷四八七《永昌府》："永昌府，在云南省治西一千二百里，东西距三百一十里，南北距一千一百二十里。东至顺宁府顺宁县界一百四十里，西至腾越厅界一百七十里，南至孟定土府界一百七十里，北至大理府云龙州界二百五十里，东南至顺宁县界一百一十七里，西南至天马关界一千一百一十里，东北至云龙州界三百五十二厘，西北至马面关界三百里。自府治至京师一万一千八百十里。《禹贡》梁州荒裔，古哀牢国，九隆氏居之，未通中国。汉武帝元狩二年，置不韦县，属益州郡。后汉永平初，于县置永昌郡治焉。三国汉因之。晋成帝时省。萧齐后置永昌郡《南齐书·州郡志》：'有名无民，曰空荒不立'。隋废为益州总管府地。唐初为姚州云南郡《通典》：'后汉永昌郡，即今云南郡'；《唐书·南蛮传》：'姚州境有永昌蛮，居古永昌郡地，咸亨五年版，高宗以太子右卫副率梁积寿为姚州行军总管，讨平之。武后天授中，遣御史裴怀古，招怀至长寿，时大首领董期率部落内属'。后为蒙氏六节度之一，徙西爨蛮居之。段氏、高氏，皆称永昌府。元初立千户，隶大理万户府。至元十一年置永昌州，十五年升为府，隶大理路。二十三年改置金齿等处宣抚司于此《元史·地理志》：'中统初，金齿白夷诸酋，各遣子弟朝贡。二年，立安抚司以统之。至元八年，分金齿、白夷为东、西两路安抚司。十二年，改西路为建宁，东路为镇康路。十五年，改安抚为宣抚，立六路总管府。二十三年，罢两路宣抚司，并入大理金齿等处宣慰司'。明洪武十五年，仍置永昌府，又立金齿卫。二十三年省府，以金齿卫为军民指挥使司。嘉靖元年，改为永昌军民府《滇志》：'景泰中设镇，嘉靖中罢'。本朝为永昌府，属云南省，领县二、土府一、

土州二，安抚司一。"

[5]　临安：《大清一统志》卷四七九《临安府》："临安府，在云南省治东南四百三十里，东西距五百七十里，南北距四百八十里。东至开化府界三百二十里，西至元江州界二百五十里，南至交趾界二百五十里，北至澄江府江川县界二百三十里，东南至开化府界二百七十五里，西南至元江州界二百九十里，东北至广西州弥勒县界三百四十里，西北至元江州新平县界三百六十里。自府治至京师八千六百三十里。《禹贡》梁州荒裔，古句町国。汉武帝开西南夷，置句町县，属牂柯郡其东南境为益州郡地。后汉因之。三国汉属兴古郡《三国·汉志》：建兴三年，丞相亮南征，分建宁牂柯为兴古郡。按：蜀汉时，府东南境为梁水郡地。晋以后因之。梁末废。唐武德七年置南龙州，贞观中更名钩州，隶戎州都督府按：《元史·地理志》：'唐隶牂州'。天宝末没于南诏，蒙氏置通海郡都督府，段氏改为通海节度，寻改秀山郡，后复名通海，阿僰部蛮居之。元宪宗六年内附，置阿僰部万户府，至元八年改为南路，十三年又改为临安路，隶云南行省。明洪武十六年改为临安府，属云南布政使司。本朝因之，属云南省，领州三、县五、长官司五。"

[6]　曲靖：《大清一统志》卷四八四："曲靖府，在云南省治东北三百里，东西距三百九十里，南北距六百二十里。东至贵州普安直隶厅界一百七十里，西至云南府嵩明州界二百二十里，南至广西州界一百七十里，北至贵州大定府威宁州界四百五十里，东南至普安厅界二百五十八里，西南至澄江府路南州界一百三十里，东北至威宁州界二百七十里，西北至武定州禄劝县界四百六十七里。自府治至京师七千九百里。《禹贡》梁州荒裔。汉为益州、牂柯二郡地。三国汉改置建宁郡东境为兴古郡地。晋置宁州东境分置平蛮郡，东北境分置西平郡。宋因之。齐改建宁郡，曰左建平郡。梁末州郡俱废为爨氏所据。隋置恭州、协州。唐武德初开置南宁州，改恭州置曲州，析协州置靖州，四年置总管府，八年更名郎州《唐书·地理志》：'武德元年，开南中，因故同乐县置治味，五年侨治益州，八年复治味，更名郎州'。贞观元年罢都督府按：《南蛮传》：永徽初始罢朗州都督府。与志异。天宝末没于蒙氏，伪置石城郡。宋时段氏因之。后为卫摩弥部所据。元初内附，置摩弥部万户府，至元八年改为中路，十三年改曲靖路总管府，二十五年升为宣抚司，隶云南行中

书省。明洪武中改为曲靖军民府，隶云南布政使司。本朝因之，属云南省，今领州六、县二。"

[7]　澄江：《大清一统志》卷四八一《澄江府》："澄江府，在云南省治东南一百二十里，东西距二百三十六里，南北距一百七十五里，东至广西州弥勒县界二百里，西至云南府晋宁州界三十六里，南至临安府宁州界一百二十里，北至云南府呈贡县界五十五里，东南至弥勒县界二百五十三里，西南至临安府嶍峨县界二百一十五里，东北至云南府宜良县界七十里，西北至呈贡县界一百三十里。自府治至京师八千三百二十里。《禹贡》梁州荒裔。战国时为滇国地。汉置俞元县，属益州郡按：《明史》：汉为牂牁郡地，隋牂州。后汉因之。三国汉属建宁郡。晋增置新兴县。宋因之。齐为建平、建宁二郡地。梁属南宁州。隋属昆州。唐武德元隶戎州都督府，七年析南宁州二县地，置西宁州。贞观八年更名黎州，天宝末入于蛮，后南诏取其地，置河阳郡。宋段氏时为罗伽部《元志》：唐天宝末，麽些蛮居之，号罗伽甸，后为㸒蛮所夺，南诏蒙氏为河阳郡。《明统志》：'段氏析麽些蛮为三部，曰强宗、曰休制、曰步雄，其步雄后居罗伽甸，号罗伽部，又黑㸒蛮之裔，居路甸，号落蒙部'。元初内附，置罗伽万户府，至元三年改为中路，十六年升为澄江路，隶云南行省。明洪武十五年改为澄江府，隶云南布政使司。本朝因之，属云南省，领州二、县二。"

[8]　四处：《云南铜志·厂地上》："元、明产铜之所，曰中庆、金齿、临安、曲靖、澄江数处而已。"

[9]　三迤：清雍正年间在云南分设迤东、迤西、迤南三道，三迤遂成为云南的代称。至清末，迤东道领府四：曲靖、东川、昭通、澄江；直隶州二：广西、镇雄；治曲靖府。迤西道领府五：大理、楚雄、顺宁、丽江、永昌；直隶厅三：景东、蒙化、永北；治腾越厅。迤南道领府一：普洱；直隶厅二：镇沅、镇边；直隶州一：元江；治普洱府。

[10]　"滇省"至"千万"：《云南铜志·厂地上》所载与此处有差异："滇省每年额运京铜六百三十余万斤，本省局铸，外省采买，共需铜千余万斤。"根据后文所载，《云南铜志》所载正确。

[11]　四十八厂：云南铜厂的数量在各个时期不同。明代谢肇淛《滇略》卷三《产略》："滇有铜矿十九所，铅矿四所。"雍正《云南通志》卷十

一《厂课》:"云南全省共有铜厂二十个、白铜厂两个。"《张允随奏疏·乾隆十二年三月初十日》:"为敬陈滇省铜厂情形,预筹开采接济以裕京局鼓铸事:……查滇省铜厂共有二十余处,每年产铜百余万斤,只可搭配本省鼓铸,又皆距水次甚远,不能上供京局,惟汤丹、大水、碌碌三厂,铜质既高,每年产铜多至八九百万斤,少亦六七百万斤,由东、寻两路运抵永宁水次,止二十余站,可由川江运送。"清代檀萃《滇海虞衡志·志金石第二》:"铜出于滇,凡四十八厂,最著者:东则汤丹、落雪;西则芦塘、宁台。废旧开新,繁猥难数。"光绪时期,刘盛堂编《云南地志·物产一》:"矿物:云南金、银、铜、铁、锡、铅均产,其发现者不过十分之二三,未发现者尚十分之六七。且咸丰回乱,多因争矿起衅,大半封闭。现以铜关京运,开采尚多。……铜厂一百五十余,以东川、武定、永北、顺宁、昭通为富。……铅厂十余,以东川、曲靖为富"。

[12] 封闭:云南铜矿所产之铜,主要用作京运、采买和本省局铸。《朱批奏折·乾隆八年七月初二日》:"查矿产为天地自然之利,固应开采以资民用。抑必详查出产地方无妨碍滋扰,妥酌办理,始为有利无弊。是以各省产铜、铁、锡、铅之山场,如经该督抚查明产矿处所并无妨碍民田庐墓,招商刨挖,酌定章程,不致滋事启弊,保题开采,户部俱照该督抚所题,准其开采。倘遇矿砂淡薄,所出不偿所费,即准题请封闭。现在开采省分,如云、贵、广西之铜、铁、铅、锡矿厂,四川、湖南之铜、铅、铁矿,俱经开采;湖北产铁地方,已令该督抚查明定议;广东之锡矿,业据该督抚题请开采,其铜、铅矿厂,近据该布政使托庸奏请开采,经户部会同总督庆复议令该督抚将开采事宜妥议具题。是各省凡有可采之山产厂,俱经地方官查明保题,先后开采,以济民用。其或已经开采,迄无成效,以及一切有碍地方之处,自行封闭,未便听民滥行开采,以致滋事。应将盖御史所奏各省矿厂听民于地方官给照开采之处,毋庸议。"

[13] 宁台十五厂:指宁台厂、得宝坪厂、大功厂、香树坡厂、双龙厂、汤丹厂、碌碌厂、大水厂、茂麓厂、乐马厂、梅子沱厂、人老山厂、箭竹塘厂、长发厂、小岩坊厂。

[14] 凤凰八厂:指凤凰坡厂、红石岩厂、大兴厂、红坡厂、发古厂、大风岭厂、紫牛坡厂、青龙厂。

[15]　回龙十四厂：指回龙厂、白羊厂、马龙厂、寨子箐厂、秀春厂、义都厂、万宝厂、大宝厂、大美厂、狮子尾厂、绿硔硐厂、鼎新厂、竜邑厂、者囊厂。

[16]　紫板铜：清代吴大勋《滇南闻见录》下卷《物部》："揭铜，铜、银各厂所用木炭，只是杂树，惟有揭蟹壳铜，必须用松炭，非松炭不能成。出火又须用米泔水泼之，则宝色呈露。此皆精于打厂者体认得来，其不能遽悉也。……米汤或泥浆或水浇熔液，熔液凝结一层，用钳揭出，投水中，便成铜饼，一炉可行六七饼，即紫板铜。则视需要，入蟹壳炉精炼成蟹壳铜。"

宁台厂

以下十五厂专供京运。宁台厂紫板铜局铸、采买兼拨。附子厂（二）〔四〕[1]。

坐　落

宁台厂[2]，坐落顺宁府[3]地方，距下关店十二站半。乾隆九年开采。

注　释

[1]　附子厂（二）〔四〕：实记录有子厂四，分别为：底马裤子厂、水泄子厂、钱蒛岭子厂、罗汉山子厂。

[2]　宁台厂：清代伯麟《滇省舆地图说·顺宁府舆图》："铜厂一，宁台，知府理之。"

[3]　顺宁府：《大清一统志》卷四八三："顺宁府，在云南省治西一千一百五十里，东西距三百二十里，南北距六百八十里。东至蒙化厅界二百里，西至腾越厅界一百二十里，南至猛缅长官司界三百二十里，北至永昌府永平县界三百六十里，东南至景东厅治二百六十里，西南至耿马土司界二百五十三里，东北至蒙化厅界三百四十里，西北至永昌府保山县界二百二十六里，自府治至京师一万一千六百二十里。《禹贡》梁州荒裔。汉益州郡徼外地，名庆甸，浦蛮居之。隋唐以后，蒙氏窃据，叛服不常。宋弃于段氏，中国道绝。元泰定间始内附，天历元年置顺宁府及庆甸县见《明统志》，隶云南行省，后省县入府。明洪武十五年，仍为顺宁土府。万历二十五年，设流官，隶云南布政使司。本朝因之，属云南省，领州一、县一、宣抚司一、长官司一。"

经　费

本厂每年出铜数十万、五六百万斤不等，向未定额、通商，亦不抽收公、廉、捐、耗。每办百斤，抽课铜二十斤，官买余铜[1]八十斤，每百斤给价银五两。所收课、余铜，每百斤加煎耗铜十七斤八两，厂民补耗铜三斤二两，不给价银，共耗铜[2]二十斤十两，备供局铸、采买。

乾隆二十五年，奏准：每办百斤，将抽课铜[3]二十斤改减十斤，另抽公、廉、捐、耗铜四斤二两，官买余铜七十五斤十四两，每百斤给价银六两。

三十三年，奏准：每百斤加银六钱[4]，连原价共给银六两六钱。

三十八年，奏准通商[5]，每百斤给厂民通商铜十斤。照前抽收课铜及公、廉、捐、耗。官买余铜七十五斤十四两，每百斤给价银六两六钱九分八厘。

三十九年，停止加价，每额铜百斤，照旧给银六两。

四十二年，奏准[6]：应办紫板铜外，每年改煎蟹壳铜[7]二百万斤。每百斤于紫板铜项下，准销镕炼折耗铜二十斤七两七钱。每蟹壳铜一百斤，抽收课铜十斤，官买余铜九十斤，每百斤给价银六两九钱八分七厘。其通商铜，准于紫板铜内发给。

四十三年，奏定：年办紫板铜九十万斤，蟹壳铜二百万斤。

嘉庆三年，奏准[8]：减办铜一百万斤。自四年起，每年办紫板铜五十万斤，蟹壳铜一百四十万斤。

十年，奏准[9]：照旧每年煎办紫板铜九十万斤，蟹壳铜二百万斤。紫板铜九十万斤内，应办(低)〔底〕本铜二万四千五百一十八斤十一两二钱，遇闰加办二千四十三斤三两六钱；应办官商铜八十七万七千五百四十八斤四两八钱，遇闰加办七万二千九百五十六斤十二两四钱。每底本百斤，给价银五两一钱五分二厘五毫，并不抽课、通商，亦不抽收公、廉、捐、耗，另款造册报销。其官商铜内，除厂民应得蟹壳、紫板通商，及抽收课、廉等铜外，余铜给价收买，发下关店转运。蟹壳铜二百万斤内，应办底本铜十万斤，遇闰加办八千三百三十三斤五两四钱；应办课、余铜一百九十万斤，遇闰加办十五万八千三百三十三斤五两一钱。每底本百斤，给价银六两二钱八分三毫，并不抽课、通商，另款造册报销。其课、余铜，照旧抽课十斤，官买余、铜九十斤，照前给价收买，发下关店转运。

十九年，奏准：应办额铜之外，每年代办得宝坪厂减额铜六十万斤。

道光七年，奏明：每年代办得宝坪厂减额铜三十万斤。通计每〈年〉煎办蟹壳京铜二百九十万斤，紫板铜九十万斤。

自厂至下关店，计程十二站半。每紫板铜百斤，给运脚银一两二钱五分二厘一毫二丝五忽，不支筐篓。每蟹壳铜百斤，给运脚银一两六钱一分五厘，每一百二十斤支销筐篓一对，银一分七厘[10]。每年准支官役薪工、厂费银一千七十三两，遇闰加增，小建不除。

凡运脚银两，均于陆运项下报销。筐篓、厂费银两，均于厂务项下报销。准支官役薪工、厂费银两，遇闰加增，小建不除。余俱仿此。

此厂工本、运脚，应赴迤西道库请领。自厂至大理，共十二站半。每千两每站给马脚、盘费银一钱三分四厘余厂同。如拨运局铸，自下关至省，共十二站<半>[11]。每正、耗铜百斤，给运脚银一两六钱一分五厘，由迤西道请领给发。如拨运采买，自下关店领运至省，每正、耗铜百斤，给运脚银一两三钱三厘一毫二丝五忽，由委员赴司库请领。该厂铜斤，蟹壳八五成色，净煎八三成色。

注　释

[1]　官买余铜："官买余铜"是清政府所实行的"官制铜政"政策的一项重要内容。清代云南铜矿的大规模开采始于康熙二十一年云贵总督蔡毓荣《筹滇第四疏·议理财》一折，当时对于铜矿的经营采取了"听民开采，官收其税"的方式："矿硐宜开也。滇虽僻远，地产五金，先经廷臣条议开采，部覆将可否开采之处，令督抚查明具题，诚重之也。臣愚以为，虽有地利，必资人力，若令官开售采，所费不赀，当此兵饷不继之时，安从取给。且一经开挖，或以矿脉衰微，旋作旋辍，则工本半归乌有。即或源源不匮，而山僻之，耳目难周，官民之漏卮无限，利归于公家者几何哉。是莫若听民开采，而官收其税之为便也"，其具体措施就是招徕商民开采，官府派人监收百分之二十的矿税，其余百分之八十的铜斤听民自由买卖。康熙四十四年，云贵总督贝和诺题定新的经营管理方式："复请于额例抽纳外，预发工本，收买余铜，各铜厂每斤价银三四分，以至五六分不等，发运省城设立官铜店，卖给官商，以供各省承办京局额铜之用，每百斤定价九两二钱，除归还铜本及由厂运省脚费等

项外，所获余息数归充公用"。其具体措施为矿民入山时由官府发给工本，及煎炼成铜，官府在厂地抽课，税率仍为百分之二十，但是其余百分之八十的铜斤全部归官府收买，谓之"官买余铜"。

[2] 耗铜：因各铜厂所出之铜纯度不同，铜矿砂需经炒、炼、熔、铸方可得净铜，所以有所折耗，故清政府在抽收课铜和官买余铜时会加一定数量的耗铜，数量不定。如《张允随奏疏·乾隆三年五月三十日》："铜斤成色，宜画一核定也。查滇省运京，系用汤丹等厂铜斤，前于东川鼓铸运陕钱文案内，经部核定九五成色，复经确试炒、炼、熔、铸，每百斤折耗八斤七两，即以每百斤加耗八斤，永为定例，咨部复准在案。今运京铜斤，亦应照例每百斤照加耗铜八斤，一并领解交纳。"《朱批奏折·乾隆十一年九月初十日》："两广总督臣策楞、广东巡抚臣准泰谨奏：'为敬陈粤东现在开采情形及酌筹调剂事宜仰祈圣鉴事：……铜山抽课，宜稍宽时日以收成效也。开采铜斤，诚为鼓铸先资，所重者铜斤充裕，而不仅在些微之抽分。原议采得铜一百斤，应抽课铜二十斤，公费铜二斤六两四钱，耗铜二斤六两四钱'。"

[3] 抽课铜：清政府对云南铜矿抽收定额矿税始于总督蔡毓荣任内，其课税率基本保持在10%～20%之间。清代王昶《云南铜政全书·凡例》："滇产五金，而铜为尤盛。本朝康熙二十四年，总督蔡毓荣始疏陈矿硐宜开，听民开采，而官收其税，每十分抽税二分，委官监收，此为铜政之始。迨四十四年，总督贝和诺复疏请官为经理，抽课收买，此为收买铜之始。"倪蜕《滇云历年传》卷十一："康熙四十五年，云贵总督贝和诺奏：'征云南金、银、铜、铁、锡各场岁课，以银八万一千四百八十二两为率，令遴官监视。云南各矿场历古封开不常，税课亦无定额'。"《钦定户部则例》卷三十五《钱法二·铜厂抽课》："云南省各铜厂，除金钗厂不抽课铜外，其余各厂每办铜一百斤，抽课十斤，又归公、养廉、折耗三斤十四两三钱四分三厘。"

[4] "三十三年"至"六钱"：《云南铜志·厂地上》"宁台厂"条载："三十三年，因办理缅甸军务，巡抚鄂奏奉谕旨：'自三十三年五月起，通省大小铜厂，于定例价值之外，每百斤暂加银六钱'。"《清高宗实录》卷八百九："乾隆三十三年四月癸酉，云贵总督暂管巡抚鄂宁奏：'滇省旧铜厂，

硐深矿薄，其新开子厂甚少，更兼办理军务之际，牛、马不敷，油、米、炭等杂项，到厂价昂费倍，厂民竭蹶。请每铜百斤增价银六钱，以舒厂力，俟大功告成之后，仍照旧定章程办理'。得旨：'著照所请行。'"

[5] 三十八年奏准通商：据《云南铜志·厂地上》"汤丹厂"条，乾隆三十八年，总督彰宝奏准"各省办铜，照黔省之例。每百斤内给与厂民通商铜十斤，以易换油、米之资"。

[6] 四十二年奏准：乾隆四十二年，由时任云贵总督李侍尧、云南巡抚裴宗锡上奏乾隆帝。

[7] 蟹壳铜：清代吴大勋《滇南闻见录》下卷《物部》："蟹壳铜，铜自矿中炼出，倾成圆饼，质坚实，黑色为下，高者紫色，名紫板。又加烧炼几次，质愈净，铜愈高，揭成圆片，甚薄而有边，红光灿烂，掷地金声，形色似煮熟蟹壳，故名。工费价高，送至京局，易于椎碎入炉。解京之铜，每岁正额六百余万斤，紫板与蟹壳兼办，有一定分数。"

[8] 嘉庆三年奏准：据《云南铜志·厂地上》"宁台厂"条："嘉庆三年，因得宝坪厂出铜丰旺，巡抚江奏准，于宁台厂减办铜一百万斤。"

[9] 十年奏准：据《云南铜志》，嘉庆十年，因京铜不敷用，经由时任云贵总督伯麟、云南巡抚永保奏准。

[10] "运脚银"至"七厘"：《云南铜志·厂地上》"宁台厂"条："每百斤给运脚银一两二钱五分二厘一毫二丝五忽，不支筐篓。"

[11] 十二站<半>：据下文"程站"所载，下关店至省城为十二站半。《云南铜志》亦载为"十二站半"。

程　站

宁台厂，一站至老牛街，一站至阿莽寨，一站至顺德桥，一站至老鹰坡，一站至鸳鸯塘，一站至回子村，一站至阿梅寨，一站至岔路，一站至猓猓寨[1]，一站至桥头，一站至石坪村，一站至大理府城，半站至下关店。下关店，半站至赵州城，一站至红崖，一站至云南驿，一站至普淜，一站至沙桥，一站至吕河[2]，一站至楚雄，一站至广通县城，一站至舍资，一站至禄丰县[3]城，一站至老鸦关，一站至安宁州[4]，一站至省城。

注 释

[1] 猓猓寨：《云南铜志》作"僄僄寨"。

[2] 吕河：《云南铜志》作"吕合"。

[3] 禄丰县：《大清一统志》卷四七六《云南府·禄丰县》："禄丰县，在府城西北二百十里，东西距六十五里，南北距一百五十五里。东至罗次县界三十里，西至楚雄府广通县界三十五里，南至易门县界一百二十里，北至广通县界三十五里，东南至安宁州界九十里，西南至楚雄府南安州界七十五里，东北至武定州界四十里，西北至广通县界二十五里。汉益州郡地。唐安宁县地。后为乌杂蛮所居。宋时大理高智昇令子仪胜治其地。元初隶安宁千户，至元十三年始置禄丰县，属安宁州。明属云南府。本朝因之。"

[4] 安宁州：《大清一统志》卷四七六《云南府·安宁州》："安宁州，在府城西七十里，东西距八十里，南北距七十五里。东至昆明县界二十里，西至禄丰县界六十里，南至昆阳州界十五里，北至罗次县界六十里，东南至昆阳州界二十里，西南至易门县界九十里，东北至富民县界六十里，西北至罗次县界七十里。汉置连然县，属益州郡。后汉因之。晋属晋宁郡。宋、齐因之。梁后没于蛮。隋为昆州地。唐武德初改置安宁县，仍属昆州。后为乌白蛮迁居。元宪宗七年立阳城堡万户府，至元三年立安宁千户，十二年改为安宁州，属中庆路，领罗次、禄丰二县。明属云南府。本朝因之。雍正三年，以原裁入昆阳之三泊县入焉。"

＜子厂＞
底马裤子厂

乾隆五十一年开采，距宁台厂三站底马裤子厂，一站至栗树村，一站至蛮长河，一站至宁台厂。办获铜斤，运交宁台厂转运。每百斤给脚价银三钱，每年准支厂费银三百三十五两。

水泄子厂

　　乾隆五十四年开采，距宁台厂三跕[1]水泄子厂，一站至阿林寨，一站至蛮长河，一站至宁台厂。办获铜斤，运交宁台厂转运。每百斤给脚价银三钱，每年准支厂费银三百三十五两。

　　以上二厂，厂费银两均遇闰加增，小建不除，凡子厂厂费均仿此，凡子厂运脚脚价及领银马脚，均于厂务项下支销。其办获铜斤，悉照老厂事例，通商、抽课、给价收买，运交老厂补额。余俱仿此。

钱蔴岭子厂

　　道光三年开采，距宁台老厂九站。每办获转运老厂铜百斤，定给脚银九钱。

罗汉山子厂

　　道光四年开采，距老厂七站。每办获转运老厂铜百斤，定给脚银七钱。

注 释

[1] 跕：通"站"。

得宝坪厂

坐　落

得宝坪厂[1]，坐落永北厅[2]地方，距下关店十站半。乾隆五十八年开采。

注　释

[1]　得宝坪厂：清代伯麟《滇省舆地图说·永北直隶厅舆图》："铜厂一，曰得宝坪，岁办京铜数十万。同知理之。"《大清会典事例》卷一百七十四《户部四十七·钱法》："乾隆五十八年，议准：云南得宝坪厂产铜丰厚，准其开采。"清云南布政司《案册》："得宝坪铜厂，坐落永北厅地方，年办铜一十三万二千斤。"民国《新纂云南通志》卷六十四《物产考七·铜》："得宝厂，现年产七八吨。"

[2]　永北厅：即永北直隶厅。《大清一统志》卷四百九十七："永北直隶厅，在云南省治西北一千三百五十里，东西距四百七十五里，南北距八百二十里。东至武定州元谋县界三百五十里，西至丽江府鹤庆州界一百二十五里，南至大理府宾川州界二百二十里，北至外域黄喇嘛界六百里，东南至楚雄府大姚县界三百里，西南至大理府邓川州界一百八十里，东北至四川监源县界三百里，西北至丽江府丽江县界一百五十里。自厅治至京师一万一千七百五十里。《禹贡》梁州荒裔。汉益州郡地。后汉为永昌郡地。晋以后为施蛮所据。唐贞元中，南诏异牟寻始开置，名北方睒《明史·北胜》：'唐南诏异牟寻始开其地，名北方睒'，亦号成偈睒，又名善巨郡《元史·地理志》：'唐南诏时，铁桥西北有施蛮者，贞元中异牟寻破，迁其种居之，号剑羌，名其地曰成偈睒，又改名善巨郡'。宋段氏时改为成纪镇《元史·地理志》：'蒙氏终，段氏时，高智昇使其孙高

大惠镇此郡，后隶大理'。元初内附，至元中置施州，寻改北胜州，后升为北胜府，属丽江路。明洪武十五年改为州，属鹤庆军民府，二十九年置澜沧卫，以州属之，隶云南都司。正统七年，直隶云南布政使司，与卫同治。本朝因之，康熙五年改隶大理府，二十六年裁卫入州。三十一年仍为直隶州，三十七年升为永北府。乾隆三十五年改为永北厅，直隶云南省，领土府一。"

经　费

本厂每年额办铜十三万二千斤，每办百斤，给厂民通商铜十斤，抽课铜十斤，官买余铜八十斤，每百斤给价银六两九钱八分七厘。所收余铜，备供京运及局铸、采买嘉庆十三年[1]，加定年办额铜一百二十万斤，遇闰加办十万斤。照旧通商、抽课，余铜给价收买，发运下关店转运。续于十七年，减办额铜六十万斤。

自厂至下关店，共十站半。每百斤给运脚银一两三钱五分六厘六毫，每一百二十斤支销筐篓一对，银一分七厘。每年准支官役薪工、厂费银九百两八钱内减半，银四百五十两四钱。

此厂工本、运脚，应赴迤西道库请领。自厂至大理府，共十站。应需马脚、盘费，照例按站支销。如拨局铸，每百斤给运脚银一两三钱三厘一毫二丝五忽，不支筐篓，由迤西道给发。如拨采买，每百斤给运脚银一两二钱五分，由委员赴布政司库请领，自行雇运。自下关店至省十二站半，见上。该厂铜斤，八六成色。

注　释

[1]　嘉庆十三年：《云南铜志·厂地上》"得宝坪厂"条记为："至嘉庆三年，递加至年办额铜一百二十万斤，遇闰加办铜十斤。"

程　站

得宝坪厂，一站至平和，一站至黑乌，一站至满官村，一站至程海，一站至永北厅，一站至清水驿，一站至金江，<一站至平得村>[1]，一站至沙坪，一站至大理府城，半站至下关店。

注　释

[1]　<一站至平得村>：得宝坪厂至下关店十站半，而本处记录仅为九站半。笔者根据《云南铜志》的记载此处补充"一站至平得村"。

大功厂 _{附子厂二}

坐 落

大功厂[1]，坐落云龙州[2]地方，距下关店十二站半。乾隆三十八年开采。

注 释

[1]　大功厂：清代伯麟《滇省舆地图说·大理府舆图》："云龙州，铜厂二，曰白羊、曰大功。岁办京铜四十万，知州理之。"清代刘慰三《滇南志略》卷二："大理府·云龙州：大功铜厂，在州西北三百二十里大功山，乾隆三十八年开采。"清代王昶《云南铜政全书》："大功铜厂，在大理府云龙州西北三百二十里大功山。乾隆三十八年开采。"

[2]　云龙州：清代隶属云南大理府。《大清一统志》卷四七八《大理府·云龙州》："云龙州，在府西五百里，东西距二百七十里，南北距一百九十里。东至浪穹县界九十里，西至永昌府保山县界一百八十里，南至永昌府永平县界八十里，北至丽江府界一百一十里，东南至浪穹县界二百四十里，西南至保山县界一百九十里，东北至丽江府旧兰州界一百三十里，西北至野夷界二百二十六里。汉益州郡地。后汉属永昌郡地。唐初为匡州西境，蒙氏曰云龙甸，段氏因之。元至元末立云龙甸军民府。明初改为云龙州，属大理府。本朝因之。"

经 费

本厂每年出铜八十、一百余万斤不等，向未定额。每办百斤，给厂民通商铜十斤，抽课铜十斤，官买余铜八十斤[1]，每百斤给价银七两六钱八分五厘。所收课、余铜，备供京运、采买。

乾隆三十九年，停止加价。每余铜百斤，给价银六两九钱八分七厘。

四十三年，奏定：年办额铜四十万斤。内应办底本铜一万九千九百九十九斤十二两九钱，遇闰加办一千六百六十六斤十两四钱；应办官商铜三十八万斤三两一钱，遇闰加办三万一千六百六十六斤十两九钱。每底本百斤，给价银六两二钱八分八厘三毫，并不抽课、通商，另款造册报销。其官商铜斤，照旧通商、抽课铜，余铜给价收买，发下关店转运。

自厂至下关店，共十二站半。每百斤给运脚银一两六钱一分五厘，每一百二十斤，支销筐篓一对，银一分七厘。每年准支官役薪食、厂费银八百七十六两。此厂工本、运脚，应赴大理府库请领。自厂至大理，共十二站。应需马脚、盘费，照例按站支销。如拨采买，自厂至下关店，每百斤给运脚银一两三钱五分[2]，不支筐篓，由委员赴司库请领，自行雇运。该厂铜斤，九成色。

注　释

[1] "每办"至"八十斤"：根据《云南铜志》，这一通商、抽课额数，由时任云贵总督彰宝和云南巡抚李湖奏准。

[2] 一两三钱五分：《云南铜志》作"一两二钱五分"。

程　站

大功厂，一站至白羊厂，一站至狮井，一站至鸡村，一站至汤椴，一站至果榔，一站至云龙州，一站至关坪，一站至丕邑，一站至江滂，一站至凤羽，一站至沙坪，一站至大理府城，半站至下关店。

子厂
乐依山子厂

乾隆五十三年开采，距大功三站半乐依山子厂，半站至神登，一站至日溪井，一站至炎山[1]，一站至大功厂。办获铜斤，运交大功厂转运。每百斤给运脚银四钱三分七厘五毫，不支书巡工食。

蛮浪山子厂

乾隆五十八年开采，距大功七站半蛮浪山子厂，一站至八转底，一站至景谷，一站至乾海塘，一站至磨外，一站至猛统，一站至雀山哨，一站半至大功。办获铜斤，运交大功厂转运。每百斤给运脚银九钱三分七厘五毫，不支书巡工食。

注　释

[1]　炎山：《云南铜志》作"炭山"。

香树坡厂

此厂铜斤，专供京运。其紫板铜，局铸·采买兼拨。

坐 落

香树坡厂[1]，坐落南安州[2]地方，距省城十站半。乾隆九年开采。

注 释

[1] 香树坡厂：清代伯麟《滇省舆地图说·楚雄府舆图》："南安州，铜厂二，其一在香树坡者，则为易门子厂，易门县知县理之。"清代王昶《云南铜政全书》："香树坡厂，在楚雄府南安州东南二百一十五里。相传开自明时，旋开旋闭。原名凤凰山，在今厂之面山。康熙间，以矿尽移今三家村，因名三家厂，未几，亦封闭。乾隆九年，复开采。"《大清会典事例》卷一百七十四《户部四十七·钱法》："南安州香树坡铜厂，各厂年额共课银一万八百二十五两七钱九厘有奇。"

[2] 南安州：清代属云南楚雄府。《大清一统志》卷四百八十《楚雄府·南安州》："南安州，在府城东南五十里，东西距一百五十里，南北距二百五十里。东至云南府易门县界一百四十里，西至楚雄县界十里，南至景东厅界二百五十里，北至楚雄县界五里，东南至云南府昆阳州界一百八十里，西南至易门县界一百里，东北至广通县界一百五十里，西北至广通县界七十里。汉益州郡地。唐时为黑爨蛮所居，寨名摩刍。宋段氏时为高氏地。元初立摩刍千户所，隶威楚万户府。至元十二年，改为南安州，隶威楚路。明属楚雄府。本朝因之，康熙六年，裁碍嘉县并入州。"

经　费

本厂每年出铜一千七八百、二千四五百斤不等，向未定额、通商，亦不抽收公、廉、捐、耗。每办百斤，抽课铜二十斤，官买余铜八十斤，每百斤给价银五两。所收课、余铜斤，备供局铸、采买。

乾隆二十五年，奏准：每百斤原抽课铜二十斤改为抽课十斤，另抽公、廉、捐、耗四斤二两，官买余铜八十五斤十四两，每百斤给价银六两。

三十三年，每百斤加银六钱，连原价共给银六两六钱九分八厘。

三十（九）〔八〕年[1]，奏准通商，每办百斤，给厂民通商铜十斤，照前抽收课铜及公、廉、捐、耗，官买余铜七十五斤十四两，每百斤给价银六两六钱九分八厘。

三十九年，停止加价。每余铜百斤，照旧给价银六两。

四十三年，奏定：年办额铜七千四百斤。

五十三年，奏准[2]：于原办紫板铜七千四百斤外，每年煎办蟹壳铜十万斤，遇闰加办八千一百三十二斤[3]。每百斤于紫板铜项下，准销镕炼折耗十七斤八两。每蟹壳铜一百斤，抽课十斤，官买余铜九十斤，每百斤给价银六两九钱八分七厘。其通商铜于紫板铜内拨给，所收蟹壳课、余铜，发寻甸店转运。所有煎办蟹壳铜斤，应给厂民通商及镕炼折耗，因不敷开除，系额外加办，搭同应办年额紫板铜七千四百斤，并遇闰加办六百一十六斤，一并照例通商，抽收课、廉，余铜给价收买，发运省局或府仓交收。

自厂至寻甸店共十四站半，每百斤给运脚银一两八钱七分三厘四毫，每一百二十斤，支销筐篓一对，银一分七厘。自厂至省，共十站半，每百斤给运脚银一两五分，不支筐篓。每年准支官役薪工、厂费银九百两八钱，遇闰加增，小建不除。

此厂工本、运脚，应赴楚雄府库请领。自厂至楚雄共四站半，应需马脚、盘费，照例按站支销。该厂铜斤壳八五成色，板八一五成色。

注　释

[1]　三十（九）〔八〕年：应为"三十八年，奏准通商"，《云南铜志》

亦载为"三十八年"。

[2] 五十三年奏准：时任云南巡抚谭尚忠照宁台厂改煎蟹壳铜之例奏准。

[3] 八千一百三十二斤：《云南铜志》作"八千三百三十三斤"。

程 站

香树坡厂，一站至法脿，一站至雨龙，半站至妥甸[1]，一站至南安州城，一站至楚雄府城，六站至云南省城，一站至板桥，一站至杨林，一站至易隆，一站至寻甸。

注 释

[1] "雨龙"至"妥甸"：《云南铜志·厂地上》"香树坡厂"条所记载站程，与此处有差异："自厂至法脿一站，法脿至雨龙半站，雨龙至妥甸一站"。

双龙厂

坐 落

双龙厂[1]，坐落寻甸州[2]方，距州城二站。乾隆四十六年开采。

注 释

[1] 双龙厂：清代伯麟《滇省舆地图说·曲靖府舆图》："铜厂一，曰双龙，知府理之。铜厂岁办京铜万数千斤，矿砂薄劣，薪炭倍费。"清代王昶《云南铜政全书》："双龙铜厂，在曲靖府寻甸州北九十五里，东距府城二百四十五里，乾隆四十六年开采。"

[2] 寻甸州：清代属云南曲靖府。《大清一统志》卷四八四《曲靖府·寻甸州》："寻甸州，在府城西一百三十里，东西距三百七十五里，南北距一百三十里。东至马龙州界七十五里，西至武定州禄劝县界三百里，南至云南府嵩明州界六十里，北至东川府界七十里，东南至马龙州界五十里，西南至嵩明州界六十里，东北至东川府界一百一十五里，西北至东川府界一百八十里。汉滇国地，后㸮刺蛮居此，号仲扎溢原部。晋为乌蛮之裔，号新丁部，语讹为仁地。唐蒙氏时为仁地部，乌蛮居此。宋时段氏因之。元初置仁地万户府，至元十三年改为仁德府，领为美、归厚二县。明洪武中改寻甸军民府，省二县入焉。成化中改设流官，为寻甸府。本朝康熙八年降为州，改隶曲靖府。"

经 费

本厂每年出铜九千、一万余斤不等，向未定额。每办百斤，给厂民通商铜二十斤，抽课铜十斤，官买余铜七十斤，每百斤给价银六两九钱八分七厘。所收课、余铜斤，备供京运。

乾隆四十八年，奏定[1]：年办额铜一万三千五百斤，遇闰加办一千一百二十五斤，照旧通商、抽课，余铜给价收买，发寻甸店转运。

自厂至寻甸，共二站半[2]，每百斤给运脚银二钱，不支筐篓及书巡工食。

此厂工本、运脚，应赴迤东道库请领，所需马脚、盘费，照例按站支销。该厂铜斤，九一成色。

注　释

[1]　四十八年奏定：乾隆四十八年，由时任云贵总督富纲、云南巡抚刘秉恬奏准。

[2]　二站半：双龙厂至寻甸程站应为两站，不是两站半。

程　站

双龙厂，一站至红果营，一站至寻甸店。

汤丹厂_{附子厂五}

坐　落

汤丹厂[1]，坐落会泽县[2]地方，距东川府[3]城二站。原系四川经管开采年分未详，雍正四年，改归云南采办。

注　释

[1] 汤丹厂：清代伯麟《滇省舆地图说·东川府舆图》："东川府，铜厂五，曰汤丹、碌碌、大水沟、茂麓、大风岭，皆属知府管理。东川岁办京铜三百数十万，而各厂开采日久，衰旺不时，每资腋凑。"清代王昶《云南铜政全书》："汤丹厂，在东川府城西南一百六十里会泽县境内。谨案：今在巧家厅境内。汤丹山绵亘七十余里。东川初隶四川，厂已开采。雍正四年，改隶云南，岁获铜数无考。"

[2] 会泽县：《大清一统志》卷四八九《东川府·会泽县》："附郭。本朝雍正五年置县，治巧家汛。六年移治附郭。"

[3] 东川府：《大清一统志》卷四八九《东川府》："在云南省治北五百三十里，东西距四百二十五里，南北距四百六十里。东至贵州大定府威宁州界二百里，西至四川宁远府会理州界二百二十五里，南至曲靖府寻甸州界二百五十里，北至昭通府界二百一十里，东南至曲靖府宣威州界一百三十里，西南至武定州禄劝县界一百七十里，东北至昭通府界一百九十里，西北至会理州界四百五十里。自府治至京师九千七百九十七里。《禹贡》梁州荒裔。汉置堂琅县，属犍为郡。蜀汉分犍为地，立朱提郡，县属朱提。晋、宋、齐因之，后入蛮。唐时入南诏。宋段氏时置东川郡大都督，后乌蛮閟畔据之，号閟畔部。元初内附，置万户府，至元中改閟畔军民总管

府，隶乌撒乌蒙等处宣慰司，寻改东川路。明洪武十四年开置东川土府，属云南布政使司，十六年改隶四川，为东川军民府。本朝因之，为东川府。雍正四年，仍改隶云南省，领县一。"

经　费

本厂每年出铜八九十、一二百万斤不等，向未定额、通商，亦不抽收公、廉、捐、耗。每办百斤，抽课铜十斤，官买余铜九十斤。每百斤给价银六两，所收课、余铜斤，备供局铸、采买。

雍正十二年，奏准[1]：每办百斤，内抽课十斤，另抽公、廉、捐、耗铜四斤二两，官买余铜八十五斤十四两，每百斤给价银六两九钱八分七厘。

乾隆二十七年，奏准[2]：每余铜百斤，加给银四钱六分五厘，连原价每百斤共给银七两四钱五分二厘。

三十三年，每百斤加银六钱[3]，连原价每百斤共给银八两一钱五分一厘。

三十八年，奏准：每百斤给厂民通商铜十斤，照前抽收课铜及公、廉、捐、耗，官买余铜七十五斤十四两，每百斤给银八两一钱五分一厘。

三十九年，停止加价[4]。每余铜百斤，照旧给银七两四钱五分二厘。

四十三年，奏定[5]：年办额铜三百一十六万五千七百二十斤。

嘉庆四年，奏减铜八十六万五千七百二十斤[6]。自七年起，每年只办铜二百三十万斤。内应办底本铜十一万四千九百九十九斤十五两六钱，遇闰加办九千五百八十二斤五两三钱[7]；应办官商铜二百一十八万五千斤四钱，遇闰加办十八万二千八十三斤五两四钱。每底本百斤，给价银六两四钱，并不抽课、通商，亦不抽收公、廉、捐、耗，另款造册报销。其官商铜斤，照旧通商，抽收课、廉，余铜给价收买，发东川店转运。

自厂至东川店，共二站，每百斤给运脚银二钱五分，每一百二十斤支销筐篓一对，银一分七厘。自厂至寻甸店，共四站。每百斤给运脚银四钱五分，不支筐篓。每年准支官役薪工、厂费银一千六百六十六两八钱。

此厂工本、运脚，应赴迤东道库请领。自厂至寻甸，共四站，应需马脚、盘费，照例按站支销。每年准支加添役食银二百九十九两六钱。凡加添役食银两，均于搭运节省项下支销，余仿此。该厂铜斤，九三成色。

注　释

[1]　十二年奏准：由时任云贵总督尹继善、云南巡抚张允随奏准。

[2]　二十七年奏准：时任云贵总督吴达善、云南巡抚刘藻奏准。

[3]　"三十三年"至"六钱"：《云南铜志·厂地上》"汤丹厂"条："乾隆三十三年，因办理缅甸军务，巡抚鄂宁奏奉谕旨，自三十三年五月起，通省大小各厂办获铜斤，于例定价值之外，每百斤暂行加银六钱。"

[4]　三十九停止加价：据《云南铜志·厂地上》"汤丹厂"条载，云南巡抚李湖奏请"自三十九年六月初一日为始，将加价停止。每余铜百斤，照旧给价银七两四银五分二厘"。

[5]　四十三年奏定：据《云南铜志·厂地上》"汤丹厂"条可知，年办额铜数由总督李侍尧奏定。

[6]　"奏减"至"二十斤"：《云南铜志·厂地上》"汤丹厂"条："嘉庆四年，因该厂硔砂质薄，出铜短缩，前布政司陈奏请酌减铜八十六万五千七百二十斤。自七年起，每年只办额铜二百三十万斤。"

[7]　"遇闰"至"三钱"：《云南铜志·厂地上》"汤丹厂"条："遇闰加办铜九千五百八十三斤五两三钱。"

程　站

汤丹厂，一站至小江，一站至东川府城。

汤丹厂，一站至钻天坡，一站至松毛棚，一站至双箐，一站至寻甸。

子厂[1]
九龙箐子厂

乾隆十五年开采，距汤丹一站半九龙箐子厂，一站至浪泥坪[2]，半站至汤丹老厂。办获铜斤，运交汤丹厂转运。每百斤给运脚银一钱八分七厘，不支书巡工食。

27

聚宝山子厂

乾隆十八年开采，距汤丹厂一站。办获铜斤，运交汤丹厂转运。每百斤给运脚银一钱二分五厘，不支书巡工食。

观音山子厂

乾隆二十年开采，距汤丹一站。办获铜斤，运交汤丹厂转运。每百斤给运脚银一钱二分五厘，不支书巡工食。

岔河子厂

乾隆六十年开采，距汤丹厂五站岔河子厂，一站至普毛村，一站至小海子，一站至膏粱地，一站至黄水箐，一站至汤丹厂[3]。办获铜斤，运交汤丹厂转运。每百斤给运脚银六钱二分五厘，每年准支书巡工食、厂费银三百一十两八钱[4]。

大碘子厂

嘉庆二年开采，距汤丹厂五站半大碘子厂，一站至糯米村，一站至牛泥塘，一站至法却村，一站至白泥坡，一站至菜子地，半站至汤丹厂。办获铜斤，运交汤丹厂转运。每百斤给运脚银六钱八分七厘五毫，不支书巡工食。

注 释

[1]（汤丹）子厂：《清高宗实录》卷四百八十五："乾隆二十年三月庚子，云贵总督硕色、云南巡抚爱必达奏：'滇省产铜，向惟东川府属之汤丹、大水、碌碌三厂最旺，武定府属之多那厂次之。近来汤丹等大厂，硐深矿薄，多那亦产矿日少，查有多那厂附近之老保山，产矿颇旺，月办铜

四万余斤至五万余斤不等。又汤丹之聚宝山，新开长兴硐，日可煎铜六百余斤，九龙箐之开库硐，日可煎铜千余斤。又碌碌厂之竹箐老硐侧另开新硐，矿沙成分颇佳，均应作为子厂'。得旨：'好'。"

[2]　浪泥坪：《云南铜志》作"滥泥坪"。台湾和云南馆藏的两个版本作"浪泥坪"。

[3]　"岔河"至"汤丹厂"：此处记载岔河子厂至汤丹厂的站程为：岔河子厂→普毛村→小海子→膏梁地→黄水箐→汤丹厂。而《云南铜志·厂地上》"汤丹厂"条的记载为："自厂至普毛村一站，普毛村至高梁地一站，高梁地至小海子一站，小海子至黄水箐一站，黄水箐至汤丹厂一站，共五站。"

[4]　"每年"至"八钱"：《云南铜志·厂地上》"汤丹厂"条："每年准支书巡工食、厂费等银三百一十一两八钱。"

碌碌厂 附子厂四

坐 落

碌碌厂[1]，坐落会泽县地方，距东川府城三站半。原系四川经管开采年分未详，雍正四年，改归云南采办。

注 释

[1] 碌碌厂：清代伯麟《滇省舆地图说·东川府舆图》："东川府，铜厂五，曰汤丹、碌碌、大水沟、茂麓、大风岭，皆属知府管理。东川岁办京铜三百数十万，而各厂开采日久，衰旺不时，每资腋凑。"

经 费

本厂每年出铜八九十、一百余万斤不等，向未定额、通商，亦不抽收公、廉、捐、耗。每办百斤，抽课铜十斤，官买余铜九十斤，每百斤给银六两。所收课、余铜，备供局铸、采买。

雍正十二年，奏准：每办百斤，抽课十斤，另抽公、廉、捐、耗铜四斤二两，官买余铜八十五斤十四两，每百斤给价银六两九钱八分七厘。

乾隆二十七年，奏准：每余铜百斤，加给银四钱六分五厘，连原价共给银七两四钱五分二厘。

三十三年，每百斤加银六钱，连原价共给银八两一钱五分一厘。

三十八年，奏准：每办百斤，给厂民通商铜十斤，照前抽课及公、廉、捐、耗，官买余铜七十五斤十四两，每百斤给银八两一钱五分一厘。

三十九年，停止加价，每余铜百斤，照旧给价银七两四钱五分二厘。

四十三年，奏定：年办额铜一百二十四万四千斤。

四十九年，奏准[1]：自四十六年起，减铜四十二万余斤，每年只办额铜八十二万三千九百九十二斤。

嘉庆四年，奏减铜二十万三千九百九十二斤[2]，自七年起，每年只办六十二万斤。内应办底本铜三万九百九十九斤十五两六钱，遇闰加办二千五百八十三斤五两三钱；应办官商铜五十八万九千斤四钱，遇闰加办四万九千八十三斤五两四钱。每底本百斤，给价银六两四钱，并不抽课、通商，亦不抽收公、廉、捐、耗，另款造册报销。其官商铜，照旧通商，抽收课、廉，余铜给价收买，发东川店转运。

自厂至东川店，共三站半，每百斤给运脚银四钱，每一百二十斤，支销筐篓一对，银二分。每年准支官役薪食、厂费等银四百三十六两六钱八分，遇闰加增，小建不除。

此厂工本、运脚，应赴迤东道库请领。自厂至寻甸，共七站半，应需马脚、盘费，照例按站支销，每年准支加添役食银一百三十四两四钱。该厂铜斤，九三成色。

注 释

[1] 四十九年奏准：《朱批奏折·乾隆四十九年九月十八日》："云贵总督富纲、云南巡抚刘秉恬奏：'为厂铜丰啬不常，应酌盈剂虚以昭核实事。……查东川府属之碌碌厂，从前原定额铜一百二十四万四千斤，因四十六年礁硐覆压四口，获铜顿减。臣等恐有收多报少，希图减额情弊，行委道府等亲往查勘，督令厂员募丁提挖。随据查称"覆压礁硐四口，本因开采年久，硐深矿竭，加以大石横阻，人力难施，已成废弃，无可再行提挖。就现礁所出矿砂，每年仅办获铜八十二万三千九百余斤，计短额铜四十二万斤，并无捏饰"等情到臣。臣等伏思，铜厂之衰旺，既属靡常，则各厂铜额之增减，自宜核实，若必拘于原定额数，则矿多铜旺之新厂，既不免减报营私之弊；而矿衰铜绌之旧厂，或因自顾考成，转启虚报铜斤之渐，于铜政殊无裨益。应请嗣后如获铜丰旺，较额增多者，应据实报增，

以资拨用，仍于《考成案》内，计其多办分数，声请议叙；倘因额铜已敷，将余铜走私盗卖，即行严参治罪。其获铜缺额者，如实系矿砂衰薄，亦准厂员据实具报，委据道府勘查属实，或应减额，或应封闭，于考成案内题报。……所有碌碌厂办铜短额，业经臣等查明，实因矿砂已竭，又兼嶒硐覆压所致，请于原定额数内，减去铜四十二万斤，即以八十二万三千九百九十二斤为一年之额。"

[2] 奏减铜二十万三千九百九十二斤：《云南铜志·厂地上》"碌碌厂"条："嘉庆四年，因该厂砆砂质薄，出铜短缩。前布政使司陈奏请酌减铜二十万三千九百九十二斤。"

程 站

碌碌厂，半站至黄草坪，一站至小田坝，一站至尖山塘，一站至东川府城，<一站至>[1]待补，一站至大水塘，一站至功山，一站至寻甸州城。

注 释

[1] <一站至>：自厂至寻甸，共七站半，故此处脱漏<一站>。《云南铜志》亦载，碌碌厂至寻甸店共七站半：碌碌厂，半站至黄草坪，一站至小田坝，一站至尖山塘，一站至东川府城，一站至待补，一站至大水塘，一站至功山，一站至寻甸州城。

子厂
兴隆子厂

乾隆十九年开采，距碌碌四十余里。办获铜斤，照老厂事例，径运东店，归老厂报销，不支运脚。每年准支书巡工食、厂费银二百四两。

龙宝子厂

乾隆十九年开采，距碌碌四十余里。办获铜斤，照老厂事例，径运东店，归老厂报销，不支运脚。每年准支书巡工食、厂费银二百四两。

多宝子厂

乾隆六十年开采，距碌碌五站半多宝子厂，一站至金江渡，一站至野牛坪，一站至一家苗，一站至烟栅子[1]，一站至黄草坪，半站至碌碌厂。办获铜斤，运交碌碌厂转运。每百斤给运脚银六钱八分七厘五毫。每年准支书巡工食、厂费银一百二十一两二钱[2]。

小米山子厂

嘉庆二年开采，距碌碌五站小米山子厂，一站至卑各村，一站至西卡多，一站至凉山箐，一站至黄泥井，一站至碌碌。办获铜斤，运交碌碌厂转运。每百斤给运脚银六钱二分五厘[3]，不支书巡工食。

注 释

[1] 烟栅子：《云南铜志》作"烟棚子"。

[2] 一百二十一两二钱：《云南铜志》作"二百二十一两二钱"。

[3] 六钱二分五厘：《云南铜志》作"六钱六分五厘"。

大水沟厂 附子厂一

坐　落

大水沟厂[1]，坐落会泽县地方，距东川府城三站半。原系四川经管开采年分未详，雍正四年，改归云南采办。

注　释

[1]　大水沟厂：清代王昶《云南铜政全书》："大水沟厂，在东川府会泽县境内，雍正四年开采，年获铜一百三四十万至数十万不等。乾隆四十三年，定年额铜五十一万斤，余同汤丹。"

经　费

本厂每年出铜一二十、四五十万斤不等，向未定额、通商，亦不抽收公、廉、捐、耗。每办百斤，抽课铜十斤，官买余铜九十斤，每百斤给价银六两。所收课、余铜，备供局铸、采买。

雍正十二年，奏准：每百斤抽课十斤，另抽公、廉、捐、耗铜四斤二两，官买余铜八十五斤十四两，每百斤给价银六两九钱八分七厘。

乾隆二十七年，奏准：每余铜百斤，加给银四钱六分五厘，连原价每百斤共给银八两一钱五分一厘[1]。

三十八年，奏准通商，每百斤给厂民通商铜十斤，照前抽收公、廉、捐、耗，官买余铜七十五斤十四两，每百斤给银八两一钱五分一厘。

三十九年，停止加价，每百斤照旧给价银七两四钱五分二厘。

四十三年，奏定：年办额铜五十一万斤。

嘉庆四年，奏准：减铜十一万斤，自七年起，每年（止）〔只〕办额铜四十万斤。应办底本铜一万九千九百九十九斤十五两二钱，遇闰加办一千六百六十九斤九两九钱；应办官商铜三十八万斤八钱，遇闰加办三万一千六百六十六斤十两七钱。每底本铜百斤，给价银六两四钱，并不抽课、通商，亦不抽收公、廉、捐、耗，另款造册报销。其官商铜斤，照旧通商，抽收课、廉，余铜给价收买，发东川店转运。

自厂至东川店，共三站半。每百斤给运脚银四钱，每一百二十斤支销筐篓一对，银一分七厘。每年准支官役薪食、厂费等银五百九十八两五钱，遇闰加增，小建不除。

此厂工本、运脚，应赴迤东道库请领。自厂至寻甸，共七站半，所需马脚、盘费，照例按站支销。该厂铜斤，九三成色。

注　释

[1]　"乾隆"至"一厘"：雍正十二年，每百斤给价银六两九钱八分七厘，乾隆二十七年，每百斤加给银四钱六分五厘，合计应为每百斤共给银七两四钱五分二厘。而此处记录为每百斤共给银八两一钱五分一厘，是因为乾隆三十三年五月起，于例定价值之外，每百斤又暂行加银六钱。连原给例价，合每余铜百斤，给银八两一钱五分一厘。此处是省去了三十五年的暂加银记录。

程　站

大水沟厂　半站至黄草坪，一站至小四坝[1]，一站至尖山塘，一站至东川府城自　至寻，同上[2]。

　释

[1]　小四坝：《云南铜志》作"小田坝"。

[2]　同上：与"碌碌厂"条程站中自东川府城至寻甸程站相同，共四站：东川府城，一站至待补，一站至大水塘，一站至功山，一站至寻甸州城。

子厂
联兴子厂

乾隆六十年开采，距大水沟六站<半>[1]联兴子厂，一站至梅子箐，一站至树结，一站至红门楼，一站至苗子村，一站至凉水井，一站至老村子，半站至大水沟厂。办获铜斤，运交大水沟厂转运。每百斤给运脚银八钱一分二厘五毫。每年准支书巡工食、厂费银一百五十九两八钱。

注　释

[1]　六站<半>：由正文程站可知，应为六站半，故补<半>字。

茂麓厂 _{附子厂一}

坐　落

茂麓厂^[1]，坐落会泽县地方，距东川府城七站半。乾隆三十三年开采。

注　释

[1]　茂麓厂：清代王昶《云南铜政全书》："茂麓铜厂，在东川府会泽县境内，乾隆三十三年开采，岁获铜多寡不等。四十三年，定年额铜二十八万斤。余同汤丹。"

经　费

本厂每年出铜八九万、十余万斤不等，向未定额、通商。每办百斤，抽课铜十斤，公、廉、捐、耗铜四斤二两，官买余铜八十五斤十四两，每百斤给价银八两一钱五分一厘。所收课、余、捐、耗、公、廉铜斤，备供京运。

乾隆三十八年，奏准通商，每百斤给厂民通商铜十斤，照前抽收课铜及公、廉、捐、耗，官买余铜七十五斤十四两，每百斤给银八两一钱五分一厘。

三十九年，停止加价，每余铜百斤，照旧给银七两四钱五分二厘。

四十三年，奏定：年办额铜二十八万斤。内应办底本铜一万三千九百九十九斤十二两八钱，遇闰加办一千一百六十六斤十两四钱；应办官商铜二十六万六千斤三两二钱，遇闰加办二万二千一百六十六斤十两九钱。每底本百斤，给银六两四钱，并不抽课、通商，亦不抽收公、廉、捐、耗，另款造册报销。其官商铜斤，照旧抽收课、廉，余铜给价收买，发东川店转运。

自厂至东川店，共七站半。每百斤给运脚银八钱五分六厘，每一百二十斤支销筐篓一对，银二分。每年准支官役薪食、厂费银七百三十二两[1]。

此厂工本、运脚，应赴迤东道库请领。自厂至寻甸，共十一站半，应需马脚、盘费，照例按站支销。该厂铜斤，九三成色。

注 释

[1] 七百三十二两：《云南铜志》作"六百三十二两"。

程 站

茂麓厂，一站至桃树坪，一站至树结，一站至苗子村，一站至大水沟，半站至黄草坪，一站至小田坝，一站至尖山塘，一站至东川府城自东至寻，同上[1]。

注 释

[1] 同上：自东川至寻甸程站为：东川府城，一站至待补，一站至大水塘，一站至功山，一站至寻甸州城。

<子厂>
普腻子厂

普腻子厂，嘉庆三年开采，距茂麓四站半普腻子厂，一站至鲁得村，一站至磨盘卡，一站至竹里箐，一站至青龙寺[1]，半站至茂麓厂。办获铜斤，运交茂麓厂转运。每百斤给运脚银五钱六分二厘五毫[2]，不支书巡工食。

注　释

[1]　青龙寺:《云南铜志》作"青龙凹"。
[2]　五钱六分二厘五毫:《云南铜志》作"五钱六分一厘五毫"。

乐马厂

坐　落

乐马厂[1]，坐落鲁甸厅[2]地方，距昭通府[3]城二站。乾隆十八年开采乐马厂本系银厂，因碛内夹有铜气，乃于炼银冰燥内复行煎炼，遂为铜厂。

注　释

[1]　乐马厂：清代伯麟《滇省舆地图说·昭通府舆图》："鲁甸厅，银厂一，曰乐马，通判理之。"清代王昶《云南铜政全书》："乐马铜厂，在昭通府鲁甸厅境内。本系银厂，因矿夹铜气，乾隆十八年，于冰燥内煎炼。"

[2]　鲁甸厅：即清代云南昭通府属鲁甸通判。《大清一统志》卷四百九十《昭通府·鲁甸通判》："在府城西南四十里，东西距一百一十里，南北距二百五十里。东至恩安县界三十里，西至东川府界八十里，南至贵州大定府威宁州界八十里，北至永善县界一百七十里，东南至恩安县界三十里，西南至东川府界二百五十里，东北至恩安县界三十里，西北至四川雷波厅界一百八十五里。本为乌蒙府地。本朝雍正九年，移通判驻防，属昭通府。"

[3]　昭通府：《大清一统志》卷四百九十《昭通府》："昭通府，在云南省治西北一千一百六十里，东西距五百八十里，南北距六百三十里。东至贵州威宁州界九十里，西至四川宁远府界四百九十里，南至东川府界一百三十里，北至四川叙州府马边厅界五百里，东南至威宁州界四十里，西南至威宁州界九十里，东北至四川叙州府筠连县界五百里，西北至四川雷波卫界四百里。自府治至京师九千八百里。《禹贡》梁州荒裔。周名窦地甸。汉为牂牁郡地。唐为乌蒙部蛮所据。元初内附，至元中置乌撒路，二十四

年置乌撒乌蒙宣慰司。明洪武中改为乌蒙府，属四川布政使司。本朝雍正五年，改隶云南省，九年改曰昭通府，今领州一、县二。"

经　费

本厂每年出铜五六千、二三万斤不等，向未定额、通商。每办百斤，抽课铜十斤，公、廉、捐、耗铜四斤二两，官买余铜八十五斤十四两，每百斤给价银六两。所收课、余、公、廉、捐、耗铜斤，备供京运。

乾隆三十三年，每百斤加银六钱，连原价共给银六两六钱九分八厘。

三十八年，奏准通商，每百斤给厂民通商铜十斤，照前抽课及公、廉、捐、耗，官买余铜七十五斤十四两。每百斤给银六两六钱九分八厘。

三十九年，停止加价，每余铜百斤，照旧给价银六两。

四十三年，奏定：年办额铜三万六千斤。

嘉庆十二年，题请减铜二万六千斤[1]，（止）〔只〕办额铜一万斤，遇闰加办八百三十三斤，照旧通商，抽收课、廉等铜，余铜给价收买，发昭通店转运。

自厂至昭通店，共二站，每百斤给运脚银二钱五分，不支筐篓及书巡工食。

此厂工本、运脚，应赴迤东道库请领。自厂至寻甸，共八站半，应需马脚、盘费，照例按站支销。该厂铜斤，九五成色。

注　释

[1]　题请减铜二万六千斤：《云南铜志·厂地上》"乐马厂"条："嘉庆十二年，因该厂冰燥短缩，兼署巡抚伯于《考成册》内题请酌减铜二万六千斤。"

程　站

乐马厂，一站至鲁甸，一站至昭通。

乐马厂，一站<半>[1]至鸡罩卡，一站至孟姑，一站至三道沟，一站至东川府城自东至寻，同上[2]。

注　释

[1]　一站<半>：自乐马厂至寻甸程站为八站半，其中东川府至寻甸为四站，则乐马厂至东川府应为四站半，而此处所载站程为四站，据《云南铜志》可知，自厂至鸡罩卡应为一站半。

[2]　同上：自东川至寻甸程站为：东川府城，一站至待补，一站至大水塘，一站至功山，一站至寻甸州城。

梅子沱厂

坐　落

梅子沱厂[1]，坐落永善县[2]地方，距泸州[3]店六站。乾隆三十六年办起此厂并无礶硐，自三十六年收买永善县金沙厂炼银冰燥，运至梅子沱地方，复行煎炼，得铜遂为铜厂。

注　释

[1]　梅子沱厂：清代王昶《云南铜政全书》记："梅子沱铜厂，在昭通府永善县境内，无礶硐。乾隆三十六年，收买永善县金沙厂银矿冰燥，运至梅子沱煎铜。四十三年，定年额铜四万斤，专供京运。每铜百斤，价银六两九钱八分七厘。初系副官村县丞管理，四十二年，改归昭通府管理。"清云南布政司《案册》记："嘉庆十二年，冰燥短缩，年办铜二万斤，遇闰办铜二万一千六百六十六斤。迤东道专管，昭通府经管。"

[2]　永善县：《大清一统志》卷四百九十《昭通府·永善县》："永善县，在府城西北二百三十里，东西距三百四十五里，南北距三百二十里，东至大关界六十五里，西至四川宁远府界二百八十里，南至恩安县界八十里，北至四川叙州府屏山县界二百四十里，东南至恩安县界一百三十里，西南至恩安县界九十里，东北至四川徐州府界七百里，西北至宁远府界一百三十里。旧为米贴寨，土酋世居其地。元属乌撒路。明属乌蒙府。本朝雍正五年改隶云南，六年置县，属昭通府。"

[3]　泸州：即泸州直隶州。《大清一统志》卷四一二《泸州直隶州》："泸州直隶州，在四川省治东南七百五十里，东西距三百十里，南北距二百二十里。东至重庆府江津县界一百七十里，西至叙州府长宁县界一百四十

里，南至叙永厅永宁县界一百二十里，北至叙州府隆昌县界一百里，东南至重庆府江津县、贵州遵义府仁怀县界三百三十里，西南至叙州府兴义县、叙永厅永宁县界一百五十里，东北至重庆府永川县界一百五十里，西北至叙州府富顺、隆昌二县界六十里。本州境东西距一百十里，南北距一百六十里。东至合江县界六十里，西至江安县界五十里，南至纳溪县界三十里，北至重庆府荣昌县界一百三十里，东南至贵州怀仁县界一百里，西南至叙州府南溪县界五十里，东北至合江县界六十里，西北至隆昌县界六十里。自州治至京师六千四百一十里。《禹贡》梁州之域。春秋时巴国地。汉置江阳县，属犍为郡。后汉建安十八年置江阳郡，晋因之。宋曰东江阳郡时改置江阳于武阳，故加东字，齐因之。梁于郡置泸州《元和志》作梁大通初置；《寰宇记》作大同中置；《方舆胜览》：'李璧《西山堂记》云："郡名为泸者，盖始因梁大同中，当徙治马湖江口，马湖即泸水下流，因还取泸水为名"'。隋开皇初郡废，仁寿中置总管府，大业初府废，改州曰泸川郡，又改郡治江阳县曰泸川。唐武德元年复曰泸州，三年置总管府，寻曰都督府督羁縻十州，后增至十四州。天宝初曰泸川郡，乾元初复曰泸州，属剑南道。五代属蜀。宋亦曰泸州泸川郡，宣和元年置泸川军节度，属潼川路领羁縻州十八，乾道六年移潼川路安抚使于此，景定二年为元所取，寻收复，改曰江安州，属潼川路。元仍曰泸州，至元二十年以州治泸川县省入。二十二年，割属重庆路。明洪武升直隶州，属四川布政使司。本朝因之，属四川省，领县三、土司一。"

经　费

本厂每年出铜三四万斤不等，向未定额、通商。每办百斤，抽课铜十斤，公、廉、捐、耗铜四斤二两，官买余铜八十五斤十四两，每百斤给价银八两一钱五分一厘。所收课、余、公、廉、捐、耗等铜，备供京用。

乾隆三十八年，奏准通商，每百斤给厂民通商铜十斤，照旧抽收课铜及公、廉、捐、耗，官买余铜七十五斤十四两[1]，每百斤给银八两一钱五分一厘。

三十九年，停止加价，每余铜百斤，照旧给银七两四钱五分二厘。

四十二年，按照中厂例价，每余铜百斤，给价银六两九钱八分七厘。

四十三年，奏定：年办额铜四万斤。

嘉庆十二年，题请减铜二万斤[2]，只办额铜二万斤，遇闰加办一千六百六十六斤十两七钱，照旧通商，抽课、廉等铜，余铜给价收买，发泸店转运。

自厂至泸店，共水路六百九十里，每百斤给运脚银一钱六分四厘五毫，每二百斤支销筐篓一对，银二分，不支书巡工食。

此厂工本、运脚，应赴迤东道库请领。自厂至寻甸，共陆路二十四站半，应需马脚、盘费，照例按站支销。该厂铜斤，八五成色。

注　释

[1]　七十五斤十四两：《云南铜志》作"八十五斤十四两"。然每百斤，通商十斤，抽课十斤，抽公、廉、捐、耗铜四斤二两，故余铜应为七十五斤十四两，则本书记载正确。

[2]　题请减铜二万斤：《云南铜志·厂地上》"梅子沱"条："嘉庆十二年，因金沙厂炼银冰燥渐少，兼署巡抚伯于《考成册》内，题请酌减铜二万斤。"

程　站

水路：自梅子沱厂，二百五十里至安边，一百里至叙州府[1]城，一百九十里至南溪[2]，一百五十里至泸店。

陆路：自梅子沱厂，半站至黑竹箐，一站至罗江岸，一站至副官村，一站至半边树，一站至洗沙溪，一站至石版溪，一站至桧溪，一站至腰塘，一站至吞都，一站至那比渡，一站至米贴，一站至黄草坪，半站至码磺沟，一站至新甸子，一站至冷水河，一站至昭通府，一站至大水塘，一站至江底，一站至以扯，一站半至红石岩，一站至东川府城，四站至寻甸自东至寻，同上。

注　释

[1]　叙州府：《大清一统志》卷三九五《叙州府》："叙州府，在四川省治东南七百九十里，东西距五百九十里，南北距三百七十五里。东至泸州江安县界一百三十五里，西至凉山蛮界四百六十里，南至叙永厅界二百一十五里，北至嘉定府县界一百六十里，东南至叙永厅界二百二十里，西南至云南昭通府镇雄州界二百六十里，东北至重庆府荣昌县界二百八十里，西北至犍为县界一百七十里，自府治至京师六千四百九十里。《禹贡》梁州之域。秦为西南夷地。汉建元六年置犍为郡，属益州《华阳国志》：'郡初治鳖县，元光五年徙治南广，始元元年郡治僰道。'按：《元和志》谓昭帝时自僰道移理武阳撰。后汉为犍为郡地郡徙治武阳，在今眉州界。三国汉至晋、宋因之。萧齐复为犍为郡治见宋、齐《州郡志》。而《元和志》作李雄窃据，此地空废，与《宋志》不同。梁大同十年置戎州。隋大业初复改为犍为郡。唐武德元年复曰戎州，贞观六年置都督府，天宝元年改南溪郡，乾元元年复为戎州，属剑南道。五代属蜀。宋政和四年改曰叙州《方舆胜览》作绍圣四年改，与宋《志》不同，属潼川路。元至元十八年升为叙州路，并立叙南等处蛮夷宣抚司。明洪武六年改为叙州府，属四川布政使司。本朝因之，属四川省。雍正五年以马湖府省入，领县十一、厅二、土司四。"

[2]　南溪：《大清一统志》卷三九五《叙州府·南溪县》："南溪县，在府东一百十里，东西距九十五里，南北距一百二十里。东至泸州江安县界二十五里，西至宜宾县界七十里，南至长宁县界五十里，北至富顺县界七十里，东南至江安县界三十里，西南至宜宾县界七十里，东北至泸州界一百里，西北至宜宾县界八十里。汉僰道县地。梁分置南广县，并置六同郡。隋开皇初郡废，仁寿二年改曰南溪，属犍为郡。唐初为戎州治，贞观中州徙治僰道，长庆中复移来治，会昌二年复徙州治僰道，以县属之。宋属叙州。元属叙州路。明属叙州府。本朝因之。"

人老山厂

坐 落

人老山厂[1]，坐落大关厅地方，距泸州店水、（路）〔陆〕九站半。乾隆十七年开采。

注 释

[1] 人老山厂：清代伯麟《滇省舆地图说·昭通府舆图》："大关厅，铜厂二，曰人老山、箭竹塘，同知理之。"清代王昶《云南铜政全书》："人老山铜厂，在昭通府大关厅西北四百九十里，乾隆十七年开采。四十三年，定年额铜四千二百斤，专供京运。每铜百斤价银六两。旁：邱家湾、临江溪两处俱有礁硐，为人老山子厂，然附近老厂获铜，归并汇报。"

经 费

本厂每年出铜二三千、四五千斤不等，向未定额、通商。每办百斤，抽课铜十斤，公、廉、捐、耗铜四斤二两，官买余铜八十五斤十四两，每百斤给价银六两。所收课、余、捐、耗等铜，备供京运。

乾隆三十三年，每百斤加银六钱，连原价共银六两六钱九分八厘。

三十八年，奏准通商，每百斤给厂民通商铜十斤，照前抽收课铜及公、廉、捐、耗，官买余铜七十五斤十四两，每百斤给银六两六钱九分八厘。

三十九年，停止加价，每余铜百斤，照旧给价银六两。

四十三年，奏定：年办额铜四千二百斤，遇闰加办三百五十斤，照旧通商，抽收课、廉等铜，余铜给价收买，发泸店转运。

自厂至泸店，水、陆共九站半，每百斤给运脚、筐篓银六钱一分八厘，每年准支书巡工食银六十六两，遇闰加增，小建不除。

此厂工本、运脚，应赴迤东道库请领。自厂至寻甸，共十六站，应需马脚、盘费，照例按站支销。该厂铜斤，九三成色。

程　站

陆路：人老山厂，一站至落水村，一站至核桃坝，半站至廟口。

水路：至庙口，七站至泸店。

人老山厂，二站至核桃坝，<一>站半至大关厅，一站至一碗水，一站至乌拉铺，一站至昭通府城，五站<半>[1]至东川府城，四站至寻甸自昭至东[2]、自东至寻，同上。

注　释

[1] 五站<半>：昭通府至东川府应为五站半，具体站程见注[2]。

[2] 自昭至东：自昭通府至东川府城程站为：昭通府，一站至大水塘，一站至江底，一站至以扯，一站半至红石岩，一站至东川府城，计五站半。

箭竹塘厂

坐　落

箭竹塘厂[1]，坐落大关厅地方，距泸州店水、陆十一站半[2]。乾隆十九年开采。

注　释

[1]　箭竹塘厂：清代伯麟《滇省舆地图说·昭通府舆图》："大关厅，铜厂二，曰人老山、箭竹塘，同知理之。"清代王昶《云南铜政全书》："箭竹塘铜厂，在昭通府大关厅西北二百三十里，地名丁木树，又名八里乡。乾隆十九年开采。四十三年，定年额铜四千二百斤，专供京运。"

[2]　水、陆十一站半：《云南铜志》作"距泸州店水、陆十八站半"。根据下文"程站"记载，"十一站半"准确。

经　费

本厂每年出铜二三千、四五千斤不等，向未定额、通商。每百斤抽课铜十斤，公、廉、捐、耗铜四斤二两，官买余铜八十五斤十四两，每百斤给价银六两。所收课、余、公、廉、捐、耗等铜，备供京运。

乾隆三十三年，每百斤加银六钱，连原价共银六两六钱九分八厘。

三十八年，奏准通商，每百斤给厂民通商铜十斤，照前抽课及公、廉、捐、耗，官买余铜（八）〔七〕十五斤十四两，每百斤给价银六两六钱九分八厘。

三十九年，停止加价，每百斤照旧给银六两。

四十三年，奏定：年办额铜四千二百斤，遇闰加办三百五十斤，照前通商，抽收课、廉等铜，余铜给价收买，发泸店转运。

　　自厂至泸店，水、陆共十一站半。每百斤给运脚、筐篓银一两九分九厘。每年准支书巡工食银六十六两，遇闰加增，小建不除。

　　此厂工本、运脚，应赴迤东道库请领。自厂至寻甸，共陆路十九站，应需马脚、盘费，照例按站支销。该厂铜斤，九三成色。

程　站

　　陆路：箭竹塘，一站至戛补，一站至施施村，一站至豆沙关。

　　水路：由豆沙关至泸八站<半>[1]。

　　箭竹塘厂，一站至戛补，（半站）〔一站半〕[2]至黄水，一站至牛街，一站至二等坡，一站至两路口，一站至长发坡，一站至林口，一站至奎乡，一站至落则河，一站至大水塘，一站至江底，一站至以扯，一站半至红石岩，一站至东川府城，四站至寻甸自东至寻，同上。

注　释

　　[1]　八站<半>：因箭竹塘厂距泸州店水、陆共十一站半，其中陆路有三站，故水路应为八站半。《云南铜志·厂地上》"箭竹塘厂"条载："由豆沙关水运至泸州店，水程八站半。"

　　[2]　（半站）〔一站半〕：由箭竹塘厂至寻甸共十九站，而此处仅载十八站，又据《云南铜志·厂地上》"箭竹塘厂"条："戛补至黄水站半"，故此处从之，将"半站"改"一站半"。

长发坡厂

坐　落

长发坡厂[1]，坐落镇雄州[2]地方，距泸州店十五站。乾隆十年开采。

注　释

[1]　长发坡厂：清代伯麟《滇省舆地图说·昭通府舆图》："镇雄州：铜厂一，曰长发坡，知州理之。"清代王昶《云南铜政全书》："长发坡在昭通府镇雄州境内，地名戈魁河。乾隆十年开采。东有林口、红岩、五墩坡、响水、白木坝、阿塔林，南有花桥、发绿河、山羊、拉巴、大鱼井，北有木冲沟、二道林、铜厂沟、麻姑箐、巴茅坡，长发坡其总名也。四十三年，定年额铜一万三千斤，专供京运。每铜百斤价银六两。"

[2]　镇雄州：《大清一统志》卷四百九十《昭通府·镇雄州》："镇雄州，在府城东三百四十里，东西距六百四十里，南北距三百四十里。东至四川叙永厅永宁县界三百里，西至恩安县界三百四十里，南至贵州大定府威宁州界三十里，北至四川叙州府高县界三百一十里，东南至贵州大定府毕节县界三十里，西南至威宁州界七十里，东北至四川叙州府珙县界二百六十里，西北至大关界五百里。周为乌蒙子芒部居此。汉属牂牁郡。唐、宋为乌蒙所据。元至元中置芒部路，属乌撒乌蒙宣慰司。明设芒部府，寻升芒部军民府，嘉靖二年改为镇雄军民府，属四川布政使司。本朝雍正五年改隶云南，六年府降为州，属昭通府。"

经　费

本厂每年出铜八九千、一万一二千斤不等，向未定额、通商。每办百斤，抽课铜十斤，公、廉、捐、耗铜四斤二两，官买余铜八十五斤十四两，每百斤给价银六两。所收课、余、捐、耗等铜，备供京运。

乾隆三十三年，加价银六钱，连原价共银六两六钱九分八厘。

三十八年，奏准通商，每百斤给厂民通商铜十斤，照前抽收课铜及公、廉、捐、耗，官买余铜七十五斤十四两，每百斤给银六两六钱九分八厘。

三十九年，停止加价，每余铜百斤，照旧给价银六两。

四十三年，奏定：年办额铜一万三千斤，遇闰加办一千八十三斤。照旧通商，抽收课、廉等铜，余铜给价收买，发泸店转运。

自厂至牛街店三站，每百斤给运脚银三钱。自牛街店至罗星渡，共四站，每百斤给运脚银五钱一分六厘[1]。自罗星渡至泸店，水路八站，每百斤给水脚银二钱九分，每一百六十八斤支销筐篓一对，银一分七厘，不支书巡工食。

此厂工本、运脚，应赴昭通府请领。至昭通府城，共五站，应需马脚、盘费，照例按站支销。该厂铜斤，九三成色。

注　释

[1]　五钱一分六厘：《云南铜志》作"五钱一分六厘八毫"。

程　站

长发坡厂，一站至两路口，一站至二等坡，一站至牛街店，一站至黄水，一站至花家坝，一站至石竈[1]孔，一站至罗星渡，水路八站至泸州店。

长发坡厂，一站至林口，一站至奎乡，一站至落则河，一站至大水塘，一站至昭通府城。

注　释

[1]　竈：灶，烧火做饭的设备。

小岩坊厂

坐　落

小岩坊厂[1]，坐落永善县地方，距泸州水路八站半。乾隆二十四年开采。

注　释

[1]　小岩坊厂：清代伯麟《滇省舆地图说·昭通府舆图》："永善县：铜厂二，曰梅子沱、曰小岩坊，知县理之。"清代王昶《云南铜政全书》："小岩坊铜厂，在昭通府永善县北四百余里，一名细沙溪。乾隆二十五年开采。四十三年，定年额铜二万二千斤，专供京运。每铜百斤价银六两九钱八分七厘。"

经　费

本厂每年出铜一万三千、二万余斤不等，向未定额、通商。每办百斤，抽课铜十斤，公、廉、捐、耗铜四斤二两，官买余铜八十五斤十四两，每百斤给价银六两九钱八分七厘。所收课、余、捐、耗、公、廉等项，备供京运。

乾隆三十三年，每百斤加价银六钱，连原价共给银七两六钱八分五厘。

三十八年，奏准通商，每百斤给厂民通商铜十斤，照前抽收课铜及公、廉、捐、耗，官买余铜七十五斤十四两，给价银七两六钱八分五厘。

三十九年，停止加价，每余铜百斤，照旧给价银六两九钱八分七厘。

四十三年，奏定：年办额铜二万二千斤，遇闰加办一千八百三十三斤，照旧通商，抽收课、廉等铜，余铜给价收买，发泸店转运。

自厂至泸店，水（路）〔陆〕共八站半。每百斤给运脚、筐篓银六钱五分九厘，不支书巡工食。

此厂工本、运脚，应赴昭通府库请领。自厂至昭通府城，共十一站，应需马脚、盘费，照例按站支销。该厂铜斤，九三成色。

程　站

陆路：小岩坊厂，半站至洗沙溪，一站至江口。

水路：自江口，七站至泸店。

小岩坊厂，半站至洗沙溪，一站至石版溪，一站至桧溪，一站至临塘[1]，一站至吞都，一站至那比渡，一站至末贴[2]，一站至黄草坪，半站至码磺沟，一站至新甸子，一站至冷水河，一站至昭通府城。

注　释

[1]　临塘：《云南铜志》作"腰塘"。
[2]　末贴：《云南铜志》作"米贴"。

卷二·厂地下

凤凰坡厂

以下八厂，京运、局铸、采买兼拨。

坐 落

凤凰坡厂[1]，坐落路南州[2]地方，距省三站。乾隆六年开采。

注 释

[1] 凤凰坡厂：清代王昶：《云南铜政全书》："凤凰坡厂，在路南州境内，距城六十里，明时开采。乾隆六年复开。四十三年，定年额铜一万二千斤，拨本省局铜，各省采买，间亦拨京铜。每铜百斤，价银六两。"

[2] 路南州：《大清一统志》卷四八一《澄江府·路南州》："路南州，在府东一百三十里，东西距一百二十里，南北距一百一十五里。东至广西州弥勒县界八十里，西至云南府宜良县界四十里，南至临安府宁州界九十里，北至宜良县界二十五里，东南至广西州弥勒县界八十里，西南至河阳县界七十八里，东北至曲靖府陆良州界六十里，西北至曲靖府马龙州界一百八十里。汉益州郡地。蜀汉为建宁郡地。唐属昆州，蛮名路甸。天宝末，为黑爨蛮落蒙所据，号落蒙部。元初置落蒙万户府，至元十三年改为路南州，属澄江路。明属澄江府。本朝因之。"

经　费

本厂每年出铜七八千斤、一万一二千斤不等，向未定额、通商，亦不抽收公、廉、捐、耗。每办百斤，抽课二十斤，官买余铜八十斤，每百斤给价银五两。所收课、余等铜，备供京运、局铸、采买。

乾隆二十五年，奏准：每办铜百斤，改为抽课十斤，另抽公、廉、捐、耗铜四斤二两，官买余铜八十五斤十四两，每百斤给价银六两。

三十三年，每百斤加银六钱，连原价共给银六两六钱九分八厘。

三十八年，奏准通商，每百斤给厂民通商铜十斤，照前抽收课铜及公、廉、捐、耗，官买余铜七十五斤十四两，每百斤给银六两六钱九分八厘。

三十九年，停止加价，每余铜百斤，照旧给价银六两。

四十三年，奏定：年办额铜一万二千斤，遇闰加办一千斤。照旧通商，抽收课、廉等铜，余铜给价收买。

此厂铜斤，如拨京运，则发交寻甸店转运。自厂至寻，共五站，每百斤给运脚银六钱四分六厘。如拨局铸，则发交省局，共三站，每百斤给运脚银三钱。如拨采买，则由委员赴厂、兑领、发运。自厂至剥隘运脚，委员自行支销。所有京、局二项，止支运脚，不支筐篓。每年准支书巡工食、厂费银七十二两。

此厂工本、运脚，应赴澄江府库请领。自厂至澄江府城，共三站，应需马脚、盘费，照例按站支销。该厂铜斤，八成色。

程　站

凤凰坡厂，一站至阿药铺，一站至陆凉州，一站至刀章铺，一站至马龙州城，一站至寻甸州店。

凤凰坡厂，一站至北山塘，一站至汤池，一站至省城。

凤凰坡厂，一站至禄丰，一站至乌旧村，一站至澄江府城。

红石岩厂

坐　落

红石岩厂[1]，坐落路南州地方，距省三站。乾隆六年开采。

注　释

[1]　红石岩厂：清代王昶《云南铜政全书》："红石岩厂，在路南州东六十里。明时，于附近之暮卜山开采，年获铜数百万斤。万历间重修西岳庙，碑犹记其略。今厂在暮卜山之旁，名龙宝厂。省《志》载：'龙宝厂，坐落路南州地方是也。'康熙四十四年，总督贝和诺疏称：'按厂抽课'，犹有其名。后封闭，乾隆六年复开，始名红石岩厂。四十三年，定额铜一万二千斤，拨本省局铜，各省采买，间拨京铜。每铜百斤，价银六两。"清云南布政司《案册》记："遇闰办铜一万三千斤。澄江府专管，路南州经管。"

经　费

本厂每年出铜七八千、一万一二千斤不等，向未定额、通商，亦不抽收公、廉、捐、耗。每办百斤，抽课二十斤，官买余铜八十斤，每百斤给价银五两。所收课、余铜，备供京运、局铸、采买。

乾隆二十五年，奏准：每办百斤，改为抽课十斤，另抽公、廉、捐、耗铜四斤二两，官买余铜八十五斤十四两，每百斤给价银六两。

三十三年，每百斤加银六钱，连原价共给银六两六钱九分八厘。

三十八年，奏准通商，每办百斤，给厂民通商铜十斤，照前抽收课铜及公、廉、捐、耗，官买余铜七十五斤十四两，每百斤给银六两六钱九分八厘。

三十九年，停止加价，每余铜百斤，照旧给价银六两。

四十三年，奏定：(止)〔只〕办额铜一万二千斤，遇闰加增一千斤，照旧通商，抽收课、廉等铜，余铜给价收买。

此厂铜斤，如拨京运，则发交寻甸店转运。自厂至寻店，共六站，每百斤给运脚银七钱七分五厘二毫。如拨局铸，则发交省局。自厂至省，共三站与凤凰坡厂同，每百斤给运脚银三钱。如拨采买，则由委员赴厂兑领、发运。自厂至剥隘运脚，委员自行支销。所有京、局二项，止支运脚，不支筐篓。每年准支书巡工食、厂费银七十二两。

此厂工本、运脚，应赴澄江府库请领。自厂至澄江府城，共三站，应需马脚、盘费，照例按站支销。该厂铜斤，八成色。

程　站

红石岩厂，一站至大麦地，一站至(何)〔阿〕药铺[1]，四站[2]至寻甸州店。

红石岩厂，至省城程站，与凤凰坡厂同[3]。

红石岩厂，一站至三道水，一站至路则，一站至澄江府城。

注　释

[1]　(何)〔阿〕药铺：上文"凤凰坡厂"的"程站"记载该地为"阿药铺，四站至寻甸州店"，《云南铜志》"红石岩厂"条亦载为"阿药铺"，故改之。

[2]　四站：据"凤凰坡厂"条可知，阿药铺至寻甸州店四站为：一站至陆凉州，一站至章铺，一站至马龙州城，一站至寻甸州店。

[3]　与凤凰坡厂同：参照凤凰坡厂至省城路线，可知红石岩厂至省城程站亦为：红石岩厂，一站至北山塘，一站至汤池，一站至省城。

大兴厂

坐　落

大兴厂[1]，坐落路南州地方，距省四站。乾隆二十三年开采。

注　释

[1]　大兴厂：清代刘慰三《滇南志略》卷五："澄江府，路南州，大兴铜厂，在州境内，距城三十里。"

经　费

本厂每年出铜八九十万、百余万斤不等，向未定额、通商。每办百斤，抽课十斤，公、廉、捐、耗铜四斤二两，官买余铜八十五斤十四两，每百斤给价银六两九钱八分七厘。所收课、余、公、廉、捐、耗等铜，备供京运、局铸、采买。

乾隆三十三年，每百斤加银六钱，连原价共给银七两六钱八分五厘。

三十八年，奏准通商，每百斤给厂民通商铜十斤，照前抽收课铜及公、廉、捐、耗，官买余铜七十五斤十四两，每百斤给银七两六钱八分五厘。

三十九年，停止加价，每余铜百斤，照旧给价银六两九钱八分七厘。

四十三年，奏定：年办额铜四万八千斤，遇闰加办四千斤。照旧通商，抽收课、廉等铜，余铜给价收买。

此厂铜斤，如拨京运，则发威宁州[1]店转运。自厂至威宁店，共十一站，每百斤给运脚银一两一钱八分七厘六毫。如拨鼓铸，则发省局。自厂至省，共四站，每百斤给运脚银四钱。如拨采买，则由委员赴厂，兑领、发运。自厂至剥隘运脚，委员自行支销。所有京、局二项，止支运脚，不支筐篓。每年准支书巡工食、厂费银一百八十九两六钱。

此厂工本、运脚，应赴澄江府库请领。自厂至澄江府城，共（三站半）〔二站半〕[2]，应需马脚、盘费，照例按站支销。该厂铜斤，八三成色。

注　释

[1]　威宁州：《大清一统志》卷五百九《大定府·威宁州》："威宁州，在府城西二百九十里，东西距三百九十五里，南北距四百六十五里。东至水城厅界一百六十里，西至云南东川府界二百三十五里，南至平远州界三百七十里，北至毕节县界九十五里，东南至本府界一百九十里，西南至云南宣威州界一百里，东北至云南镇雄州界二百六十里，西北至云南昭通府界二百四十里。古巴凡兀姑之地，世为乌蛮所居。汉时蛮名巴的甸。宋为乌撒部。元时内附，至元十五年置乌撒路军民总管府，二十一年改军民宣抚司，二十四年升为乌撒乌蒙宣慰司。明洪武十四年置乌撒府，隶云南布政司，十五年增置乌撒卫，隶云南都司，十六年改府为军民府，隶四川布政司。永乐十二年，以乌撒卫来隶贵州都司。本朝康熙三年，置威宁府，隶贵州省。二十六年，省乌撒卫入焉。雍正七年降为州，属大定府。"

[2]　（三站半）〔二站半〕：此处站数与实际不符，根据下文站程介绍可知，应为两站半，"大兴厂，一站至小哨，一站至羊券，半站至澄江府城"。《云南铜志·厂地下》"大兴厂"条之记载也是两站半："自厂至小哨一站，小哨至羊券一站，羊券至澄江府城半站，共二站半"。

程　站

大兴厂，一站至回子哨，一站至陆凉州城，一站至小哨，一站至曲靖府城，一站至松井[1]，一站至关哨，一站至永安铺，一站至宣威州[2]城，一站至倘塘，一站至箐头铺，一站至威宁州城。

大兴厂，一站至路南州，一站至宜良县，一站至七甸，一站至省城。

大兴厂，一站至小哨，一站至羊券，半站至澄江府城。

注 释

[1]　松井：《云南铜志》作"松林"。

[2]　宣威州：《大清一统志》卷四八四《曲靖府·宣威州》："在府城东北二百三十里，东西距一百七十里，南北距一百七十五里。东至贵州普安厅界七十里，西至东川府界一百里，南至沾益州界四十五里，北至贵州大定府威宁州界一百三十里，东南至普安厅界一百六十里，西南至寻甸州界九十五里，东北至威宁州界一百五十里，西北至东川府界一百二十五里。汉牂牁郡地。三国汉属兴古郡。晋因之。唐属盘州，后入于蛮。元置沾益州。明初设乌撒卫后三所，后改为沾益州。本朝顺治十六年，移州治于交水，雍正五年，割沾益州新化里至高坡顶，设宣威州，属曲靖府。"

红坡厂

坐　落

红坡厂[1]，坐落路南州地方，距省四站。乾隆三十五年开采。

注　释

[1]　红坡厂：清代王昶《云南铜政全书》："红坡铜厂，在路南州东十五里。乾隆二十五年开采。四十三年，定年额铜四万八千斤，拨局铜及采买。每铜百斤，价银六两九钱八分七厘。"

经　费

本厂每年出铜七八千、一万余斤不等，向未定额、通商。每办百斤，抽课十斤，公、廉、捐、耗铜四斤二两，官买余铜八十五斤十四两，每百斤给银七两六钱八分五厘。所收课、余、公、廉、捐、耗等铜，备供京运、局铸、采买。

乾隆三十八年，奏准通商，每百斤给厂民通商铜十斤，照前抽收课铜及公、廉、捐、耗，官买余铜七十五斤十四两，每百斤给银七两六钱八分五厘。

三十九年，停止加价，每余铜百斤，照旧给价银六两九钱八分七厘。

四十三年，奏定：年办额铜四万八千斤，遇闰加办四千斤。照旧通商，抽收课、廉等铜，余铜价买。

此厂铜斤，如拨京运，则发威宁州店转发。自厂至威宁，共十一站，每百斤给运脚银一两一钱八分七厘六毫。如拨局铸，铜发省局。自厂至省，共四站，每百斤给运脚银四钱。如拨采买，则由委员赴厂，兑领、发运。自厂至剥隘运脚，委员自行支销。所有京、局二项，止支运脚，不支筐篓。每年准支官役薪工、厂费银一百八十九两六钱。

此厂工本、运脚，应赴澄江府库请领。自厂至澄江府城，共二站半，应需马脚、盘费，照例按站支销。该厂铜斤，八三成色。

程　站

自厂至威宁、至省局、至澄江三处，程站均与大兴厂同。

发古厂

坐　落

发古厂[1]，坐落寻甸州地方，距省六站。乾隆三十六年开采。

注　释

[1]　发古厂：清代伯麟《滇省舆地图说·澄江府舆图》："路南州：铜厂……曰发古，知州理之。"

经　费

本厂每年出铜二三十万斤不等，向未定额，亦不抽收公、廉、捐、耗。每办百斤，给厂民通商铜十斤，抽课十斤，官买余铜八十斤，每百斤给价银七两六钱八分五厘。所收课、余铜，备供京运、局铸、采买。

乾隆三十九年，停止加价，每余铜百斤，给价银六两九钱八分七厘。

四十三年，奏定：年办额铜四万八千斤，遇闰加办四千斤。照旧通商、抽课，余铜给价收买。

此厂铜斤，如拨京运，则发威宁州店转运。自厂至威宁，共十三站，每百斤给运脚银一两六钱八分七厘[1]，又每一百二十斤支销筐篓一对，银一分七厘。如拨局铸，自厂至省，共六站，每百斤给运脚银七钱五分，不支筐篓。如拨采买，则由委员赴厂，兑领、发运。自厂至剥隘运脚，委员自行支销。每年准支官役薪工、厂费银三百一十二两。

此厂工本、运脚，应赴澄江府库请领。自厂至澄江府城，共八站，应需马脚、盘费，照例按站支销。该厂铜斤，八三成色。

注　释

[1]　一两六钱八分七厘：《云南铜志》作"一两六钱八分六厘"。

程　站

发古厂，一站至新村，一站至折苴，一站至甸沙，一站至王家庄，一站至马龙州，一站至黑桥，一站至遵化，一站至永安铺，一站至石了口，一站至可渡[1]，一站至箐头铺，一站至飞来石，一站至威宁州。

发古厂，一站至新村，一站至折苴，一站至甸沙，一站至杨林，一站至板桥，一站至省城。

发古厂，（一）〔五〕站[2]至板桥，一站至水海子，一站至马军铺，一站至澄江府城。

注　释

[1]　可渡：嘉庆末所立《重修可渡桥记》载："兹可渡桥者，为京铜转输之孔道，实黔、蜀往来之通衢。"《明史》卷四十三《地理四·四川省》："乌撒军民府：……洪武十五年正月为府，属云南布政司。十六年正月改属四川布政司。十七年五月升为军民府。西有盘江，出府西乱山中，经府南为可渡河，入贵州毕节卫界，有可渡河巡检司。"《清史稿》卷七十四《地理二十一·云南省》："宣威州……宛温水源出州南东屯，北流，纳州西境诸水，入可渡河。可渡关在焉，巡司驻此。驿一：倪塘。"

[2]　（一）〔五〕站：前文载："发古厂，一站至新村，一站至折苴，一站至甸沙，一站至杨林，一站至板桥。"故此处应为五站。

大风岭厂 附子厂二

坐　落

大风岭厂[1]，坐落会泽县地方，距东川府城六站。乾隆十五年开采。

注　释

[1]　大风岭厂：清代王昶《云南铜政全书》："大风岭铜厂，在东川府会泽县境内。乾隆十五年开采。每年获铜数十万斤或数万斤不等。四十二年，定年额铜八万斤。余同汤丹。大寨子厂，一名杉木箐，距大风岭三站。"

经　费

本厂每年出铜二三万、十余万斤不等，向未定额、通商。每办百斤，抽课十斤，公、廉、捐、耗铜四斤二两，官买余铜八十五斤十四两，每百斤给价银六两九钱八分七厘。所收课、余、公、廉、捐、耗等铜，备供京运。

乾隆二十七年，奏准：每余铜百斤，加给银四钱六分五厘，连原价共给银七两四钱五分二厘。

三十三年，每百斤加价银六钱，连原价共银八两一钱五分一厘。

三十八年，奏准通商，每百斤给厂民通商铜十斤，照前抽收课铜及公、廉、捐、耗，官买余铜七十五斤十四两，每百斤给银八两一钱五分一厘。

三十九年，停止加价，每余铜百斤，照旧给价银七两四钱五分二厘。

四十三年，奏定：年办额铜八万斤，遇闰加办六千六百六十六斤。照旧通商，抽收课、廉，余铜发价收买，发东川府转运。

自厂至东川府城，共六站。每百斤给运脚银七钱五分，每一百二十斤支销筐篓一对，银一分七厘。每年准支官役薪工、厂费银五百四十两。

此厂工本、运脚，应赴迤东道库请领。自厂至寻甸，共十站，应需马脚、盘费，照例按站支销。该厂铜斤，九三成色。

程　站

大风岭厂，一站至处吉渡，一站至凉水井，一站至腰店子，一站至老村子，一站至尖山塘，一站至东川府城。

自厂至东川府，共六站，同上。自东至寻，见上。

子厂
杉木箐子厂

乾隆三十四年开采，距大风岭二十余里。办获铜斤，径运东店，归大风岭厂报销，不支运脚。每年准支书巡工食、厂费银二百二十八两。

大寨子厂

乾隆三十九年开采，距大风岭三站大寨子厂，一站至者那，一站至臭水井，一站至大风岭厂。办获铜斤，运交大风岭厂转运，每百斤给运脚银三钱七分五厘，不支书巡工食。

紫牛坡厂

坐　落

紫牛坡厂[1]，坐落会泽县地方，距东川店二站半。乾隆四十年开采。

注　释

[1]　紫牛坡厂：清代伯麟《滇省舆地图说·东川府舆图》："会泽县：铜厂一，曰紫牛坡，知府理之。"清代王昶《云南铜政全书》："紫牛坡铜厂，在东川府会泽县境内。乾隆四十年开采。四十三年，定年额铜三万三千斤，供东川局。每铜百斤，价银六两九钱八分七厘。余同汤丹。"

经　费

本厂每年出铜六七万、十余万斤不等，向未定额。每办百斤，给厂民通商铜十斤，抽课十斤，公、廉、捐、耗铜四斤二两，官买余铜七十五斤十四两，每百斤给价银六两九钱八分七厘。所收课、余、公、廉、捐、耗等铜，备供京运。

乾隆四十三年，奏定：每年办额铜三万三千斤，遇闰加办二千七百五十斤。照旧通商，抽收课、廉等铜，余铜给价收买，发东川店转运。

自厂至东川店，共二站半。每百斤给运脚银三钱一分二厘五毫，每一百二十斤支销筐篓一对，银一分七厘，不支书巡工食。

此厂工本、运脚，应赴迤东道库请领。自厂至寻甸，共六站<半>[1]，应需马脚、盘费，照例按站支销。该厂铜斤，八五成色。

注 释

[1] 六站<半>：自厂至东川府两站半，东川至寻甸四站，总计应为六站半。故补"半"。

程 站

紫牛坡厂，半站至则都箐，一站至尖山塘，一站至东川府城。

自厂至东川府，共二站半，同上。自东至寻，见上。

青龙厂 附子厂一

坐 落

青龙厂[1]，坐落元江州[2]地方，距省六站。康熙三十七年开采。

注 释

[1] 青龙厂：清代伯麟《滇省舆地图说·元江州舆图》："元江州，铜厂一，曰青龙，知州理之。"雍正《云南通志》卷十一《厂课》："青龙铜厂：坐落元江府地方。康熙四十四年，总督贝和诺题开。"

[2] 元江州：《大清一统志》卷四九三《元江直隶州》："元江直隶州，在云南省治西南七百九十里，东西距三百里，南北距两千一百里。东至临安府石屏州界一百里，西至镇沅州界二百里，南至车里宣慰司界一千六百里，北至楚雄府南安州界五百里，东南至交趾老挝界一千三百四十里，西南至普洱府界四百七十里，东北至临安府嶍峨县界五百里，西北至镇沅州界四百里。本州境东西距二百十里，南北距二百五十五里。东至临安府石屏州界一百三十五里，西至普洱府界七十五里，南至普洱府他郎界一百二十五里，北至新平县界一百三十里。自州治至京师八千九百九十里。《禹贡》梁州荒裔。汉益州郡缴外地。唐时蒙氏以其地属银生节度，置威远睑《明统志》：'南诏徙白蛮苏、张、周、段等十姓戍之，又开威远等处，置威远睑'。宋时和泥蛮侵据其地《明统志》：'宋时侬智高之党窜于此。和泥又开罗槃甸居之'。后为步磨徙蛮阿楝诸部所有。元初内附，寻复叛。至元中，遥立元江万户府，以羁縻之。后于威远更置元江路，隶云南行省。明洪武十五年改为元江府，永乐

四年改为元江军民府，隶云南布政使司。本朝顺治十八年，改曰元江府，属云南省。乾隆三十五年，改直隶州，领县一。"

经　费

本厂每年出铜二三万、六七万斤不等，向未定额、通商，亦不抽收公、廉、捐、耗。每办百斤，抽课二十斤，官买余铜八十斤，每百斤给价银五两。所收课、余铜斤，备供京运、局铸。

乾隆二十五年，奏准：每办百斤，原抽课二十斤改为抽课十斤，另抽公、廉、捐、耗铜四斤二两，官买余铜八十五斤十四两，每百斤给银六两。

三十三年，每百斤加银六钱，连原价共银六两六钱九分八厘。

三十八年，奏准通商，每办百斤，给厂民通商铜十斤，照前抽收课铜及公、廉、捐、耗，官买余铜七十五斤十四两，每百斤给银六两六钱九分八厘。

三十九年，停止加价，每余铜百斤，照旧给价银六两。

四十三年，奏准：年办额铜六万斤，遇闰加办五千斤。照旧通商，抽收课、廉等铜，余铜价买，发运省局。

自厂至省城，共水、陆六站，每百斤给运脚银三钱七分三厘，不支筐篓。如拨京运，自厂至省，水、陆六站，自省<至>寻甸四站，共十站，每百斤给运脚银一两一钱八分五厘八毫。每年准支官役薪工、厂费银四百四十一两六钱。

此厂工本、运脚，应赴省请领。自厂至省，水、陆六站，应需马脚、盘费，照例按站支销。该厂铜斤，八三成色。

程　站

青龙厂，一站至杨武坝，一站至罗吕乡，一站至嵋峨县城，一站至新兴州城，一站至昆阳州城，水路一站至省城。

自省至寻甸四站，见上。

子厂
猛仰子厂

　　乾隆二十四年开采，距青龙厂站半猛仰子厂，一站至马塘山，半站至青龙厂。办获铜斤，应运交青龙厂补额，每百斤给运脚银一钱五分，不支书巡工食。

回龙厂

以下十四厂，局铸、采买兼拨。

坐　落

回龙厂[1]，坐落丽江府[2]地方，距下关店十六站半。乾隆四十二年开采。

注　释

[1]　回龙厂：清代伯麟《滇省舆地图说·丽江府舆图》："丽江县：铜厂一，曰回龙。知府理之。"清代王昶《云南铜政全书》："回龙铜厂，在丽江府丽江县西三百余里。乾隆三十八年，于河西、日旬二银厂之中踩得铜矿。四十二年获铜。四十三年，定年额五万二千斤。四十五年，增额一万八千斤，拨采买及本省局铜。每铜百斤，抽课十斤，通商十斤，不收公、廉、耗、捐各铜。每铜百斤，价银六两。初系丽江府管理，旋改中甸同知管理。五十二年，仍归丽江府管理。……札朱子厂，在回龙厂西南一百五十里。乾隆二十九年开采，获铜归入回龙厂。来龙子厂，在回龙厂东南一百二十里。乾隆四十八年开。尚无成效，零铜归回龙厂。"

[2]　丽江府：《大清一统志》卷四八五《丽江府》："在云南省治西北一千二百四十里，东西距七百四十五里，南北距二百九十里。东至永北厅界一百三十里，西至怒夷界六百十五里，南至大理府宾川州界二百三十五里，北至蒙番界五十五里，东南至永北厅界三百二十里，西南至大理府云龙州界六百三十里，东北至永北厅界四百八十里，西北至西番界四百五十里。自府治至京师一万一千七百六十里。《禹贡》梁州荒裔。汉越嶲郡西徼地。三国汉为建宁郡。晋以后为宁州。隋属嶲州。唐因之，后入于蛮为越析诏《唐书·南蛮传》：'其先渠帅有六，自号六诏，南诏一曰越析诏，又越析诏居故越析

73

州'。南诏蒙氏置丽水节度。宋时磨些蛮据此。元初击降之《元史·地理志》:'丽江路……两汉至隋唐皆为越巂郡西缴地,昔磨蛮、些蛮居之,遂为越析诏,二部皆乌蛮种,居铁桥。贞元中,其地归南诏。元宪宗三年征大理,从金沙济江济,磨、些负固不服,四年春,平之',《明统志》:'宋时为磨些蛮酋蒙错错所据',置察罕章管民官。至元八年改为宣慰司,十三年改置丽江路军民总管府,二十二年府废,更立宣抚司《元史·地理志》:'于通安、巨津之间,立宣抚司'。隶云南行省。明洪武十五年改丽江土府,三十年改为丽江军民府,隶云南布政使司。本朝因之,顺治十六年仍改丽江土府,雍正元年改土官设知府,属云南省,今领州二、县一旧有土官木氏世袭知府,雍正元年降袭通判,乾隆三十五年设丽江首县,又改鹤庆府为州,并所领剑川州,俱归府辖。"

经　费

本厂每年出铜五六万斤不等,向未定额。每办百斤,给厂民通商铜十斤,抽课十斤,官买余铜八十斤,每百斤给价银六两。所收课、余铜斤,备供局铸、采买。

乾隆四十三年,奏定:年办额铜七万斤,遇闰加办五千八百三十三斤。照旧通商、抽课,余铜给价收买,发<下>关店转运。

自厂至下关店,共十六站半,每百斤给运脚银一两六钱五分。如拨局铸,则自下关至省,共十二站半,每百斤给运脚银一两三钱三厘一毫二丝五忽。如拨采买,则由委员赴下关店兑领,每百斤给运脚银一两二钱五分。委员赴司库请领,自行雇运,均不支销筐篓及书巡工食。

此厂工本、运脚,应赴迤西道请领。自厂至大理,十六站,应需马脚、盘费,照例按站支销。该厂铜斤,八二成色。

程　站

回龙厂,一站至羊肠[1],一站至木箕坝[2],一站至热水潭,一站至羊山,一站至稗子湾[3],一站至通甸,一站至吕苴,一站至香多,一站至沙左，一站至蒙古^[4]，一站至丽江府城，一站至鹤庆州城，一站至三场旧，一站至三营，一站至沙坪，一站至大理府城，半站至下关店。下关店至省城站^[5]，见上。

注 释

[1] 羊肠：《云南铜志》作"羊场"。

[2] 木箕坝：《云南铜志》作"水基坝"。

[3] 稗子湾：《云南铜志》作"稗子沟"。

[4] 蒙古：《云南铜志》作"蒙右"。

[5] 下关店至省城站：据本书"宁台厂"条所载，下关店至省城程站为：下关店，半站至赵州城，一站至红崖，一站至云南驿，一站至普淜，一站至沙桥，一站至吕河，一站至楚雄，一站至广通县城，一站至舍资，一站至禄丰县城，一站至老鸦关，一站至安宁宁州，一站至省城。

白羊厂

坐　落

白羊厂[1]，坐落云龙州地方，距下关店十一站半。乾隆三十五年开采。

注　释

[1]　白羊厂：清代王昶《云南铜政全书》："白羊铜厂，在大理府云龙州西北二百七十里白羊山，乾隆三十五年开采。四十三年，定年额铜十万八千斤，拨外省采买。每铜百斤，价银六两。"清云南布政司《案册》："原系银厂，因矿内夹有铜气，将炼银冰煨复行煎炼。遇闰加铜九千斤，每百斤抽课十斤，通商十斤，抽公、廉、捐、耗四斤二两，收买余铜七十五斤十四两，每百斤给价银六两。大理府专管，云龙州经管。"

经　费

本厂原系银厂，因矿内夹有铜气，将炼银冰煨复行煎炼。每年得铜八九万、十余万斤不等，向未定额、通商。每办百斤，抽课十斤，公、廉、捐、耗铜四斤二两，官买余铜八十五斤十四两，每百斤给价银六两六钱九分八厘。所收课、余、公、廉、捐、耗等铜，备供局铸、采买。

乾隆三十八年，奏准通商，每办百斤，给厂民通商铜十斤。照前抽收课铜及公、廉、捐、耗，官买余铜七十五斤十四两，每百斤给银六两（九钱八分七厘）〔六钱九分八厘〕[1]。

三十九年，停止加价，每余铜百斤，照旧给银六两。

四十三年，奏定：年办额铜十万八千斤，遇闰加办九千斤。照旧通商，抽收课铜，余铜给价收买，发运下关店转运。

自厂至下关店，共十一站半，每百斤给运脚银一两一钱五分。如拨局铸，自下关至省，共十二站半，每百斤给运脚银一两三钱三分一毫二丝五忽[2]。如拨采买，则委员赴下关店兑领，每百斤给运脚银壹两二钱五分。委员赴司库请领，自行雇运，均不支筐篓。每年准支官役薪工、厂费银三百二十二两八钱。

此厂工本、运脚，应赴大理府库请领。自厂至大理，共十一站，应需马脚、盘费，照例按站支销。该厂铜斤，七三成色。

注　释

[1]〔六钱九分八厘〕：根据上文可知，此处为：每百斤给银六两六钱九分八厘，则"六两九钱八分七厘"有误。

[2]　一两三钱三分一毫二丝五忽：《云南铜志·厂地下》"白羊厂"条："每百斤给运脚银一两三钱三厘一毫二丝五忽。"

程　站

白羊厂，一站至狮井，一站至鸡村，一站至汤橙，一站至果榔，一站至云龙州，一站至关坪，一站至丕邑，一站至江塝[1]，一站至凤羽，一站至沙坪，一站至大理府城，半站至下关店自下关店至省，见上。

注　释

[1]　江塝：《云南铜志》作"江榜"。

马龙厂

坐　落

马龙厂[1]，坐落南安州地方，距省十一站。雍正七年开采。

注　释

[1]　马龙厂：清代王昶《云南铜政全书》："马龙铜厂，在楚雄府南安州西南二百五十余里。雍正七年开采。本系银厂，每年冰燥煎铜万余斤及二万余斤不等。四十三年，定年额铜四千四百斤，供本省局铜，外省采买。每铜百斤，价银六两。南安州管理。"

经　费

此厂原系银厂，因矿内夹有铜气，将炼银冰（炼）〔燥〕复行煎炼。每年得铜一万二三千、二万余斤不等，向未定额、通商，亦不抽课，至公、廉、捐、耗。每办百斤，给炭价银一两四钱五分二厘[1]。所收铜斤，备供局铸、采买。

乾隆二十五年，奏准：每办百斤，抽课十斤，公、廉、捐、耗铜四斤二两，官买余铜八十五斤十四两，每百斤给银六两。

三十三年，每百斤加银六钱，连原价共银六两六钱九分八厘。

三十八年，奏准通商，每办百斤，给厂民通商铜十斤，照前抽课及公、廉、捐、耗。官买余铜七十五斤十四两，每百斤给银六两六钱九分八厘。

三十九年，停止加价，每余铜百斤，照旧给银六两。

四十三年，奏定：年办额铜四千四百斤，遇闰加办三百六十六斤。照旧通商，抽收课、廉等铜，余铜给价收买，拨收局铸或运云南府仓交收。

自厂至省城，共十一站，每百斤给运脚银一两一钱。如拨采买，由委员赴云南府仓兑领，自行发运，不支筐篓，每年准支书巡工食银四十九两二钱。

此厂工本、运脚，应赴省请领。自厂至省十一站，应需马脚、盘费，照例按站支销。该厂铜斤，八一五成色。

注　释

[1]　一两四钱五分二厘：《云南铜志·厂地下》"马龙厂"条："每办获铜百斤，给炭价银三两四钱五分二厘。"

程　站

马龙厂，一站至旧关，一站至石板河，一站至三家村，一站至南安州城，一站至楚雄府城，六站至省城。

寨子箐厂

坐　落

寨子箐厂[1]，坐落南安州地方，距省十三站。乾隆三十六年开采。

注　释

[1]　寨子箐厂：清代伯麟《滇省舆地图说·楚雄府舆图》："南安州：铜厂二，曰马龙、曰寨子箐，知府理之。"清代王昶《云南铜政全书》："寨子箐铜厂，在楚雄府南安州东北三百里，乾隆三十六年开采。四十三年，定年额铜一万一千二百斤，拨本省局铜，外省采买，南安州管理。……程站，至省十三站。运铜百斤，给脚价银一两三钱。"

经　费

本厂每年出铜六七千斤、万余斤不等，向未定额。每办百斤，抽课十斤，公、廉、捐、耗铜四斤二两，官买余铜八十五斤十四两，每百斤给银六两六钱九分八厘。所收课、余、公、廉、捐、耗等铜，备供局铸、采买。

乾隆三十八年，奏准通商，每百斤给厂民通商铜十斤，照前抽收课铜及公、廉、捐、耗，官买余铜七十五斤十四两，每百斤给银六两六钱九分八厘。

三十九年，停止加价，每余铜百斤，照旧给银六两。

四十三年，奏定：年办额铜一万一千二百斤[1]，遇闰加办九百三十三斤。照旧通商，抽收课、廉等，余铜给价收买，发运省局或云南府仓交收。

自厂至省城，共十三站，每百斤给运脚银一两三钱，不支筐篓。如拨采买，则由委员赴云南府仓兑领，自行发运。每年准支书巡工食银一百八两。

此厂工本、运脚，应赴省请领。自厂至省十三站，应需马脚、盘费，照例按站支销。该厂铜斤，八一五成色。

注　释

[1]　一万一千二百斤：《云南铜志·厂地下》"寨子箐厂"条："四十三年，奏定：年办额铜一万一千一百斤。"

程　站

寨子箐厂，一站至三转湾，一站至马龙厂，一站至旧关，一站至石板河，一站至三家村，一站至南安州城，一站至楚雄府城，六站至省城。

秀春厂

坐 落

秀春厂[1]，坐落定远县[2]地方，距省十站。乾隆四十六年开采。

注 释

[1] 秀春厂：清停薪留职伯麟《滇省舆地图说·楚雄府舆图》："定远县：铜厂一，曰秀春，知县理之。"

[2] 定远县：《大清一统志》卷四八零《楚雄府·定远县》："定远县，在府城北一百二十里，东西距七十里，南北距一百八十里。东至广通县界四十五里，西至镇南州界二十五里，南至楚雄县界五十里，北至大姚县界一百三十里，东南至广通县界四十里，西南至镇南州界二十五里，东北至武定州元谋县界九十里，西北至姚州界二百三十里。汉益州郡地，蛮名目直睒。三国汉诸葛亮经此，号为牟州。唐武德四年，置两濮州，贞观十一年，更名髳州，亦名牟州，后没于蒙氏，遣爨蛮居之，筑城曰耐龙。宋段氏时为高氏地。元宪宗四年，置牟州千户，至元十二年，改为定远州，后降为县，属威楚路。明属楚雄府，本朝因之。"

经 费

本厂每年出铜一二千、三千余斤不等，向未定额、通商。每办百斤，给厂民通商铜二十斤，抽课十斤，官买余铜七十斤，每百斤给价银六两九钱八分七厘。所收课、余铜斤，备供本省局铸[1]。

乾隆五十二年，奏定：年办额铜四千五百斤，遇闰加办三百七十五斤。照旧通商、抽课，余铜给价收买，发省局交收。

自厂至省，共十站。每百斤给运脚银一两，不支筐篓及书巡工食。

此厂工本、运脚，应赴楚雄府库请领。自厂至楚雄，共四站，应需马脚、盘费，照例按站支销。该厂铜斤，八六成色。

注　释

[1]　备供本省局铸：据《云南铜志》载，秀春厂所产铜斤，除供本省局铸外，还供各省采买之用。且在前文"回龙厂"标题下有载："以下十四厂，局铸、采买兼拔。"

程　站

秀春厂，一站至苴尤屯，一站至定远县城，一站至基关[1]，一站至楚雄府城，六站至省城。

注　释

[1]　基关：《云南铜志》作"会基关"。

义都厂

坐　落

义都厂[1]，坐落易门、嶍峨交界地方，距省六站。乾隆二十三年开采。

注　释

[1]　义都厂：清代王昶《云南铜政全书》："义都铜厂，在云南府易门县西南一百里，地属临安府之嶍峨县，东距城一百五十里，山大，无名。乾隆二十三年开采，岁获铜自十数万至一百五、六十万不等。山势险峻，未能悠远。四十三年，定年额铜八万斤，供本省局铸，各省采买，间拨京铜。矿劣铜低，每铜百斤，价银六两九钱八分七厘。二十四年，归嶍峨县管理。二十五年以后，专员管理。四十二年，归易门县管理。"

经　费

本厂每年出铜十余万、三四十万斤不等，向未定额、通商，亦不抽收公、廉、捐、耗。每百斤抽课二十斤，官买余铜八十斤，每百斤给价银五两。所收课、余之铜，备供局铸、采买。

乾隆二十五年，奏准：每百斤原抽课二十斤改为抽课十斤，另抽公、廉、捐、耗铜四斤二两，官买余铜八十五斤十四两，每百斤给银六两。

（三）〔二〕十九年，奏准[1]：每余铜百斤，加价银九钱八分七厘，连原价共银六两九钱八分七厘。

三十三年，每百斤加银六钱，连原价共银七两六钱八分五厘。

三十八年，奏准通商，每办百斤，给厂民通商铜十斤。照前抽收课铜及收公、廉、捐、耗，官买余铜七十五斤十四两，每百斤给银七两六钱八分五厘。

三十九年，停止加价，每余铜百斤，照旧给银（九）〔六〕两九钱八分七厘。

四十三年，奏定：年办额铜八万斤，遇闰加办六千六百六十六斤。照旧通商，抽收课、廉等铜，给价收买余铜，发局交收。

自厂至省，共六站，每百斤给运脚银六钱，不支筐篓。如拨采买，则由委员赴厂兑领，每百斤给运脚银六钱。由委员赴司库请领，自行雇运。每年准支官役薪工、厂费银九百两八钱。

此厂工本、运脚，应赴云南府库请领。自厂至省六站，应需马脚、盘费，照例按站支销。该厂铜斤，八三成色。

注　释

[1]（三）〔二〕十九年奏准：据《云南铜志·厂地下》“义都厂”条载：“二十九年，巡抚刘奏准：义都、大美二厂，自二十九年五月起，每余铜百斤，加价银九钱八分七厘。连原给例价，共给银六两九银八分七厘。”故底本“三十九年”有误，应为“二十九年”。

程　站

义都厂，一站至新店房，一站至大山脚，一站至二街，一站至九渡村，一站至混水塘，一站至省城。

大宝厂

坐　落

大宝厂[1]，坐落武定州[2]地方，距省五站。乾隆三十年开采。

注　释

[1]　大宝厂：清代王昶《云南铜政全书》："大宝山铜厂，在武定直隶州西一百二十里。乾隆三十年开采，提挖旧礐。四十三年，定年额铜七千二百斤，拨本省局铜及外省采买。每铜百斤，价银六两。"

[2]　武定州：《大清一统志》卷四九二《武定直隶州》："武定直隶州，在云南省治西北二百四十里，东西距三百六十里，南北距三百三十九里。东至曲靖府寻甸州界一百二十里，西至楚雄府大姚县界二百四十里，南至云南府罗次县界三十九里，北至四川宁远府会理州州界三百里，东南至云南府富民县界四十五里，西南至楚雄府定远县界八十六里，东北至会理州界三百里，西北至会理州界三百十里。本州境东西距一百九十五里，南北距五十四里。东至禄劝县界十五里，西至元谋县界一百八十里，南至云南府罗次县界三十九里，北至禄劝县界十五里，东南至云南府富民县界五十里，西南至云南府禄丰县界一百二十里，东北至禄劝县界十三里，西北至楚雄府大姚县界二百里。自府治至京师八千四百四十里。《禹贡》梁州南境。汉属越巂、益州二郡东北境为犍为郡治。三国汉属建宁郡。晋属晋宁郡。唐属姚州，天宝以后入于南诏。宋段氏时为罗婺部《元史·地理志》：'武定路唐隶姚州，在滇北，昔獹鹿等蛮居之，至段氏使乌蛮阿䂀治纳洟昔共龙城，于共甸又筑城，名曰易隆，其裔孙法瓦浸威，以其远祖罗婺为部名'。元宪宗四年内附，七年立万户府，

至元八年置北路总管府，十二年更为武定路，隶云南行省。明初改为武定军民府，万历中改为武定府，隶云南布政使司。本朝因之，属云南省，乾隆三十五年改为直隶州，以附郭之和曲州省入焉，领县二。"

经　费

本厂每年出铜四五千、六七千斤不等，向未定额、通商。每办百斤，抽课十斤，公、廉、捐、耗铜四斤二两，官买余铜八十五斤十四两，每百斤给价银六两。所收课、余、公、廉、捐、耗，备供局铸[1]。

乾隆三十三年，每百斤加银六钱，连原价共银六两六钱九分八厘。

三十八年，奏准通商，每办百斤，给厂民通商铜十斤，照前抽收课铜及公、廉、捐、耗。官买余铜七十五斤十四两，每百斤给银六两六钱九分八厘。

三十九年，停止加价，每余铜百斤，照旧给价银六两。

四十三年，奏定：年办额铜九千六百斤，遇闰加办八百斤。照旧通商，抽收课、廉等铜，余铜给价收买，发运省局交收。

自厂至省，共五站。每百斤给运脚银五钱，不支筐篓及书巡工食。

此厂工本、运脚，应赴粮道[2]库请领。自厂至省五站，应需马脚、盘费，照例按站支销。该厂铜斤，八三成色。

注　释

[1]　备供局铸：前文"回龙厂"标题下载："以下十四厂，局铸、采买兼拔"。故大宝厂所产之铜，除局铸外，亦应供各省采买。

[2]　粮道：官名，亦称粮储道、督粮道。明、清漕运总督之属官，掌监察兑粮、督押运船等项漕务。明朝十三布政司各设一人，驻省城。清朝沿设，又称粮驻道。山东、浙江、江西、湖北、湖南、河南各一人，江苏二人，秩正四品。所属有库大使、典吏、攒典等。顺治中始定南方各道每年粮船起帮，督运过淮，盘验毕回任料理新粮，由山东、河南粮道押运低通。乾隆四十八年定各省粮道必须亲督漕粮至临清交盘后方回本任，惟山

东粮道上下趱运，待漕督押送尾帮抵临清，然后回任。其他无漕粮省分之督粮道归地方督抚管辖。

程　站

大宝厂，一站至矣纳厂，一站至武定州城，一站至鸡街汛[1]，一站至黄土坡，一站至省城。

注　释

[1]　鸡街汛：《云南铜志》作"鸡街汛"。

万宝厂

坐 落

万宝厂[1]，坐落易门县[2]地方，距省六站。乾隆三十六年开采。

注 释

[1] 万宝厂：清代王昶《云南铜政全书》："万宝铜厂，在云南府易门县西北五十里，地名杂栗树，今为万宝山。乾隆三十六年，在附近之小黑山开采无效。三十七年，开采得铜。四十三年，定年额铜三十万斤，供本省局铜，外省采买，间拨京铜。每铜百斤，价银六两九钱八分七厘。初，专员管理。四十二年，归易门县管理。"

[2] 易门县：《大清一统志》卷四七六、四七七《云南府·易门县》："易门县，在府城西南二百五十里，东西距一百三十里，南北距九十里。东至昆阳州界三十里，西至楚雄府南安州界一百里，南至临安府嶍峨县界六十里，北至禄丰县界三十里，东南至昆阳州界三十五里，西南至嶍峨县界六十里，东北至安宁州界三十五里，西北至南安州界一百里。汉益州郡地，后为乌蛮所居。宋时段氏使高福世守其地。元至元四年，立浥门千户所，隶巨桥万户，十三年改为易门县，属昆阳州。明属云南府。本朝因之。"

经 费

本厂每年出铜十五六万、二三十万斤不等，向未定额。每办百斤，给厂民通商铜十斤，抽课十斤，官买余铜八十斤。每百斤给银七两六钱八分五厘。所收课、余等铜，备供局铸、采买。

乾隆三十九年，停止加价，每余铜百斤，给银六两九钱八分七厘。

四十五年奏定：年办额铜三十万斤。内应办底本铜一万五千斤，<遇闰加办铜一千二百五十斤；应办官商铜二十八万五千斤>[1]遇闰加办二万三千七百五十斤。每底本铜百斤，给价银六两二钱八分八厘三毫，并不抽课、通商，系另款造册报销。其官商铜斤，照旧通商、抽课，余铜给价收买，运局交收。

自厂至省，共六站，每百斤给运脚银六钱，不支筐篓。如拨采买，则由委员赴厂兑领。每百斤给运脚银六钱，由委员赴司库请领，自行雇运。每年准支官役薪工、厂费银一百五十二两[2]。

此厂工本、运脚，应赴云南府库请领。自厂至省六站，应需马脚、盘费，照例按站支销。该厂铜斤，八成色。

注　释

[1]　"<遇闰"至"五千斤>"：文义不完整，据《云南铜志·厂地下》"万宝厂"条补。

[2]　一百五十二两：《云南铜志·厂地下》"万宝厂"条载："每年准支官役薪食、厂费等银二百五十二两。"

程　站

万宝厂，一站至永靖哨，一站至大哨，一站至三家店，一站至草铺，一站至读书铺，一站至省城。

大美厂

坐　落

大美厂[1]，坐落罗次县[2]地方，距省三站半。乾隆二十八年开采。

注　释

[1]　大美厂：清代伯麟《滇省舆地图说·云南府舆图》："罗次县：铜厂一，曰大美，知县理之。"清代王昶《云南铜政全书》："大美铜厂，在云南府罗次县北三十里。乾隆二十八年开采。四十三年，定年额铜一万二千斤。四十四年，增铜二万四千斤，分拨局铜，外省采买。每铜百斤，价银六两九钱八分七厘。"

[2]　罗次县：《大清一统志》卷四七六、四七七《云南府·罗次县》："罗次县，在府城西北一百三十里，东西距六十里，南北距九十里。东至富民县界三十里，西至禄丰县界三十里，南至安宁州界六十里，北至武定州界三十里，东南至富民县界三十里，西南至禄丰县界一百二十里，东北至富民县界二十一里，西北至武定州界三十五里。本汉益州郡地。唐时为乌蛮罗部所居，南诏蒙氏为扶邪县。宋时大理高量成令高远庆治其地。元至元十二年置罗次州，隶中庆路，二十四年改为县，二十七年属安宁州。明初因之，宏治十二年改属云南府。本朝因之。"

经　费

本厂每年出铜一二万、四五万斤不等，向未定额、通商。每办百斤，抽课十斤，公、廉、捐、耗铜四斤二两，官买余铜八十五斤十四两，每百斤给银六两。所收课、余、公、廉、捐、耗等铜，备供局铸、采买。

乾隆二十九年，奏准：每余铜百斤，加银九钱八分七厘，连原价共银六两九钱八分七厘。

三十三年，每百斤加银六钱，连原价共给银七两六钱八分五厘。

三十八年，奏准通商，每办百斤，给厂民通商铜十斤。照前抽课及公、廉、捐、耗，官买余铜七十五斤十四两，每百斤给银七两六钱八分五厘。

三十九年，停止加价，每余铜百斤，照旧给价银六两九钱八分七厘。

四十三年，奏定：年办额铜一万二千斤。

四十四年，题定[1]：每年加办铜二万四千斤，连原额年共办铜三万六千斤，遇闰加办三千斤。照旧通商，抽收课、廉等铜，余铜给价收买，发运省局或云南府仓交收。

自厂至省城，共三站半，每百斤给运脚银三钱五分，不支筐篓。如拨采买，则由委员赴云南府仓，兑领、发运。每年准支官役薪工、厂费银一百一十四两。

此厂工本、运脚，应赴云南府库请领。自厂至省三站半，应需马脚、盘费，照例按站支销。该厂铜斤，八三成色。

注 释

[1] 四十四年题定：《云南铜志·厂地下》"大美厂"条载："四十五年，总督福、巡抚刘于四十四年考成案内题定，每年加办铜二万四千斤。"

程 站

大美厂，一站至罗次县城，半站至清水河[1]，一站至黄土坡，一站至省城。

注 释

[1] "一站"至"清水河":《云南铜志·厂地下》"大美厂"条:"自厂至罗次县半站,罗次县至清水河一站。"

狮子尾厂

坐　落

狮子尾厂[1]，坐落禄劝县[2]地方，距省九站。乾隆三十八年开采。

注　释

[1]　狮子尾厂：清代伯麟《滇省舆地图说·武定州舆图》："禄劝县：铜厂一，曰狮子尾，为东川子厂，东川府知府理之。"清代王昶《云南铜政全书》："狮子尾铜厂，在武定州禄劝县北二百余里。开于明时，矿尽封闭。乾隆三十七年复开，地名元宝山。四十三年，定年额铜二千四百斤。四十五年，增额铜三千六百斤，拨本省局铜、外省采买，每铜百斤，抽课十斤，通商十斤，不收公、廉、耗、捐各铜。每铜百斤，价银六两九钱八分七厘。禄劝县管理。"

[2]　禄劝县：《大清一统志》卷四九二《武定直隶州·禄劝县》："禄劝县，在州城东北二十里，东西距一百十里，南北距三百五里。东至曲靖府寻甸州界一百里，西至本州界十里，南至本州界五里，北至四川宁远府会理州界三百里，东南至本州界三十五里，西南至本州界三里，东北至寻甸州界二百四十里，西北至会理州界三百里。本汉益州郡地。唐为羁縻州，蛮名洪农碌券甸，杂蛮所局。元至元十六年，置禄劝州，属武定路。明属武定府。本朝初因之，乾隆三十五年改为县，属于州。"

经　费

本厂每年出铜一二万斤不等，向未定额。每办百斤，给厂民通商铜十斤[1]，抽课十斤，官买余铜八十斤，每百斤给银七两六钱八分五厘。所收课、余等铜，备供局铸[2]。

乾隆三十九年，停止加价，每余铜百斤，给银六两九钱八分七厘。

四十三年，奏定：年办额铜六千斤，遇闰加办五百斤。照旧通商、抽课，余铜给价收买，发运省局或发东川店转运。

自厂至省城，共九站。每百斤给运脚银九钱。自厂至东川府城，共十站，每百斤给运脚银一两，不支筐篓及书巡工食。

此厂工本、运脚，应赴省请领，共九站。应需马脚、盘费，照例按站支销。该厂铜斤，八二成色。

注　释

[1]　"每办"至"十斤"：据《云南铜志》，可知为总督彰、巡抚李奏准。

[2]　备供局铸：《云南铜志·厂地下》"狮子尾厂"条载："所收课、余铜斤，备供本省局铸，及各省采买之用。"

程　站

狮子尾厂，一站至普及，一站至大隔，一站至撒甸泚[1]，一站至猓獴塘[2]，一站至者末塘，一站至武定州城，一站至鸡街汎，一站至黄土坡，一站至省城。

狮子尾厂，＜一站至马路塘＞[3]，一站至撒撒厂，一站至凤毛岭，一站至发窝，一站至会理村，一站至小铜厂，一站至鸡罩卡，一站至孟姑，一站至三道沟，一站至东川府城。

注　释

[1]　撒甸泚：《云南铜志》作"撒甸汛"。

[2]　猓獴塘：《云南铜志》作"倮黑塘"。

[3]　＜一站至马路塘＞：狮子尾厂至东川府城计十站，此处只记载九站，根据《云南铜志》补充：一站至马路塘。

绿碌硐厂

坐 落

绿碌硐厂[1]，坐落宁州[2]地方，距省六站。嘉庆十一年开采。

注 释

[1]　绿碌硐厂：清代伯麟《滇省舆地图说·临安府舆图》："宁州：铜厂一，曰碌硐，知州理之。"

[2]　宁州：《大清一统志》卷四七九《临安府·宁州》："宁州，在府城东北二百五十里，东西距一百二十里，南北距一百四十五里。东至广西州弥勒县界九十里，西至通海县界三十里，南至建水县界九十五里，北至澄江府江川县界五十里，东南至蒙自县界八十里，西南至建水县界七十里，东北至澄江府河阳县界七十里，西北至江川县界四十里。汉益州郡地。蜀汉为兴古郡地。晋为梁水郡地。唐初为南宁州地，武德七年析置西宁州，贞观八年改黎州，天宝末没于蛮，寻属爨部，又属宁部。元初置宁部万户，后改宁海府，至元十三年改宁州，隶临安路。明属临安府。本朝因之。"

经 费

本厂每年出铜一万七千余斤。每百斤给厂民通商铜二十斤，抽课十斤，官买余铜七十斤，每百斤给价银六两九钱八分七厘。所收课、余铜斤，专供局铸。

嘉庆十三年，奏定[1]：年办额铜一万二千斤，遇闰加办一千斤。照前通商、抽课，余铜给价收买，发运省局。

自厂至省城，共六站。每百斤给运脚银六钱，不支筐篓及书巡工食。

此厂工本、运脚，应赴临安府库请领，计程一站。应需马脚、盘费，照例按站支销。该厂铜斤，八二成色。

注　释

[1]　嘉庆十三年奏定：《云南铜志·厂地下》"绿碛硐厂"条："十四年，总督伯于十三年考成册内题定，年办额铜一万二千斤，遇闰加办铜一千斤。"

程　站

绿碛硐厂，一站至宁州城，一站至甸苴关，一站至江川县[1]城，一站至晋宁州[2]城，一站至呈贡县[3]城，一站至省城。

绿碛硐，一站至临安府城。

注　释

[1]　江川县：《大清一统志》卷四八一《澄江府·江川县》："江川县，在府西南九十里，东西距九十里，南北距一百里。东至临安府宁州界五十里，西至新兴州界四十里，南至南宁州界七十五里，北至河阳县界二十五里，东南至宁州界二十里，西南至临安府河西县界三十里，东北至河阳县界三十五里，西北至云南府晋宁州界三十里。本汉益州郡地，名碌云異城，蛮名易龙。唐初置绛县，南诏徙曲旺蛮于此，以白蛮守治之，后麽些蛮裔居此。宋段氏时名步雄部。元初置千户所，至元十三年改为江川州，二十年降为县，属澄江路。明属澄江府。本朝因之。"

97

[2]　晋宁州:《大清一统志》卷四七六《云南府·晋宁州》:"晋宁州,在府城南九十里,东西距六十五里,南北距六十里。东至澄江府河阳县界三十五里,西至昆阳州界三十里,南至河阳县界十里,北至呈贡县界五十里,东南至澄江府治一百里,西南至澄江府江川县界五十里,东北至呈贡县界八里,西北至昆明县界八十里。汉置滇池县,委益州郡治,后汉因之。晋属晋宁郡。梁后没于蛮。隋开皇中置昆州,寻废。唐武德初复置晋宁县,属昆州,天宝后入于蒙氏,为阳城堡部,段氏因之。元宪宗七年,立阳城堡万户,至元十二年改为晋宁州,领归化、呈贡二县。明因之,属云南府。本朝因之。"

[3]　呈贡县:《大清一统志》卷四七六《云南府·呈贡县》:"呈贡县,在府城南四十里,东西距六十里,南北距六十里。东至宜良县界五十里,,西至昆明县界十里,南至晋宁州界五十里,北至昆明县界十里,东南至澄江府河阳县界四十里,西南至晋宁州界五十里,东北至昆明县界四十里,西北至富民县界四十里。汉滇池县地,有呈贡故城,世为爨莫强宗部蛮所居。元宪宗六年立呈贡千户,至元十三年置呈贡县,属晋宁州。明属云南府。本朝因之,康熙八年,裁归化县入焉。"

鼎新厂

坐　落

鼎新厂，坐落建水县[1]地方，距省七站。嘉庆十一年开采。

注　释

[1]　建水县：《大清一统志》卷四七九《临安府·建水县》："建水县，附郭。东西距七十里，南北距二百十里。东至阿迷州界三十里，西至石屏州界四十里，南至蒙自县界五十里，北至通海县界一百六十里，东南至蒙自县界二百八十里，西南至纳楼司界六十里，东北至宁州界一百三十里，西北至石屏州界三十里。汉益州郡贲古县地。唐时乌蛮地，元和间蒙氏筑城名惠历，汉语曰建水。段氏时为步雄徒蛮所据。元初内附，置建水千户所，属阿僰万户府，至元十三年改建水州，属临安路。明为临安府治。本朝因之，乾隆三十五年，改州为县。"

经　费

本厂每年出铜六千一百余斤。每百斤给厂民通商铜二十斤[1]，抽课十斤，官买余铜七十斤，每百斤给价银六两九钱八分七厘。所收课、余铜斤，专供局铸。

嘉庆十二年，题定[2]：年办额铜六千斤，遇闰加办五百斤。照前抽课、通商，余铜给价收买，发运省局。

自厂至省城，共七站。每百斤给运脚银七钱，不支筐篓及书巡工食。

此厂工本、运脚，应赴临安府库请领，计程一站。应需马脚、盘费，照例支销。该厂铜斤，八二成色。

注 释

[1] 二十斤：《云南铜志·厂地下》"鼎新厂"条："嘉庆十年巡抚永奏准之例，每办铜百斤内，给与厂民通商铜二十斤。"

[2] 十二年题定：《云南铜志·厂地下》"鼎新厂"条："十三年，总督伯于十二年《考成册》内题定，年办额铜六千斤，遇闰加办铜五百斤。"

程 站

鼎新厂，一站至临安府城，一站至馆驿，一站至通海县[1]，一站至江川县，一站至晋宁州，一站至呈贡县，一站至省城。

注 释

[1] 通海县：《大清一统志》卷四七九《临安府·通海县》："通海县，在府城西北一百五十里，东西距三十里，南北距七十里。东至宁州界十里，西至河西县界二十里，南至建水县界二十里，北至宁州界五十里，东南至建水县界五十一里，西南至石屏州界六十里，东北至宁州界二十里，西北至河西县界十五里。汉句町县地。三国汉属兴古郡。唐置通海镇，后为阿㼚蛮所居。蒙氏于此置通海郡。段氏改秀山郡，寻复为通海郡。元初立通海千户所，隶鄯阐万户，至元十三年，改通海县，隶宁海府，二十七年隶临安路，后又改隶宁州。明属临安府。本朝因之。"

竜邜厂

坐　落

竜邜厂，坐落文山县[1]地方，距开化府[2]站。乾隆三十三年开采。

注　释

[1]　文山县：《大清一统志》卷四八八《开化府·文山县》："文山县，附郭。本朝雍正八年，裁开化府通判并经历二缺，改设县治，赐名文山。"

[2]　开化府：《大清一统志》卷四八八《开化府》："开化府，在云南省治东南七百一十里，东西距一千一百四十五里，南北距四百二十里。东至交趾界四百六十里，西至临安府建水县界六百八十五里，南至交趾界二百四十里，北至广南府界一百八十里，东南至交趾界二百三十里，西南至交趾界四百一十里，东北至广南府界二百二十里，西北至阿迷州界一百八十里。自府治至京师一万二千五百里。《禹贡》梁州荒裔。汉为句町国地。唐初属越巂郡，后没于南诏，为强现、牙车、教化三部。宋为段氏所据。元为强现三部，隶临安等处宣慰司。明初改强现三部为教化三部，隶临安府。本朝康熙六年，以教化王弄安南三长官司地，置开化府，隶云南省，领县一。"

经　费

本厂每年出铜七八千至一万余斤不等，向未定额、通商。每办百斤，抽课十斤，公、廉、捐、耗铜四斤二两，官买余铜八十五斤十四两，每百斤给银六两六钱九分八厘。所收课、余、公、廉、捐、耗等铜，专供采买。

乾隆三十八年，奏准通商，每办百斤，给厂民通商铜十斤。照前抽收课铜及公、廉、捐、耗，官买余铜七十五斤十四两，每百斤给银六两六钱九分八厘。

三十（五）〔九〕年，停止加价，每余铜百斤，照旧给价银六两。

四十三年，奏定：年办额铜八千斤，遇闰加办六百六十六斤。照旧通商，抽收课、廉等铜，余铜给价收买，由委员自行赴厂兑领。

自厂至剥隘，共十五站。每百斤给运脚银一两九钱三分八厘，由委员于备带运脚银内支发，归各本省报销。每年准支书巡工食等银四十八两。

此厂工本、运脚，应赴开化府库请领，计程二站。应需马脚、盘费，照例按站支销。该厂铜斤，八成色。

程　站

竜邑厂，一站至薪铺，一站至开化府城，一站至江那，一站至阿鸡，一站至阿记得，一站至土库房，一站至广南府城，一站至高枧槽，一站至蜈蚣箐，一站至响水，一站至土富州[1]，一站至泗亭，一站至皈朝，一站至者桑，一站至剥隘。

注　释

[1]　土富州：《大清一统志》卷四八二《广南府·土富州》："土富州，在府东二百六十五里，东西距二百里，南北距一百三十里。东至广西思恩府土田州界一百里，西至保宁县界一百里，南至广西镇安府界三十里，北至广西泗城府界一百里。汉牂牁郡地。元至元中置富州，隶广南西路宣抚司。明属广南府。本朝因之，土官知州沈氏世袭。"

者囊厂

坐　落

者囊厂[1]，坐落文山县地方，距开化府四站。雍正八年开采。

注　释

[1]　者囊厂：雍正《云南通志》卷十一《厂课》："者囊铜厂，坐落开化府地方。康熙四十四年，总督贝和诺题开。"清代王昶《云南铜政全书》："在文山县东南二百九十里逢春里者囊寨。四十二年，定年额铜四千斤，每铜百斤，价银六两。文山县管理。"道光《云南通志》卷七五《食货志·矿厂三·铜厂下》："附已封者囊厂：……今已封闭，年分无考。"

经　费

本厂每年出铜十八九万、二十一二万斤不等，向未定额、通商，亦不抽收公、廉、捐、耗。每办百斤，抽课十斤，官买余铜九十斤，每百斤给价银六两。所收课、余铜斤，备拨采买[1]。

雍正十二年，奏准：每办百斤，抽课十斤，另抽公、廉、捐、耗铜四斤二两，官买余铜八十五斤十四两，每百斤照旧给银六两。

乾隆三十三年，每百斤加银六钱，连原价共给银六两六钱九分八厘。

三十八年，奏准通商，每百斤给厂民通商铜十斤，照前收课铜及公、廉、捐、耗，官买余铜七十五斤十四两，每百斤给银六两六钱九分八厘。

三十九年，停止加价，每余铜百斤，照旧给价银六两。

四十三年，奏定：年办额铜四千斤，遇闰加办三百三十三斤。照旧通商，抽收课、廉等铜，余铜给价收买，委员赴厂兑领。

自厂至剥隘，共十七站。每百斤给运脚银二两一钱九分六厘四毫，由委员于备带运脚银两内自行支发，归各本省报销。每年准支书巡工食银十二两。

此厂工本、运脚，应赴开化府库请领，计程四站。应需马脚、盘费银，照例按站支销。该厂铜斤，八成色。

注 释

[1] 备拨采买：《云南铜志》载有，者囊厂所产之铜，原供本省局铸之用。

程 站

者囊厂，一站至东由，一站至安乐，一站至锡板，一站至开化府城，十三站至剥隘。

自开化至剥隘十三站，同上[1]。

注 释

[1] 同上：据本书"竜邑厂"条，自开化至剥隘程站为：开化府城，一站至江那，一站至阿鸡，一站至阿记得，一站至土库房，一站至广南府城，一站至高枧槽，一站至蜈蚣箐，一站至响水，一站至土富州，一站至泗亭，一站至畈朝，一站至者桑，一站至剥隘。

金钗厂

此厂铜斤，专拨采买。

坐　落

金钗厂[1]，坐落蒙自县[2]地方，距县站半开采年未详。

注　释

[1]　金钗厂：清代王昶《云南铜政全书》："金钗厂，在临安府蒙自县西南九十里。年获铜一二十万至一百六十万不等。四十三年，定年额铜九十万斤。铜中夹铅，色黯，称低铜，止供各省采买。一成通商，不抽课。因矿内夹有银气，每铜百斤价银四两六钱，内抽小课银一钱。"雍正《云南通志》卷十一《厂课》："金钗等铜厂：坐落蒙自县地方，康熙四十四年，总督贝和诺题开。"

[2]　蒙自县：《大清一统志》卷四七九《临安府·蒙自县》："蒙自县，在府城东南一百五十里，东西距一百十里，南北距一百二十里。东至开化府界三十里，西至建水县界八十里，南至开化府界四十里，北至阿迷州界八十里，东南至开化府界六十五里，西南至建水县界三十里，东北至阿迷州界五十里，西北至建水县界六十里。汉益州郡地，白蛮居之，以目则山而名，讹为蒙自。南诏时以赵氏镇守，至段氏为阿僰所有。元宪宗七年，置蒙自千户，隶阿僰万户，至元十三年改为蒙自县，隶临安路。明属临安府。本朝因之。"

经　费

本厂每年出铜二三十万斤，向未定额、通商，亦不抽课铜及公、廉、捐项。因硁有银气，每百斤给价银四两，抽小课银一钱。雍正十三年，详准[1]：每百斤加价银六钱，连原价共银四两六钱。收小课银一钱，实给银四两五钱。所收铜斤，原供局铸。乾隆五年，奏准[2]：每百斤加耗二十三斤，即可配铸青钱[3]，每百斤卖银九两，较洋铜减省。嗣后此厂铜斤，采买、局铸兼拨。及四十八年奏准，遂专拨采买。

乾隆三十三年，每百斤加银六钱，连原价共给银五两二钱。

三十八年，奏准通商，每百斤给厂民通商铜十斤，官买无课余铜九十斤，每百斤给银五两二钱，照前每官商铜百斤，抽收小课银一钱。

三十九年，停止加价，每余铜百斤，给银四两六钱，收小课银一钱。

四十三年，奏定：年办额铜九十万斤，遇闰加办七万五千斤。照前通商，抽收小课，余铜给价收买，发运蒙自县店存贮，兑给各省采买。

四十八年，题准：停止拨用本省局铸，专给各省采买。

自厂至县店站半，每百斤给运脚银一钱五分，不支筐篓。采买委员赴县店兑领。自县店至剥隘，共十七站。每百斤给运脚银二两一钱九分六厘四毫，系委员于备带运脚银内支发，归各本省报销。每年准支官役薪工、厂费银四百五十二两四钱。

此厂工本、运脚，应赴临安府库请领。自厂至临安府城，共三站，应需马脚、盘费银，照例按站支销。该厂铜斤，连加耗七成色。

注 释

[1] 雍正十三年详准：《云南铜志·厂地下》"金钗厂"条："雍正十三年《奏销册》内声明，因开采年久，硐老山空，详准每百斤加价银六钱。"

[2] 乾隆五年奏准：乾隆五年，时任云贵总督庆复奏准。

[3] 青钱：清乾隆时期铸钱的成色先后不同，各地不同。乾隆五年以前，铸钱不加锡，称为黄钱；五年以后，加锡百分之二，叫做青钱。《皇朝通典》卷十《食货十·钱币》："乾隆五年，增云南炉局十座，及临安局炉五座，其钱照青钱式。又以云南改铸青钱，需用点锡，赴粤采买不易，准其以个旧厂版锡搭配鼓铸。"《皇朝文献通考》卷十六《钱币考四》："乾隆

五年，又定云南鼓铸青钱配用版锡，户部议定：改铸青钱，需用点锡，而点锡产自广东，自滇至粤采办不易。云南蒙自县之个旧厂，产有版锡，应准其就近收买，配搭鼓铸。"青钱的金属成分为：红铜百分之五十，白铅（锌）百分之四十一点五，黑铅百分之六点五，点锡百分之二。铸造青钱的主要原因是为防止私毁制钱之弊，《清史稿》卷一百二十四《食货五·钱法》："（乾隆）十三年……浙江布政使张若震言钱贵弊在私毁。如使配合铜、铅，参入点锡，铸成青钱，则销者无利。试之验，因采其议，铸与黄钱兼行"。青钱和黄钱在外表上区别不大，当时虽令各省改铸青钱，并使之同黄钱一并流通，但后来铸钱的成分并不完全依照这一比例，而多用铜六、铅四的比例。

程　站

金钗厂，一站至猛拉，一站至呀拉冲，一站至擦黑，一站至阿迷州[1]属熊洞，一站至文山县属芹菜塘，一站至宝宁县[2]属阿鸡，一站至阿记得，一站至土库房，一站至广南府城，一站至高枧槽，一站至蜈蚣箐，一站至响水，一站至土富州，一站至泗亭，一站至皈朝，一站至者桑，一站至剥隘。

金钗厂，一站至莺塘[3]，半站至蒙自县。

金钗厂，一站至个旧，一站至板枝花，一站至临安府城。

注　释

[1] 阿迷州：《大清一统志》卷四七九《临安府·阿迷州》："阿迷州，在府城东南一百二十里，东西距二百九十里，南北距三十五里。东至开化府界二百里，西至建水县界九十里，南至蒙自县界五里，北至广西州弥勒县界三十里，东南至蒙自县界三十六里，西南至纳楼司界一百五十里，东北至弥勒县界二十里，西北至建水县界六十里。汉益州郡地。元初为阿甯

万户府，阿甯古蛮名，后讹为阿迷。至元初，隶南路总管府，大德中隶临安路。明洪武十五年，改置阿迷州，属临安府。本朝因之。"

[2] 宝宁县：《大清一统志》卷四八二《广南府·宝宁县》："宝宁县附郭，东西距五百二十里，南北距四百三十里。东至富州二百二十里，西至开化府界三百里，南至交趾界二百九十里，北至广西泗城府西林县界一百四十里，东南至广西镇安府界二百九十里，西南至临安府阿迷州界四百里，东北至广西泗城府西隆州界二百十里，西北至广西州弥勒县界三百里。汉牂牁地。元为广南西路宣抚司。明洪武十七年，置广南府。本朝因之，乾隆元年增置宝宁县，仍为广南府治。"

[3] 莺塘：《云南铜志》作"莺歌塘"。

附：各时期云南铜厂开采情况统计

《铜政便览》载云南38座铜厂统计

（除特殊注明外，额铜和闰加均为乾隆四十三年数据）

铜厂名	铜厂所在地	何年开办	年产量	供用	乾隆四十三年额铜	乾隆四十三年闰加	子厂
宁台厂	顺宁府	乾隆九年	数十万、五六百万斤	局铸、采买	紫板铜九十万斤、蟹壳铜二百万斤		底马库、水泄、钱蔴岭、罗汉山
*得宝坪厂	永北厅	乾隆五十八年	十三万二千斤	京运及局铸、采买	嘉庆十三年：一百二十万斤	嘉庆十三年：十万斤	
大功厂	云龙州	乾隆三十八年	八十、一百余万斤	京运、采买	四十万斤	三万三千三百三十三斤四两十三钱	乐依山、蛮浪山
香树坡厂	南安州	乾隆九年	一千七八百、二千四五百斤不等	专供京运，紫板铜局铸、采买兼拨	七千四百斤		
双龙厂	寻甸州	乾隆四十六年	九千、一万余斤	京运	乾隆四十八年：一万三千五百斤	乾隆四十八年：一千一百二十五斤	
汤丹厂	会泽县	开采年分未详，雍正四年，改归云南采办	八九十、一二百万斤	局铸、采买、京运	三百一十六万五千七百二十斤		九龙箐、聚宝山、观音山、岔河、大硔

铜厂名	铜厂所在地	何年开办	年产量	供用	乾隆四十三年额铜	乾隆四十三年闰加	子厂
碌碌厂	会泽县	开采年分未详，雍正四年，改归云南采办	八九十、一百余万斤	局铸、采买、京运	一百二十四万四千斤		兴隆、龙宝、多宝、小米山
大水沟厂	会泽县	开采年分未详，雍正四年，改归云南采办	一二十、四五十万斤	局铸、采买、京运	五十一万斤		联兴
茂麓厂	会泽县	乾隆三十三年	八九万、十余万斤	京运	二十八万斤	二万三千三百三十三斤四两十三钱	普腻
乐马厂	鲁甸厅	乾隆十八年	五六千、二三万斤	京运	三万六千斤		
梅子沱厂	永善县	乾隆三十六年	三四万斤不等	京运	四万斤		
人老山厂	大关厅	乾隆十七年	二三千、四五千斤不等	京运	四千二百斤	三百五十斤	
箭竹塘厂	大关厅	乾隆十九年	二三千、四五千斤不等	京运	四千二百斤	三百五十斤	
长发坡厂	镇雄州	乾隆十年	八九千、一万一二千斤不等	京运	一万三千斤	一千八十三斤	
小岩坊厂	永善县	乾隆二十四年	一万三千、二万余斤不等	京运	二万二千斤	一千八百三十三斤	
凤凰坡厂	路南州	乾隆六年	七八千斤、一万一二千斤不等	京运、局铸、采买	一万二千斤	一千斤	

铜厂名	铜厂所在地	何年开办	年产量	供用	乾隆四十三年额铜	乾隆四十三年闰加	子厂
红石岩厂	路南州	乾隆六年	七八千、一万二千斤不等	京运、局铸、采买	一万二千斤	一千斤	
大兴厂	路南州	乾隆二十三年	八九十万、百余万斤	京运、局铸、采买	四万八千斤	四千斤	
红坡厂	路南州	乾隆三十五年	七八千、一万余斤不等	京运、局铸、采买	四万八千斤	四千斤	
发古厂	寻甸州	乾隆三十六年	二三十万斤不等	京运、局铸、采买	四万八千斤	四千斤	
大风岭厂	会泽县	乾隆十五年	二三万、十余万斤不等	京运、局铸、采买	八万斤	六千六百六十六斤	大寨、杉木箐
紫牛坡厂	会泽县	乾隆四十年	六七万、十余万斤不等	京运、局铸、采买	三万三千斤	二千七百五十斤	
青龙厂	元江州	康熙三十七年	二三万、六七万斤不等	京运、局铸、采买	六万斤	五千斤	猛仰
回龙厂	丽江府	乾隆四十二年	五六万斤不等	局铸、采买	七万斤	五千八百三十三斤	
白羊厂	云龙州	乾隆三十五年	八九万、十余万斤不等	局铸、采买	十万八千斤	九千斤	
马龙厂	南安州	雍正七年	一万二三千、二万余斤不等	局铸、采买	四千四百斤	三百六十六斤	
寨子箐厂	南安州	乾隆三十六年	六七千斤、万余斤不等	局铸、采买	一万一千二百斤	九百三十三斤	

続表

铜厂名	铜厂所在地	何年开办	年产量	供用	乾隆四十三年额铜	乾隆四十三年闰加	子厂
秀春厂	定远县	乾隆四十六年	一二千、三千余斤不等	本省局铸、〈采买〉	乾隆五十二年：四千五百斤	乾隆五十二年：三百七十五斤	
义都厂	易门、嵋峨交界地方	乾隆二十三年	十余万、三四十万斤不等	局铸、采买	八万斤	六千六百六十六斤	
大宝厂	武定州	乾隆三十年	四五千、六七千斤不等	局铸、〈采买〉	九千六百斤	八百斤	
万宝厂	易门县	乾隆三十六年	十五六万、二三十万斤不等	局铸、采买	三十万斤	一万五千斤	
大美厂	罗次县	乾隆二十八年	一二万、四五万斤不等	局铸、采买	一万二千斤		
狮子尾厂	禄劝县	乾隆三十八年	一二万斤不等	局铸、〈采买〉	六千斤	五百斤	
绿硔硐厂	宁州	嘉庆十一年	一万七千余斤	专供局铸	嘉庆十三年：一万二千斤	嘉庆十三年：一千斤	
鼎新厂	建水县	嘉庆十一年	六千一百余斤	专供局铸	嘉庆十二年：六千斤	嘉庆十二年：五百斤	
竜岜厂	文山县	乾隆三十三年	七八千至一万余斤不等	专供采买	八千斤	六百六十六斤	
者囊厂	文山县	雍正八年	十八九万、二十一二万斤不等	备拨采买	四千斤	三百三十三斤	
金钗厂	蒙自县	开采年未详	二三十万斤	采买、局铸兼拨，乾隆四十八年奏准，专拨采买	九十万	七万五千斤	

铜政便览校注

112

《新纂云南通志》载云南35座铜厂统计

铜厂名	旧属府/州	铜厂所在地	何年开办	经营人员	额铜	闰加	供用	课、余额定京、省铜斤	子厂
万宝厂	云南府	易门西北五十里万宝山	乾隆三十七年	易门县知县	三十万斤	二万五千斤	省铸、采买、间拨京运	省铜二十七万一千五百斤	
大美厂	云南府	罗次北三十里	乾隆二十八年	罗次县知县	二万四千斤	一万五千斤	省铸、采买	省铜三万二千四百斤	老硐箐厂
狮子尾厂	武定州	禄劝北二百里元宝山	前明开，复停，乾隆三十七年复	东川府知府	三千六百斤	二千九百斤	省铸、采买，后改京运	京铜五千四斤	
大宝岩厂	武定州	州西一百二十里	乾隆三十年	武定州知州	七千二百斤	八百斤	省铸、采买	省铜二千二百六十斤	亮子地、绿狮子、老应山
汤丹厂	东川府	巧家西北汤丹山	前明即开，乾隆初极盛	东川府知府	三百一十六万斤	十九万一千余斤	专供京运	京铜三百八万一千四百九十九斤	九龙箐、观音岩、聚宝、裕沅、岔河
碌碌厂	东川府	会泽西一百六十里（即落雪）	雍正四年，划归云南时开	东川府知府	一百二十四万斤，后减	五万一千六十六斤	专供京运	京铜五十六万一千一百斤	龙宝、兴隆、多宝、小米山
大水沟厂	东川府	在巧家西	雍正四年	东川府知府	五十一万斤，后减	三万三千二百斤	专供京运	京铜三十六万一千九百斤	联兴、聚源

铜厂名	旧属府/州	铜厂所在地	何年开办	经营人员	额铜	闰加	供用	课、余额定京、省铜斤	子厂
大风岭厂	东川府	在巧家西金沙江外	乾隆十五年	东川府知府	八万斤	确数未详	原供东川局铸，改供京运	京铜七万二千斤	大寨厂
紫半坡厂	东川府	在巧家西	乾隆四十年	东川府知府	三万三千斤	二千七百五十斤	同上	京二万九千七百斤	
茂农厂	东川府	在巧家西	乾隆三十三年	东川府知府	二十八万斤	二万三千三百斤	专供京运	京二十五万三千三百斤	普腻山厂
八老山厂	昭通府	大关西北四百九十里	乾隆十七年	大关同知	四千二百斤	三百五十五斤	专供京运	京三千七百八十斤	
箭竹塘厂	昭通府	大关西北丁木村	乾隆十九年	大关同知	四千二百斤	三百五十五斤	专供京运	京三千七百八十斤	
乐马厂	昭通府	鲁甸龙头山西	乾隆四十三年	鲁甸通判	三万六千斤	八百三十二斤	专供京运	京九千斤	
梅子沱厂	昭通府	永善东南	乾隆四十三	昭通府知府	四万斤，后减	一千六百余斤	专供京运	京一万八千斤	
长发坡厂	昭通府镇雄州	镇雄西北戈魁河	乾隆十年		一万三千斤	一千七百十三斤	专供京运	京一万一千七百斤	
小岩坊厂	昭通府永善县	永善北细沙溪	乾隆二十五年		二万二千斤	一千八百余斤	专供京运	京一万九千八百斤	
凤凰坡厂	澄江府路南州	在路南，距城六十里	乾隆六年复开		一万二千斤	一千斤	省铸、采买、间拨京运	京一万八百斤	

铜厂名	旧属府/州	铜厂所在地	何年开办	经营人员	额铜	闰加	供用	课、余额定京、省铜斤	子厂
红石岩厂（龙宝厂）	澄江府路南州	在路南东六十里暮卜山旁	乾隆六年复开		一万二千斤	一千斤	同上	京一万八百斤	
红坡厂	澄江府路南州	在路南东十五里	乾隆二十五年		四万八千斤	四千斤	同上	京四万三千二百斤	
大兴厂	澄江府路南州	在路南，距城三十里	乾隆二十三年		四万八千斤		同上	京四万三千二百斤	腾紫箐厂，旋停
发古厂	澄江府路南州	在路南发古山	乾隆三十七年		四万八千斤	四千斤	同上	京四万三千二百斤	
双龙厂		在鲁甸北九十五里	乾隆四十六年	曲靖府知府	一万三千五百斤	一千一百二十五斤	供京运或拨省铸	京一万八百斤	茨营厂
宁台厂		顺宁东北五百二十里，发脉于永昌之宝台山	乾隆四十六年	顺宁府属委员理之	二百九十万斤	二十四万斤	省铸、采买、供京运	紫板铜五十八万斤，紫壳铜二百万斤	芦塘厂即属之水泄、底马库、荃麻岭、罗汉山等
得宝厂		在永北南，临草海北，负西山	乾隆五十八年	永北厅同知	一百二十万斤，减为六十万斤	三万五千斤	专供京运	京铜二十七万斤	
白羊厂	大理府云龙州	云龙西北白羊山	乾隆三十三年		十万八千斤	九千斤	供采买	省铜九万七千二百斤	

铜厂名	旧属府/州	铜厂所在地	何年开办	经营人员	额铜	闰加	供用	课、余额定京、省铜斤	子厂
大功厂	大理府	在云龙大功山	乾隆三十八年		四十万斤	三万三千三百三十三斤	京运、省铸、采买	京三十六万一千九百九十九斤	乐依山、者甸、蛮浪、核桃坪、沙河
赛水箐厂		在南安东北三百余里	乾隆三十六年	楚雄府知府	一万一千二百斤	九百三十斤	省铸、采买	省铜一万八千斤	
马龙厂		在南安西南二百四十余里	雍正七年	楚雄府知府	四千四百斤	三百六十六斤	省铸、采买	省铜三千九百六十斤	
香树坡厂	楚雄府	南安东南二百一十五里	乾隆四十八年	易门知县监理	七千二百斤	六百斤	省铸、京运	省二万四千二百斤，京十万五百斤	
秀春厂	楚雄府定远县	定远南一百三十里	乾隆四十六年		四千五百斤	三百七十五斤	省铸、采买	省铜三千六百斤	
回龙厂		丽江西三百余里回龙山	乾隆三十八年	丽江府知府	七万斤	五千八百三十三斤	增供京运	京铜二万斤	扎朱、来龙
义都厂	临安府	在嶍峨东北，距易门一百里	乾隆二十三年	易门知县监理	八万斤	六千六百六十斤	省铸、采买间京运	省七万二千斤（此厂初获铜至一百五十六斤，寻止如上）	

铜厂名	旧属府/州	铜厂所在地	何年开办	经营人员	额铜	闰加	供用	课、余额定京、省铜斤	子厂
金钗厂	临安府	蒙自西南九十里	乾隆四十三年	蒙自县理之	九十万斤	七万斤	专供采买后供京运	京四十万斤	老硐坪厂
绿矿硐厂	临安府宁州	在宁州北	嘉庆十一年		一万二千斤	一千斤	省铸	省九千七百斤	
青龙厂	元江州属	元江东北七十里	乾隆四十二年	元江直隶州理之	六万斤	五千斤	省铸、采买	省五万四千斤	猛养厂

*数据来源：周锺岳《新纂云南通志》卷一百四十六《矿业考二》，页2—3。

民国四年云南全省铜矿统计[1]

县别	产地	已/未开办	产额	承办商民	开采年月	现时状况	销路
昆明县	三支锅	已开		许维周	前清宣统二年五月		
	板桥堡	同上		陈大陵	同上		
	三支锅下实兴厂	同上	年出八万斤	张永照兴业公司	民国元年八月		
	打矿山即七个象	同上	年出四十万斤	魏培元云昌公司	民国二年三月		
	大麻堡沙村井	未开					
禄丰县	打矿山石灰霸	已开		邱良才	前清宣统三年十月		
富民县	黄土坡	同上					
	大营村	同上					
	沙国寺	同上					
	李家村	同上					
富民县	杨梅山	同上					
	伐柯青	已开				停办	
	双龙潭	同上					
	清水河	同上					
	老青山	已开					
	核桃箐	同上					
	赵家村	已开		杨照远			
宜良县	二龙戏珠双龙厂	同上					
	黄保村	已开			前清光绪三十年	停办	

县别	产地	已/未开办	产额	承办商民	开采年月	现时状况	销路
	孝母山塘子箐	同上				停办	
	郎龙潭山南区可里	已开		李吉堂	前清宣统三年		
	小新山	同上				停办	
	上厂	同上				同上	
	北区大美桥山	已办	年出铜四五万千	李调勋、王林	前清乾隆二十八年	停办	
	北区塘子心	同上		同上			
	北区热窝弯	同上					
罗次县	村小尖山可里郎后冲	已开		李文蔚			
	潭龙山			李永强	前清宣统三年三月		
	大美桥小串楼						
	塘子心						
	下厂						
	孝母山大箐厂						
	孝母山小核桃箐						
	孝母山大寨箐						
	孝母山象鼻领箐						
	小新山胡家庄						
	小新山花沟山						
安宁县	松林村						
	鸪鸡厂	已开					
	龙马山斑鸠村						
	黑土厂						

县别	产地	已/未开办	产额	承办商民	开采年月	现时状况	销路
安宁县	五子山						
	放马坪						
	大青山	已开	年约数千斤			停办	省城
易门县	狮山、凤山	同上	每年约万五六千斤	褚维鑫	前清光绪三十三年		省城
	大漯塘	同上	同上	同上	同上		同上
	白石头	同上	同上	同上	同上		同上
	新山	已开	每年约万五六千斤	褚维鑫	前清光绪三十三年		省城
	马乾田	同上	同上	同上	同上		
	小尖山	同上	同上	同上	同上		
	大红山	同上	同上	同上	同上		
	老煤山	同上	同上	同上	同上		
	逐贼哨	同上	同上	同上	同上		
	牛肩山	同上	同上	同上	同上		
	起哨	同上	同上	同上	同上		
	老厂	同上	同上	同上	同上		
	永发厂	同上		何谙	前清光绪三十三年		
	万年硐	同上		同上	同上		
	大庆硐						
	副马硐						
	必成硐						
	青龙硐						
	六合硐						
	大转塘						

县别	产地	已/未开办	产额	承办商民	开采年月	现时状况	销路
易门县	皇姑硐						
	三家硐厂						
	万宝厂	已办	年出铜三十万斤		前清乾隆三十六年		
	洪发硐						
	灯塘	已开	年出约五万千斤	褚维鑫	前清光绪三十三年		省城
	香树厂新实硐	同上		戴煌			
	香树厂新实硐	同上		曹玉卿			
	香树厂实兴硐	已开		褚月轩			
	香树厂吉旺硐	同上		同上			
嵩明县	日足里九龙冲	已开				停办	省城
	金马里腰站	同上		苟永寿		同上	同上
	邵内大小尖山	已开		魏培元			
	邵外甸头村	同上		同上			
广西县	西北乡大哨	试办		袁云等		未见大效	
	下西乡风落梧尖山	同上					
师宗县	南区小干童	已办	无定数				
	南区山潮村	同上	同上			略有成效	
	西区鸭子塘	试办		殷定国、陈耀			

县别	产地	已/未开办	产额	承办商民	开采年月	现时状况	销路
师宗县	大哨	试办		同上			
	小务童村尖老山	已开				因工师不良折本停办	
	鸭子塘转坡	未开				雨水冲出	
永善县	小岩坊厂	已办	年出铜二万余斤	官办	前清乾隆二十四年	停办	
	鸡窝多跳塘处	已办	年出万余斤				
	补伍乡	同上		周庆熙昭永公司	民国二年		
	梅子沱	同上	年出铜三万千		前清乾隆三十六年		
弥勒县	莫助	试办				无大效	
大关县	邓家沟	已开	年出约二万余斤	罗上卿、罗贡	前清光绪三十三年五月	颇着成效	
	大关乡四甲铜厂沟	同上	同上	同上	同上	同上	
	姚家沟	同上	同上	同上	同上	同上	
	人老山厂	已办	年出铜三四千斤		前清乾隆十七年		
	箭竹塘	同上	同上		前清乾隆十九年		
	豆沙乡牛栏沟	同上		张灿	前清宣统元年十月		
	芹菜场	试办		潭明辉	前清光绪三十三年十月	尚未兴工	
	大关乡二甲哆啰坪		月约得砂九千余斤	陈永和			

122

县别	产地	已/未开办	产额	承办商民	开采年月	现时状况	销路
鲁甸县	石龙河	已办				停办多年	
	唐家沟	同上				同上	
	乐马厂	同上	年出铜二三万斤		前清乾隆十八年	同上	
	香木山						
河阳县	城东五十里土文	试办		李增南恒公司			
	热水河						
	城东五十里一碗水						
	城东四十里大佛铺厂						
	东北四十里马双箐						
	东北四十里矿厂箐						
	聊发厂	已开	极少				
	实兴厂	同上	同上				
	兴发厂	已开	极少				
	同兴厂	同上	同上				
休纳县	沙坝冲	试办	年出铜一千二百斤	朱荣芳	民国二年		省城
	峨牙山	同上	年出铜一千斤				
路南县	园杆山	已开			前清乾隆年	硐老山空停办	
	卜草村老旺厂	同上			前清雍正年	停办多年	
	东区路美邑双塘厂	同上			前清光绪二十五年	无效停办	

县别	产地	已/未开办	产额	承办商民	开采年月	现时状况	销路
路南县	大乐台旧石城坡厂	同上			前清道光年	硐深已停	
	三家村	同上			前清乾隆年	水淹停办	
	鸭子塘	同上		徐勋臣			
	大阿易林	同上			前清乾隆年	同上	
	清水塘	同上				因矿硐崩陷停办	
	清水塘	同上				硐老山空停办	
	清水塘	同上		沈富曾		缺少资本停办	
	所角邑	已开		徐勋臣			
	上卜草村	已开			前清康熙年	因硐崩压葬砂丁停办	
	红坡	同上	年出铜一万余斤		前清乾隆三十五年	因硐深陷停办	
	豆黑村	同上		贾元林	前清光绪三十四年		
	阿紫龙	已开		赵富之		缺少资本停办	
	小色多母鸡厂	同上			前清康熙年	停办	
	小色多三道沟	同上			前清道光年	同上	
	小色多东实厂	同上			前清乾隆年	同上	

124

县别	产地	已/未开办	产额	承办商民	开采年月	现时状况	销路
路南县	小色多黑矿厂	同上			前清康熙年	因铜（硐）崩停办	
	小色多老新厂	已开			前清乾隆年	同上	
	小色多金马厂	已开			前清道光年	因铜（硐）崩陷停办	
	青士厂	同上				久停	
	波罗黑	同上		徐勋臣		缺少资本停办	
	小交厂	已开			前清宣统元年复开办	硐老山空停办	
	实源厂	同上		李德邻	前清宣统元年		
	小老厂	已开			前清道光年	因咸同兵灾停办	
	凤凰山	同上	年出铜一万余斤		前清乾隆六年	同上	
	老鹰窝	未开				矿苗外露	
	老旺山	已开				硐老山空荒废	
	大兴厂	同上	年出铜万余斤		前清乾隆二十三年	同上	
	紫龙厂	同上				同上	
	双塘山	同上				未见效果停办	
	石城坡厂	同上				硐老山空停办	
	尖山厂	同上				同上	

县别	产地	已/未开办	产额	承办商民	开采年月	现时状况	销路
路南县	小紫龙厂	同上				未见效果停办	
	围坡厂	未办				因石艰硬，难以开铜	
	上卜草村线矿铜厂	已开				硐陷厌葬砂丁停办	
	羊圈厂	已开				未见效果停办	
	铜砂厂	同上				硐老山空停办	
	母鸡厂	同上				同上	
	三道沟厂	同上				水大停办	
	东实厂	已开				荒废	
	黑矿厂	同上				同上	
	老兴厂	同上				同上	
	金马厂	已开				因咸同年兵灾停办	
	乾塘厂	已开				硐陷停办	
	小龙厂	同上				同上	
	小兴厂	同上				同上	
	锅盖厂	同上				同上	
	象牙厂	已开				同上	
	锡龙厂	同上				同上	
	白马厂	已开				硐陷停办	
	红石岩	同上	年出铜万余斤		前清乾隆六年		
	清水塘	同上				硐老山空停办	

县别	产地	已/未开办	产额	承办商民	开采年月	现时状况	销路
路南县	鸭子塘村元新厂	同上	共出矿砂六千余斤，冶出五百斤	徐子久	前清宣统三年		
	泰来厂	已开		祁逢源		缺少资本停办	
	羊屎厂	同上	无多		未详何年	停办年久	
	草卜厂	同上			前清顺治年	因咸同年兵灾停办	
	左列	同上		王杰		资本太少，恐难持久	
	水尾村	未勘				矿苗外露	
	堵宜	未开					
	堵宜	未开					
	鸡湾河	已开			自明中业至康熙年大旺	因硐崩陷停办	
	狮子山	同上		李国珍		因资本缺少停办	
	大笃革	同上				因硐崩陷停办	
	路则村	已开		徐勋美		因资本缺少停办	
	元新厂	同上	年出铜六千斤		前清宣统二年		
	来福村挖矿箐	未开				矿苗外露	
	石峡子厂	未开				因雨水冲出	

县别	产地	已/未开办	产额	承办商民	开采年月	现时状况	销路
建水县	建水	已开			前清嘉庆十一年		销蒙自河口
	建水	同上			未详何年	同上	蒙自河口一带
	日新厂	同上	年出铜万余斤		前清嘉庆十一年	同上	同上
	大发坞后歪头山	同上					
	狗街铜山	已开					
	铜厂河边铜厂河	同上					
	五台山			李镕鑫	前清宣统二年十二月		
习峨县	马厂山				前清光绪四年	未见矿苗停办	
	阎家坡领后			本地商民自办	前清光绪十年		
	歪头山			同上	同上		
	义都厂	已办	年出铜三四十万斤		前清乾隆二十三年		
	老衡寨						
阿迷县	他女白后山	已开				矿质不分，折本停办	
	果克	已办		际盛公司	前清光绪二十四年		
石屏县	本梳扇	已开			未详何年	矿质不分停办	
	海懦	未开					
	婆罗山	已开			前清宣统元年	老山久停	

县别	产地	已/未开办	产额	承办商民	开采年月	现时状况	销路
蒙自县	金钗地	已办	年出铜二三十万斤			资本不足暂停	本属
黎县	长发山	已开		吴文治	前清宣统三年	老山久停	
	麒麟山	同上					
	绿碚硐	已办	年出铜万余斤		前清嘉庆十一年	老山久停	
	三台山						
	马耳山	未开				矿苗外爆（暴）露	
	浦兮	已开		黄彦成	前清宣统三年五月		
牟定县	青龙山	已开	年出铜四千余斤	吴源盛	前清光绪三十四年八月		
	高山顶	同上	年出铜一千余斤	宋文光	前清光绪三十三年		
	尖子河寨子山	同上	年出铜六百斤	同上	同上		
	西岳庙山	同上			前清乾隆四十六年	停办年久	
	青龙厂	同上	年出铜六万斤		前清中业	咸同年停办，光绪二十二年又办	
	秀春厂	已开	年出铜三千余斤		前清乾隆四十六年	同上	
	马泰山	未开					
	大平地	同上					

县别	产地	已/未开办	产额	承办商民	开采年月	现时状况	销路
牟定县	洗澡河、白马河	已开			前清道光末年	提炼无法，利微停办	
	瓯子山	同上			前清康熙年		
	化佛山长箐	同上			未详何年	资本少停办	
	平地厂	同上		周映宏	前清道光二十四年	停办年久	
	黑家湾象鼻领	同上			前清道光二十六年	同上	
	马鹿坡	未开					
	漫家寨	未开					
	落水洞	同上					
	沙人寨	同上					
	乌龙地	同上					
姚安县	元宝山	已开			前清乾隆年，已开四十余年	现议复办	
	拉巴山	同上		张仲叔	未详何年		
	三台山	同上		杨炳章	前清光绪三十四年六月		
	拉鲊磨	同上			前清乾隆年	久经停办	
	斌姑山	已开			前清咸丰年	资本不足停办	
	新田山	已勘，未办			前清宣统二年		
	多批磨	已开			前清光绪初年	久经停办	

县别	产地	已/未开办	产额	承办商民	开采年月	现时状况	销路
姚安县	青牛厂	同上		周澍魁	前清光绪二十八年	停办	
	三台厂	同上			明末	咸丰年停办	
	马鹿坡拉巴			陶必良	前清宣统元年		
	老厂	已开		周树金	前清光绪二十年	资本不足停办	
楚雄县	自雄哨	同上		邓时森			
	凹古哨						
摩刍县	香树坡厂	已办	年出铜约二千斤		前清乾隆九年		
	马龙	已开	年出铜二万余斤	梁盛华	前清雍正七年	停办	
	寨小箐	同上	年出铜万余斤		前清乾隆三年	同上	
大姚县	北界双龙山	已开		官办	前清同治二年	封禁	
	老辉东	同上		沐逢春		荒废	
	北界六苴摩阿萱箐后山	同上	无多	李守忠	前清宣统元年		
	新厂	未开				矿苗露出	
	西木村	已开			前清光绪八年、宣元年	屡办无效停办	
	东乡秀春山	同上		李家村			
镇南县	罗家村	已开		本地自办	前清初年	至道光末年停办	

县别	产地	已/未开办	产额	承办商民	开采年月	现时状况	销路
镇南县	豹子山	同上		李维述	前清光绪十一年	矿质本佳，因经理不善达至折本停办	
	阿维乡	未开					
	发孔山	同上					
永北县	宝坪厂山	已开	年出铜万余斤		未详何年		本地
	大宝厂山	同上	年出铜千余斤	商办			前归官局
	晒席地厂	同上	同上	同上			同上
	小落脚	同上	年出铜数百斤	同上			同上
	铜厂河	同上	年出铜二千余斤	同上			同上
	东升银厂	未开					
	木耳坪	已开		杜绍武	前清宣统二年三月		官收
	巴横拉	已开		同上	同上		同上
	树褋厂	同上		同上	同上		同上
	水炉房	同上					同上
	新得宝	同上		炉户领官本开办	前清嘉庆年	停办	
	天宝山	同上		同上		同上	
	老得宝	已开	年出铜一百二十万斤	商股办	前清嘉庆年	停办	
陆良县	西乡卜喇得黄矿坡	已开		本地商民开办		资本缺乏兼矿质不分，故停	

县别	产地	已/未开办	产额	承办商民	开采年月	现时状况	销路
寻甸县	发古厂	已办	年出铜二三十万斤		前清乾隆三十六年		
	双龙村	已开	年出铜一万余斤	李应蕃	前清乾隆四十六年开采,宣统三年三月复办		
	长冲箐	同上		王乐山长发公司			
	横沟	同上	年出铜三千余斤	魏培元			
	他他箐村	同上		李友、张太高	前清光绪三十年	因股本不足停办	
	杨梅山	同上	年出铜二千余斤	陆春和	前清宣统元年	因光复商人回籍故停办	
宣威县	西冲	已开				荒废	
	倘塘	同上				同上	
	马场	试办				铜质甚佳	
	得禄	同上		土人自办		矿质甚旺,土人因开采无法停	
	铜厂沟	未开				山水涨发时冲出铜块甚多	
	大湾地	已开		侯其伟			
	龙口厂	已开		樊趨暾			
	平顶山	同上		李曾植			
	西区迤那小厂等外	已开	年出铜五百斤			近来硐矿空停	本地制器之用

县别	产地	已/未开办	产额	承办商民	开采年月	现时状况	销路
宣威县	东区顺五甲小镇雄	同上	年出铜三千余斤	徐之崐	民国元年		四川
	北区月亮箐	同上	同上		同上		同上
	皂街三尖沟	同上	年出铜二千余斤		同上		本地制器用
	皂街山后着期法戛	已开	年出铜六百斤				
	月亮田、法撒浆子树等	同上				无货停办	
沾益县	小井村	试办		村民合资自办		未见成效	
	蔑关	已办			前清道光年间	久停	
	大板村	试办		陈廷琛		未见大效	
	荷叶厂	已开			前清道光年间	久停	
	牒水沟	同上			前清咸丰年间	同上	
	大山冲	试办			前清光绪十年	矿质不分，故停	
	卡机厂						
	蔑蓝厂	已开				荒废	
	小水井	已开				荒废	
	羊肠营滋龙村	同上		海映南	前清宣统二年	矿苗不旺停办	
	隔浪河	同上			前清道光年间	荒废	

县别	产地	已/未开办	产额	承办商民	开采年月	现时状况	销路
罗平县	独栗树	已开	年出铜八千余斤	官办	未详	未见成效停办	
	里采坡	同上		秦洪顺		资本不足停办	
	山河里村后哈马矿山	同上				停办	
	增多村山	未开					
平彝县	色则村	已开		海映南		未见大效	
	蛮冈山					以下九厂,因年久概停	
	豫顺关						
	曹家庄						
	四学庄						
	坝冲						
	大了口						
	蛮冈山夷卤						
	外山口						
	白马山						
	段家地	已开		本地乡民	未详	不时开采,并未认真办理	
	麒麟厂	同上		同上	同上	同上	
	罗木厂	同上		同上	同上	同上	
	黑石厂	同上		同上	同上	同上	
	天祐硐	未开					
	卑浙厂	未开				停办多年	

县别	产地	已/未开办	产额	承办商民	开采年月	现时状况	销路
蒙化县	山后箐	已开				同上	
	白石崖	同上				同上	
	南涧街	已开				同上	
	老君殿	同上				同上	
	距城百九十里密里底	同上			前清光绪三十三年	资本不足停办	
	距城百九十里密马郎	同上				停办	
	在南涧地方大佛山	未开				矿苗天然露于表面	
	在南涧地方六瓢山	同上				同上	
	新兴乡山后井	已开				久未得矿，故荒废	
	新兴乡龙潭村	同上				同上	
顺县	炉塘山	已开	年出铜二万斤		前清宣统元年	停办	
	炉台山	同上	年出铜三万斤	杨振彩			
	炉台厂	已开	年出铜数十万或五六万斤		前清宣统二年七月复办		
	瓦屋上	同上		李惺			
	咫尺路上	同上			前清宣统元年	停办	
	阿路山	已开			前清咸丰年	同上	
	宝竹林山	已开			未详何年	经兵灾后停办	

县别	产地	已/未开办	产额	承办商民	开采年月	现时状况	销路
顺县	瓦屋恩度	同上		李悍			
	卡马厂	同上		同上			
	灵台	试办					
	大宝山	未开					
	水泄铜厂	已开			前清宣统元年		
	水泄铜厂	未开					
	芦塘厂	已开				停办	
	台铜厂	同上		陈祯祥			
	大兴铜厂	未开					
	阿令厂						
	城北鐯水里铜产河	未开				因山崩发见	
云县	打黑庄	已开		欧阳煌			
	打黑庄宝兴厂	已开		孙人杰			
	仁和硐						
	读家村	已开		欧阳煌			
	六合村山后铜厂	同上		同上			
	后山村	同上		同上			
	大绿崖	同上		同上			
	蛮绿村						
	小箐河						
	小溪						
	威信里打黑庄	已开		欧阳煌	前清宣统三年五月		
	威信里打黑庄拦马甲	同上		孙人杰	前清宣统元年六月		

县别	产地	已/未开办	产额	承办商民	开采年月	现时状况	销路
云县	独家村	未开					
	芦房河	同上					
	黑箐绿石崖铜厂	已开		孙纪			
	李家田庄						
	打黑山脉顶铜矿厂						
	复兴硐						
	鸿开硐						
	天生硐东硐厂						
	东硐铜厂						
	老硐铜厂						
	西就硐						
	逢源硐						
	僮中硐						
	东区乐邦东						
	宝兴厂	已开				荒废	
	恒丰铜	同上				同上	
	三合村	同上		欧阳煌			
	马鹿塘	已开					
景东县	三岔河各有谷山	已开				因矿不佳停办	
	老仓左户哕哕山	同上			前清光绪二十四年	矿质不分停办	迤西
	猪街塘						
	圈掌圈邦巍打产井	未开					
	南区蒠里白玉领	已开				荒废	

县别	产地	已/未开办	产额	承办商民	开采年月	现时状况	销路
景东县	南区猛统乡者后日喜	同上				同上	
	猛统圈铁河三家村	同上					
	猛统圈铁河三家村	同上		洪万有	前清宣统二年	矿硐压下停办	迤西
	有后里回喜	已开				久经停办	
	路东街后老阱花阱	未开					
	花佛山长箐	已开				久经停办	迤西
丽江县	八宝山亮达米松平子	已开	开年出铜万二千斤	赵荃			省城
	罗寻洞	同上	年出铜二万四千斤	杨玉宝、赵煜	前清光绪三十四年		同上
	四十里箐	已开	年出铜八千四百斤	赵荃	前清光绪三十四年		省城
	老君山	同上	年出铜三万六千斤	李纯德、赵文荃			同上
	黑白水		年出铜六千斤	赵文奎	前清光绪二十七年		同上
	东三里武郁村		年出铜一万一千斤	木桂	前清光绪三十四年		同上
	回龙厂		年出铜五六万斤		前清乾隆二十四年		同上
	瓦烈罗	已办	年出铜二三千斤	木蔚廷	前清道光初年		同上
	黑白水	同上	年出铜约千余斤	杨国栋	前清光绪三十四年		同上
	香各里次山	同上		木蔚廷	同上		

县别	产地	已/未开办	产额	承办商民	开采年月	现时状况	销路
丽江县	南山里南山	同上		杨信	前清光绪三十二年		
	刺宅里花厅邑	同上			前清咸丰年间		
	江东里高轩井	同上		赵湘皋	前清光绪三十二年		
	江东里六合	同上		马柄乾			
	江东里大发厂	同上		时丽生			
	大其里岩子村	同上		杨豫贤	前清光绪三十二年		
	大其里黑白水	已办			前清光绪三十三年		
	大其里耻可独	同上		杨鸿兴			
	刺宅里风科厂	同上		汪子明	前清道光年间		
	大河厂	未开					
	东元厂						
	木保厂						
	北地坪厂						
	河西新龙厂						
	西你罗厂						
	白马厂						
	东坡厂	已办		杨维柱			
	热水塘厂孟植古						
	江西里气屋						
	大其里里泉						
	金龙厂	已办	年约千吨	杨国栋	前清宣统三年		

县别	产地	已/未开办	产额	承办商民	开采年月	现时状况	销路
丽江县	永宝厂	同上	年约七百吨	木桂	前清宣统元年		
	铜厂	同上	年约三百吨	木荫	前清光绪三十二年		
维西县	腊善洛	已开		郑亮			省城
	腊他洛	同上		赵聚五			同上
	神门多	同上		杨荫香			同上
	大宝山	同上					同上
	喇普村	同上		苏泽			同上
	阴夺村	已开			前清咸丰年初开采，光绪二十八年停办		
	太乙山	未开					
	亥咱村	同上					
	甸古村	同上					
	喇白村	未开					
	猓大树	未开					
	石门驮	已开		杨荫香	前清光绪三十四年		
	腊美洛	已开		李潮香、杨美三	民国元年十月		
	洛朱、洛红崖康普老炉房	同上				停办	
	后山坡喇日	未开				因猎人烧山发现矿苗	
	玉不底呵喃多	同上				由夷人拾来试，尚未开采	

县别	产地	已/未开办	产额	承办商民	开采年月	现时状况	销路
维西县	扎木底后山诚心厂	已开				有水炉房一所	
剑川县	华业山	同上	年出铜二万四千斤	舒箴			
	华业山	同上	同上	杨启太			
	华业山	同上	年出净铜六千余斤				本地
鹤庆县	大水阱	已开		高洪基			
	勲地山	同上		高厌廷			
	南区阿腊河	同上		段元林、彭子才			
	东区冯家阱	同上		本地绅士			
	东区龙子坪山	已开		李朝霞			
	东区小后山	已开		刘映寿			
	洪家窝山	试办		本地绅士			
	东区	已开		孙锡昌			
	东区	同上		王定邦、左锡图			
	东区中村后山	同上		彭桂恩			
	东区晏公庙北牛平	同上		彭威烈、周毓京			
	东区芹菜厂	同上		彭上龄、杨炳年			
	东区吉菜厂	同上		松桂			
	西区龙门舍山	同上		杨懋侯			
	西区白草罗山						
	奇峰口铜厂	未开					

铜政便览
校注

县别	产地	已/未开办	产额	承办商民	开采年月	现时状况	销路
鹤庆县	北衙后山铜厂	同上					
	炉房沟铜厂	同上					
	大湾山后铜厂	未开					
	九峰山铜厂	同上					
	眠龙山	已开	年出铜三千六百斤	杨建勋			
中甸县	安南山	已开					
	回龙厂	同上	年出铜一百零八万斤	官督商办，官本		停办	省城
	浪市厂	同上	年出铜八十万余斤	本地商人，官本		同上	同上
	西林厂	同上				停办	
	浪都厂	同上					
	道郭厂	同上					
保山县	北上哨公山	已开		徐殿勋	前清光绪三十四年		省城
	包家山	同上		吴国祥	前清宣统二年	停办	
	莹宫山	同上	年出净铜九千斤	刘光廷			省城
	刘家山	同上	年出净铜五千斤	李坤中	前清宣统元年	停办	同上
	大团山	同上		包金堂	前清宣统二年	同上	
	罗汉山	已开	年出净铜二万斤	张义方	前清宣统元年	停办	
	白鸡奚山	同上		周兆岐	同上	同上	
	窑场田	已开			同上	已停	

143

县别	产地	已/未开办	产额	承办商民	开采年月	现时状况	销路
	沙河厂	同上	年出铜十万余斤	刘明星	前清光绪卅年五月		
	沙河厂	同上		徐殿勋	前清光绪二十四年元月		
	北冲中领冈铜厂	未开					
	北冲牛湾檐铜厂	同上					
	北冲猪食箐铜厂	已开				久经停办	
	五邑清水沟自然铜厂					此厂系夏秋后沿山寻检	
保山县	北冲过羊路铜厂	未开					
	杉杨蜜场田铜厂	已开				尚无成效	
	杉杨白鸡罗	同上				同上	
	关外乡东安山头	未开					
	阿坡罗汉铜厂	已开				现停	
	城东阿坡火头罗汉厂百六十里	已开	年出铜万余斤		前清宣统元年	因成色太低停办	
	双河厂	试办			前清光绪年间	矿少水多停办	
	双龙厂又名阿龙箐	已开	年出铜数万斤			产虽富,资本不足	
	大荒田厂	未开				矿苗外现	
	清水沟	同上				同上	
	五家寨小坪掌						
	小河滨						
镇康县	麻栗坪						
	送归						
	五家寨第二大山	已开				久停	

144

县别	产地	已/未开办	产额	承办商民	开采年月	现时状况	销路
永平县	苏屯约专羊厂						
	太来厂	已开			前清道光年	开时正旺，后无资开采，封闭至今	本省
	花桥约	同上			同上	不知提炼，利微停	同上
	东山	同上					同上
	河西约宝兴厂	已开	年出铜矿一万余斤			运藏地销售，后因资本不足，无力运停	藏地
	大象厂	同上					本省
	冷水沟	同上					同上
	瓦舍山	同上					同上
	长建里	同上					同上
	老新	同上					同上
腾冲县	西区官山青岩	已开		番迎恩			
	大西炼青岩山	同上		同上			
	南甸土司属地内	未开					
龙陵县	芒市土司地	已开		余游馨	前清光绪三十三年	折本停办	
	东区一百二十里堵礅厂	已开		寸开大	民国元年		
江川县	古埂厂	已办			前清光绪八年	因硐老山空，又因水淹停办	
文山县	者囊厂	已办	年出铜二十二万余斤		前清雍正八年		

县别	产地	已/未开办	产额	承办商民	开采年月	现时状况	销路
文山县	老龙箐	未开					
	童邑厂	已办	年出铜一万余斤		前清乾隆三十三年		
马关县①	归仁里正南区都龙	同上		胡崇德、徐和乡			
	归仁里正南区都童	同上		萧学敏		折本停办	
	归仁乡铜街	同上		林建候都隆矿务公司			
	东区凉水井	未开					
他郎县	迷那厂	试办		本地商人刘宝金			
	城南八十里车哈厂	未开					因矿苗外露，试验不猛敢未办
	马市梁子	已开			民国元年		翰银质甚多
普洱县	仙人潭	未开					
	聘空	同上					
	南英箐	同上					
	西北四十里白龙厂	已开				矿质不分	
	蚌弄山	同上					
	会连	已开					
	泄坡	同上					

① 马关县项下的前三个铜厂俱为：银盖铜云土。

县别	产地	已/未开办	产额	承办商民	开采年月	现时状况	销路
普洱县	城南五十里孟连山	同上				老硐出水停办	
	东北八十里蚌坪村	未开				山崩发见矿苗	
景谷县	猛迺乡	已开			前清同治年	资本不足停办	
	扛哄乡	同上			前清乾隆年	因匪乱停办	
	课里乡	未开				矿质颇佳	
	扛哄土司私庄小河边	同上				同上	
	猛迺乡芭蕉林	未开					
	西萨乡落水洞	已开			前清道光年	因乱停办	
	课里乡暖里河底						
	翁哄乡那布	已开			前清道光末年	因乱停办	
	翁哄乡独田	同上			前清宣统二年	无效暂停	
	翁哄乡戛河	未开				矿质甚佳	
	海凯乡	试办			前清宣统元年	无效暂停	
	铜厂	已开			前清道光年	已停	
	北乡蛍海	同上				同上	
	清水硐	同上				荒废	
宾川县	宾西马鹿塘	已开	年出铜矿万余斤	熊湘周	前清光绪二十八年		
	平川铜厂	同上		胡全泰	前清光绪二十三年		

县别	产地	已/未开办	产额	承办商民	开采年月	现时状况	销路
宾川县	宾东官坡	已开	年出铜二千斤	董兆润		因该商赴凤仪县办矿，故停	省城
	南区猛统里，南涧河头邦帛岔山	未开					
	回龙厂	已开		董兆润	前清宣统元年		
	实源铜厂	已开		同上	同上		
	芭蕉箐	同上		同上	前清宣统元年五月	已停	
	宾兴硐	同上		许中和	同上		
	乡音水箐	同上		董兆润			
	排营铜厂	同上			前清光绪三十四年		
大理县	上区五台峰	已开		民办		停办	
云南县	松子哨	已开	年出铜矿五千斤	官商合办	前清宣统二年	已停	
	蒿子坝铜厂箐						
洱源县	凸凹村	已开			前清光绪初年	久经停办	
	鸟吊山	同上			前清光绪三十四年	同上	
	钟乳山	未开					
	蕨菜坪	同上				矿苗外露	
	马鞍山	同上					
	兵营领	已开		罗灿珠	前清光绪三十四年		

县别	产地	已/未开办	产额	承办商民	开采年月	现时状况	销路
洱源县	矿山	未开					
	蕨菜坪大山	同上					
	大叶坪	同上					
	凸旺厂	同上					
云龙县	白羊厂	已办	年产铜十余万斤		前清乾隆三十五年	因厂原系银厂，而铜（硐）内铜质用炼银水复炼	
	师里						
	荣里						
	勋里						
	西北乡白草山	已开			未详何年	咸同年兵灾后即停	
	大麦地厂	同上				同上	
	上江乡铁门关草山厂	未开				山崩发现矿苗	
	西北乡白草山之西大功铜厂	已办	年出铜数百万斤	蔡月保		矿极佳，每百斤矿石可得净铜七十斤	
邓川县	邓川	已开		大理绅商杨杨铭			
	张波罗山张波罗厂	试办					
	莲花阱	已开		同心合资公司	前清宣统二年		
	顶山厂	同上		庆和川	同上		
	焦石硐	同上		本地绅商	同上		

县别	产地	已/未开办	产额	承办商民	开采年月	现时状况	销路
邓川县	垣垣厂	同上				停办	
	老马栏	已开			前清宣统元年		
	张波罗	同上		同发公司	前清光绪三十一年		
	沙坝营后山南银厂	未开					
	平坝山	未开					
	子牙关厂	同上					
新平县	练庄小尖山	已开		刘奇义		停办	
	太和三家村迭巴郁厂	同上				矿苗零星，时办时停	
	北区迭巴都	未开				矿苗颇佳	
	杨武乡土锅岩	同上				矿苗零星	
元江县	猛仰山	已开			前清乾隆二十四年	久经停办	
	黄龙厂						
	白龙厂	已开				暂停	
	火龙厂	同上				同上	
	青龙厂	同上	年出铜六七万斤		前清康熙三十七年	前清咸丰年因乱停止，迄今未复办	
	老新厂	已开				同上	
	江龙厂	同上				同上	
	老乌山	已开				因有烟障，故停	
	大黑山	同上				同上	
	红龙厂	同上				同上	
	东乡牛尾巴冲	已开				停办	

县别	产地	已/未开办	产额	承办商民	开采年月	现时状况	销路
镇雄县	宝兴厂	已开				荒废	
	长发坡	同上	年出铜一万斤		前清乾隆十年	同上	
彝良县	坪上	未开					
	大蔡树	同上					
	以勒坝	同上					
	田黄寨后山	同上					
	茶园	同上					
武定县	迤那厂	已开	年出铜一万斤	民领官本	前清光绪三十三年		交省局
	狮子口	已开	年出铜二万斤		同上	停办	
	旧山箐	已开	年出铜三万斤		同上	同上	
	金钟罩	同上	年出铜三千斤		同上	同上	
	大麦地	同上	同上		前清宣统元年	同上	
	平地厂	同上	年出铜二千斤		前清光绪三十三年	同上	
	深沟箐	同上	年出铜五千斤		前清光绪三十二年	同上	
	龙潭箐	同上	年出铜五百斤		同上	同上	
	鹅头厂	同上	年出铜三百斤		同上	同上	
	汤郎境	同上				久停	
	大宝厂	已开	年出铜六七千斤		前清乾隆三十年	久停	

县别	产地	已/未开办	产额	承办商民	开采年月	现时状况	销路
武定县	九厂境						
	插甸境						
	勒品乡						
禄劝县	猪栏门	已开	年出铜一千斤				
	双龙潭	已开	年出铜二万斤	孙继善		停办	
	元宝山	同上	年出铜三万斤	孙继能		同上	
	马樱山	同上	年出铜一千斤			同上	
	泥岔	同上	年出铜二千斤	孙继能		同上	
	金平子	同上	年出铜三百斤			同上	
	蜘蛛山	同上	年出铜一千斤	孙继能	前清光绪十五年		
	牛坑	同上	年出铜二千斤				
	多那	同上					
	双龙厂	同上		孙继能	前清同治五年		
	天宝厂	同上			前清光绪十八年		
	施期厂	同上				因无柴，故停	
	马莫山厂	同上				矿质不分停办	

县别	产地	已/未开办	产额	承办商民	开采年月	现时状况	销路
禄劝县	红罩山厂	同上				同上	
	狮子尾厂	同上	年出铜一二万斤		前清乾隆三十八年	久经停办	
	凤尾山	已开				同上	
	有沽厂					矿质不分停办	
元谋县	丙巷村	已开			前清道光年	矿质不分停办	
	大已保	试办				矿质不分停办	
	猛合沟	已开					
	小罗岔河	未开					
	莫户村	同上		张桂馥	前清宣统二年	资本不足停办	
	虎跳	同上			前清道光年	因乏销水之策停办	
	海螺村	同上					
	狸山厂	试办					
	阿猓山	未开				矿苗外露	
广通县	北区火把箐	已开	年出铜砂一千四百斤	张文元		现停	
	北区老山箐	已开				同上	
	南区大箐	同上				同上	
澜沧县	大山	已开				荒废	
东川县	猴岩及紫塘生铜厂	已开	年出生铜百余万斤，天然纯铜			硐内水大，无资维持，故停	

县别	产地	已/未开办	产额	承办商民	开采年月	现时状况	销路
东川县	崇丰乡大兴厂	同上	年出矿十万余斤			无资，故停	
	丰乐里六合铜厂	同上	年出铜十万余斤			缺少柴炭，故停	
	忠顺、丰乐交界地盖德盛铜厂	同上	年出矿八万斤			因无资本停办	
	敦仁乡铜厂箐	同上	年出八百斤天然铜			同上	
	敦仁乡扯戛厂	同上	年出天然铜千斤			现正开办	
	丰乐区三甲新寨铜厂	未开				水冲发见矿苗	
	岔河厂	已开			前清乾隆六十年	荒废	
	大硔厂	同上			前清嘉庆二年	同上	
	龙宝厂	已开			前清乾隆十九年	荒废	
	多宝厂	同上			前清乾隆六十年	同上	
	小米山	同上			前清嘉庆二年	同上	
	大水沟厂	同上	年出铜五六十万斤				
	聊兴厂	已开			前清乾隆六十年		
	茂麓厂	同上	年出铜十万余斤		前清乾隆三十三年		

铜政便览
校注

县别	产地	已/未开办	产额	承办商民	开采年月	现时状况	销路
东川县	普赋厂	同上			前清嘉庆三年		
	忠顺里铜厂坡	同上	年出铜万斤			咸丰年兵事兵荒废	
	向化里宝台厂	同上	年出铜数万斤			同上	
	兴隆厂	同上	同上			同上	
	向化里兴隆厂	同上	年出铜数万斤		前清乾隆十九年开	资本不足停	
	聚宝山	同上			前清乾隆十九年	停办	
	观音山	同上			前清乾隆二十年	荒废	
	大风领厂	同上	年出铜二三万或十余万不等		前清乾隆十五年	同上	
	杉木箐厂	同上			前清乾隆三十四年	同上	
	大寨厂	同上			前清乾隆二十九年	同上	
	紫午坡厂	同上	年出铜十余万斤		前清乾隆四十年	同上	
绥江县	近林里	已开				荒废，硐老乏矿	
巧家县	向化里汤丹厂	已开	年出铜五六十万斤	东川矿业公司			
	向化里白锡腊厂	同上	年出铜五万斤	同上			
	向化里落雪厂，原名碌碌厂	同上	年出铜二十八万斤	同上			

县别	产地	已/未开办	产额	承办商民	开采年月	现时状况	销路
巧家县	大小沟,即因民厂向北里附属膏粮地牛厂坪	已开	年出铜二十万斤				
	向化里铁厂	同上	年出毛铜十万斤				
	宝源厂,俗名崖坝	同上	无定				运东川铜局
	新大红厂	同上	同上				同上
	二台坡厂	同上	同上				同上
	小铜厂	同上	同上				同上
	大丝箐厂	同上	同上				同上
	江外善良里杨家村厂						同上
	江外善长里毛春树厂	已开	同上				同上
	钱家坪	同上	同上				同上
	乾沟厂	已开	无定				同上
	淌塘厂	同上	同上				同上
	汤丹新厂〔以下九厂又名汤丹九场（厂）〕	同上	以下九处,每年共出净铜七八十万斤	土民自办			同上
	白锡腊	同上		同上			同上
	老新山	同上		同上			同上
	小山脑	同上		同上			同上
	竹子清	同上		同上			同上
	青龙厂	同上		同上			同上
	大石棚	同上		同上			同上

县别	产地	已/未开办	产额	承办商民	开采年月	现时状况	销路
巧家县	新闸	同上		同上			同上
	深沟	同上		同上			同上
	碌碌厂万全铜（硐）	同上	每年净出铜二十万	同上			同上
	碌碌厂龙山硐	已开	年出净铜二十万斤	土民自办			同上
	碌碌厂老山	同上	以下八厂，每年共出矿百万余斤	同上			同上
	碌碌厂宝元山	已开		同上			同上
	因民厂后山面	同上		同上			同上
	因民厂大山撒	同上		同上			同上
	因民厂碛膏	同上		土民自办			同上
	因民厂根地	同上		同上			同上
	因民厂水成	同上		同上			同上
	因民厂黑山	同上		同上			同上
	茂麓厂	同上	以下三厂，每年共出矿四五百万斤	同上			
	新山						
	茂麓厂四棵树	同上		同上			
	茂麓厂帽壳山	同上		同上			
	汤丹牛心硐	未开				时有矿苗出现	
	汤丹水成	同上					同上
	碌碌厂腰带鞘	同上					同上
	碌碌厂偏冲	同上					同上

县别	产地	已/未开办	产额	承办商民	开采年月	现时状况	销路
巧家县	大水厂沫子山	未开				同上	
	茂麓韭菜地	同上				同上	
	凉山二十一地	已开		官办		冶出铜质太低，故停	
巧家县	汤丹二地多落滥尼坪	同上	年出铜四万斤	花户		因无资本，故停	
	茂麓二地山脚鸡冠石	同上	年出铜矿二十余万斤	同上		同上	
	大水厂二地膏粮地水成	同上	同上			同上	
	落雪、九龙箐、鸡朵小河	同上	年出矿七万斤	同上		同上	
澄江县	清治乡土刘狮子山	同上	年出矿八千斤	徐昆			

[1] 本统计表选自《云南省档案史料丛编·云南近代矿业档案史料选编（1890—1949年）》第3辑（上），75-124页。

附:《军机处录副奏折》所载乾隆元年至三十四年 云南各厂办获铜斤数目[1]

今将乾隆元年起至三十四年各厂办获铜斤数目,开列清单,恭呈御览。

计开:

乾隆元年,办铜七百五十九万八千九百余斤;

乾隆二年,办铜一千零八万九千一百余斤;

乾隆三年,办铜一千四十五万七千九百余斤;

乾隆四年,办铜九百四十二万五百余斤;

乾隆五年,办铜八百四十三万四千六百余斤;

乾隆六年,办铜七百五十四万五千五百余斤;

乾隆七年,办铜八百七十五万七千八百余斤;

乾隆八年,办铜九百二十九万七百余斤;

乾隆九年,办铜九百二十四万九千二百余斤;

乾隆十年,办铜八百二十八万一千三百余斤;

乾隆十一年,办铜八百四十二万一千一百余斤,

乾隆十二年,办铜八百五十四万二千七百余斤,

乾隆十三年,办铜一千三十四万七千七百余斤;

乾隆十四年,办铜一千一百九十二万四百余斤;

乾隆十五年,办铜一千零五万六千二百余斤;

乾隆十六年,办铜一千零七十万二千余斤;

乾隆十七年,办铜八百一十五万一千八百余斤,

乾隆十八年,办铜七百五十一万一百余斤;

乾隆十九年,办铜一千九十五万二百余斤;

乾隆二十年,办铜八百三十八万七千一百余斤;

乾隆二十一年,办铜六百二十六万二千四百余斤;

乾隆二十二年,办铜九百八十二万四千九百余斤;

乾隆二十三年,办铜一千一十七万三千一百余斤;

乾隆二十四年，办铜一千二百七十六万一百余斤；

乾隆二十五年，办铜一千二百一十二万八千八百余斤；

乾隆二十六年，办铜一千一百七十一万二千五百余斤；

乾隆二十七年，办铜一千二百二十六万二千五百余斤；

乾隆二十八年，办铜一千二百七十六万六千余斤；

乾隆二十九年，办铜一千三百七十八万一千余斤；

乾隆三十年，办铜一千一百八十七万五千九百余斤，

乾隆三十一年，办铜八百一十二万三千三百余斤；

乾隆三十二年，办铜七百三十九万四千余斤；

乾隆三十三年，办铜七百七十五万七千余斤；

乾隆三十四年，办铜九百七十四万三千八百余斤。

注　释

[1]　中国人民大学清史研究所等编：《清代的矿业》，中华书局，1983：150-152。

附：光绪《永昌府志》所载 10 座铜矿统计[1]

矿箐铜厂，在永平县地方。康熙四十四年，总督贝和诺题开。乾隆九年封闭。

青阳铜厂，在永平县地方。乾隆十三年开采，三十八年封闭。

安库山铜厂，在腾越厅地方。乾隆八年开采，三十五年封闭。

大象铜厂，在永平县地方。乾隆三十九年开采，即于是年封闭。

罗汉山铜厂，在保山县地方。乾隆三十二年开采，于次年封闭。又于道光五年新开，拨归宁台厂管理。

李家山铜厂，在腾越地方。雍正十三年开采，乾隆三年封闭。

肆洪铜厂，在保山县地方。乾隆二十五年开采，旋即封闭。

户蒜铜厂，在保山县地方。额办铜一万七千八百斤。因硐老山空，嘉庆六年封闭。

核桃坪铜厂，在保山县地方。嘉庆十六年开。

双河铜厂，在保山县南靖边乡摆马。光绪九年新开。

注　释

[1]　中国人民大学清史研究所等编：《清代的矿业》，中华书局，1983：98。

条　例

新开子厂取结咨报

凡踩获子厂之日，切实查明，取结报部《户部则例》[1]未载。

凡踩有新出子厂，概准二成通商，八成交官收买。如出铜丰旺，足敷官额，再行酌量加增通商_{嘉庆十一年定案}[2]。

注　释

[1]《户部则例》：又称《钦定户部则例》，其主要内容除规定户部职掌外，分立有户口、田赋、库藏、仓庾、漕运、盐法、参课、钱法、关税、廪禄、兵饷、蠲、杂支等门类。第一部《户部则例》于乾隆四十一年编成，并定制五年一修。从乾隆四十一年至同治十二年，先后修订过十五次。

[2] 嘉庆十一年定案：《云南铜志·厂地下·附例》"新开子厂取结咨报"条载："嘉庆十一年，巡抚永条奏铜务章程案内，声明嗣后踩有新出子厂，概准二成通商，八成交官收买。如出铜丰旺，足敷官额，再行酌量加增通商。"

减额封闭

凡各厂采办铜斤，或应减额、或应封闭者，准厂员据实具报，委据道府勘查属实，督、抚批准后，即于详题文内声明题报，不得仅于《考成册》内声叙_{嘉庆十四年案}。

厂务归地方官经理[1]

凡铜厂悉归地方正印官经管[2]，如有繁剧地方及离厂较远，正印官不能照料，必须另委专员者，准委州县、丞倅乾隆四十二年案。

凡改委管办铜厂员，必须将改委缘由专案报部嘉庆十二年案。

注　释

[1]　厂务归地方官经管：《钦定户部则例》卷三十五《钱法二·派官管厂》："滇省铜厂悉归地方官经管，傥有繁剧地方，离厂较远，正印官不能照料，亦改委州县、丞倅等官经理，酌量地方远近，厂分大小，分派各府、厅、州、县及试用正印人员承办。如果办铜宽裕，照例奏请议述。傥有短缺，即行参处。"

[2]　地方正印官经管：滇省各铜厂，从前系派委正印、佐杂等官经管，并无一定。乾隆四十二年，总督李、巡抚裴奏准，悉归地方正印官经管。

办铜考成[1]

凡各厂办获铜斤，校计多寡，酌定年额，划分十二股，按月计数勒交。如有缺额，令于一月内趱补。倘三月之后，不能补足，即将本员撤回，于《考成案》内议处。若能于月额之外多办，即于《考成案》内议叙[2]乾隆四十三年案[3]，见《户部<则>例》。

凡各厂年办额铜，统限一年划分十股，核计多少分数，分别议叙《户部则例》无。

凡厂员少办不及一分者，罚俸六个月；少办一分以上者，罚俸一年；二分、三分者，降一级留任；四分、五分者，降一级调用；六分以上者，降二级调用；<七分者，降三级调用>[4]；七分以上未及八分，及八分以上者，俱革职[5]。

专管道府督催，不及一分者，停其升转；一分以上者，降俸一级；二分、三分者，降职一级；四分、五分者，降三级；六分、七分者。降职四级；俱令戴罪督催，停其升转，完日开复[6]。八分以上者，革职。

布政司[7]总理各厂，如少办不及一分者，停其升转，如已升任，于现任内罚俸一年；少办一分以上者，布政司降俸一级；二分、三分者，降职一级；四分、五分者，降职三级；六分、七分者，降职四级。俱令戴罪督催，停其升转，完日开复。八分以上者，革职。

巡抚[8]统辖各厂，少办不及一分，免议；一分者，罚俸三个月；二分者，罚俸六个月；三分者，罚俸九个月；四分者，罚俸一年；五分者，降俸一级；六分者，降俸二级；七分者，降职一级；八分者，降职二级。俱停其升转，戴罪督催，完日开复。

凡厂员于月额之外，多获铜斤，至一分以上者，纪录一次；二分以上者，纪录二次；三分以上者，纪录三次；四分以上者，加一级；五分以上者，加二级；遇有数多者，以次递加之，加至七级为止。

总理布政司及统辖巡抚，系按通省各厂额数核计。多办不及一分，例不议叙；一分以上者，纪录一次；二分以上者，纪录二次；三分以上者，纪录三次。凡经管厂员及该管道府，均照此一律议叙。

凡铜厂加级，不准抵别案降罚，如一员兼管数厂，不准将此厂之议叙抵彼厂之降罚。

凡短铜降罚之案，有钱粮加级[9]，方准抵销。

注　释

[1]　办铜考成：《钦定户部则例》卷三十六《钱法三·办铜考成》："滇省每年应办额铜，按月分股计数勒交。如缺少铜斤之厂，一两月不能补足量，予记过。倘至三月以后，将本员撤回，入于《铜政考成案》内声明议处，另行委员管理。若能于月额之外多获铜斤，小则记功，大则议叙，入于《考成案》内办理。云南各铜厂情形时异，有获铜丰旺多于旧额者，均令据实报增，仍于《考成案》内计其多办，声请议叙。倘因额铜已敷，将

余铜走私盗卖，该督抚即行严参治罪。其获铜缺额者，如实系矿砂衰薄，亦准厂员据实具报，委道府勘查属实，或应减额，或应封闭，于《考成案》内题报。如系厂员调剂失宜，以致短额，仍计其少办分数，声请议处。滇省承办铜斤运员，自厂运泸，如逾例限，革职，发往新疆效力。厂员缺额七分以上者，革职，仍令在厂协同催办，如一年后，仍不足额，即照例发往新疆效力。"

[2] 议叙：《清会典·吏部》卷十一记："凡议叙之法有二，一曰纪录，其等三；二曰加级，合之，其等十有二。"

[3] 乾隆四十三年案：《云南铜志·厂地下·附例》"办铜考成"条："乾隆四十三年，总督李具奏，滇省各厂办获铜斤，系由厂员随意填报，全无稽核。今就各厂现在月报，核计多寡，酌定年额，划分十二股，按月计数勒交。如有缺额，令于一月内题补。倘三月之后，不能补足，即将本员撤回，于《考成案》内议处。若能于月额之外多办，于《考成案》内议叙，奉部复准。四十三年考成，即按月划分十股之案造报。"

[4] "<七分"至"调用>"：据《云南铜志·厂地下·附例》"办铜考成"条之记载补充。

[5] 革职：《大清会典事例》卷一百四《吏部八十八·处分》："乾隆四十七年，奏准：滇省各铜厂，除产铜无多之厂照旧办理外，其余大小各厂，俱按出铜确数，画分十二股，按月核计，以十分之数查察，其欠不及一分者，罚俸六个月。欠一分以上者，罚俸一年。欠二分、三分者，降一级留任。欠四分、五分，降一级调用。欠六分以上者，降二级调用。欠七分者，降三级调用。七分以上未及八分，及八分以上未及九分者，俱革职。"

[6] 开复：《大清会典事例·吏部五十三·官员开复》："内外官员有因事故降级留任者，三年无过，方准开复。"

[7] 布政司：全称"承宣布政使司"，官署名。明清设于各直省之地方政府机构，掌一省之政令及财赋之事。明洪武九年，改行中书省置。宣德三年定制，除两京外，有浙江、江西、福建、广西、四川、山东、广东、河南、陕西、湖广、山西、云南、贵州，共十三处。均设左、右布政使各一人，左、右参政，左、右参议及经历、照磨、检校、理问等官若干人。所属有经历司、照磨所、理问所、杂造局、宝泉局等机构。清初沿置，顺

治十八年以后分江南布政使司为江苏、安徽二处，分湖广布政使司为湖南、湖北二处，分陕西布政使司为陕西、甘肃二处，后于直隶设一处，并增设新疆一处，总计为十八布政使司。初设左、右布政使各一人，康熙六年改设一人，唯江苏设二人。下设经历、都事、照磨、理问及典吏、攒典等官。所属有经历司、照磨所及理问所等机构。

[8] 巡抚：官名。① 宋朝巡视安抚地方之特遣官员。宋制，地方诸州如有灾伤，则遣廉访民瘼之官员，有巡抚大使、副大使、安抚使、副使等，其官卑者不加使名，只称巡抚。以其职责为巡视安抚，故名。为临时性设置，事毕则解。② 明朝廷派驻地方官员、清地方官员。明洪武二十四年，遣懿文太子朱标巡抚陕西。永乐十九年，始以朝廷巡视地方，安抚军民，谓之巡抚，或名镇守。然非地方专任之官，遇事则遣，事毕复名，即或停遣。自宣德五年始，各省专设，遂为定员。景泰四年加都御史衔。其名称以管辖之地区与职责之不同而时相参错。如巡抚兼军务者，加提督；有总兵地方，加赞礼或参赞；所辖多、事众者，加总督。有总督兼巡抚、提督兼巡抚，及总理巡视抚治等员，皆加都御史衔或副佥都御史衔。与总督同为地方最高长官。清初沿明制，无定员。后加调整，于山东、山西、河南、江苏、安徽、江西、福建、浙江、湖北、湖南、陕西、甘肃、广东、广西、云南、贵州各设一员，巡抚正式成为省级地方政府长官。总览一省的军事、吏治、刑狱等，掌宣布德意，抚安弃民，修明政刑，兴革利弊，考核群吏。每逢乡试，则充监临官，总摄场务。武科充主试官。标下有参将、游击等官。地位略次于总督，定制为从二品。雍正元年定巡抚衔制，由侍郎授者，改兵部右侍郎兼都察院右副都御使；由学士、副都御使及卿员、布政使等官授者，俱为右副都御使；由左佥都御史或四品京堂、按察使等官授者，俱为右佥都御史。乾隆十四年，定巡抚不由侍郎授者，俱兼右副都御使，是否兼兵部侍郎衔则由吏部请旨定夺，如兼侍郎衔者则为正二品。清末宣统间，军政、盐政厚集中央，督抚之权大削。别称抚台、抚军、抚院、部院。

[9] 钱粮加级《清圣祖实录》卷四："顺治十八年闰七月庚子，谕吏部、兵部：'向来文武各官捐助银、米，各部议定有纪录、加级、授官之例……必实著劳绩、方可加级授官，若止以捐助银、米遽行加级授官，非慎重名器之意，嗣后凡捐助银、米者，俱不必加级授官，仍与纪录'。"

卷三·京运

《文献通考》[1]："禹铸历山之金"。《禹贡》："荆、扬二州，皆贡金三品。"此为输金铸钱之始。我朝德协坤维，地不爱宝。滇铜之盛，亘古未有。而运至京，路遥任重，条例纷繁，其原委有可历数者。

按：京铜向系<湘>、楚、粤赴滇采运，雍正间始令在滇铸钱解京，行至乾隆元年而止[2]。

嗣后洋铜兼采，旋复专取滇铜。初为他省委员，既即令归滇运铜五十万斤。其滇省应办铜二百万斤，内除鼓铸解京钱文动用铜一百六十六万四千斤外，尚应运铜三十三万六千斤。派委正印一员、佐杂一员，于东川店兑领，运至四川永宁县下船，由泸州、重庆[3]、汉口、仪征[4]、通州，运京交收。

四年，奉部行令，将江、安、浙、闽四省应办滇铜二百万斤并归滇省办解。滇省连原运铜三十三万六千斤，共办运铜二百万斤，二共办运铜四百万斤。每百斤加耗、余铜十一斤，其时数共四百四十一万余斤，运分十二。

乾隆七年，盐井渡水路开通，设店泸州，运员即由泸领运。

九年，并八[5]为四[6]，合四<加>[7]为二[8]。

二十四年，改四正为三，易两加为一[9]。

二十六年，又分正运为六，加运为二[10]。

嘉庆十二年，又并正六为四，仍加运为两[11]。专委丞倅、牧令，水运京铜六百二十九万九千余斤[12]。遂为定例，爰志《京运》，而以运员之自领运以至报销，而所以历之滩次，各条附焉。

注 释

[1] 《文献通考》：简称《通考》，是一部中国古代政书，记录从上古到宋朝宁宗时期的典章制度。宋末元初马端临编撰。《通考》是继《通典》《通志》之后，规模最大的一部记述历代典章制度的著作，和《通典》《通志》合称"三通"。《文献通考》是以《通典》为蓝本，兼采经史、会要、传记、奏疏、议论等多种资料，扩大和补充内容。其书共348卷，分为24门（考）：田赋、钱币、户口、职役、征榷、市籴、土贡、国用、选举、学校、职官、郊社、宗庙、王礼、乐、兵、刑、经籍、帝系、封建、象纬、物异、舆地、四裔。各门下再分子门，体例细密完备。

[2] "按"至"而止"：滇省代京铸钱始于乾隆元年四月，止于乾隆五年三月二十九日，此处时间记载有误。雍正十一年，雍正帝下旨令湖南、湖北和广东三省年办滇铜一百六十六万三千余斤改为在滇铸钱解京《张允随奏疏·乾隆三年二月》："湖南、湖北、广东三省，历系每年各办滇铜五十五万四千三百余斤，共铜一百六十六万三千余斤，解京鼓铸。雍正十一年十一月内，世宗宪皇帝谕旨：'现今五省采办洋铜，三省采办滇铜，与其令三省办铜解部，莫若令滇省就近铸钱，运至四川之永宁县下船，由水路运赴汉口，搭附漕船解京，可省京铸之半等因。钦此'。钦遵。"云南地方统筹考虑了原料运输、生产成本、人力资源等方面因素，最终将铸钱局设在广西府。广西府于乾隆元年四月开炉鼓铸，张允随于乾隆三年二月即上疏请停广西府铸运京钱。清政府经过商讨后同意广西府于乾隆四年三月底停铸，《张允随奏疏·乾隆三年五月三十日》："查广西局虽奉文截至乾隆四年三月底停止"，但是其实际停铸的时间为乾隆五年三月二十九日，《张允随奏疏·乾隆五年六月十一日》："今扣至乾隆五年三月二十九日止，业将四年分钱文铸齐，于是日停铸"。

[3] 重庆：《大清一统志》卷三八七《重庆府》："重庆府，在四川省治东南一百二十里，东西距五百六十里，南北距五百九十五里。东至忠州垫江县界二百二十里，西至叙州府隆昌县界三百四十里，南至贵州遵义府桐梓县界二百五十里，北至顺庆府岳池县界三百四十五里，东南至贵州遵义府正安州界三百里，西南至遵义府仁怀县界二百里，东北至酉阳州彭水

县界三百五十里，西北至潼川府遂宁县界二百二十里。自府治至京师六千六百七十里。《禹贡》梁州之域。周为巴国《山海经》：'西南有巴国，太暤生咸鸟，咸鸟生乘厘，乘厘生后昭，是为巴人'，郭璞注：'为巴之始祖'。《华阳国志》：'武王克殷，封宗姬于巴，爵之以子，都江州，或治垫江，或治平都，后治阆中。战国时，尝与楚婚，及七国称王，巴亦称王。'慎靓王五年，秦灭蜀，置巴郡。《华阳国志》：'蜀王伐苴，苴侯奔巴，巴为求救于秦，秦遣张仪、司马错救苴、巴，遂伐蜀灭之。仪贪巴、苴之富，因执巴王以归，置巴郡'。汉仍为巴郡治江州县，属益州。后汉因之。初平元年，刘璋改为永宁郡。建安六年，复为巴郡《华阳国志》：'献帝初平元年，征东中郎将安汉赵颖，建议分巴为二郡，颖欲得巴旧名，故白益州牧刘璋，以垫江以上为巴郡，江南庞羲为太守，治安汉。以江州至临江为永宁郡，胸胭至鱼腹为固陵郡。建安六年，鱼腹蹇清白璋争巴名，乃改永宁为巴郡，以固陵为巴东，徙羲为巴西太守，是为三巴'。按：《晋书·地理志》：'初平元年，刘璋分巴郡立永宁郡，建安六年，改永宁为巴东，以巴郡为巴西。二十一年，先主分巴郡立固陵郡，章武元年，又改固陵为巴东郡，巴西郡为巴郡。与《华阳国志》不同'。三国属蜀汉《华阳国志》：'建兴中，李严督江州，求以五郡为巴州，诸葛亮不许'。晋、宋、齐俱为巴郡。梁太清四年，武陵王萧纪于郡置楚州。西魏大统十七年，改曰巴州。周闵帝元年，复曰楚州。隋开皇初，郡废，改州曰渝州，大业初，复罢州为巴郡。唐武德元年，复曰渝州，天宝初，改曰南平郡。乾元初，复为渝州，属剑南东道《元和志》《新唐志》皆属剑南，《旧唐志》及《寰宇记》则属山南西道。五代属蜀。宋亦曰渝州南平郡，属夔州路。崇宁元年，改曰恭州，淳熙十六年，升为重庆府见《宋史·本纪》以先宗潜藩故，《地理志》作高宗或作淳熙初改，皆误。元至元十六年，立重庆路总管府为四川南道宣慰司治，属四川行省。至正末，明玉珍据此，建号曰夏。明洪武初平之，仍曰重庆府，属四川布政使司。本朝因之，属四川省，领州二、县十一，厅一。"

[4] 仪征：《大清一统志》卷九十六《扬州府·仪征县》："仪征县，在府西南七十里，东西距八十里，南北距七十八里。东至江都县界四十里，西至江宁府六合县界四十里，南渡江至江宁府句容县界十八里，北至安徽天长县界六十里，东南渡江至镇江府丹徒县治一百里，西南渡江至江宁府上元县治一百三十五里，东北至江都县界四十里，西北至六合县界五十里。汉江都县地。唐永淳元年，析置杨子县地为杨子县白沙镇。五代时，杨吴

以白沙为迎銮镇。南唐改曰永贞县，属江都府。宋乾德二年，升迎銮镇为建安军，雍熙二年，以永贞县属焉，后复改曰杨子县。大中祥符六年，升军为真州，始移杨子于州郭，属淮南东路。政和七年，赐名仪真郡，旋升军州。元至元中，升真州路，二十一年复曰真州，属扬州路。二十八年，移杨子县治新城。明洪武二年，改真州为仪真县，以杨子县省入，属扬州府。本朝因之，雍正元年，改仪征县。"

[5]　八：即八运。乾隆三年，张允随以雇脚难雇为由，上书乾隆皇帝建议将该年应运四百万斤京铜分作八运，《张允随奏疏·乾隆三年九月初三》："奏明委员先期发运京铜，开修运道情形事：窃查江、安、浙、闽等七省，每年应办京铜四百万斤，部议全归云南一省办运，并令此外加运一二百万斤。臣业筹画办理之法，分条胪列具奏，仰蒙皇上敕议，遵奉在案。接准部咨，应办铜斤，宽至己未年起运。但臣思铜斤既多，雇脚甚难，查本年尚有数月之期，自应预为筹办，臣与督臣庆复查照原奏，将四百万京铜，以五十万斤为一运，分作八运：第一运，饬委晋宁州知州方廷英为长运官，丽江府经历赵良辅为协运官；第二运，饬委候补知州梁廷彦为长运官，候补巡检闫开正为协运官。分往东川府、寻甸州二处，各领铜五十万斤，运赴威宁暂行收贮，俟各省从前采办之铜起运完日，即行偿运前进"。

《皇朝文献通考》卷十六《钱币考四》："乾隆四年，又议定《云南运铜条例》时，云南巡抚张允随将起运事宜分别条款具奏，经大学士等议定：铜斤起程宜分八运也。每年额铜应以五十万斤为一运，委滇省现任府佐或州县官一员为正运，杂职官一员为协运。计铜四百万斤，需府佐、州县八员，杂职八员。"

[6]　四：即四运。乾隆五年就曾实行"并八运为四运"。《清高宗实录》卷一百三十一："乾隆五年十一月乙酉，（户部）又议覆：'云南总督公庆复疏称"滇省额办京铜，先经巡抚张允随议，并八运为四运。查向来运官在东川、寻甸领铜，脚户每不能按限挽运。本年由寻甸、东川两路分运至永宁交收，令长运官赴永宁领运，现在办理无误，可以经久"等语，应如所请，照该抚原议，将八运并为四运。今长运官俱赴永宁领铜，按限偿运，其承运、收发等官，亦准设立。所有应给养廉，除承运雇脚之东川、昭通、寻甸、镇雄等府、州，俱照原题支给外，至所请收发官月给百两之处，查

承运官月给养廉自四十两至六十两不等，收发官亦应依照支给。再，每运委正、协运官三员，领铜一百万斤，为数倍多，亦应如所请，将所减正运官一员，月费银十五两，加给每员各五两'。从之。"

[7] 四<加>：根据文意，应为：将八正运合为四，将四加运合为二。

[8] 并八为四，合四<加>为二：《皇朝文献通考》卷十六《钱币考四》："乾隆六年，又更定云南承办正运、加运额铜分为六运。户部议定：滇省办解京局正额铜斤，向定为八运，今应合为四运。每运委正运官一人，协运官一人，共领正铜一百万斤，及耗铜八万斤，余铜三万斤，一同起解。水脚杂费，照数支发。其搬运出厂，以九十日为一运，每年均分四运起程。至加运铜斤，向定为四运，今亦应合为二运，每运委杂职官二人，共领正铜八十五万二千斤，及耗铜六万八千一百六十斤，余铜二万五千五百六十斤，一同起解。"

[9] 改四正为三，易两加为一：《皇朝文献通考》卷十七《钱币考五》："乾隆二十三年，更定云南办解京铜并为四运。先是，户部奏言：'云南解铜多有沉失，总缘川江之险甚于他处，而其风狂、水急，每在四五六月间。滇省第二运铜抵川，正当其时，宜令分摊，以为避险之计，请饬该省督抚妥议'。寻四川总督开泰协同云南巡抚刘藻议奏：'滇铜解京向分为正、加六运，每隔两月即令一运起程。故虽遇川江盛涨之时，不得不依限前行，致有覆溺之患，自应酌量变通。但正运铜斤，系运官沿途雇船直抵通州。而加运之铜，自汉口以下，即拨地方站船递送。若将正运之铜，分派与加运官带解，则报销水脚未免参差。请将四正运并作三运，二加运并作一运，共为正、加四运。每岁七月内开头运，九月内开二运，十一月内开三运，次年二月内开加运。每正运仍系相隔两月起解，加运铜数较多，宽予一月之限，亦属均匀。既可避夏涨之险，而正运、加运各归原款，一切打包、换船诸事，亦可以次办理。'户部议如所请，从之。"

[10] 分正运为六，加运为二：《皇朝文献通考》卷十七《钱币考五》："乾隆二十六年，又更定云南办解京铜仍分八运，罢协运官。户部奏言：'滇省承办京局，正加四运铜斤，向定每运委正运官一人，协运官一人，一同起程。在途一切雇船、搬载，俱系正、协二员协同办理。历年各运依限解到者固多，而到京迟滞者亦复不少，总由二员合运，责任不专，未免互相

推诿。应请将额解京铜，仍分为八运，作为六正运、两加运，每运俱委同知、通判、知州、知县等官管解，以专责成，不必再委杂职官为协运。每年仍避出川江夏涨之期，将八运均匀起解。'从之。"

[11]　并正六为四，仍加运为两：《清仁宗实录》卷一百七十一："嘉庆十一年十一月，户部议准：'云贵总督伯麟等议奏"滇铜正运六起、加运二起，请将正运六起改为正运四起分运，每起领运正、耗、余铜一百十万四千四百五十斤，应支水脚、杂费，照所增铜数支给，其节省二运养廉银及滇省公、捐，八起帮费，俱加给正运、加运六起运员分支。又委员在泸州兑铜，例限一月，今改六正运为四正运，应予限四十日"'。从之。"

[12]　六百二十九万九千余斤：《云南铜志·京运》："至嘉庆十二年，总督伯、巡抚永奏明：将正运六起并为四起，每起领运铜一百一十万四千四百五十斤。加运两起照旧，每起领运铜九十四万九百九十一斤六两四钱。计六起共派委丞倅或牧令六员，每年共领运铜六百二十九万九千七百八十二斤十二两八钱。"

运员限期[1]

凡解运京铜，滇省每年派委正运四员，加运二员，于通省丞倅、州县内，由该管府道采选，出具考语、保结，移送布政司衙门，详明督抚，派委领运[2]。按限起程，如有迟延，即应议处。

正运一起，委员五月到省。六月三十日自省起程，限二十三日抵泸。受兑，限四十日。九月初十日，自泸开行。

正运二起，委员七月到省。八月初十日自省起程，九月初三日抵泸。受兑，限四十日。十月二十日，自泸开行。

正运三起，委员八月到省。九月二十日自省起程，十月十三日抵泸。受兑，限四十日。十一月三十日，自泸开行。

正运四起，委员九月到省。十月三十日自省起程，十一月二十三日抵泸。受兑，限四十日。次年正月初十日，自泸开行。

加运一起，委员十一月到省。十二月初十日自省起程，次年正月初三日抵泸。受兑，限三十日。二月初十日，自泸开行。

加运二起，委员十二月到省。次年正月初十日自省起程，二月初三日抵泸。受兑，限三十日。三月初十日，自泸开行《户部则例》内载，自泸扫帮各日期，仍系正、加八起原期。

凡正、加委员，自泸州至重庆限二十日；在重庆换船、过载，限二十五日；自重庆至汉口，限四十日；在汉口换篓、过载，限三十日；自汉口至仪征，限二十八日；<在仪征换船、换篓、过载，限三十日>[3]；自仪征至山东鱼台县，限四十四日五时；自山东鱼台县至直隶景州，限四十一日三时；自直隶景州至通州，限三十六日。共定限九个月二十五日。

凡运员沿途遇有患病、守风[4]、守水[5]、阻冻、让漕[6]、起剥、过坝、修船等事，均应报明地方官，取结、出结[7]、咨部、咨滇，方准扣除。至沿途守风，不过四日。守水，不得过八日。倘江水泛涨，实不能依八日之限者，所在道府查验实情，取结具结，报准其扣除。如有地方官弁徇情代为捏饰，及道府督催不力，一并严参议处。

凡运京铜斤，如正限之外，逾限不及一月者，降一级留任，委解上司罚俸一年；逾限一月以上者，降一级调用；两月以上者，降二级调用；三月以上者，降三级调用；四月以上者，降四级调用；至五月以上者，革职。委解上司，仍各降三级留任。

注　释

[1]　运员限期：《大清会典事例》卷一百七十四《户部四十七·钱法》："奏准：云南运解京铜委员，自泸州领兑、雇船、装载，限三十五日；由泸州至重庆，限二十日；在重庆换船过载，限二十五日；重庆抵汉口，限四十日抵通州，连换船展限，限七月。统计自泸抵通，共限九月二十五日。"同书《吏部八十八·处分》："又奏准：云南解运京铜，自泸州领兑，限三十五日开行以后，及汉口换船、换篓，定限九月二十五日，统限十一个月。照漕船定例，依限抵通。"

《钦定户部则例》卷三十六《钱法三》："长运铜、铅程限。长运官赴泸州领铜，自云南省城至泸州，限二十三日。每岁头正运令于九月初十日自泸州开行；二正运十月二十日开行；三正运十一月三十日开行；四正运次年正月初十日开行。加运一起，二月初十日开行；加运二起，三月初十日开行。正运四起，委员在泸州领铜、打包、雇船、装载，各定限四十日；加运两起，各定限三十日。自泸州开行运抵通州，均定限九个月二十五日。合每起自滇至京、自京回滇统限十七个月零七日。京铜长运抵通，无故逾限至一月以上者，题参。如沿途实系封峡封闸、过关查验、让漕守冻，及在川江、大江、黄河阻风、阻水，所过省份结报有案，日期明确者，方予扣除。在沿途守风，不得过四日。守水，不得过八日。船只抵关，随时验放，毋许留难。其头运铜斤，例于九月开行，扣至次年九月已逾正限，不准守冻。……如遇夏秋水涨，必须起拨、阻守风水等事，令该县详报该管道府亲诣查勘，取结加结，据实申报。该管督抚将实应扣日期预行送部，准其扣展。如运员任意逗留，以及地方官扶同捏报，经该督抚查出，即行据实揭参。……运官回任，部给执照，限以一百一十日。若归途打捞沉铜，或患病，准其取结扣除，无故违限，照赴任迟延例议处。"

《皇朝文献通考》卷十六《钱币考四》："乾隆四年，又定云南运铜限期。户部议定：从前江、浙承办洋铜，自起运之后，限以半年到京，今云南道里较远，应加展三月，限以九月到京。每运挨次计算，如有逾限，仍将领解官照旧例议处。"

《皇朝文献通考》卷十七《钱币考五》："乾隆十四年，又申定云南运铜限期。户部议言：'云南解运京铜，向令长运官由四川接运至京，自川至汉口定限四月，汉口抵通州定限五月。至于汉口、仪征，例须换船，一切搬运过载，于汉口定限四十日，仪征定限二十日，通计自领铜抵通，定限十有一月。如逾限一月，照例将领运官革职、戴罪，管解、委解上司官降三级留任。如遇守冻之时，地方官察明咨部，照例扣除。至守风、守水日期，均不准扣算。再每运铜，均有正、协领运官二人，沿途或有沉失打捞等事，即令一人先运。其每船准装铜七万斤，不得减船重载，及私带货物。所过之境，令地方官弁照漕船之例，按站催趱。并将入境、出境日期报部察核。倘无故停留，及有盗卖等弊，地方官不实力催行及私隐不报，照隐庇例，降三级调用。督抚一并议处。其交铜之后，自京回滇，以九十九日为限。

至加运铜，向系杂职官二人管解，未免职卑任重，嗣后亦照正铜例，委府佐、州县一人为正运，杂职一人为协运．'从之．"

《清高宗实录》卷三百四十："乾隆十四年己巳五月乙丑，户部议奏：'酌定铜运各款：一、铜斤亏缺宜分赔，查采办洋铜例内载铜斤报解后，即分咨沿途催偿，设有盗卖等弊，解官按律究拟，著落追赔，委解各上司分赔等语。请嗣后如沿途盗卖，解官名下不能追赔，亦照例著落委解不慎各上司分赔，并严加议处。一、运解宜定限期，查自永宁至汉口，限四个月，已属宽裕，汉口抵通五个月，系照漕船例，惟在汉口、仪征换船、换篓停留日期，例报地方官转详咨部扣除，运官藉词稽延，嗣后汉口限四十日，仪征二十日，统核自永抵通，定限十一个月，如逾一月以上，照例查参，领解官革职，委解上司降三级留任。至守风、守水，定限已宽，不准扣算。再每运正、协二员，倘沿途有沉溺打捞等事，即令一员前运，如逾限，亦不准扣算。一、加运宜遴员领解，每年四正运，委府佐、州县一员，佐杂一员；二加运，但委佐杂二员。嗣后正、加运，俱委府佐、州县一员为正运官，佐杂一员为协运官。一、办解铅、锡，与运铜事同一例，应均照例办理。至运送饷鞘，经由陆路，与运铜不同，按站拨送，定例綦严。应再行令各督抚饬属详慎稽查，违、误，照例参究'。从之。"

《皇朝文献通考》卷十八《钱币考六》："乾隆四十一年，又户部议：'运京铜、铅，经吏部以运员开行以后，定有逾限处分。而开行以前迟逾，向无定例。伏思处分之轻重，总以限期为权衡，其未经开行与既经开行，责任各有攸归，自应分晰酌定，以昭画一。查向来运铜委员，抵泸州领兑、过秤、打包、雇船、装运，定限五十五日者，原因在永宁、泸州两地分领，予限是以宽余。今既在泸州一处领兑较便，应酌减二十日，止准扣限三十五日，作为开行以前之定例。……又在重庆雇船开行，限二十五日，应请均作为开行以前之定例。合计前后限期虽分，而于旧例仍无增减。嗣后运员任意逗遛，以致开行逾限者，即照违限议处，不准扣除定限。如此，则各该员自顾考成，益加迅速僝办，于京运实属有裨'。从之。"

[2] "滇省"至"领运"：《钦定户部则例》卷三十六《钱法三·运员事宜》："滇省运京委员于府佐、州县中选派年壮晓事练习铜务者领办。如将衰庸迁钝之员滥委，致有贻误，即将该员及该上司一并参处。滇铜运京，

每年正运四起，加运二起，共须委官六员，责成迤东、迤西二道各保二员，粮储、迤南二道各保一员，由该管府州出具考语，由道加考移司。如所保之人，经该督抚验系衰庸，即将保举道、府、州与扶同详委之藩司一并查参，分别议处。既经派委，非实有事故，不准辗转改委，致启规避掩饰之弊。"

[3] "<在仪征"至"三十日>"：根据《云南铜志·京运》"运员限期"条和下文"共定限九个月二十五天"之说扣除其他日限后的所余天数而补充。

[4] 守风：《大清会典事例》卷一百七十四《户部四十七·钱法》："又奏准：运铜自泸州至仪征，各督抚派委守备以上武职沿途查催，傥实系守风、守水，该委员会同出结报明，地方官加结，以凭查核。其仪征以北皆系内河，即有守风、守水、守闸、起拨等事，定限甚宽，不准扣除。……复准：铜、铅道经川江，凡遇守风、守水，令运员报明地方官，一面据情通报，一面即赴该处查堪，如果无藉词捏饰，于出境文内出结汇报。"

《皇朝文献通考》卷十七《钱币考五》记："乾隆二十九年，定滇铜运京守风、守水及封闸、封峡程限。户部议言：'滇铜自四川泸州运至通州，以十一月为期。或遇途次守冻，例准扣除。并无守风、守水及封闸、封峡等一定程限，承运各官往往任意耽延。查滇铜至京程途，原非一日，途中风水顺逆，既难逆计。当川峡盛涨，更难冒险前进。至运河闸座所以蓄泄水势，以济漕运，及封闭之日，各项船只，例不开放。而铜船至京，又无他道可以绕越，兼旬守候，势所不免。应交沿途督抚，遇有铜船到境，实系封闸、封峡，及遇水浅起剥，查明属实，取结报部，以便扣限。其有风信骤发、水势暴涨，事出偶遭，一并准其照例扣除。如平水河道，人力可施，不得藉端逗遛，各船分起解运，应令节次抵通，亦不得任意后先稽延时日，违者查核。'从之。"

[5] 守水：《大清会典事例》卷一百七十四《户部四十七·钱法》："奏准：至江、湖，守风不得过四日，守水不得过八日。傥间遇江水异涨，有实在不能依八日之限开行者，令该道府大员查验情形，据实结报。傥地方官弁徇情捏饰，及道府督催不力，扶同出结等弊，一并严参议处。"《清高宗实录》卷一千三百八十四："乾隆五十六年辛亥八月，四川总督鄂辉条奏铜运事宜：'铜、铅船只，每年春夏在二、三、四、五等月，秋

冬在八、九、十、十一等月，按八个月放行，其六、七、十二、正月，俱停开运。并咨明云贵督抚，饬令运员预为料理，查照月分，按起如期到川领运。'"

[6] 让漕：《明史》卷七十九《食货三》："漕运：太祖都金陵，四方贡赋，由江以达京师，道近而易。自成祖迁燕，道里辽远，法凡三变。初支运，次兑运、支运相参，至支运悉变为长运而制定。……运船之数，永乐至景泰，大小无定，为数至多。天顺以后，定船万一千七百七十，官军十二万人。"明政府设漕运总督专督漕运，清沿明制。

《清史稿》卷一百二十二《食货三》记："漕运：清初，漕政仍明制，用屯丁长运。……各省漕船，原数万四百五十五号。嘉庆十四年，除改折分带、坍荒裁减，实存六千二百四十二艘。……清初，都运漕粮官吏，参酌明制。总理漕事者为漕运总督。"大运河粮船前后接踵，水道拥挤不堪，而运铜船一年才百余艘，故必须让粮船先行，称为让漕。是书同卷有："初，运河中铜、铅船及木排，往往肆意横行，民船多畏而让之。粮船北上，亦为所阻。至是，令巡漕御史转饬沿途文武员弁，将运漕船催趱先行，余船尾随，循次前进，恃强争先、不遵约束者，罪之。"

[7] 出结：《大清会典事例》卷一百七十三《户部四十六·钱法》记："又议准：凡遇铜、铅入境，由地方官查验，出境时即具出境印结申报。如在境捏报遭风失水情弊，该地方官即申报本省督抚题参。……乾隆二十一年，复准：滇省运铜各员，沿途守风、守水、守冻，以及起拨、雇纤，不会同地方官取结报部者，一概不准报销扣限。如地方官勒掯不转报者，查出参处。"

领用砝码

凡运员起程时，遵照部颁砝码[1]，制给铅码一副计四个，每个重二十五斤，共重一百斤。较准画一，上镌明"照依部颁制给运员"字样。先与泸店砝码较准，再兑铜斤。沿运盘验、过秤、打包、到京部局交铜，如分两不齐，准其较兑。铜斤到部交收，交竣即将砝码呈缴工部[2]销毁，不准私行带回《户部则例》无。

注 释

[1] 砝码：《皇朝文献通考》卷十五《钱币考三》："雍正十一年，定各省办铜预颁部铸法马。户、工二部奏言：'各省解到之铜，赴局交收，用部定法马弹兑，每与批解数目短少，其故因从前采办皆用市秤，视部法较轻，是以数目不符。其所缺之铜，行令补解，往往承办之人与领解之员互相推诿，以致不能按期交纳。请嗣后江苏等八省皆照依部存经制法马，每省铸给四副，令各督抚将上下两运额铜，俱照部颁法马兑收兑解，不得仍用市秤。并将所颁法马，令领解官携带至局，收铜之时，监督将局存法马较准合一，然后兑收。至云南省亦应铸给法马一副，各省赴滇办铜，照此收买。'从之。"

《钦定户部则例》卷三十六《钱法三》："泸店兑发京铜，先将运员所带法马与泸店兑铜法马较准，即令运员行敲平弹兑，于领铜钤结内填写'自行敲平，并无短少'字样，并置连三小票，每兑铜百斤填注尖、圆块数，一张发交船户查收点验，一张交运员自行存查，一张收存泸店备查。其兑铜敲平时，并令船户在旁看视，如装船后沿途盘拨，查有尖圆块数不符，即将船户严行究办。"

《张允随奏疏·乾隆三年五月三十日》："为奏明办解京铜事宜，以速鼓铸事：……原颁法马宜带京备用也。查雍正十二年五月内，部发法马二副，今运解京铜，应将原颁部法马二副内，以一副仍留滇省称发，其一副发给驻扎张家湾转运交部之员收存，俟押运官解到铜斤，即照部法马收明，仍于转解京局之时，将原给部法马赍赴内部，较准兑收。查滇铜分起解，至张家湾收解运京，其法马携带进京之时，后运铜斤续到，无凭称收交铜，可以画一。"

[2] 工部：① 官署名。西魏恭帝三年始置。北周沿置，属冬官府，置中大夫二人为长官，掌百工之籍，而理其禁令。隋朝置为尚书省六部之一，

178

置官尚书一人。炀帝大业三年增置侍郎一人，佐领部事，下辖工部、屯田、虞部、水部四司，掌土木、水利工程及屯田、官府手工业之政令，具体事务则交少府监、将作监、都水监及地方府、州办理。唐朝沿置。高宗龙朔二年曾改称司平，咸亨元年复旧。武则天光宅元年再改称冬官，中宗神龙元年复旧。宋初，凡城池、土木、工役之事，皆隶三司修造案，本曹无所掌，置判部事一人，以两制以上充任。神宗元丰五年改官制，置尚书、侍郎各一人，诸司各置郎中、员外郎。尚书掌百工、山泽、沟洫、屯田之政令，侍郎为副，郎中、员外郎分掌本司职事。哲宗元祐元年革其属部水部郎官一人。绍圣元年其属屯田部、虞部，以郎官一人兼领。南宋初，尚书、侍郎仅置其一，并辖文思院、军器所，又一度兼领少府监、将作监、军器监。辽南面官亦置，设尚书、侍郎、郎中、员外郎等官，其制不详。金朝隶尚书省，初与左、右司同署。熙宗天眷三年始分立为部，置尚书、侍郎、郎中、员外郎各一人，从六品。海陵王天德三年增二人，主事二人，从七品。下设令史、译史、通事等。辖修内司、都城所、祗应司、甄官署、上材署等。掌修造营建法式、诸作二匠、屯田、山林川泽之禁令、江河堤岸、道路桥梁诸事。元世祖中统元年以兵、刑、工为右三部，至元元年分立，三年复并之，七年再分。二十八年定制，属中书省，置尚书三人，正三品，下设侍郎、郎中、员外郎等官，统掌诸色人匠总管府等官署机构。明洪武元年沿置，隶中书省，设尚书、侍郎、郎中、员外郎。六年，增尚书、侍郎各一人，置总部、虞部、水部、屯田部四属部，各设郎中、员外郎分掌。八年，增立四科，科设尚书、侍郎、郎中各一人，员外郎二人，主事五人，照磨二人。十三年，罢中书省，升部秩，直接统属皇帝，改置尚书一人，侍郎一人，并改原属屯田部为屯部，四属部分置郎中、员外郎各一人，主事二人。十五年，增侍郎一人，始分左、右。二十二年改所属总部为营部。二十九年，又改四属部为营缮、虞衡、都水、屯田四清吏司，遂成定制。建文中曾改尚书为正一品，增设左、右侍中，正二品，位在侍郎上，并除各清吏司清吏字。成祖即位，复旧制。永乐迁都前，北京置有行在六部，迁都后改置为六部，而以南京原六部加南京二字。仁宗即位，复旧制。正统六年再复永乐迁都后制。宣德中曾以尚书、侍郎提督易州山厂，专掌御用柴炭之事。嘉靖后改由主事管理。又以工程日繁，增尚书一人，专督大工。其属司务厅,为办事机构,并置营缮所、文思院、军器局、节慎库、织染所、杂造局、广积、通积、卢沟桥、通州、白河各抽分竹木局、大通关提举司、柴炭司等。清朝沿置。天聪五年以贝勒掌部务,置满、汉承政、参政、启心郎等官。崇德三年改置承政,左、右参政,启心郎,理事官,副理事官,额哲库等。顺治元年停贝勒理部务,改承政为尚书,左、右参政为左、右侍郎,理事官为郎中,副理事官为员外郎,额哲库为主事。十五年,革启心郎。乾隆十年后,以大学士兼理部务,置满、汉尚书各一人,从一品,综理部务;满、汉左、右侍郎各一人,正二品,协理部务,右侍郎并兼掌宝源局鼓铸。下设郎中,正五品;员外郎,从五品;主事,正六品,分各堂司办事。置四清吏司如明制,下置制造库、节慎库、料估所、清档房、汉档房、黄档房、司务厅、督催厅、当月处、饭银处、钱法堂、管理火药局等。光绪三十二年改置农工商部,遂废。②隋唐五代尚书省工部头司。掌城池、土木、工役程式。置官郎中、员外郎、主事等。③官名。工部中大夫省称。

领批掣批[1]

凡运员赴部交铜,每起本省发给户部科[2]、工部科[3]咨批各一件,自行呈投。如所运铜斤照额全数交足者,由部印批发,交运员回滇送布政司衙门备案。如有沉失、逾折、挂欠者,部中将原批扣留,俟沉失、挂欠铜斤买补带解清楚,部中始将批回印发,咨滇备案其所领余铜,原备沿途盘剥、折耗、派补局秤之需,并不具批解部。

凡运员应解户部司务厅铜批饭食银两,系运员到京交铜时自行具批、完解,掣批回滇,送布政司衙门备案。

注 释

[1] 领批掣批:领取和投掣各种批文、批件。《皇朝文献通考》卷十

六《钱币考四》："乾隆六年，又移铜房于通州，令坐粮厅兼管铜务。先是，张家湾设立铜房，每铜船到湾，监督与云南委驻之转运官按数称收，一面给发回批，领运官即回滇报销；一面自张家湾转运至京局。……嗣后，滇省径具批解局铜斤抵通州，交坐粮厅起运至大通桥，……云南原委之转运官，亦裁去一员，止留杂职一员，移驻通州，协理投掣文批之事。至二十六年，复议铜斤至京，既有坐粮厅及大通桥监督为之转运，且领运官既押铜至局，则一应文批自应由运官办理，无庸更委一员承办，令云南将转运之杂职官一并撤回。"

[2] 户部科：户科，官署名，明清"六科"之一。明洪武六年置，设给事中二人。初隶承敕监，后隶通政司。二十四年设都给事中一人，左、右给事中各一人，给事中八人。永乐中六科自为一署，南京亦设，掌监光禄寺岁入金谷、甲字等十库钱钞杂物，纠内外陈乞土田、隐占侵夺者。清顺治中沿明制置，设都给事中，满、汉各一人，给事中汉二人。康熙四年止留给事中满、汉各一人，余俱裁。五年增设掌印给事中满、汉各一人，掌稽核财赋、注销户部文卷之事。雍正元年改隶都察院。光绪三十二年裁。

[3] 工部科：工科，官署名，明清"六科"之一。明洪武六年置，设给事中二人。初隶承敕监，后改隶通政司。二十四年设都给事中一人，左、右给事中各一人，给事中四人。南京工科亦设给事中一人。永乐中六科自为一署，掌阅视军器局，巡视节慎库，稽查宝源局之事。清顺治中沿明制设，设都给事中满、汉各一人，左、右给事中满、汉各一人，汉给事中二人。康熙四年止留给事中满、汉各一人，余俱裁。五年增设掌印给事中满、汉各一人，掌稽核工程、注销工部文卷之事。雍正元年改隶都察院。光绪三十二年裁。

请领银两[1]

凡正运每起，在四川泸州店领运正、耗、余铜一百一十万四千四百五十斤，应领银两共十处：

一、应领自泸至汉水脚银三千六十三两六钱；

一、应领杂费银[2]一千四百三十七两三钱；

一、应领湖北归州新滩剥费银一百八十二两三钱一厘；

一、应领新增自重至汉舵水工食银二百七十三两六钱；

一、应领新增杂费银一十九两五钱；

一、应领一年养廉银[3]一千二百二十六两二钱四分八厘五毫。

共应领银六千二百二两五钱四分九厘五毫。系由滇省解交，四川永宁道查收、存贮。俟运员抵泸，查明泸州、重庆两处应给银数，分别给发运员承领。

一、在湖北藩库，请领自汉口至仪征水脚银二千六百八两五钱；

一、在江宁藩库，请领自仪征至通州水脚银四千五十一两五钱。

以上二项，由滇省详请发给咨文并领银执照，交运员赴楚、江二省呈投请领，连在四川请领，共银一万二千八百六十二两五钱四分九厘五毫。俟铜斤运抵京局，交收完竣，由滇将支过银两，按款分晰，造册报销。

一、每起在滇请领帮费银[4]二千五百两；

一、在通州请领帮费银一千五百两。

二共银四千两。系于各厂请领工本银内，每百两扣收银一两四钱，每员发给银一千五百两。又于各官养廉银内捐扣，每员发给银一千五百两。又于正额节省银内，每员给予银一千两。共合四千两，俱不入册报销。

凡加运每起，在四川泸州店领运正、耗、余铜九十四万九百九十一斤六两四钱[5]。应领银两共九处：

一、应领自泸至汉水脚银二千六百一十两一钱八分七厘；

一、应领杂费银一千二百六十三两五钱一分五厘[6]；

一、应领湖北归州新滩剥费银一百五十五两三钱七分八厘；

一、应领新增自重至汉舵水工食银二百三十四两四钱；

一、应领新增杂费银一十六两二钱五分；

一、应领酌添起剥、雇纤银五百两[7]；

一、应领一年养廉银八百一十七两四钱九分九厘。

共应领银五千五百九十七两二钱二分九厘，系由滇省解交四川永宁道查收、存贮。俟运员抵泸，查明泸州、重庆两处应给银数，分别给发承领。其自汉口至仪征，系由湖北、江南拨给站船，不给水脚。其前项领过银两，俟铜斤运抵京局，交收完竣，回滇将支用过银两，按款分晰，造册报销。正、加运员应领各款银两，《户部则例》内未载。

一、每起在滇请领帮费银一千八百两；

一、在通州请领帮费银一千二百两。

以上二项，共领银三千两。系于各厂请领工本银内，每百两扣收银一两四钱，每员发给银一千两。又于各官养廉银内捐扣，每员发给银一千两。又于正额节省银内，每员给予银一千两。共银三千两，俱不入册报销。

凡正、加各员，带解节年沉失、挂欠、买补铜斤，多寡无定。应需自泸至京水脚，按铜核明正运委员带解铜斤需银二百两，加运委员需银一百两，解交永宁道存贮。俟运员抵泸，查明泸州、重庆两处应给银数，分别发给，回滇造册报销。

注　释

[1]　请领银两：《钦定户部则例》卷三十六《钱法三》："分给京铜运费。云南省委员领解京铜，应领自泸州至重庆、重庆至汉口水脚、杂费、拨费、舵水工食、养廉等项银两，分为两段给领。每正运一起，应给银六千四百二两五钱四分九厘零，内自泸州至重庆应给正带铜斤水脚、杂费、养廉等银一千六百四十五两九钱七分五厘；又应给自重庆至汉口水脚、养廉、舵水工食等银三千七百一十九两五钱一分三厘，一并在于泸州给领。其重庆以下，应给杂费、拨费等银一千三十七两六分一厘，俟运员抵重庆时，照数发给，承领应用。每加运一起，应领银五千六百九十七两二钱二分九厘。内自泸州至重庆应给正带铜斤水脚、杂费、养廉等银一千三百二十两八钱六厘；又应给自重庆至汉口水脚、养廉、舵水工食等银二千九百五十四两五钱五分，一并在于泸州给领。其重庆以下，应给杂费、拨费等银一千四百二十一两八钱七分三厘，俟运员抵重庆时，照数发给，承领应用。正、加六起，共应给银三万七千四两六钱五分六厘，内水脚等银三万五千九百六十四两六钱九分六厘，在于每年协拨铜本银内支销。其湖北归州新滩拨费银一千三十九两九钱六分，在于东川、威宁搭运铜斤节省银内动用。滇省先期委员解交川省藩司衙门查收，责成该藩司逐运封固，加贴印花，发交泸州、重庆收贮，俟运员到彼，验明原封，出具钤领，照数按段给领。滇省于各运员起程时，按运发给执照二张，交运员收执，俟抵川

请领府用。所有各运，议给帮费银两在滇省发给，帮费共二万二千两，在滇给发一万三千六百两，其八千四百两在通州给发。以资运员自滇省赴泸招募人役、雇备车马之需，毋得稍有扣底。又，运员应需船只，如在泸州雇运至汉口，其自泸至汉水脚等银，即由泸州全数给领。如在重庆雇用者，仍分别封送重庆，交川东道查收，转发运员承领。"

[2] 杂费银：《钦定户部则例》卷三十六《钱法三》："水运官役廉费。京铜泸州承领长运部局水路长运官，正运四起，每运官一员，月支养廉、役食、杂费银一百一两一钱九分九厘有奇，由省起程至回省日止，按一十七个月七日支给。加运两起，每运官一员，月支养廉、役食、杂费银六十八两一钱二分四厘，由省起程至回省日止，按一十七个月二日支给。如遇守冻，按日加支，数减正支之半，守风、守水不准加支。……铜斤由泸州雇船长运，沿途背铜夫价，自泸州下船装载，重庆换船过载，汉口卸船上店，离店下船，仅征换船过载，先后按每百斤各给银三厘。沿途过船水脚，自泸州前赴重庆，每百斤给水脚银六分五厘；前赴汉口，每百斤原给银一钱九分，又二载添船案内增给银二分四厘七毫七丝零，给银二钱一分四厘七毫七丝有奇，每起新增杂费银一十九两五钱；前赴仪征，每百斤给银一钱八分；前赴通州，每百斤给银三钱四分。如铜斤在天津全行起拨，每百斤扣自天津至通州水脚银三分七厘六忽零。加运铜斤，夫价与正运同。水脚一项，自泸州至重庆，照正运支销；自重庆至汉口，每百斤原给银一钱九分，又减载添船案内增给银二分四厘九毫零，给银二钱一分四厘九毫九忽有奇，每起新增杂费银一十六两二钱五分；自汉口北上，拨用湖广站船接运，各站凡遇站船不敷，添雇民船，每百斤给水脚银六分二厘五毫。前抵江宁换拨坞船接运，抵通卸载回空。铜斤抵通，由普济等五闸运京，每百斤抗、吊、载、拨价银五厘，落崖抗价银二厘，石坝里河至大通桥脚价银二分四厘，普济等四闸抗价银一分八厘，大通桥抗价银二厘七毫，遇闸河水涸、水冻，雇车运至大通桥，每百斤给银二分九厘五毫。大通桥车户运局给银三分四厘。"

[3] 养廉银：指运员养廉银。《张允随奏疏·乾隆三年五月三十日》："办员养廉、盘费宜为酌给也。查汤丹等厂收买、发运铜斤，向系粮道管理。今自厂运至东川，换马转运，凡雇备驼脚、称发铜斤，仍照旧料理，并责

成该道稽查，其本任养廉已敷支用，毋庸加给；至东川店换马运至威宁，雇觅驼脚，收发铜斤，应委东川府知府管理；若寻甸一路可以车运，自厂运至寻甸，换车转运，应委寻甸州知州管理；若昭通盐井渡一路可以通行，直达川江，则自东川以至水次，雇脚称收，应委昭通府知府管理；至盐井渡雇觅船只，并收发铜斤，应委大关同知管理。查该府、厅、州原有养廉，仅可敷本任之用，东川、昭通两府知府，每月应酌添养廉银各六十两，大关同知及寻甸州知州，每月应各酌添养廉银四十两，至该府、厅、州等，既经另添养廉，如承运官役有夹带私铜等弊，即责成各该府、厅、州稽查，倘通同徇纵，查出一并参处。其两店原设人役费用，照旧设立，至承运府佐、州县一员，每月应酌给养廉银六十两；家人、跟役以及灯油、纸笔杂费银十五两；协运杂职一员，每月应酌给养廉银三十两，杂费银十两；至沿途打包、换篓一切等费，饬令按日登记，回滇之时，据实造报；至驻扎张家湾交铜京局之员，往来京师马脚、盘费，需用颇多，稽查催攒，刻刻需人。驻扎之府佐、州县一员，每年应酌给银二千两；杂职一员，每年应酌给银六百两；监督一员，与滇省委驻之员相等，每年亦应给银二千两；一切家人、跟役、灯油、纸笔等项俱在其内，统于运铜案内照数造销。"

[4] 帮费银：《清高宗实录》卷三百八十四载乾隆十六年辛未三月："户部议准：'原任湖北巡抚唐绥祖疏称"湖北漕粮少而漕船多，每船应得之耗米、水脚等项亦少，运丁拮据，经前抚彭树葵等题请裁船四十八只，即将裁船之帮费，增运之耗米，添给存运各船"，经部覆准……将裁船屯田帮费银，加给现运各船。'从之。"

《钦定户部则例》卷三十六《钱法三》："分给京铜运费：京铜正、加六起，每起于陆运节省项下给银一千两，又于云南帮费项下每起给银三千两。……滇省办运京铜帮费银两，向在滇省全数给发，庚午年始行划拨。正运四起，每起划拨银一千五百两，共银六千两。加运二起，每起划拨银一千二百两，共银二千四百两。就近由直录司库按数发贮坐粮厅库，俟各员运铜抵通，按运给发领用。滇省每年于题拨铜本案内声明扣除，在于帮费项下拨还归款。……长运铜、铅程限：云南每年正运四起、加运两起，委员办运京铜。嘉庆十二年，奏准：正运每起于本省帮费项下给银三千两，加运每起于帮费项下给银二千两。又于陆运节省项下，正、加每运概增帮费银

185

一千两。"《钦定户部则例》卷三十五《钱法二·铜本》："又停止沿途借支之例，增给各运经费银一万三千两，道光八年，奏案：分给正运四起、加运两起支领，正运每起该银二千五百两，加运每起该银一千五百两。"

[5] "凡加运"至"四钱"：《云南铜志·京运》"请领银两"条："凡加运每起，在四川泸州店领运正、耗、余铜九十四万九百九十八斤六两四钱。"

[6] "杂费银"至"五厘"：《云南铜志·京运》"请领银两"条："又应领，沿途杂费银一千一百六十三两五钱一分五厘。"

[7] 起剥、雇纤银五百两：《大清会典事例》卷一百七十三《户部四十六·钱法》："滇省运铜，照黔省运铅之例，沿途需用船只，长雇、短雇专责运员随时办理，事竣回滇，据实造销。沿途或遇水浅暴涨，起拨、雇纤，该运员具报地方官查明确实，结报本省督抚核实，俟运员向滇造册请销。如有浮捏，即将运员及出结之地方官一并参处。"

拨兵护送[1]

凡运员承运铜斤，起程时详请督抚，签给兵牌。正运每起，派拨弁兵十九名，健役十名。加运每起，派拨弁兵十六名，健役八名护送。沿途各省督抚，将藩臬大员开单请旨，每省酌派一员经理。铜船到境，各派勤干道府一员，会同委员押送出境，递相交替。仍通饬沿途护送，并照催漕之例，会同营员，派拨兵役防护。经过川江险滩，地方文武员弁，预带兵役、水手、滩师，在滩候送。值闸河行漕之时，责成巡漕御史[2]查催。

运员兵牌，俟铜斤到京交收后，呈送兵部查销，换给照票，回滇咨部查销。

注 释

[1] 拨兵护送：《张允随奏疏·乾隆三年五月三十日》："为奏明办解

京铜事宜，以速鼓铸事：……沿途保护，宜先为厘定也。查运京铜斤经过处所，应令文武专兼各官选拨兵役昼夜防护，催趱前进。再运铜自永宁以下，经瞿塘三峡，江、河之险，偶遇不测，应照漕船定例，饬令地方文武各官查勘确实，出具保结，题请豁免。若长运官役有沿途盗卖等弊，应令地方官报明本省督抚题参，照盗卖漕粮例议处。"

《皇朝文献通考》卷十六《钱币考四》："乾隆四年，又议定《云南运铜条例》时，云南巡抚张允随将起运事宜分别条款具奏，经大学士等议定：沿途之保护，宜先定章程也。铜斤经过地方，文武各官均有巡防之责，应行令各督抚，饬令员弁实力防护，催趱前进。如在瞿塘、三峡及江、湖、黄河等处偶遇风涛沉失，地方官选拨兵役协同打捞。实系无从打捞者，出具保结，题请豁免。若长运官役有沿途盗卖等情形，亦令该地方官严行查察，报明该省督抚，题参论罪。"

《清高宗实录》卷一千三百七十载："乾隆五十六年辛亥春正月，两江总督孙士毅奏：'筹议《护送京铜章程》，铜船自湖北蕲州地方，即与江西九江府属德化县交界，经安徽之池州、太平，江苏之江宁、扬州、淮安、徐州，方始出境，道里迢遥，江面居其大半，若仅派道府一员押送，耳目难周，且恐非本属，呼应不灵。臣悉心筹议，除江宁巡道本有经理换船之责，江宁府即令该道专查督运，其余责成该管知府各于所辖地方，接替押送，所有楚、黔、粤等省办运京、铅点锡，及各省采买铜、铅过境，亦一体办理。其运自浙、闽等省铜、铅及各省在苏采买洋铜，应由镇江、常州、苏州者，亦责成该府知府押送，均严察妥护，不令任意逗留。如有偷卖沉溺等事，严参罚赔示儆'。得旨：'好，实力为之。'"

《钦定户部则例》卷三十六《钱法三·沿途护送查催》："铜、铅船只过境，地方官照催漕例会同营员派拨兵役催趱防护。铜斤正运每起，拨兵十三名，健役七名。加运每起，拨兵十六名，健役八名护送。经过川江险滩，地方员弁，预带兵役、水手在滩所候护。值闸河行漕之时，并责催漕各官一体催趱前进。倘怠缓从事，照催漕船不力例议处。"

[2] 巡漕御史：官名，明、清都察院之属官，专司巡漕。明永乐十六年差御史巡漕。万历中定御史一员，督催粮务。清初停废。雍正七年，因粮船过淮抵通诸弊丛生而复设二人，以御史、给事中拣选派充，一年一更。

乾隆二年增为四人，分驻淮安、济宁、天津、通州，专司纠察诸弊，巡视漕河，挑浅疏滞，催赶运船，查需索，禁夹带，严监兑。道光二年停遣。

兑铜盘验[1]

凡运员在四川泸州店领运铜斤，责成永宁道督同泸州知州[2]、泸店委员，先将运员所领铅码与泸店砝码较准，然后秤兑。全数兑竣，取具运员钤领，店员钤结。一面申送滇省，详咨沿途督抚，转饬验兑；一面催令运员开行，申报四川总督，饬川东道[3]，俟铜到渝，委江北厅[4]过秤、出结。川东道另饬夔关[5]查验，出结具报。自夔关以下，令上站之员开具细数，递交下游按数查验。如无短少，具结放行。运抵汉口、仪征，换船、过载，湖北、江南督抚，饬令护送大员，眼同运员盘查过秤，具结申报。如铜斤交局亏短，将运员奏明，先交吏部议处。如有沿途盗卖、沉失，惟沿途派出之员是问。如系泸店短发，（印）〔即〕将在泸各员，照例参办。

注 释

[1] 兑铜盘验：《钦定户部则例》卷三十四《钱法一·兑收铜铅》："铜船运抵通州，限两个月全数进局，坐粮厅、大通桥各监督接准部札，各按限起运，不得藉词等候钱法堂催札，致有迟误。部局兑收铜斤，令监督坐秤弹兑，运员家人提包上秤，其抛散铜块，均令捡起，一律撒手平兑，不得假手吏役、秤夫人等任意轻重，致启弊窦。铜色以十成为则，递至九五、九成、八五、八成等色，亦准兑收。八成以上准作八五，八五以上准作九成，九成以上准作九五，九五以上准作十成，以下不准交纳。其成色低潮牵杂者，该监督公同运官熔化净铜，照斤数作十成秤收。所亏斤数，著落该省赔解，办官参处。凡办铜价值，总按十成铜色给发，其验在十成以下、八成以上者，责令承办官按成减价报销。"

[2] 知州：官名。地方行政机构州之长官。宋朝以朝官为州一级长官，

称"权知军州事""知军州事"，简称"知州"，掌教化百姓，劝课农桑，旌别孝悌，奉行法令，考察属员，赈济灾伤，以及赋役、钱谷、狱讼等事。其时，州有都督、节度、观察、防御、团练、军事六等，其中节度州为三品，刺史州为五品。宋初制，官品与州品相同者领一州之政，则称为知州。其后，除辅臣、宣徽使、太子太保、仆射外，其余朝官领一州之政者，皆称为知州。辽南面官亦置，为某些州之长官，总领州事，如易、涿、平、蓟等州即设。元朝州分上、中、下三等，上州长官称州尹，中、下州长官称知州，品秩分别为正五品和从五品。明朝统以知州为州一级长官，每州设一人，从五品，掌一州之政。明朝州有两种，一为属州（属府所辖），一为直隶州（直隶布政使司），属州知县制，直隶州知府制。清沿明制，然直隶州知州为正五品，例以六部、理藩院等衙门保举记名之主事等官升任；散州知州为从五品，例以通判、知县、布政司经历、理问等升任。

[3] 川东道：明代设置，为驻扎于巴县、达州、涪州的道台的普通称谓。清代专指驻扎于巴县的分巡兵备道，又称重夔兵备道。《明史》卷七十五《职官四》记："上下川东道，驻涪州（今涪陵市）。"《清史稿》卷一百十六《职官三》："川东道，兼驿传，驻重庆。"负责管理重庆府、夔州府（今万州市）、绥定府（今达州市）、忠州直隶州、酉阳直隶州、石砫直隶厅（今湖北省恩施市）等36县。1891年，重庆开埠通商后，由其负责管理，被称为重庆海关道。管辖范围相当于今天重庆市全境和湖北省鄂西土家族苗族自治州。

[4] 江北厅：《大清一统志》卷三八七《重庆府·江北厅》："江北厅，在府北一里，东西距三百里，南北距二百一里。东至长寿县界二百里，西至合州界一百里，南至江邊兴巴县水面分界一百里，北至顺庆府岳池县界二百里，东南、西南俱至巴县界一里，东北至顺庆府邻水县界一百六十里，西北至合州界一百七十里。汉江州县地，尝为巴郡治，谓之北府城。周以后俱为巴县地。明属巴县之江北镇。本朝乾隆十九年，移同知驻此，二十四年分巴县地隶之，属重庆府。"

[5] 夔关：鸦片战争前我国最大的商税常关，设在四川东部的夔州（今重庆市奉节县），是长江上的重要关口，对过往川江的商船征收商税，其通关厘税一直是四川第一大税收来源，为全省最主要的财政支柱。

《清史稿》卷一百十四《职官一》："夔关，（四川）总督兼管，委知府监收。"关于夔关设立的具体时间有两种说法：其一，康熙《夔州府志》："康熙八年，奉旨设关，以通判兼摄。十二年，因吴逆之乱，税关中止。至十九年，下东荡平，关复设。康熙二十二年，纂修《会典》，奉部文令，同知专管"。其二，雍正《四川通志》："康熙五年十月二十七日，四川巡抚张德地题本称：'夔郡实系吴楚上游，明季于斯设税。自叛逆盘踞，夔路梗塞，是税淹废。兹寇平时宁，舟楫稍通，仍宜于此设税，俾一府佐经理征收。自是裕如，较之僻处便可以一倍十'，后部议复设"。

运铜船只[1]

凡正运委员，在泸领运铜斤所需船只，责成永宁道督同泸州知州，雇募小船装（应）〔运〕。至重庆，应需大船，责成川东道督同江北同知[2]，雇募夹鳅中船[3]装运。至汉口，责成汉黄德道[4]督同汉阳府同知，雇募川浆船[5]装运。至仪征，责成江宁巡道督同仪征县，雇募骆驼船[6]装运。所雇船只，验明船身坚固结实。船户、水手、头舵，务择熟谙水性、风色、路径，身家殷实之人，方准雇募。

凡加运委员，自泸至汉，同正运。其运抵汉口，湖北拨给站船[7]，并委佐杂一员，协同运至江南仪征交卸，委员押船回楚。仪征另拨站船，委员协运至通州交卸，委员即押船回江拨给装运之船，如沿途遭风打坏，由原省查明制价，除捞获板片变抵外，应赔银两咨部。在船头名下分赔一半，该省协运委员分赔一半中十分之二，滇省运员分赔一半中十分之八。咨滇，在运员名下著追。俟追获，详咨原省作正开销。滇省留为办铜工本，每年题拨铜本时扣除。

注　释

[1]　运铜船只：《钦定户部则例》卷三十六《钱法三》："云南、贵州等省委员办运京局铜、铅，所需船只，沿途俱责令道员督属代为雇办。……

滇、黔等省办运京局铜、铅船只，于泸州、重庆两处，该运员会同地方官慎选坚固、结实、宽大民船雇用。如在泸州雇用者，即由泸州会同验明取具，各该船户切实保认各结装载。如在重庆雇用者，由江北厅查验，取结办理，并责成永宁、川东二道，督率妥办。其雇船价值，按照市价给发，毋庸地方官议给，以防胥役勾串之弊。至装载船只，或径雇至通州，或止雇至汉口、江宁，另行换船过载，听运员自行相机办理，仍照加运京铜之例，会同该地方官协同雇募，以期妥速。将揽头名目，永远革除，倘仍有胥役勾串船行勒掯情弊，运员移明地方官，严行惩办。"

[2] 同知：官职名，元、明、清置。通常为副长官。元朝京畿都漕运使司同知正四品，枢密院同知正二品，宣徽院同知正二品，侍正府同知正三品，将作院同知正三品，通政院同知正三品，中政院同知正三品，储正院同知正三品，都护府同知从三品，其他许多机构亦或置。明制，州同知从六品，府同知正五品，都转运盐使司同知从四品。清设转运同知；事繁之府亦设为知府辅佐，正五品；设厅之区又多以同知为长官。

[3] 夹鳅中船：清代川江中的一种运输船，船型如鳅，故名。明代宋应星《天工开物·舟车第九·杂舟》："四川八橹等船。凡川水源通江、汉，然川船达荆州而止，此下则更舟矣。……其舟制腹圆而首尾尖狭，所以辟滩浪云。"

《钦定户部则例》卷三十六《钱法三》："自重庆至宜昌，寸节皆滩，每夹鳅船一只，酌装铜、铅五万斤。一入长江，并无险滩，到楚换载，以七万斤为限。"

[4] 汉黄德道：《清史稿》卷一百十六《职官三》记："湖北汉黄德道，兼水利，驻汉口。"

[5] 川浆船：明代宋应星《天工开物·舟车第九·杂舟》："江汉课船，身甚狭小而长，上列十余仓，每仓容止一人卧息。首尾共桨六把，小橹篷一座。风涛之中特有多桨挟持。不遇逆风，一昼夜顺水行四百余里，逆水亦行百余里，国朝盐课淮、扬数颇多，故设此运银，名曰课船。行人欲速者亦买之。其船南自章、贡，西自荆、襄，达于瓜、仪而止。"

[6] 骆驼船：清代朱之锡《运闸运船宜整理疏》："一曰船式。重运自

过淮后，经由黄、运两河，抵通交纳，黄河逆水溜急，运河源流细微，必须船米轻便，然后可衔尾速挽，是以漕船名曰浅船。……浅船头梢底栈，俱有定式，龙口梁阔不过一丈，深不过四尺。……经过黄、运两河，不难相连而进，而一遇重船，在黄河则合帮人夫，逐船倒纤，始得过溜。在运河则守板蓄水，集船起剥，倍费时日，一程间断，积而数程，相距必远。在后船只，固被阻压，即前船之在下闸者，缘上闸候水封闭，过时无水下注，亦不得不停桡以待。两河之水势犹昨，而今昔之船米迥殊，虽沿河各官俱凛遵功令，百计催攒，亦岂能别有异术，使之飞渡哉。"

清代阿桂《申明粮船定式疏》："查雍正年间，部臣原议，成造漕船，本有定式，如有私放宽大者，漕臣即将粮道题参治罪。嗣以年久废弛，各船每届拆造，渐放高大，以希多载私货，并将高深丈尺，逐渐加增，致漕船过于高大，入水太深，不特牵挽维艰，舟行濡滞，抑且行驶招风，易于失事。"

[7] 站船：明代王圻《三才图会·器用四·站船》："此官府所坐之船，谓之站者，就驿中之程言耳。"

《清宣宗实录》卷二百九十一："道光十六年丙申冬十月丁亥，谕军机大臣等，寄谕云贵总督伊里布、云南巡抚何煊：'据御史袁文祥奏云南铜务，每年正运四起，由运员领银办船，直送天津。加运二起，运员领银办船，止到汉口。由汉口更换站船二十只，湖北委佐贰一员，弹压回空。及至江南，更换站船二十只，俗名马包子船。此项船只船丁、头工，勾串各船，招集匪徒，沿途滋扰，江南委试用佐杂一员弹压，该委员得此以为美差，包庇匪徒，任其讹诈，或串同船丁，向运员恶借银两，是铜船水手，扰害地方，由于地棍之插入，实由于协运委员之包庇。若将加运改照正运，一体由运员直办船只，送至天津，则诸弊可免。且查汉口站船二十只，应领水脚银一千余两。江南站船二十只，应领各费银四千余两。又湖北委员帮费银三百余两，江南委员帮费银一千余两。并站船修造各项，所费更钜，加运一改，则站船可裁，繁费既可节省，铜运自必迅速等语。铜船水手，沿途讹诈，最为地方之害，不可不设法办理。著该督等体察情形，将加运二起改照正运办理之处，是否可行，确切查明，据实具奏。将此谕令知之'。"

带解沉铜

凡运员在途沉溺铜斤，例准在滩打捞[1]。定限十日，如限内捞获，即雇船装载归帮。如十日内不能全获，将所获者装运前进，未获者酌留亲信、家人在滩，协同地方官打捞，如有捞获，交地方官存贮，咨滇委员带解。

凡沉失铜斤，系正运之铜，即委正运之员带解；加运之铜，即委加运之员带解其正运铜斤，应需自汉口至仪征，每百斤水脚银二钱三分六厘一毫八丝九微一尘二渺五末。自仪征至通州，每百斤水脚银三钱六分六厘八毫三丝四忽一微七纤八渺。按照带解铜数多寡，核计应领银数，填入详咨文内，发给运员领银执照声明，在扣存原运委员沉铜水脚银内，发给承办。其原扣沉铜水脚银两，统俟沉铜办理完结，除发给带解各员外，如有余剩，听楚、江二省核实报销。其加运铜斤，系湖北、江南发给站船，不给水脚。所有带解水脚，俱系带解之员自行垫给，回滇报销，找发给领。此条《户部则例》无。

注 释

[1] 在滩打捞：《大清会典事例》卷一百七十四《户部四十七·钱法》："复准：铜、铅遇有沉溺，令运员同地方官试探打捞，拟限十日，将捞获铜、铅先行归帮起运，未获者留运员家人协同地方丁役打捞，免致违限稽迟。"

整圆碎铜

凡运员领运整圆铜斤，不拘百斤、或百斤以外、或不足百斤，均准捆作一包。由泸店委员编列字号[1]，造册申司，详请咨送户、工二部，并户、工部钱法堂[2]查核。其零星碎小之铜，仿照解饷之式，改用木桶装盛。每百斤装为一桶，将块数、斤两注明桶面，内绕铁箍，装钉坚固。于运员扫帮[3]后，泸店委员将兑发每起碎铜装桶数目，造具桶数清册，申送详咨沿途各督抚四川、湖南、湖北、江西、安徽、江南、山东、直隶，转饬查验，并咨送户、工二部钱法堂，查核兑收《户部则例》无。

注　释

[1]　编列字号：《钦定户部则例》卷三十六《钱法三》："京铜漏凿字样处分。滇省各厂办运京铜，逐块錾凿厂名、年分、姓氏等字样。如有无字低铜，责成首店捡提退还，改煎补錾。如首店含糊秤收转交，即由次店据实禀报，责成首店改煎补錾，厂员免议。傥次店含糊秤收转交，即由下店据实禀报，责成次店改煎补錾，首店之员免议，以此递推至长运委员为止。抵京交局仍有无字低铜，除将该委员职名咨送吏部，于应得低铜处分外，再比照低铜分数例议处。"

[2]　钱法堂：官署名，明、清所设管理钱法之机构，有户部钱法堂和工部钱法堂。户部钱法堂，明天启五年设，由督理钱法侍郎领其事，掌司宝泉局鼓铸事宜。清顺治元年沿置，由满、汉右侍郎监管。下设满、汉主事各一人，由户部司员中派委，二年一更。并有经承四人，分属于印房、案房、火房等处。综理京师宝泉局、直省钱局之政令及鼓铸事宜。光绪三十二年裁。工部钱法堂置于顺治元年，由工部满、汉右侍郎兼管，掌理宝源局鼓铸事宜。光绪三十二年，工部改为农工商部，遂废。

[3]　扫帮：《清高宗实录》卷一千二十八："乾隆四十二年丁酉三月，谕军机大臣等：'据图思德奏"自乾隆三十二、三等年，办铜短缩，已不敷额运之数，又将泸店底铜，拨给外省，办理益形拮据，恳将领运京铜，展至次年正月开帮，七月扫帮，俾厂期宽展，得以从容办理，不致再有贻误"等语。滇省铜运，前据户部奏"额运京铜，开行延缓，请将管厂各员，并专辖之司道，以及从前奏报不实之督抚，查明议处"，当经依议允行，并传旨申饬图思德，令其明白回奏，并令李侍尧、裴宗锡妥议具奏矣。今图思德复以泸店并无底铜，另请展限，此折若批交部议，该部必按例议驳，于筹办铜务全局，不能实有裨益，今李侍尧已赴新任，阿桂亦在滇省，两人皆能办事之人，着即传谕，令其会同悉心通盘筹画，将此后如何采办足额，筹备底铜充裕，以期赶赴例限，不致厂运各员，再有短少迟延之处，悉心妥议，据实具奏'。"

沿途借支[1]

凡运员在途遭风沉铜及起剥、雇纤、守冻，原领水脚、杂费不敷，例准报明。所在地方官查明属实，出结申报各本省上司，酌量借给，咨部、咨滇。俟运员回滇，在该员名下照数着追完解。详咨借银省分，作正开销。滇省将追获银两，留为办铜工本，于每年题拨铜本银两案内扣除。如运员事故，力不能完，查明任籍并无财产隐寄，取结详咨，原派各上司名下，按十股摊赔，详咨报拨清款。

注 释

[1] 沿途借支：《钦定户部则例》卷三十六《钱法三》："滇省铜运委员遇有坏船等事，借支水脚银，督抚按其程途远近酌量借给，不得过五百两。其有沉溺坐船将原领运脚银物均被遗失者，该督抚一面查明咨部，一面核实酌借，亦不得过一千两，并令该地方官出具印结送部，由户部行文滇、黔各省，将该员所借银两于回省时照数扣还归款，知会该省作正开销。如地方官扶同捏报，滥行借给，以致无著，即于滥借之地方官名下分别著赔。……运费不敷，向准沿途借支。自增给各运经费以后，道光八年，奏准：一概不准在途支借，以杜冒滥。"

起剥雇纤[1]

凡运员经过各省，例准起剥处所，计十二处：

湖北归州新滩，定例全行起剥，自新滩剥至黑岩子归载，计程四十里，每百斤准销水脚银三分。

江南宝应县白田铺，例准起六存四，剥至黄浦归载，计程二十里，每百斤准销水脚银二分七厘。

清河县清江闸，例准起六存四，剥至海神庙归载，计程二十五里，每百斤准销水脚银二分五厘。

清河县福兴闸，例准起六存四，剥至豆瓣集归载，计程三十五里，每百斤准销水脚银三分五厘。

桃源县众兴集，例准起六存四，剥至宿迁县归载，计程一百里，每百斤准销水脚银四分。

宿迁县关口，例准起六存四，剥至邳州猫儿窝归载，计程一百二十里，每百斤准销水脚银七分五厘。

邳州猫儿窝，例准起六存四，剥至山东峄县台庄归载，计程九十里，每百斤准销水脚银五分二厘。

山东峄县台庄，例准起五存五，剥至滕县朱姬庄归载，计程一百四里，每百斤准销水脚银六分。

滕县十字河，例准起四存六，剥至夏镇归载，计程十六里，每百斤准销水脚银五厘九毫。

济宁州枣林闸，例准起五存五，剥至南旺归载，计程一百四里，每百斤准销水脚银六分四厘。

临清州板闸口，例准起六存四，剥至唐官屯归载，计程七百二十里，每百斤准销水脚银六分五厘。

直隶天津县，例准全行起剥至通州，每百斤准销水脚银六分九厘。

以上起剥，共十二处。凡正运各起委员，在山东临清以上各处起剥铜斤，支用水脚银两，均准照数报销，并不在原给水脚银内扣除。惟在天津全剥铜斤至通州，每百斤支用水脚银六分九厘，应在原给自仪征至通州每百斤例给水脚银五钱四分[2]内扣除。自天津至通州，银三分七厘六忽八微，只准销银三分二厘九毫九丝三忽二微。如在天津起剥，系起六存四[3]，所有起六铜斤，每百斤支用水脚银六分九厘，准其如数报销，毋庸在原给水脚内扣缴。

加运委员在仪征换船运至通州[4]，系用江宁站船装运。所有在天津全剥铜斤至通州，每百斤支用水脚银六分九厘，亦准照数报销。至起剥各处内，有前运在此起剥，而后运又不起者；又有前运不在此起剥，而后运又起剥者，原无一定。惟随时查勘水势情形，听运员酌量办理，会同地方官雇募给发，取结回滇报销。《户部则例》只在归州、天津二处剥费，其余各处无。

注 释

[1] 起剥雇纤：《钦定户部则例》卷三十六《钱法三·起拨》："铜、铅船只经过江、河险隘处所，水浅之时，应须起拨，均令地方官会同运员妥协办理。统计铜、铅长运至京，即值水涸，每运起拨，总不得过八次。内除天津至通州一次起拨，每百斤给银六分九厘，其余沿途拨费，正运铜斤每起不得过一千八百两，雇纤工价不得过二百四十两。加运铜斤每起不得过一千六百两，雇纤工价不得过二百一十两。令沿途地方官将用过银数出结送部，倘运员任意多开，由部驳饬，将核减银两，按限著追。京铜抵天津，全行起拨，所需拨费银二千八百两，分为六起：正运四起，每起领银五百两；加运两起，每起领银四百两。预于铜本银内，照数由直隶司库拨储天津道库，俟各运员抵津，按起支给，滇省每年于题拨铜本案内，声明扣除。"

[2] 五钱四分：《云南铜志》作"三钱四分"。

[3] 起六存四：《钦定户部则例》卷三十六《钱法三·起拨》："铜、铅运抵天津，雇船起拨，向系起六存四。如原船实系破漏，不能前进，会同天津县全行起拨，一体报销。原船水脚银两，应截至天津县止。天津至通州，计程三百二十里，合每铜百斤，扣银三分七厘六忽零，于水脚银内照数扣除。"

[4] "加运"至"通州"：《云南铜志·京运》起剥雇纤："嘉庆十四年，户部奏明：正、加各运委员，由仪征至通州起剥，不得过八次。内除天津一次另行核计外，其余起剥，正运每起所用剥费，不得过一千八百两；加运每起，不得过一千六百两。"

凡运员经过各省，例准雇纤处所，计四处：

江南仪征县，每船添雇纤十名，拉至天妃闸[1]止，计程三百七十里，每名准销夫价银一两零七分。

甘泉县洋子桥，每船添雇纤十名，拉至天妃闸止，计程三百六十里，每名准销夫价银九钱六分。

清川县豆瓣集，每船添雇纤十二名，拉至山东分水龙王庙止，计程七百九十里，每名准销夫价银一两四钱四分八厘。

桃源县古城，例准雇纤十二名，拉至山东汶上县南旺归载，计程七百三十里，每名准销夫价银一两四钱。

以上四处，运员会同地方官雇募，给发取结，回滇将支用银两造册报销。雇纤一条，《户部则例》无[2]。

注　释

[1]　天妃闸：光绪《清河县志》："惠济正闸，原名新庄闸，又名天妃闸，旧在惠济祠后。明永乐中陈瑄建，嘉靖中改移于南，名通济，万历六年潘季驯又移甘罗城东。康熙十九年又移烂泥浅之上，即七里旧闸，而改名惠济，四十年复移建于旧运口之头草坝，雍正十年，移建七里沟，即今处。闸丑山未向，金门宽二丈四尺。乾隆十一年、二十三年、四十年，嘉庆十五年，道光二十年皆拆修。闸上有升关坝，又有钳口坝，下有束水坝。"

[2]　《户部则例》无：《云南铜志·京运》"雇纤处所"条：嘉庆十二年，户部奏明：正、加各起委员雇纤一项，惟在内河一带，按照历运准销之数，每运不得过一百六十两。自丙寅头运为始，嗣后均照此办理。"

守冻开销

凡运员自四川泸州店领铜开行，运抵江南仪征以北内河一带，如时值冬令，河水冻结，船只不能前进，报明所在地方官，出结转报，准其守冻。租房堆贮铜斤，每月准销房租银五两。雇夫背铜上岸、下船，每百斤准销夫价银六厘。每船准销看船头舵二名，每名日给盐菜银二分。打冰水手二名，每名日给盐菜银二分。文武衙门派拨兵役四名，协同看守铜斤，每名日给灯油、木炭银二分五厘。运员准支一半养廉。冻解开行，更换绳索，每根准销绳价银六厘，雇夫捆铜，每包准销夫价银五厘。加运铜斤，如遇守冻，均不准支销此条《户部则例》未载。

沉铜捞费[1]

凡运员在途沉失铜斤，查明水深丈尺，分别办理。如水深三尺以外者，每百斤准销捞费银三钱，水摸[2]饭食银四分。如水深四丈以外者，每百斤准销捞费银四钱，水摸饭食银四分。俟运员回滇，分晰报销，银两在铜息银[3]内动支，扣抵沿途借支一项，如有不敷，饬追完解。如无借支，即发给承领。如沉铜打捞无获，或捞不足数者，其捞费、工食，一概不准报销。

注 释

[1] 沉铜捞费：《大清会典事例》卷一百七十四《户部四十七·钱法》："奏准：沿途沉溺铜斤，打捞夫役费用，在该地方库贮杂项钱粮项下暂行借给，仍于运员应领银内扣缴。其捞费工价，照准销成例，分别平、险核销，不许地方官任意浮开。沉溺全获，准与报销。若无获及捞不足数，其捞费统于运员名下扣还。"《钦定户部则例》卷三十六《钱法三》："铜、铅沉溺打捞：打捞沉铜，用两船相夹，中设木架用大锚大石系粗绳坠于江中，名曰帮船，饬令运员亲属雇备船只紧贴帮船住宿防守，沿江州县亦差丁役在彼一同查察，以杜水摸人等偷漏之弊。沉溺铜、铅打捞全获，水深四丈以外者，每获百斤给工费银四钱；水深四丈以内者，每获百斤给工费银三钱；水深八九尺未及一丈者，每百斤给工费银一钱。水摸每名，每百斤均给饭食银四分。"

[2] 水摸：《清高宗实录》卷一千三百八十四载："乾隆五十六年辛亥八月，四川总督鄂辉条奏铜运事宜：'如遇铜、铅失事，即雇水摸打捞，于水摸中选诚实一人，点为水摸头，专司督率，如一月内全获，于例给工价外，另赏银五十两；限外十日或半月内全获，以次递减；三月内全获者，毋庸奖赏。倘限内捞获稀少，或逾限不及一半，将水摸头枷责。如捏报偷摸情弊，加倍治罪'。下军机大臣会部议行。"

《钦定户部则例》卷三十六《钱法三》："铜、铅沉溺打捞：铜、铅沉溺，雇募水摸探量水势，设法打捞，并于水摸中选诚实一人，点为水摸头，专司督率。如能一月内全获者，于例给工价之外，令该处地方官赏银五十两；限外十日或半月内全获者，以次递减。所赏银两该督抚捐、廉发还。三月内全获者，毋庸奖赏。倘限内捞获稀少，或逾限不及一半者，将水摸头严行比责、枷示河干。如捏报偷摸情弊，加倍治罪。"

[3] 铜息银：为解决铸钱用铜问题，清政府于康熙朝开放边远省份矿禁，至雍正、乾隆朝，云南铜业兴旺，铜矿产量迅速增加，全盛时期年产量高达1300余万斤，常年产量在1000万斤上下。在云南铜矿的开采过程中，清政府获得了大量"铜息"银两，根据中国历史第一档案馆所藏内阁题本记载：雍正十一年，"获余息银一十二万五千七百三十八两二钱五分二厘零"；雍正十二年，汤丹等矿"获余息银一十一万二千一百四十二两五钱八分六厘八毫"；雍正十三年，青龙、汤丹等厂"获息银一十四万一千九百三两二钱五厘一毫零"；乾隆元年，"共获息银二十三万八千二百二十四两九钱八分"；乾隆五年，"获息银一十六万八千九百五十三两六分八毫"；乾隆十六年，"约获余息银二十七万八千六百九十九两三厘三毫"；乾隆二十年，"通共约获余息银一十五万一千三百八十九两六钱三厘七毫"；乾隆二十二年，"获余息银二十万四千八百九十一两五钱八分四厘"；乾隆四十八年，"约获余息银一十六万五千九百八十七两八钱一分"；乾隆五十五年，"实获余息银十二万一千二十九两三分七厘"（档案号：5377、156、7860、5377、5390、10588、7732、5446、5510、3677）。根据这些数据可知，雍、乾时期清政府每年从云南获得的"铜息"银一般为十余万两，最多时为二十余万两。

应纳关税

凡运员领售余铜[1]，经过各省应纳关税银两，计（十）〔十一〕[2]处：

四川夔关税例：红铜每百斤应征银三钱六分。

江西九江关例：不征收货税，只征船料，运员备带余铜，如系同正铜装载，其船料银两，业据船户完纳，毋庸另征。

安徽芜湖关税例：每铜百斤，应完户关正税银一钱六分，加一六铜斤银二分五厘六毫，加五四水脚银四分八厘[3]，又应完工关正、耗铜斤水脚银一分三厘八毫六丝，合每百斤应征银二钱四分八厘。

江南龙江关税例：每百斤应完工关正税银七分五厘二毫四丝，又另征加一饭食银七厘五毫二丝四忽，合每百斤应征银八分三厘。

由闸关则例：每铜百斤应征正、耗税银一钱一分。

扬州关则例：每铜百斤应征正税银一钱，加一耗银一分，合每百斤应征银一钱一分。

淮安关则例：每铜百斤应征正税银一钱二分，耗银一分二厘，合每百斤应征银一钱三分二厘。

宿迁关则例：每铜百斤应征正税银二钱五分，耗银二分五厘，合每百斤应征银二钱七分五厘。

山东临清关则例：每铜百斤应征正税银二钱一分三厘，加一耗银二分一厘三毫，补兑银二钱一厘，单料银一厘，合每百斤应征银四钱三分七厘。

直隶天津关则例：每铜百斤应征税银六钱七分。

通州关税则例：每铜百斤征正税银三分六厘，加一火耗银三厘六毫，合每百斤应征银四分。

以上自四川夔关起，至直隶通州止，每铜百斤共应征税、耗等银二两四钱六分五厘。凡运铜各员到京，将应交户、工部铜斤，按额交收足数。如有下剩余铜，准其领售。其应完各关税、料银两，照前核算。遵照定例，每完纳关税银一百两，随解部库饭食银一两五钱。又每完关税、饭食银一百两，应解添平银二两。共计应完关税、饭食、添平等银若干，于运员回滇报销后，造册咨部。俟核复咨滇，在运员名下追缴，留为滇省办铜工本。于题拨铜本银两时扣除，拨解清款。其应纳崇文门税银，均系运员在京自赴崇文门完纳。

《户部则例》：交局后下剩铜，准运官领售，由部核咨，崇文门照例科税。其应纳沿途关税，云南巡抚于运官回滇日，在应领养廉等银内按例扣存汇解。各关应征税银数目未载。

注 释

[1] 领售余铜：《皇朝文献通考》卷十七《钱币考五》："乾隆十六年，又定解局盈余铜、铅，听运官报税，自行售卖。奉上谕：'户部所议铜、铅交局盈余之处奏称：滇省运铜，每百斤给有余铜三斤，以供折耗之用，额铜交足外，余剩令其尽数交局，余铅亦照此例。看来从前成例，似是而非，解局铜、铅既有定额，不足者责令赔补，则盈余者即当听其售卖。盖盈余已在正额之外，即不得谓之官物，如应尽解尽收，则从前竟可不必定以额数矣。正额已完，又谁肯尽力？余数听其自售，以济京师民用，未尝不可。但以官解之余而私售漏税，则不可行，而且启弊，惟令据实纳税足矣。'寻户部议定：'凡交局所余铜、铅及点锡，令运员据实报明，移咨崇文门，照数纳税。户部即将余剩数目，行知经过各关，核算税银，转行各督抚。俟委员差竣回省之时，于应领养廉项内扣留解部，如有以多报少隐匿等弊，一经察出，即照漏税例治罪。'"

[2] （十）〔十一〕：根据下文的记载，经过各省应纳关税银两者共计有十一处。

[3] "加五四"至"八厘"：《云南铜志·京运》"应纳关税"条："加三水脚银四分八厘。"

划分余铜[1]

凡运员在途事故，即由该处委员（按）〔接〕运。正运每起，例给余铜二万四千四百五十斤，按照省分远近划给。

自四川泸州店领铜运至重庆交替者，分给原运员余铜一千五百斤。自泸州由重庆运至湖北汉口交替者，分给原运员余铜三（十）〔千〕斤[2]。自泸州由重庆、汉口运至江南仪征县交替者，分给原运员余铜四千五百斤。自泸州由重庆、汉口、仪征运至山东台儿庄交替者，分给原运员余铜六千斤。自泸州由重庆、汉口、仪征、台儿庄运至德州卫交替者，分给原运员余铜七千五百斤。惟（按）〔接〕运省分，地方无定，不拘在何省接替，除按段划给外，仍划给盘交折耗铜一千五百斤。其划剩余铜，全数给与（按）〔接〕运之员，以为沿途折耗及到部添补秤头。

加运每起，例给余铜二万八百三十一斤六两四钱。

自泸至重庆交替者，分给余铜一千二百斤。自泸州由重庆运至汉口交替者，分给余铜二千四百斤。自泸州由重庆、汉口运至仪征交替者，分给余铜三千六百斤。自泸州由重庆、汉口、仪征运至台儿庄交替者，分给余铜四千八百斤。自泸州由重庆、汉口、仪征、台儿庄运至德州卫交替者，应分给余铜六千斤。不拘在何处交替，除按股划给外，仍划给盘交折耗铜一千二百斤。其划剩余铜，全数给与接运之员，以为沿途折耗及到部添补秤头。

如该员等有带解、挂欠、沉失、豁免各款铜斤，所结余铜，均照前核算划给此条《户部则例》未载。

注 释

[1] 划分余铜：《钦定户部则例》卷三十六《钱法三·运员事宜》："滇省运铜委员遇有事故，沿途委员接运，其原领正运余铜，照现在正运四起领运之数，按段分给。自四川泸州运至重庆，自重庆运至湖北汉口，自汉口运至江南仪征县，自仪征县运至山东峄县台儿庄，自台儿庄运至德州，每省各给余铜一千五百斤。又盘交折耗给予余铜一千五百斤。分剩余铜，全数给与接运之员承领，以为沿途折耗、添补局秤之需。至加运两起，每起原领余铜照正运划分之例，每省各给余铜一千二百斤。其盘兑交代亦给予折耗余铜一千二百斤。分剩余铜，全数给与接运之员承领。至带解余铜，亦照正、加各运，按省分段划给之数分给。其接运盘交省分无定，应给余铜，按照道里远近，照数划给，以昭公允。所有接运委员，交剩余铜，仍照例准其纳税领售。"

[2] 三（十）〔千〕斤："三十斤"不符合文意，根据《云南铜志》的记载和上下文文意，应为"三千斤"。

运员引见[1]

凡运员承领京铜，起程时由布政司出具考语，督抚发给咨文，运员领赍赴部。各员所运铜斤，照额交足，户部[2]即奏明带领引见，知照吏部。如系实授同、通、州县任内，并无事故，与卓异之例相符者，准其入于卓异班内，按照引见日期，与各项人员较先后升用。题署人员，俟题准实授后，任内并无事故，亦准其入于卓异班内，以实授奉旨之日，比较先后升用。如所运铜斤有沉失、逾折、挂欠、短少者，均不准带领引见。

注 释

[1] 运员引见：清政府对运员的一种奖励措施。运员顺利完成铜、铅、粮食等运输任务以后，若没有出现大的差错，即由皇帝召见一次，以示奖励。《钦定户部则例》卷三十六《钱法三·运员事宜》："滇、黔委员承运铜、铅到京交局，并无短少，核扣程限，亦无迟逾，带领引见。……知照吏部，分别叙用。如在仪征以北接运，准其于现任内加一级。"《大清会典事例》卷一百七十四《户部四十七·钱法》："又奏准：解运铜、铅、点锡各员，如未经受及试用候补者，准令出考咨部；倘运竣后并无短欠、逾限，亦令一体引见。"《清代官员履历档案全编》："乾隆二十二年十一月，解铜官一员，云南省景东府同知汪大镛，仓场侍郎双庆、罗源汉带领引见。……乾隆四十八年，太子太保文华殿大学士管理户部事务忠襄伯和珅等带领引见：解铜官一员，云南省沾益州知州朱士鳌。"受召见官员会被列入三年大计考核优等——卓异行列，朝廷将优先考虑提拔任用或补缺。《清仁宗实录》卷一百五十九："滇省派员运铜承运各员……遇有升缺照例升用。如有委用曾经题署，尚未实授……俱准补用，得缺后将卓异应升之案，改为加一级。"

[2] 户部：官署名。①唐朝始设的管理全国户口、财赋之总机构，为中央行政机构六部之一。北周始设民部。隋初设度支部，寻改民部。唐高宗登基因避太宗讳，改民部为户部，长官为户部尚书。其后历代相沿不变。唐至宋属尚书省，元属中书省。明、清为独立机构，直接听命于皇帝。唐朝置尚书一人主部事，侍郎二人为之贰。下设户部、度支、金部、仓部四司，各设郎中、员外郎为之长，分掌天下土田户籍、财税钱谷、库藏出纳、

库储仓廪之政。本部居行政节制地位，中央及地方具体财计、仓廪库藏事务，分别交由司农、太府寺及地方府、州办理。高宗龙朔二年改为司元，咸亨元年复旧。武则天光宅元年改为地官，中宗神龙元年复旧。中唐以后，户部权力削弱，财经大权为度支、盐铁、转运等使所夺。北宋前期，财政之令归于三司。神宗元丰改制，罢三司，以其事分隶户部左、右曹。本部仍置尚书、侍郎领其事。左曹掌户口、农田、赋役等事，右曹掌常平、免役、坊场等事，各设郎中一人，员外郎一人。所属有度支、金部、仓部。南宋因之，然尚书不常设，侍郎二人通治左、右曹事。西夏、辽朝亦仿汉制置。金朝初与左、右司同署，熙宗天眷三年始分治，设尚书一员，下设侍郎、郎中、员外郎、主事等官。元世祖中统元年以吏、户、礼为左三部，至元五年分立户部。成宗大德五年定尚书三人，下设侍郎、郎中、员外郎等。辖万亿宝源库、万亿广源库、万亿绮源库等机构。明初沿元制隶中书省，洪武十三年废中书省，升部秩。本部设尚书一人，左、右侍郎各一人。初辖四属部：总部、度支部、金部、仓部。寻改十二部，又改十二清吏司。至宣德十年，定为浙江、江西、湖广、陕西、广东、山东、福建、河南、山西、四川、广西、贵州、云南十三清吏司，各掌其分省之事，兼领所分两京、直隶贡赋及诸司、卫所禄俸，边镇粮饷并各仓场、盐课、钞关。各司设郎中、员外郎各一人，主事二人分管司事。所辖有宝钞提举司，钞纸局，印钞局，宝钞广惠库，广积库，赃罚库，甲、乙、丙、丁、戊字库，广盈库，外承运库，承运库，行用库，太仓银库，御马仓，军储仓及各仓场等。清沿明制，天聪五年始设。初以贝勒部务，下设承政、参政、启心郎、额哲库等官。崇德三年改以承政领部事，下设左、右参政，启心郎，理事官，副理事官，额哲库等。顺治元年改承政为尚书，参政为侍郎，理事官为郎中，副理事官为员外郎，额哲库为主事。五年，定满、汉尚书各一人。十五年，定满、汉左、右侍郎均各一人。下属十四清吏司，除沿明十三司外，增设江南一司，各掌其分省民赋及八旗诸司廪禄，军士饷糈并各仓、盐课、钞关、杂税等。各司郎中、员外郎、主事分别由宗室、满洲、蒙古、汉军、汉人充任。此外还设有井田科、俸饷处、现审处、饭银处、捐纳处、司务厅、督催所、监印处等机构，分办各项事物。所辖有钱法堂、宝泉局、内仓，及银、缎、颜料三库，仓库衙门并各户关。光绪三十二年，设民政部，划户籍民政事入之，另将原财政事务划归度支部经理，户部遂废。② 唐朝户部头司。

运员报销

凡正运委员，领运正、耗、余铜一百一十万四千四百五十斤交户部正、耗铜七十二万斤，交工部正、耗铜三十六万斤。自滇起程，赴泸领铜，运至京局。按铜、按船计算，共合每百斤准销水脚、起剥、夫价、杂费、养廉银一两三钱六分七厘五毫一丝三微。内除天津全剥铜斤，每百斤应扣原给自津至通水脚银三分七厘六忽八微外，实合每百斤准销银一两三钱三分五毫三忽五微。

正运铜斤，在泸（顾）〔雇〕夫背铜下船，每百斤准销夫价银三厘。

自泸（顾）〔雇〕船装运至重庆，每百斤准销水脚银六分五厘。

在重庆雇夫提包、过载，每百斤准销夫价银三厘。

自重庆雇船装运至汉口，每百斤准销水脚银二钱一分四厘七毫七丝。

《户部则例》："自重至汉，每百斤水脚银一钱九分"，与滇省每百斤准销银二钱一分四厘七毫七丝之数不符。

在汉口雇夫背铜上岸、下船，每百斤准销夫价银六厘。

自汉口雇船装运至仪征，每百斤准销水脚银一钱八分。

在仪征雇夫提包、过载，每百斤准销夫价银三厘。

自仪征雇船装运至通州，每百斤准销水脚银三钱四分。

在湖北归州新滩，每船添雇头舵[1]二名，每名准销工价银五钱。

东湖县雀儿尾滩，每船添雇滩师[2]二名，每名准销工价银五钱按：以雇用船一十二只算[3]。

天妃闸，设立绞关[4]四副，每副用夫六十名，每名准销工价银六分。

过黄河，每船一只，雇带船一只，每只准销银一两。

过黄河入口、出口，每船雇提溜夫二十五名，每名准销夫价银六分。

过双金闸，每船雇提溜夫二十五名，每名准销夫价银六分按：以雇用船十二只核算。

铜船运抵台儿庄，过候新屯庄、丁庙、万年、巨梁桥、新庄、韩庄等八闸，每闸雇拉闸夫六十名，每名准销夫价银六分。

经由枣林闸、施家庄、仲城闸、新庄、石佛、赵村、在城、天井、草桥、通济寺、前柳林等十三闸，每闸雇拉闸夫五十名，每名准销夫价银六分。

铜斤交局，每百斤准销扛铜、堆铜夫价小制钱八文。看守铜斤、租搭窝铺，准销灯油、木炭小制钱五千三百文以每钱一千八百文作银一两计算。添雇头舵及提溜、拉闸、扛铜夫价等款，《户部则例》未载。

自滇起程，赴泸领铜，由泸州、重庆、汉口、仪征、天津、通州运至京局，每百斤准销篓绳、夫价、房租、灯笼、油蜡、酹江、犒赏等项杂费银一钱二分九厘如遇守冻，支销银两，准其（月）〔另〕行入册报销，不在定例准销一钱二分九厘之内。查杂费一款，《户部则例》未载。

自滇至泸、至京，并自京回滇，准支十七个月七日，每月养廉银一百一两一钱九分九厘如在途守冻，例准按月减半支销养廉。《户部则例》："每月准支养廉银六十八两一钱二分四厘"，与滇省改运案内每月准支银一百一两一钱九分九厘之数不符。

运员起剥地方及次数多寡，原无一定，总以每运不得过八次。除天津一次另行核计外，其余用银不得过一千八百两。每运在天津全剥铜斤，每百斤准销银六分九厘嘉庆十四年案，《户部则例》无。

每运雇纤工价，不得过一百六十两嘉庆十二年案，《户部则例》无。

凡加运委员，运领正、耗、余铜九十四万九百九十一斤六两四钱交户部正、耗铜六十一万三千四百四十斤，交工部正、耗铜三十万六千七百二十斤。自滇起程，赴泸领铜，运至京局。按铜、按船计算，合每百斤准销水脚、起剥、夫价、杂费、养廉等项银八钱二分六厘八丝八忽一纤。

加运铜斤，在泸州雇夫背铜下船，每百斤准销夫价银三厘。

自泸州雇船装运至重庆，每百斤准销水脚银六分五厘。

在重庆雇夫提包、过载，每百斤准销夫价银三厘。

自重庆雇船装运至汉口，每百斤准销水脚银二钱一分四厘九毫九忽八微八纤《户部则例》："自重至汉，每百斤水脚银一钱九分"，与滇省每百斤准销银二钱一分四厘九毫九忽八微<八纤>之数不符。

在汉口雇夫背铜上岸、下船，每百斤准销夫价银六厘。

在仪征雇夫提包、过载，每百斤准销夫价银三厘其自汉至仪、自仪至通，应需船只，系由湖北、江南拨给站船，并不支销水脚银两。

在湖北归州新滩，每船添雇头舵二名，每名准销工价银五钱。

东湖县雀儿尾滩，每船添雇滩师二名，每名准销工价银五钱按：以用船十八只计算。

天妃闸设立绞关四副，每副用夫六十名，共用夫二百四十名，每名准销工价银六分。

过黄河，每原船一只，雇带船一只，每只准销银一两。

过黄河入口、出口，每船雇提溜夫二十五名，每名准销工价银六分。

过双金闸，每船雇提溜夫二十五名，每名准销工价银六分按：以用船十五只算。

铜船运抵台儿庄，过候新屯、丁庙、万年、巨梁桥、新庄、韩庄等八闸，每闸雇拉闸夫六十名，每名准销工价银六分。

经由枣林闸、施家庄、仲城闸、新庄、石佛、赵村、在城、天井、草桥、通济寺、前柳林等十三闸，每闸雇拉闸夫五十名，每名准销工价银六分。

铜斤交局，每百斤准销扛铜、堆铜夫价小制钱八文。看守铜斤、租搭窝铺，准销灯油、木炭等项，共给小制钱五千三百文以每钱一千八百文作银一两算。添雇头舵及提溜、拉闸、扛铜夫价等款，《户部则例》俱未载。

自滇起程，赴泸领铜，由泸州、重庆、汉口、仪征、天津、通州，运至京局。每百斤准销篓绳、夫价、房租、灯笼、油蜡、酳江、犒赏等项杂费银一钱二分九厘如遇守冻，支销银两，准其另行入册报销，不在定例准销一钱二分团九厘之内。杂费一款，《户部则例》未载。

自滇至泸、至京，及自京回滇，准支十七个月二日，每月养廉银六十八两一钱二分四厘如遇守冻，例准按月减半支销养廉。

起剥地方及次数多寡，原无一定，总以每运不得过八次。除天津一次另行核计外，其余用银不得过一千六百两。

每运在天津全剥铜斤，每百斤准销银六分九厘嘉庆十四年（按）〔案〕，《户部则例》无。

每运雇纤工价，不得过一百六十两嘉庆十二年（按）〔案〕，《户部则例》无。

注 释

[1] 头舵：《清世宗实录》卷二十三："雍正二年甲辰八月乙未，谕江南、浙江、江西、湖广、山东、河南督抚等：'漕船关系紧要，朕前降谕上曰，除本船正、副旗丁外，其头舵水手，皆应择用本军，庶各知守法，不敢误漕生事，此虽系总漕专责，然亦有关地方之事，尔等当严饬所属粮道、都司、卫、所等官，务使清查什军，毋令隐漏规避。头舵水手，作何更换？换去之人，作何安插？毋令失所。俱宜协同总漕，悉心筹画商确，实力奉行，以为永远之计'。"

[2] 滩师：《钦定户部则例》卷三十六《钱法三》："川江各险滩处所，酌募滩师四五名，按所在州、县，捐给工食，令其常川在滩，专放铜、铅船只，如过滩安稳，听运员量加犒赏，如有失事，将该滩师革退，枷示河干，以昭炯戒。仍令该督抚严饬该管州县，不得视为具文，滥将未经练习之人调补充数。"《清高宗实录》卷一千三百八十四："乾隆五十六年辛亥八月，四川总督鄂辉条奏铜运事宜：'各险滩处所，酌募滩师四五名，按所在州、县，捐给工食，令其常川在滩，专放铜、铅船只，如过滩安稳，听运员量加犒赏，如有失事，将该滩师革退，枷示河干，仍令各地方官将应行添设滩师之处，及滩师姓名，造册查报'。"

[3] 一十二只算：《云南铜志·京运》"运铜报销"条："按：以雇用船二十二只核算。"

[4] 绞关：《清仁宗实录》卷二百八："嘉庆十四年己巳三月壬戌，谕军机大臣等：'萨彬图奏河口浅滞情形一折，据称黄水倒灌，高于清水二尺八九寸，粮艘上闸，两边俱无纤路，仅仗划船绞关，步步徐进，以致前停后拥，请敕下河臣等上紧赶办纤路等语。漕粮转输，为国家经久要务，屡经降旨，令伊等先其所急，所有修筑纤道一事，自系至急之工，乃该督等并不赶紧豫办，临时惟仗用划船纤挽，以致迟慢，现在帮船已多停泊，以后再值风水长发，平铺散漫，又将如何纤挽。览奏深为焦虑，南粮关系天庾，上年北来之米，多有潮湿，以致交仓后旋即蒸变，本年南粮，昨复据该漕督奏称，溧阳帮船于过淮盘验时亦带潮湿，恐有霉变，地方漕运官员，办理均属不善，而目前帮船行走，复因河口倒灌，纤道不修，又致稽阻，

该督等所司何事，竟不豫为经理乎？铁保、吴璥、徐端，均著传旨严行申饬，著即将此段纤道，上紧设法趱办，并即如何办理，何日可以补筑竣事，无碍船行，先行由驿驰奏。设竟迟缓贻误，彼时亦不待朕惩办，伊等应得何罪，即自行议上，朕惟执法办理，不能曲为宽贷也。凛之'。"

报销限期[1]

凡运员赴部交收，掣获实收回滇，户部发给执照，定限九十九日。如在途患病，应报明所在地方官具结，申报本省督抚，咨部、咨滇。仍取具地方官验病印结，同户部执照到滇，申送布政司衙门，扣明限期，详咨户部查销。如有逾限，即查开职名，送部查议。

凡运员回滇，造册报销[2]，以运员到滇之日起，定限一月，造册申司。布政司复核，亦限一月详题。如有迟延，即将职名于文内声明，咨部议处。

凡运员交铜事竣，有丁忧事故者，呈明户部，遣属赴滇报销。照运员回滇之例，户部填给执照，定限九十九日。如有托故逗留、私行回籍、逾违定限者，于呈缴户部执照案内查明。本员如已病故，免其查议。如本员系丁忧、告病者，将本员职名送部，听候查议。将迟延之该家属，发县严行惩治。如该家属实因患病，报明地方官，取有印结呈送者，准其将耽延日期扣除，免其惩处。

注 释

[1] 报销限期：《大清会典事例》卷一百七十四《户部四十七·钱法》："又奏准：铜斤运京交局，回滇报销，于到省之日起，勒限一月造册申送，迟延参处。其由道复核送司，亦定限一月。傥有逾限，于报销疏内声明，听部议处。"

[2] "运员"至"报销"：《皇朝文献通考》卷十七《钱币考五》："乾隆十八年，定云南运铜官给照回省之例。户部议言：'滇省每年解铜，需正、

协运官十二员。事竣回滇，虽原定有九十九日之限，但在京收铜、补耗，迟速不齐，该员藉端逗遛，或于起程后沿途停滞，皆所不免。嗣后交完铜斤，将回滇日期报明户部，给发实收，即将起程日期填给执照，行知云南督抚兼知。详吏部如入京时在途有沉失未获之铜，应赴原处打捞者，即知照该处督抚，饬地方官验明执照，协同捞取。并将运员入境、起程日期，先后移咨滇省，如有迟延，据实参处。'从之。"

运员短铜

凡运员解部铜斤，有较额运之数交收短少者，除沉失外，所短铜斤，由户、工二部核明具奏。将该员先行革职，咨滇，将应赔铜价及水、陆运脚银两，查照定例，按以每短铜一百斤，应缴银一十三两一钱三分七厘七毫九丝九忽。

应添买余铜三斤[1]，于寻甸店拨卖，每百斤应缴价银九两二钱。正、余铜斤，共应缴价银九两四钱七分六厘。

自寻甸至威宁，车站十五站[2]，应缴正、余铜斤运脚银九钱六分一厘三毫三丝三忽[3]。自寻甸至威宁，例准折耗铜五两四钱九分三厘外，应缴自威宁至镇雄陆路五站正、余铜一百二斤十两五钱七厘运脚银六钱六分三厘一毫六丝二忽。又应缴筐篓、木牌银九厘一毫六丝五忽。

自威宁至镇雄，例准折耗铜一两二分七厘外，应缴自镇雄至罗星渡陆路五站正、余铜一百二斤九两四钱八分运脚银六钱六分二厘七毫四丝七忽。自罗星渡至泸州店水路八站，应缴正、余铜斤水脚银二钱九分七厘五毫一丝八忽，又应缴筐篓、木牌银三厘五丝。

自镇雄至泸州，例准折耗铜一两七钱九厘。自泸州至通州，应缴正、余铜一百二斤七两七钱七分一厘水脚银八钱九分七厘七毫七丝七忽，沿途杂费银八分五厘六丝三忽。又应缴自通州至京局车脚银八分一厘九毫八丝八忽。

按照所短铜数，核明应赔银两，俟运员回滇报销，将应赔银两以到滇之日起限。银数在一千两以下者，限半年完缴；一千两以上至三千两者，限一年完缴；三千两以上至五千两者，限二年完缴；五千两以上至一万两者，限三年完缴；一万两以上至二万两以内者，限四年完缴。依限全完，准其开复；如逾限不完，题参（草）〔革〕任。将应完短铜、价脚，并沿途借支银两，一并咨籍着追。如原籍无可追缴，饬查历过任所，如无隐寄，取结详咨。在原派各上司名下，按以十股摊赔。内出结保，送之该管府、州，应赔四股；巡道加考移司，应赔三股；藩司据结详委，应赔一股；督抚据详批准，各应赔一股。至直隶厅、州，并无该管之府，应赔银两，则巡道应赔四股，藩司应赔二股，督抚各赔二股。俟各该员赔补全完，买铜补运清款此条《户部则例》未载。

凡运员回滇丁忧，应赔短少部局铜斤价、脚银两，俟服阕回滇之日，按照原限追缴。如该员初限已完，二、三两限尚未届限，即丁忧回籍者，亦俟该员服阕回滇之日，按照原限追缴完解嘉庆九年案[4]，《户部则例》无。

凡运员在途丁忧回籍，守制服满，铨选他省，应赔短少部局铜斤价、脚银两，照新例分限完缴嘉庆元年四川案[5]，《户部则例》无。

注　释

[1]　余铜三斤：《钦定户部则例》卷三十六《钱法三·余铜》："每正铜百斤例带余铜三斤之内，以八两为泸州以前折耗，逾额折耗，在运官名下照定价勒追，交厂官，于运限内补足。以二斤八两为泸州以后折耗及京局添秤之用。添秤所余，准运官领售，仍由部核咨崇文门，照例科税，运官预售，以漏税论。其应纳沿途关税，云南巡抚于运官回省日，饬在应领养廉等银内按则扣存汇解，并将原给运京水脚扣除奏销。凡余铜随正抵通，应由坐粮厅验贮号房，听钱局添秤提取。若中途遇有沉溺，现到正铜不敷收兑，将所带余铜尽数运局作抵，抵收有余，仍准纳税售卖。凡钱局饬提余铜，由运官雇车补交，不另开销运脚。"《大清会典事例》卷一百七十四《户部四十七·钱法》："乾隆三年，复准：每正铜百斤外，带余铜三斤，如正铜秤少，即将余铜加足。如有余剩，即作正铜交部，归项报销。"

[2]　车站十五站：《钦定户部则例》卷三十五《钱法二》："寻甸州至宣威州，车运六站半；宣威州至威宁州，马运八站半。"道光《云南通志》

卷七六《食货志·矿厂志四·京铜》："寻甸一路，自寻甸至宣威六站半，给车脚银四钱四厘四毫四丝三忽；宣威至威宁八站半，给银五钱二分八厘八毫八丝七忽；威宁至罗星渡，每百斤每站给马脚银一钱二分九厘二毫。"

[3] "应缴"至"三忽"：《云南铜志》作"应缴正、余铜斤运脚银九钱六分一厘三毫三丝二忽"。

[4] 嘉庆九年案：《云南铜志·京运》"运员短铜"条："查嘉庆九年，头运二起委员原署赵州试用知县黄祖锡，应赔短少铜斤价、脚银八千五百八十余两。以该员于嘉庆十二年十一月初一日回滇报销之日起，例限三年完缴。据该员将初限应完银两，如数完缴司库。其二、三两限应完银两，尚未届限，该员即奉文丁忧回籍。咨奉部复，准俟该员服阕回滇之日，按照原限追缴完解。"

[5] 嘉庆元年四川案：《云南铜志·京运》"运员短铜"条："查嘉庆元年，加运二起委员原任他郎通判常连，应赔短少铜斤价、脚银两。该员因丁忧，无力完缴。奉部准俟服满得缺，在于新任完缴。该员补授四川宁远府通判，其应赔银两数在一万两以上，已经四川总督勒奏请，查照定例，分限五年完缴。该员应赔银数较多，再请宽限一年。钦奉朱批：'依议，钦此。'乃遵咨滇查照。"

险滩沉铜豁免[1]

凡运员在极险之滩沉失铜斤者，勒限一年打捞。限满无获，由沉铜省分查明。取具水摸甘结，地方文武员弁印结，由道府加结，咨部、咨滇。会疏保题[2]豁免铜斤，照例买铜补运清款。其自仪征以下，并无险滩，从无豁免之案按：沉铜每百斤添买余铜三斤，于寻甸店拨卖，每百斤价银七两四钱五分二厘。计正、余铜一百三斤，应需价银七两六钱七分五厘五毫六丝。自寻甸至威宁十五站，正、余铜一百三斤运脚银九钱六分一厘三毫三丝二忽。前项正、余铜一百三斤，除自寻甸至威宁，例准折耗银五两四钱九分三厘外，应需自威宁至镇雄五站正、余铜一百二斤十两五钱七厘运脚银六钱六分三厘一毫六丝二忽，筐篓、木牌银九厘一毫六丝五忽。自威宁至

213

镇雄五站，例准折耗铜一两二分七厘外，自镇雄至罗星渡五站，正、余铜一百二斤九两四钱八分运脚银六钱六分二厘七毫四丝七忽。自罗星渡至泸州店八站，正、余铜斤水脚银二钱九分七厘五毫一丝八忽，筐篓、木牌银三厘五丝。自镇雄至泸州水、陆十三站，除例准折耗铜一两七钱九厘，实自泸州发运铜一百二斤七两七钱七分一厘。如截至汉口止，每百斤应需正、余铜水脚银二钱八分四厘二毫八丝，杂费银八分五厘六丝五忽二微，共计每百斤应需铜价，水、陆运脚，杂费等银十两六钱四分一厘八毫七丝九忽二微。如截至仪征止，每百斤应需水脚银一钱九分，杂费银一分五厘，共应需银十两八钱四分六厘八毫七丝九忽二微。总按沉铜处所核计，应需铜价、水脚，详咨在铜息银内动支。其动支银两，分别收入厂务、陆运、京铜项下。

注　释

[1]　险滩沉铜豁免：《皇朝文献通考》卷十七《钱币考五》："乾隆十五年，又定沉失铜、铅处分。户部议定：运京铜、铅，偶遇中途覆溺，限以一年捞获。运员于限内，遇有升迁、事故，仍留沉失之处打捞，俟事竣之日，分别赴任、回籍。如限满无获，及获不及数，即题参革职。限一年内照数赔补，准予开复。所失铜、铅，仍听其自便捞取，报官给价收买。如逾年始赔完者，免罪不准开复。二年不完，照例治罪严追。至运铜之船，令地方官雇觅，倘以不谙行船之人塞责。致有覆溺者，将地方官罚六月俸，照漕船失风例，仍停升转一年，责令协同运官实力打捞。限内获半者免议，全无捞获，与数不及半者，各罚一年俸。……十六年，又更定沉失铜、铅处分之例。户部议定：额运内沉失铜、铅，原议一年捞获，有正、协二员者，留协运官在沉失之处。无协运者，留亲属家人，并令境内文武官协同办理。限内无获及获不及数，如不在险隘之地，即将运员题参赔补。倘实系瞿塘三峡、长江、大湖及黄河诸险，准地方官出结报该管督抚，移咨原办铜、铅本省督抚，会疏保题，将沉失铜船照数办解，免运官议处分赔。其地方官不慎选船户，以致沉失者，照例罚俸。如实系风水骤发，非人力所能防范者，该管官申报，将雇船之官免议。"

光绪《大清会典事例》卷一百四《吏部八十八·处分》:"嘉庆五年,又奏准:云南、贵州运京铜、铅,遇有沉溺,若系定例险滩,地方官结保该省督抚,移咨云南、贵州,会疏题请免议。在次险滩沉溺,例应赔交脚价银两者,亦准免议。傥有不肖运员,捏报江川等处沉溺,地方各官扶同徇隐,该督抚即据实题参,将运员革职,地方官降一级调用。督抚徇隐据题,亦降一级调用。"

[2] 会疏保题:《皇朝文献通考》卷十七《钱币考五》:"乾隆十六年,又更定沉失铜、铅处分之例。户部议定……倘实系瞿塘三峡、长江、大湖及黄河诸险,准地方官出结报该管督抚,移咨原办铜、铅本省督抚,会疏保题,将沉失铜船照数办解,免运官议处分赔。乾隆十年,肆运官辛文兴等在四川云阳县磁庄子滩沉溺铜斤,经查明实系险滩,万难打捞,请准照例豁免。"《军机处录副奏折》:"乾隆廿三年四月廿九日。兵部侍郎兼都察院右副都御史、巡抚云南兼建昌毕节等处地方赞理军务兼督川贵兵饷加一级臣刘藻谨题:'为奏明请旨事,该臣看得滇省办运京铜,如在瞿塘三峡、江、湖、黄河险隘之处,偶遇沉溺,例应查明,题请豁免。兹据管理铜务粮储道罗源浩会详:乾隆拾年肆运官辛文兴等在四川云阳县磁庄子滩沉溺,未获铜叁万壹千肆百贰拾陆斤,经川省查明,该滩实系著名险滩,水急滩高,巨石鳞砌,万难打捞,查与豁免之例相符,将送到印结,详题豁免前来,臣覆查无异,会题请旨。'"

次险滩沉铜分赔[1]

凡运员运在次险之滩沉失铜斤者,勒限一年打捞。限(应)〔满〕无获,由沉铜省分查明,取具印、甘各结,咨部、咨滇。所沉铜斤,照例在沉铜处所之地方官名下分赔十分之三,运员名下分赔十分之七。所有地方官应赔银两,俟追获咨滇,至日在京铜项下动放,搭同追获运员应赔银两,分别收入厂务、陆运、京铜项下,买铜补运清款。如运员应赔银两,产尽无追,任所亦无隐寄,即将所少银两,按在原派各上司名下分赔。内出结保送之该管府、州，应赔四股；巡道加考移司，应赔三股；藩司据结详委，应赔一股；督抚据详批准，各应赔一股。直隶厅、州，并无该管知府[2]，则巡道应赔四股，藩司应赔二股，督抚各赔二股。俟各该员赔补完全，买铜补运清款按：沉铜每百斤添买余铜三斤，于寻甸店拨卖，每百斤价银九两二钱，计正、余铜一百三斤，应缴价银九两四钱七分六厘。又应缴自寻甸至威宁十五站，正、余铜一百三斤运脚银九钱六分一厘三毫三丝二忽。又前项正、余铜一百三斤，除自寻甸至威宁例准折耗铜五两四钱九分五厘外[3]，应缴自威宁至镇雄五站正、余铜一百二斤十两五钱七厘运脚银四钱六分二厘一毫六丝五忽[4]。又自威宁至镇雄五站，例准折耗铜一两二分七厘外，应缴自镇雄至罗星渡五站，正、余铜一百二斤九两四钱八分运脚银六钱六分二厘七毫四丝七忽。自罗星渡至泸州店八站，正、余铜斤水脚银二钱九分七厘五毫一丝八忽，筐篓、木牌银三厘五丝。自镇雄至泸州水、陆十三站，除例准折耗铜一两七钱九厘，实自泸州发运铜一百二斤七两七钱七分一厘。如截至汉口止，每百斤应缴正、余水脚银二钱八分四厘二毫八丝，杂费银八分五厘六丝五忽二微，共计每百斤应缴铜价，水、陆运脚，杂费等银十二两四钱四分二厘三毫一丝一忽二微。如截至仪征止，每百斤应缴水脚银一钱九分，杂费银二分五厘[5]，共应缴银十二两六钱四分七厘三毫一丝九忽二微。如截至通州止，每百斤应缴水脚银三钱四分六厘[6]，杂费银二分，共应缴铜价，水、陆运脚，杂费等银一十三两一分三厘三毫一丝九忽二微。总按沉铜处所核计，应缴铜价，水、陆运脚等银，详咨在沉铜地方官及运员名下分赔。

注　释

[1]　次险滩沉铜分赔：《皇朝文献通考》卷十七《钱币考五》："乾隆十四年，又奉上谕：'刑部议奏厘革云南解铜官吴兴远等亏缺铜斤一案。该解官等，始以漫不经心，致铜斤沉失侵损，迨捞获才及得半，辄以全获呈报。复于沿途将铜斤辗转售卖，玩视官物，一至于此。即此一案亏缺铜七万有余，其他侵蚀之案，更不知凡几。向来劣员侵渔之习，大率类是。该上司或明知而姑听之，俾得任意欺朦，酿成积弊，但已往之事，姑不必问。此案该督抚不能慎选贤员，办理不善，着传旨申饬。其所有侵亏铜斤银两，部议该管上司按股分赔，着即勒限完缴，以资鼓铸。仍将如何分赔抵补之

处，具折奏闻。嗣后运铜事宜，务须加意慎重。其沿途经过各省督抚，朕已传谕，令其将委员守风、守冻及有无事故之处奏闻。至铜、铅船，只于云、贵省起运，何日出境，亦着该督抚随时折奏。如仍蹈前辙，滥行差委，致有前项情弊，惟该督抚是问'。"

[2] 知府：官名。地方行政机构府之长官。宋朝始置，称知某府事，简称知府。掌教化百姓，劝课农桑，旌别孝悌，奉行法令条制，宣读敕书，举行祀典，考察属官，赈济灾伤，安集流亡，以及赋役、钱谷、狱讼等事。视本府地望高下，或兼留守司公事，或兼安抚使、都总管、兵马钤辖、巡检等职务，总理本府兵民之政。以朝官及刺史以上官充任。凡二品以上官及带中书、枢密院、宣徽使等官职任职者，称判府事。辽朝五京都总管府及黄龙府、兴中府等均设知府事。元朝亦作为知某府事之简称。其后，或设府尹，或设知府，时府尹又称知府，均正四品，总判府事。江南监管内劝农事，江北另兼诸军"奥鲁"。明朝始以知府为正式名称，掌一府之政令，总核所属州、县之赋役、诉讼等事，汇总于布政司、按察司。明初，知府品秩不一。洪武六年分天下之府（元朝诸路改）为三等，粮税二十万石以上为上府，知府从三品；二十万石以下为中府，知府正四品；十万石以下为下府，知府从四品。后统一定为正四品。清沿明制，然品秩改为从四品。例以京察一等记名之翰林院侍读、侍讲等，内阁侍读、给事中、御史，六部及理藩院、内务府、步军统领衙门郎中、员外郎、太仆寺员外郎等，以及治中、运同、同知、直隶州知州升任。清代各府，以冲、繁、疲、难四字分定等第，划为最要缺、要缺、中缺、简缺四类。各府调补知府时，有请旨缺、题补缺、调补缺、留补缺之分。应升、应补官员，亦按为官情况划分第等，以求人、缺相宜。

[3] 五两四钱九分五厘外：《云南铜政》作"五两四钱九分三厘外"。

[4] "运脚银"至"五忽"：《云南铜政》作"运脚银六钱六分三厘一毫六丝二忽"。

[5] 杂费银二分五厘：《云南铜志》作"杂费银一分五厘"。由计算可知"一分五厘"正确。

[6] 三钱四分六厘：《云南铜志》作"二钱四分六厘"。由计算可知本书正确。

217

滩次
云南省

镇雄州自罗星渡水运泸店京铜，经由各滩内：

黄果滩、管环滩、霞巴滩、鱼脊梁滩、祖师滩、火井坑滩、虎嶰滩、罗家滩、前门滩、对读滩、木偾滩、锅饼滩、石宝滩、门槛滩、大摆子滩、美美滩、白果滩、柳公夹滩、石板滩、将军柱滩、大卧滩、荔枝滩、圈七滩、瓦磠滩、石盘滩、后门滩、老鸦滩、水礶子滩、孝儿嘴滩、对溪滩、老瓦沱滩、大线溪滩、大鸥头滩、铜礶滩、牯牛滩、长腰滩、双硐子滩、猪脸滩、土地滩、乾岩滩、大水头滩、猪拱窝滩、大偾滩、大水三滩[1]、小偾滩、大苏滩、蛇皮溪滩、新开滩。

以上四十八滩，均非险滩。如有遭风沉失铜斤，打捞无获，核明应赔铜价、运脚等银，照数在于承运之员名下追缴，买铜补运清款。

大关同知[2]自豆沙关水运至泸店：

白果滩、下寨滩、坎路滩、横碛子滩、新滩、小龙拱沱滩、黑㲉溪滩、上水毛硐滩、长碛滩、黄果滩、鱼箭滩、黄葛滩、观竹岩滩、黄毛坝滩、犁头湾滩、三铜庄滩、猪钻硐滩、荔枝滩、龙拱沱滩、猪圈门滩、大圈滩、小溪口滩、老鸦滩、佛殿滩、下水毛硐滩、板橄滩、鸦莺滩、鸡翅膀滩、九龙滩、黄果漓滩[3]、丁山碛滩、打扒沱滩、普洱渡滩[4]、穿龙滩、石灶孔滩、大铜鼓滩、大白龙滩、小白龙滩、龙门石滩、新岩碛滩、马鞍滩、马三档滩、串龙门滩、门坎滩、马跳坎滩、大石新滩、小孔滩、雾露连滩、黄角滩、洛岸连滩、洛岸溪滩、蕉岩连滩、大水滩[5]、青菜滩[6]、犀牛滩、观音滩、将军石滩、小风滩、石老连滩、小铜鼓滩、新碛滩、石宝霞滩、米子滩、鱼孔滩、临江溪滩、永保碛滩、大孔滩、离梯梗滩、石板滩、犁圈滩[7]、黄毛滩、羊牯撞滩[8]、小水滩[9]、板橄滩、土地滩、雀儿滩、巉山碛滩、三倒捌滩[10]、黄连滩、老鸦滩、候家滩、鸡公滩、小窝比滩、大风滩、新墩滩、老蒋滩、界牌滩、响水硐滩、大石盘滩、永宁碛滩、梅子漩滩、羊古滩、猫儿滩、马落硐滩、干鱼滩、两岸溪滩、石磨滩、大鱼孔滩、小新滩、高滩、明滩、大窝比滩。

以上一百零二滩，均非险滩。如有遭风沉失铜斤，打捞无获，核明应赔铜价、运脚，照数在承运之员名下追缴，买补清款。

永善县自黄草坪水运[11]至泸店：

黄坪三滩、乾田坝滩、金锁关滩、蕉岩石滩、犁园滩、小猡子滩[12]、中石板滩、米贴滩、江心石滩、鼓渍岩滩[13]、窝洛滩、神农滩、小雾基滩、溜水岩滩、硝厂滩、硫磺滩[14]、三堆石滩、磨盘滩、小狮子滩、大狮子口滩、神龙滩、那比渡滩、车亭子滩、牛鼻滩、豆沙溪滩、猪肚石滩、贵担子滩、门坎山滩、长岩坊滩、贵溪滩、冥长坊滩、狗硐子滩、鹦歌嘴滩、横梁子滩、撒水坝滩、四方石滩、羊角滩、枣核滩、摆定滩、小汉漕滩、鸡肝石滩、杉木滩、大芭蕉滩、小芭蕉滩、手扒岩滩、阎王扁滩、叶滩、焦岩子滩、锣锅耳滩、乾溪三滩、锁水滩、机子滩、石板溪滩、鱼儿滩、滥滩、犁菌滩、小汶溪滩[15]、大汶溪滩、头继樑滩、巨樑滩。

以上六十滩，俱系次险之滩。如遇遭风沉失铜斤，打捞无获，核明应赔铜价、运脚银两，在承运之员名下追缴，买补清款。

沙河滩、黑铁关滩、大猡子滩[16]、乌鸦滩、大雾基滩、小虎跳滩、大虎跳滩、溜补子滩[17]、特衣滩、小锅圈岩滩、大猫滩、冬瓜滩、大汉漕滩、木孔滩、苦竹滩、凹岩三腔滩、新开滩、大锅圈岩滩。

以上十八滩，均系险滩。如遭风沉失铜斤，打捞无获，照例取结，题请豁免，其应需铜价、运脚，(余)〔于〕铜息银两内动支，买补清款。

注 释

[1] 大水三滩:《云南铜志》作“大木三滩”。

[2] 大关同知:《大清一统志》卷四百九十《昭通府·大关同知》:“大关同知，在府城北一百八十里，东西距二百里，南北距五百五十里。东至镇雄州界一百三十里，西至永善县界七十里，南至恩安县界九十里，北至四川叙州府宜宾县界四百六十里，东南至镇雄州界六十里，西南至恩安县界一百三十里，东北至永善县界二百七十里，西北至永善县界一百九十里，本为乌蒙府地。本朝雍正六年，设通判驻防，九年改设清军抚彝同知，属昭通府。”

[3] 黄果漓滩:《云南铜志》作“黄果漕三滩”。

[4]　普洱渡滩:《云南铜志》作"普耳渡滩"。

[5]　大水滩:《云南铜志》作"大木滩"。

[6]　青菜滩:《云南铜志》作"青果滩"。

[7]　犁圈滩:《云南铜志》作"犁园滩"

[8]　羊牯撞滩:《云南铜志》作"羊牯犝滩"。

[9]　小水滩:《云南铜志》作"小木滩"。

[10]　三倒捌滩:《云南铜志》作"三倒拐滩"。

[11]　黄草坪水运:嘉庆《大清会典事例》卷一百七十四《户部四十七·钱法》:"题准:黄草坪水运泸州铜斤,路经金江,计水程五百八十里,内稍险、次险者五十七滩,最险者十八滩。如遇铜斤沉溺,按最险、次险滩势,照江、湖、黄河沉失铜斤之例分别办理。倘运官捏报及地方官扶同徇隐,照例议处著赔。"

光绪《大清会典事例》卷二百十五《户部六十四·钱法》:"道光元年,议准:滇省派驻黄草坪收铜、收票委官一员,每月给月费银十两;纸笔、杂费银二两;书记一名,月给饭食银二两;巡役四名,每名月给工食银一两五钱。均在原定水脚银九钱七分三厘零数内支用,不准另行动拨。"

[12]　小猂子滩:《云南铜志》作"小偁子滩"。

[13]　鼓渍岩滩:《云南铜志》作"鼓渍岩滩"。

[14]　硫碈滩:《云南铜志》作"硫磺滩"。

[15]　小汶溪滩:《云南铜志》作"小没溪滩"。

[16]　大猂子滩:《云南铜志》作"大偁子滩"。

[17]　溜补子滩:《云南铜志》作"溜桶子滩"。

四川省

泸州:金盘碛滩、螃蟹碛滩、小里滩、瓦窑滩、老泸州滩。

合江县[1]:鑽子口滩、连石三滩、淘竹子滩、猴子石滩、折桅子滩、钳口滩、石盘滩。

江津县[2]:石牛榔滩、金刚背滩、双漩子滩、羊角滩、大鸡脑滩、风窝碛滩、黄石龙滩、灭虎碛滩。

巴县[3]：龙门滩、鸡心石滩、青石子滩、牛头溪滩、猪肠子滩、鲌[4]鱼滩、鸡公觜滩、落公滩、洗布滩、白文梁滩[5]、白鹤滩、殷头梁滩、野滩[6]。

江北厅：观音滩、殷家梁滩。

长寿县[7]：王家滩、张公滩、养蚕滩、龙蛇滩[8]。

涪州[9]：平峰滩、饿鬼滩、龙王沱滩、陡岩滩、白穴滩、黄梁滩、马眄滩、麻堆滩、青岩滩。

酆都县[10]：观音滩。

忠州[11]：滑石滩、銮珠背滩、凤凰子滩。

万县[12]：黑虎碛滩、双鱼子滩、石古峡滩、窄小子滩、席佛面滩、磨刀滩、大古盘滩[13]、明镜滩、黄泥滩、高栀子滩、猴子石滩。

云阳县[14]：塔江滩、马粪沱滩、盘沱滩、二郎滩、青草滩。

奉节县[15]：男女孔滩、老碼滩[16]、八母子滩、白马滩、饿鬼滩、铁柱溪滩。

巫山县[17]：均匀沱滩、九墩子滩、三缆子滩、虎须子滩、繋枋子滩[18]、焦滩、下马滩、老鼠凑滩、霸王锄滩、小磨滩。

以上八十四滩，均系次险之滩。如遭风沉失铜斤，打捞一年，限满无获，核明应赔铜价、运脚，着落地方官分赔十分之三，运员分赔十分之七，买补清款。

合江县：石鼻子滩。

江津县：观音背滩。

巴县：观音背滩、蜂窝子滩、鑽皂子滩、乌龟石滩、黑石滩、峨嵬滩、门堆子滩、马岭滩、钜梁滩、水银口滩。

涪州：黄鱼岭滩、群猪滩。

酆都县：巉碑梁滩。

忠州：鱼硐子滩、折尾子滩。

万县：大湖塘滩。

云阳县：马岭滩、宝塔滩、磜庄滩、东洋子滩、庙矶子滩。

奉节县：青岩子滩、二沱滩、瀼滪滩、石板峡滩、小黑石滩。

巫山县：大黑石滩、龙宝滩、空望沱滩[19]、跳石滩、库套子滩、大磨滩、黄金藏滩、香炉滩。

以上三十六滩，均系一等极险之滩。遇遭风沉失铜斤，打捞一年，限满无获，由该地方官取结、加结、咨部、咨滇，会疏保题豁免。其应需铜价、运脚，于铜息银内动支，买补清款。

注 释

[1] 合江县：《大清一统志》卷四一二《泸州直隶州·合江县》："合江县，在州东一百二十里，东西距一百二十里，南北距八十里。东至重庆府江津县界六十里，西至本州界六十里，南至贵州遵义府仁怀县界三十里，北至重庆府永川县界五十里，东南至重庆府綦江县界一百里，西南至叙永厅永宁县界一百二十里，东北至江津县界七十里，西北至重庆府荣昌县界一百里。秦巴郡地。汉置符县，属犍为郡。后汉改曰符节，建安中分属江阳郡。梁改置安乐戍。周保定四年，始改名合江县，属泸州。隋属泸川郡。唐属泸州。宋大观三年，分置安溪县，宣和二年省。元、明仍属泸州。本朝因之。"

[2] 江津县：《大清一统志》卷三八七《重庆府·江津县》："江津县，在府西南一百三十里，东西距一百四十里，南北距一百九十里。东至巴县界五十里，西至永川县界九十里，南至綦江县界一百五十里，北至璧山县界四十里，东南至綦江县界一百五十里，西南至泸州合江县界一百里，东北至巴县界五十里，西北至永川县界九十里。汉江州县地。西魏分置江阳县，兼置七门郡。隋开皇初郡废，十八年改县曰江津，仍属巴郡。唐属渝州，宋因之。元属重庆路。明属重庆府。本朝因之。"

[3] 巴县：《大清一统志》卷三八七《重庆府·巴县》："巴县附郭，东西距二百八十五里，南北距一百十五里。东至长寿县界二百里，西至璧山县界八十五里，南至綦江县界九十五里，北至江北厅界十里，东南至南川县界一百八十里，西南至江津县界八十里，东北至江北厅界十里，西北至

铜梁县界一百十里。春秋巴国都。汉置江州县，为巴郡治。后汉及晋、宋因之。齐改曰垫江。梁为楚州治。周武成三年，改曰巴县。隋初为渝州治，后复为巴郡治，唐复为渝州治。宋为重庆府治。元为重庆路治。明为重庆府治。本朝因之。"

[4] 鮓：zhà，海蜇。张华《博物志》卷三："东海有物，状如凝血，从广数尺，方圆，名曰鮓鱼。无头目处所，内无脏。众虾附之，随其东西。"台湾馆藏版《铜政便览》和《云南铜志》作"鲜"。

[5] 白文梁滩：《云南铜志》作"白丈梁滩"。

[6] 野滩：《云南铜志》作"野鸡滩"。

[7] 长寿县：《大清一统志》卷三八七《重庆府·长寿县》："长寿县，在府东北二百三十里，东西距五十里，南北距一百六十里。东至涪州界二十里，西至江北厅界三十里，南至南川县界九十里，北至顺庆府邻水县界七十里，东南至涪州界六十里，西南至江北厅界六十里，东北至忠州垫江县界一百九十里，西北至合州界一百三十里。汉枳县地。周、隋为巴县地。唐武德二年，折置乐温县，属南潾州，九年改属涪州。宋因之。元至元二十年，省入涪州，至正中，明玉珍改置长寿县，仍属涪州。明洪武六年，改属重庆府。本朝因之。"

[8] 龙蛇滩：《云南铜志》作"龙舌滩"。

[9] 涪州：《大清一统志》卷三八七《重庆府·涪州》："涪州，在府东少北三百五十里，东西距一百五十里，南北距一百六十三里。东至忠州酆都县界九十里，西至长寿县界六十里，南至南川县界一百三里，北至长寿县界六十里，东南至酉阳州彭水县界一百六十里，西南至南川县界一百里，东北至酆都县界九十里，西北至长寿县界六十里。战国时楚枳邑。汉置枳县，属巴郡。后汉及晋初因之。永和中，移涪陵郡治此。宋、齐因之。后周废枳县，徙郡治汉平。隋开皇初郡废，十三年移汉平于此，改曰涪陵县，属巴郡。唐武德九年于县置涪州，天宝初曰涪陵郡，乾元初复曰涪州，属山南西道。五代属蜀。宋亦曰涪州涪陵郡，属夔州路。元至元二十年以州治涪陵县省入，二十一年改属重庆路。明属重庆府。本朝因之。"

[10] 酆都县：《大清一统志》卷四一六《忠州直隶州·酆都县》："酆都县，在州西南一百十里，东西距七十里，南北距一百二十里。东至本州

界四十里，西至重庆府涪州界三十里，南至酉阳州彭水县界六十里，北至垫江县界六十里，东南至石砫厅界六十里，西南至涪州界九十里，东北至本州界九十里，西北至重庆府长寿县界五十里。古巴国别郡。汉为巴郡枳县地。后汉永元二年，分置平都县，属巴郡。三国汉延熙十七年，省入临江。隋义宁二年，分临江县，置丰都县。唐属忠州，宋初因之，后废。绍兴初复置，仍属忠州。元因之。明洪武初，改丰曰酆。本朝初，属重庆府，雍正十二年改属忠州。"

[11]　忠州：《大清一统志》卷四一六《忠州直隶州》："忠州直隶州，在四川省治东一千五百里，东西距一百六十里，南北距一百八十里。东至夔州府万县八十里，西至重庆府涪州界一百八十里，南至石砫厅界五十里，北至绥定府新宁县界一百三十里，东南至万县界、石砫厅界各七十里，西南至石砫厅界六十里，东北至万县界八十里，西北至重庆府长寿县界一百四十里。本州境东西距一百二十里，南北距一百十里。东至万县界五十里，西至酆都县界七十里，南至石砫厅界六十里，北至梁山县界五十里，东南至石砫厅界五十里，西南至酆都县界、石砫厅界各八十里，东北至万县界六十里，西北至垫江县界一百里，自州治至京师六千二百十里。《禹贡》梁州之域。周为巴国地。汉置临江县，属巴郡。后汉、晋、宋、齐俱因之。梁大同六年，于县置临江郡。西魏废帝二年，又置临州。隋开皇初，郡废，大业初州废，县属巴东郡。义宁二年，复置临州。唐贞观八年，改曰忠州《寰宇记》："以地边巴徼，意怀忠信为名"，天宝初，改曰南宾郡，乾元初复曰忠州，属山南东道。五代属蜀《旧志》：'唐末王建置镇江军于此，梁乾化四年，移置夔州'。宋亦曰忠州南宾郡，属夔州路。咸淳元年，升为咸淳府以度宗潜邸故。元复曰忠州，至元二十一年，改属重庆路。明洪武初，以州治临江县省入，属重庆府。本朝因之，雍正十二年升直隶州，属四川省，领县三。"

[12]　万县：《大清一统志》卷三九七《夔州府·万县》："在府西少南二百八十里，东西距二百里，南北距二百十里。东至云阳县界八十里，西至忠州界一百二十里，南至湖北施南府恩施县界一百八十里，北至开县界三十里，东南至云阳县界一百里，西南至忠州界一百二十里，东北至开县界三十里，西北至忠州梁山县界八十里。汉朐忍县地。三国吴置羊渠县。蜀汉建兴八年，改置南浦县，属巴东郡。晋及宋、齐因之。后魏改曰鱼泉。

周置安乡郡，寻改县曰安乡，郡曰万州。隋开皇初郡废，十八年仍改县曰南浦，属巴东郡。唐武德初属信州，二年于县置南浦州，八年州废，属夔州，是年复置浦州，贞观八年改曰万州，天宝初曰南浦郡，乾元初复曰万州，属山南东道。宋仍曰万州南浦郡，属夔州路。元至元二十年，省南浦县入州。明洪武六年改州为县，属夔州府。本朝因之。”

[13] 大古盘滩：《云南铜志》作“大石盘滩。”

[14] 云阳县：《大清一统志》卷三九七《夔州府·云阳县》：“云阳县，在府西一百四十里，东西距一百二十里，南北距三百里。东至奉节县界六十里，西至万县界六十里，南至湖北施南府恩施县界二百四十里，北至开县界六十里，东南至恩施县界二百四十里，西南至万县界七十里，东北至奉节县界六十里，西北至开县界六十里。汉置朐忍县，属巴郡。后汉属巴东郡。晋因之。周改曰云安。唐属夔州。宋开宝六年，置云安军，属夔州路，末废。元至元十五年，复置军，二十年升为云阳州。明洪武六年，改州为县，属夔州府。本朝因之。”

[15] 奉节县：《大清一统志》卷三九七《夔州府·奉节县》：“奉节县附郭，东西距一百三十里，南北距二百八十里。东至巫山县界五十里，西至云阳县界八十里，南至湖北施南府建始县界二百里，北至大宁县界八十里，东南至建始县界一百一十里，西南至云阳县界八十里，东北至巫山县界七十里，西北至大宁县界八十里。春秋时庸国之鱼邑。汉置鱼复县，为江关都尉治，属巴郡。后汉建安中为巴东郡治。三国汉章武二年，改曰永安。晋太康元年，复曰鱼复。宋、齐因之。梁为信州治，西魏改曰人复。隋仍为巴东郡治。唐初为夔州治，贞观二十三年，改曰奉节。宋因之。元为夔州路治。明洪武九年省县入州，十三年复置为夔州府治。本朝因之。”

[16] 老鸹滩：《云南铜志》作“老码滩”。

[17] 巫山县：《大清一统志》卷三九七《夔州府·巫山县》：“巫山县，在府东一百三十里，东西距一百六十里，南北距二百五十里。东至湖北宜昌府巴东县界九十里，西至奉节县界七十里，南至湖北施南府建始县界八十里，北至大宁县界一百七十里，东南至巴东县界一百里，西南至建始县界八十里，东北至湖北郧阳府房县界三百里，西北至大宁县界一百六十里。战国楚巫郡，秦改为县。汉属南郡。后汉建安中，改属宜都郡，二十四年，分

置固陵郡。三国吴又分置建平郡。晋初置建平郡尉治此。咸宁元年，改都尉为建平郡，宋、齐以后因之。隋开皇初郡废，改县曰巫山，属巴东郡。唐属夔州。宋、元属夔州路。明属夔州府。本朝因之。"

[18] 繫枋子滩：《云南铜志》作"系柝子滩"。

[19] 空望沱滩：《云南铜志》作"空望滩"。

湖南省

巴陵县[1]：观音山[2]、新堤、象骨巷[3]、六溪口、龙口。

以上五滩，均系次险之滩。遇遭风沉失铜斤，打捞一年，限满无获，核明应赔铜价、运脚，（著）〔着〕落地方官分赔十分之三，运员分赔十分之七，买补清款。

上翻觜、下翻觜[4]、荆河脑、白螺矶、杨林矶。

以上五滩，均系一等极险之滩。如遭风沉失铜斤，打捞一年，限满无获，由地方官取结、加结，咨部、咨滇，会疏保题豁免。其应需铜价、运脚，于铜息银内动支，买补清款。

注　释

[1] 巴陵县：《大清一统志》卷三五八《岳州府·巴陵县》："巴陵县附郭，东西距二百五十里，南北距一百五十里。东至湖北武昌府通城县界一百四十五里，西至华容县界一百二十里，南至长沙府湘阴县界一百二十里，北至湖北荆州府监利县界三十里，东南至平江县治二百四十里，西南至湘阴县治二百四十里，东北至临湘县治七十里，西北至监利县治一百五十里。古麋子国。汉长沙郡，下隽县地。晋太康元年，置巴陵县，仍属长沙郡。南北朝宋元嘉十六年，为巴陵郡治。齐因之。梁为巴州治。隋为巴陵郡治。唐为岳州治。宋因之。元为岳州路治。明洪武九年，省入州，十四年复置为岳州府治，本朝因之。"

[2] 观音山：《云南铜志》作"观音洲"。

[3] 象骨港：《云南铜志》作"象骨港"。

[4] 上翻觜、下翻觜：《云南铜志》作"上翻嘴""下翻嘴"。觜（zī），形声字。①猫头鹰头上的毛角。许慎《说文解字·角部》："觜，鸱旧头上角觜也。"②星宿名，二十八宿之一，西方白虎七宿之一。吕不韦《吕氏春秋·仲秋纪》："仲秋之月，日在角，昏牵牛中，旦觜巂中"。嘴（zuǐ），鸟的嘴，潘岳《射雉赋》有："裂嗉破觜"。

湖北省

归州[1]：牺牛石滩、羊背滩。

东湖县[2]：使劲滩、南虎滩、北虎滩、清水滩、马鞍滩、喜滩、胡敬滩、神勘子滩、黄毛滩、青草滩、罗镜滩、虎牙滩。

宜都县[3]：秤杆碛滩、马鬃碛滩。

枝江县[4]：饿鬼脐滩、石鼓滩、罐子滩、郑砭滩、鸡公滩。

松滋县[5]：李家滩。

江陵县[6]：白鹤套滩、炒米沟滩、吴秀湾滩。

石首县[7]：吴席湾滩、杨发脑滩、观音阁滩、侯家脑滩。

监利（滩）〔县〕[8]：下返觜滩。

嘉鱼县[9]：倒口塘滩、傅家滩、六溪口滩、江口塘滩、夏田寺塘滩、黑皮塘滩[10]、王家港滩、新州塘滩、龙口塘滩、江家州塘滩[11]、田家口塘滩。

江夏县[12]：下沙洑滩[13]、关门州滩、和尚矶滩、龙床矶滩、白眼州滩、铁石矶滩、红庙矶滩、观音矶滩。

（江）〔汉〕阳县[14]：小林滩、蒿州滩[15]、姚家湖滩、还原洲滩、饶子湖滩、新滩、纱帽山滩、小军山滩、虾蟆矶滩、火巷滩、三里坡滩、新河口滩、张王矶滩、禹公矶滩、马王庙滩、洒网洲滩[16]、汉河口滩、男姆滩、月湖口滩、五显庙滩、大觉巷滩、森森林滩、柏贤寺滩[17]、雨花林滩、滑石滩[18]。

武昌县[19]：汛矶滩[20]、碛矶滩、黄家矶滩、张家矶滩、石板滩。

兴国州[21]：虾蟆矶滩、猴儿矶滩、下山矶滩、鹤矶滩、武亮矶滩、牛山矶滩、富池镇上牛边山滩[22]。

大冶县[23]：黄石矶滩、拦江矶滩、道士洑滩。

蕲水县[24]：巴河滩、乌江庙滩、兰溪口滩、回风矶滩。

蕲州[25]：散花洲滩、茅山镇滩、对矶洲滩。

广济县[26]：乌林港滩、严家洲滩[27]、堡子墩滩。

黄梅县[28]：龙坪镇滩、新开镇滩、清江镇滩。

以上一百二滩，均系次险之滩。如遭风沉失铜斤，打捞一年，限满无获，应赔铜价、运脚、（著）〔着〕落地方官分赔十分之三，运员分赔十分之七，买补清款。

巴东县[29]：鳊鱼溪滩、金匜担摊、作油滩、三松子滩、泉急滩、青竹漂滩、横梁滩。

归州：上八斗滩、下八斗滩、上石门滩、泄滩、饭甑脑滩、老虎石滩、叱滩、乌牛石滩、莲花三漩滩、屈原三泡滩、下石门滩、金盘碛滩、钜齿滩、上尾滩、黄牛滩、要和尚滩、白狗悬滩、新滩头滩、癞子石滩、鸡心石滩、新滩二滩、天平石滩、豆子石滩、新滩三滩、射洪碛滩、鼓沉滩、萧家朱滩、崆岭峡滩、大二三朱石滩、南文殊滩、北文殊滩、<龙须沱滩>[30]。

东湖县：锅笼子滩、沿山朱滩[31]、大峰朱滩、瓮洞滩[32]、玳石滩、渣波滩、红石子滩、严希沱滩、南沱三旋滩、黄颡洞滩、石牌滩、偏牢滩、白龙洞滩、楠木坑滩。

宜都县：狼牙碛滩。

枝江县：鸡翅膀滩、雀儿尾滩、独扬沙滩。

松滋县：来穴口滩[33]。

江陵县：鱼儿尾滩、簸箕滩、太保滩、老龙滩、马家赛滩、晒谷坪滩。

石首县：袁家埠滩、杨林市滩、藕池滩、山鸡觜滩[34]、齐公桥滩、李家觜滩[35]、土地港滩、壶瓶滃滩。

公安县：舠斛堤滩。

监利县：九龙滩、上返觜滩。

嘉鱼县：谷花洲滩、石头口塘滩、石矶头塘滩、薜州塘滩。

江夏县：鲤鱼澪滩、杨泗矶滩、青山矶滩。

汉阳县：邓家口滩、通津滩、东江脑滩、乌石矶滩、九矶头滩、大军山滩、四官殿滩、杨林口滩。

黄冈县[36]：阳城河滩[37]、叶家洲滩、三江口滩、下新河滩。

武昌县：猴子矶滩、赵家矶滩、龙蟠矶滩、燕矶滩。

大冶县：西塞矶滩。

蕲州：沛源口滩。

广济县：生关矶滩[38]、大矶头滩。

以上一百二滩，均系一等极险之滩。遇遭风沉失铜斤，打捞一年，限满无获，由该地方官取结、加结，咨部、咨滇，会疏保题豁免。其应需铜价、运脚，于铜息银内动支，买补清款。

注 释

[1] 归州：《大清一统志》卷三百五十《宜昌府·归州》："归州，在府西北三百五里，东西距二百五十五里，南北距一百九十里。东至东湖县界一百九十里，西至巴东县界六十五里，南至长阳县界一百四十里，北至兴山县界五十里，东南至东湖县界一百四十里，西南至巴东县界一百二十里，东北至兴山县界五十里，西北至巴东县界六十五里。汉置秭归县，属南郡。后汉因之，建安中，孙权分属固陵郡，寻废。三国吴永安三年，分置建平郡。晋平吴，属建平郡。宋、齐因之。周改县曰长宁，兼置秭归郡。隋开皇初，郡废，县仍曰秭归，属信州。唐武德二年，析置归州，天宝初，改曰巴东县，属山南东道。乾元初，复曰归州。五代初，属蜀，后属南平。宋亦曰归州巴东郡，隶荆湖北路。元至元十二年，立安抚司，十四年，升为归州路总管府，十六年，复降为州，属湖广行省。明洪武元年，州废，县属夷陵州，寻复置归州，以秭归县省入，隶荆州府。本朝雍正六年，改为直隶州，十三年改属宜昌府。"

[2] 东湖县：《大清一统志》卷三百五十《宜昌府·东湖

县附郭，东西距一百九十五里，南北距三百二十五里。东至荆门州当阳县界九十里，西至长阳县界一百五里，南至荆州府宜都县界五十里，北至襄阳府南漳县界二百七十五里，东南至当阳县界九十里，西南至长阳县界五十里，东北至荆门州远安县界一百二十里，西北至归州界二百里。汉置夷陵县，属南郡，建安中，属临江郡。蜀汉属宜都郡，吴黄武元年，改县曰西陵。晋太康元年，复曰夷陵。宋、齐因之。梁置宜州。西魏改曰拓州。北周改曰硖州。隋大业初，为夷陵郡治。唐、宋因之。元为硖州路治。明初为硖州府治，洪武九年，府降为夷陵州，以夷陵县省入，属荆州府。本朝雍正十三年，改设东湖县，为宜昌府治。"

[3]　宜都县：《大清一统志》卷三四四《荆州府·宜都县》："宜都县，在府西北一百八十里，东西距一百里，南北距一百三十里。东至枝江县界五十里，西至宜昌府长阳县界五十里，南至澧州界八十里，北至宜昌府东湖县界五十里，东南至枝江县治三十里，西南至长阳县界一百二十里，东北至荆门州当阳县界八十里，西北至东湖县治九十里。汉置夷道县，属南郡。后汉因之，建安十三年，曹操置临江郡，十五年，先主改曰宜都郡。晋、宋、齐因之。陈析置宜都县。隋开皇七年郡废，九年置松州，十一年州废，改宜都曰宜昌，属南郡。唐武德二年，复改宜昌为宜都，置江州，六年改江州为东松州，贞观八年州废，属硖州。五代及宋因之。元属硖州路。明属夷陵州，隶荆州府。本朝因之，雍正十三年，改夷陵州为宜昌府，宜都县仍属荆州府。"

[4]　枝江县：《大清一统志》卷三四四《荆州府·枝江县》："枝江县，在府西一百八十里，东西距二百十里，南北距九十里，东至江陵县界一百八十里，西至宜都县界三十里，南至松滋县界六十里，北至宜都县界三十里，东南至松滋县界三十里，西南至宜昌府长阳县界一百五十里，东北至荆门州当阳县治一百八十里，西北至宜昌府东湖县治一百二十里。古罗国。汉置枝江县，属南郡。三国属宜都郡。晋仍属南郡。宋、齐至隋因之。唐上元二年省入长宁县，大历六年复置，属江陵府。五代因之。宋熙宁六年省入松滋，元佑初复置。元属中兴路。明属荆州府。本朝因之。"

[5]　松滋县：《大清一统志》卷三四四《荆州府·松滋县》："松滋县，在府西南一百二十里，东西距一百二十五里，南北距二百八十里。东至公

安县界八十五里，西至枝江县界四十里，南至澧州界一百九十里，北至枝江县界九十里，东南至公安县界一百二十里，西南至宜都县界八十里，东北至江陵县界九十里，西北至枝江县治六十里。汉置高成县，属南郡。后汉省为孱陵县地，属武陵郡。魏复立屘安丰郡。晋侨置松滋县，属南郡。咸康四年置南河东郡。南北朝宋因之。齐曰河东郡。陈天嘉二年置南荆州，寻废。隋平陈，废河东郡，县属南郡。唐属江陵府。五代及宋因之。元属中兴路。明属荆州府。本朝因之。"

[6] 江陵县：《大清一统志》卷三四四《荆州府·江陵县》："江陵县附郭，东西距一百十五里，南北距七十里。东至安陆府潜江县界七十五里，西至枝江县界四十里，南至公安县界五十里，北至荆门州界二十里，东南至石首县治一百八十里，西南至松滋县治九十里，东北至安陆府潜江县治一百六十里，西北至荆门州当阳县治一百五十里。春秋楚郢都。汉置江陵县，为南郡治。后汉因之。晋兼为荆州治。宋、齐以后因之。隋为南郡治。唐为江陵府治。五代、宋、元因之。明为荆州府治。本朝因之。"

[7] 石首县：《大清一统志》卷三四四《荆州府·石首县》："石首县，在府东南一百八十里，东西距一百九十里，南北距二百十里。东至监利县界一百二十里，西至公安县界七十里，南至岳州府华容县界一百三十里，北至监利县界八十里，东南至岳州府巴陵县界一百二十里，西南至澧州安乡县界六十里，东北至监利县界八十里，西北至江陵县界八十里。汉华容县地。晋析置石省县。南北朝宋省。唐武德四年复置，属江陵府，天宝元年属荆州。五代及宋因之。元属中兴路。明属荆州府。本朝因之。"

[8] 监利（滩）〔县〕：《铜政便览》将"监利县"误载为"监利滩"，湖北省共"一百二次险之滩"，如果将其载为"监利滩"则有"一百三次险之滩"，与总数不符。且在下文"一百二一等极险之滩"中有"监利县：九龙滩、上返觜滩"，另《云南铜志》亦载为"监利县属，下返觜滩"。

监利县：《大清一统志》卷三四四《荆州府·监利县》："监利县，在府东二百四十里，东西距二百五十里，南北距一百五十五里。东至汉阳府沔阳州界一百七十里，西至江陵县界八十里，南至岳州府华容县界二十五里，北至汉阳府沔阳州界一百三十里，东南至岳州府临湘县治一百六十里，西南至华容县治一百二十里，东北至沔阳州界一百三十里，西北至江陵县治一百四十里。春秋楚容城。汉置华容县，属南郡。后汉因之。三国吴析置监利县，寻省。晋太康五年复立，属南郡，永嘉中属成都国，建兴中仍还南郡。南北朝宋孝建元年改属巴陵。齐因之。梁以后废华容入监利，属荆州。隋属沔阳郡。唐属复州。五代梁属江陵府。宋因之。元属中兴路。明属荆州府。本朝因之。"

[9] 嘉鱼县：《大清一统志》卷三三五《武昌府·嘉鱼县》："嘉鱼县，在府西南一百五十里，东西距二百十五里，南北距一百五十五里。东至咸宁县界八十里，西至湖南岳州府临湘县界一百三十五里，南至蒲圻县界五十五里，北至汉阳府汉阳县界一百里，东南至咸宁县治一百四十里，西南至临湘县治一百六十里，东北至汉阳县治一百五十里，西北至沔阳州治一百五十里。汉沙羡县地。晋太康初分置沙阳县，属武昌郡。南北朝宋元嘉十六年，改属巴陵郡，孝建初属江夏郡。齐为江夏郡治。梁置沙洲。陈废。隋省县入蒲圻，于其地置鲇渍镇。五代南唐保大中升为嘉鱼县，属鄂州。宋熙宁六年，析复州地入焉。元属武昌路。明属武昌府。本朝因之。"

[10] 黑皮塘滩：《云南铜志》作"黑坡塘滩"。

[11] 江家洲塘滩：《云南铜志》作"汪家州塘滩"。

[12] 江夏县：《大清一统志》卷三三五《武昌府·江夏县》："江夏县附郭，东西距七十九里，南北距二百九里。东至武昌县界七十二里，西至汉阳府汉阳县界七里，南至咸宁县界一百三十七里，北至黄州府黄冈县界七十二里，东南至咸宁县治一百八十里，西南至嘉鱼县治二百五十里，东北至黄冈县治一百八十里，西北至汉阳县界五里。汉置沙羡县，属江夏郡。后汉因之。三国吴为江夏郡治，后属武昌，寻省。晋太康元年复立。东晋尝为荆州治。咸和中，侨立汝南县，太元三年，省沙羡入之。南北朝宋孝建初，为郢州及江夏郡治。齐移郢治沙阳。梁、陈因之。隋开皇初，郡废，改县曰江夏，为鄂州治，大业初，仍为江夏郡治。唐仍为鄂州治。五代、宋因之。元为武昌路治。明为武昌府治。本朝因之。"

[13] 下沙洑滩：《云南铜志》作"下沙湫滩"。洑（fú），形声字，本义为水流回旋的样子。①＜名＞漩涡，涡流。郦道元《水经注·沔水》："夏

水急盛，川多湍洑。"②<动>水潜流地下。钱起《登覆釜山遇道人》："山阶压单穴，药井通洑流。"

[14] （江）〔汉〕阳县：湖北境内汉阳府有"汉阳县"而无"江阳悬，《云南铜志》亦载为"汉阳县"。

汉阳县：《大清一统志》卷三三八《汉阳府·汉阳县》："汉阳县附郭，东西距九十七里，南北距一百九十里。东至武昌府江夏县界七里，西至汉川县界九十里，南至沔阳州界一百四十里，北至黄陂县界五十里，东南至武昌府江夏县治七里，西南至沔阳州界一百二十里，东北至黄陂县界四十里，西北至孝感县界七十里。汉江夏郡沙羡县地。后汉末，尝为沙羡县治。晋置沌阳县，属江夏郡。宋、齐因之。梁为梁安郡地。隋开皇十七年，改置汉津县，大业初，改曰汉阳，属沔阳郡。唐初为沔州治，宝历二年，州废，县属鄂州。五代周为汉阳军治。宋因之。元为汉阳府治，明初属武昌府，后复为汉阳府治。本朝因之。"

[15] 蒿州滩：《云南铜志》作"嵩洲滩"。

[16] 洒网洲滩：《云南铜志》作"晒网洲滩"。

[17] 柏贤寺滩：《云南铜志》作"栖贤寺滩"。

[18] 滑石滩：《云南铜志》作"涢口滩"。

[19] 武昌县：《大清一统志》卷三三五《武昌府·武昌县》："武昌县，在府东一百八十里，东西距二百里，南北距二十里。东至黄州府蕲州界八十里，西至江夏县界一百二十里，南至大冶县界十五里，北至黄冈县大江界五里，东南至大冶县治七十里，西南至咸宁县界一百五十里，东北至黄州府罗田县治一百五十里，西北至汉阳府黄陂县治二百二十里。周属楚。汉置鄂县，属江夏郡，后汉因之。吴初改曰武昌，置武昌郡，自公安徙都此，寻徙都建业。晋仍为武昌郡治。东晋初尝为江州治。宋仍为武昌郡，属江州。孝建元年，分属郢州。齐、梁、陈因之。隋初，废武昌郡，县属鄂州，大业初，属江夏郡。唐属鄂州。五代因之。宋嘉定五年，升为军使，寻又升为武昌军，十五年，因玉宝丈始置寿昌军，为江西路治所。元至元十四年，升为府，后废府，以县入武昌路。明属武昌府。本朝因之。"

[20] 汛矶滩：《云南铜志》作"泥矶滩"。

[21]　兴国州：《大清一统志》卷三三五《武昌府·兴国州》："兴国州，在府东南三百八十里，东西距二百二十五里，南北距二百四十里。东至江西九江府德化县界九十五里，西至通山县界一百三十里，南至江西南昌府武宁县界一百八十里，北至大江心六十里，东南至江西九江府瑞昌县界九十里，西南至武宁县界一百八十里，东北至黄州府蕲州界六十里，西北至大冶县界一百里。汉置下雉县，属江夏郡。后汉因之。三国吴析鄂县，置阳新县，俱属武昌郡。晋初因之，义熙中，省下雉入阳新。宋以后因之。隋开皇九年，改曰富川，十八年，改曰永兴，属鄂州，大业初，属江夏郡。唐属鄂州。五代因之。宋太平兴国二年，于县置永兴军，三年改曰兴国军，属江南西道。元至元十四年，升为兴国路总管府，属江西行省，三十年改属湖广行省。明初为兴国府，洪武九年降为州，省永兴县入焉，属武昌府。本朝因之。"

[22]　富池镇上牛边山滩：《云南铜志》作"富池镇上半边山滩"。

[23]　大冶县：《大清一统志》卷三三五《武昌府·大冶县》："大冶县，在府东南一百五十里，东西距七十五里，南北距一百二十五里。东至兴国州界三十里，西至武昌县界四十五里，南至兴国州界五十里，北至武昌县界七十五里，东南至兴国州治一百，西南至通山县治一百五十里，东北至黄州府蕲水县治一百四十里，西北至武昌县治九里。汉为鄂县及下雉县地。三国吴为阳新县地。隋为永兴县地。唐天佑二年，吴置大冶青山场院。宋乾德五年，南唐始升为大冶县，属鄂州。太平兴国中，改属兴国军。元属兴国路。明属兴国州。本朝属武昌府。"

[24]　蕲水县：《大清一统志》卷三四零《黄州府·蕲水县》："蕲水县，在府东南一百一十里，东西距一百六十里，南北距一百四十里。东至安徽六安州英山县界九十里，西至黄冈县界七十里，南至蕲州界五十里，北至罗田县界九十里，东南至蕲州治一百，西南至武昌府武昌县界四十一里，东北至英山县治一百二十里，西北至黄冈县治一百十里。汉蕲春县地。南北朝宋元嘉中，析置浠水左县，属西阳郡。齐因之。梁置永安郡。隋开皇初废，属蕲春郡。唐武德四年，改曰兰溪，属蕲州，天宝初，改曰蕲水。宋、元因之。明初改属黄州府。本朝因之。"

[25]　蕲州：《大清一统志》卷三四零《黄州府·蕲州》："蕲州，在府

234

东一百八十里，东西距一百里，南北距五十里。东至广济县界四十里，西至蕲水县界六十里，南至武昌府兴国州界十里，北至蕲水县界四十里，东南至江西九江府德化县界一百八十里，西南至武昌府大冶县治一百三十里，东北至安徽六安州英山县界一百二十里，西北至蕲水县治一百二十里。汉置蕲春县，属江夏郡。后汉因之。三国初属魏，置蕲春郡，后属吴。晋太康元年，郡废，属弋阳郡，惠帝后，属西阳国，孝武改为蕲阳县，属南新蔡郡。南北朝宋大明八年，还属西阳郡。南齐初因之，后移齐昌郡治此。梁改为蕲水县。北齐置罗州。陈改曰江州。北周改为蕲州。开皇初，郡废，置总管府，九年废府，十八年改县为蕲春县，大业初，改蕲州为蕲春郡，县为郡治。唐武德四年，改为蕲州，天宝元年，改为蕲春郡，乾元元年，仍为蕲州，属淮南道。五代初，属杨吴，继属南唐，后归州。宋亦蕲州蕲春郡，属淮南西路。元为蕲州路，至元十二年，立淮南宣抚司，十四年改总管府。明洪武初为蕲州府，九年降为蕲州，以州治蕲春县省入，属黄州府。本朝因之。"

[26]　广济县：《大清一统志》卷三四零《黄州府·广济县》："广济县，在府东二百五十里，东西距百里，南北距一百二十里。东至黄梅县界七十里，西至蕲州界三十里，南至江西九江府瑞昌县界七十里，北至蕲州界五十里，东南至瑞昌县治一百四十里，西南至武昌府兴国州界七十里，东北至蕲州界五十里，西北至罗田县治一百里。汉蕲春、寻阳二县地。唐武德四年，析置永宁县，属蕲州，天宝元年，改曰广济。宋、元因之。明洪武初，降蕲州府为州，并属黄州府。本朝因之。"

[27]　严家洲滩：《云南铜志》作"严众洲滩"。

[28]　黄梅县：《大清一统志》卷三四零《黄州府·黄梅县》："黄梅县，在府东三百五十里，东西距五十里，南北距一百七十里。东至安徽安庆府宿松县界二十五里，西至广济县界二十五里，南至江西九江府德化县界一百里，北至蕲州界七十里，东南至宿松县界六十里，东北至宿松县界四十里，西南至广济县界九十里，西北至广济县界五十里。汉置寻阳县，属庐江郡。后汉因之。三国吴属蕲春郡。晋太康元年，属武昌郡，二年仍属庐江郡，永兴初，徙寻阳于江南柴桑，遂为蕲春县地，宁康初，置南新蔡郡。南北朝宋因之，属江州。齐分置永兴县，属齐昌郡。隋开皇初，改曰新蔡县，十八年改曰黄梅县，属蕲春郡。唐武德四年，置南晋州，八年

州废，以黄梅县属蕲州。宋、元因之。明洪武初，降蕲州府为州，并属黄州府。本朝因之。"

[29]　巴东县：《大清一统志》卷三百五十《宜昌府·巴东县》："巴东县，在府西四百二十五里，东西距一百四十五里，南北距九百五十里，东至归州界五十五里，西至四川夔州府巫山县界九十里，南至长阳县界三百五十里，北至郧阳府房县界六百里，东南至归州界三十里，西南至鹤峯州界三百五十里，东北至归州界二十里，西北至夔州府巫山县界一百六十里。汉南郡巫县地。梁置归乡县，并置信陵郡。后周郡废，改县曰乐乡，属信州。隋开皇末改曰巴东，大业中属巴东郡。唐属归州。宋、元因之。明洪武九年，改属夷陵州，后复属归州。本朝初出之，雍正十三年改属宜昌府。"

[30]　<龙须沱滩>：湖北省"一等极险之滩"有"一百二"，但《铜政便览》仅载有"一百一"，《云南铜志》此处载有"龙须沱滩"。故而在此处补充"龙须沱滩"。

[31]　沿山硃滩：《云南铜志》作"沾山朱滩"。

[32]　瓮洞滩：《云南铜志》作"瓮河滩"。瓮 wèng，形声字，本义指一种腹大口小的陶制容器或是一种打击乐器。

[33]　来穴口滩：《云南铜志》作"来次口滩"。

[34]　山鸡觜滩：《云南铜志》作"山矶嘴滩"。

[35]　李家觜滩：《云南铜志》作"季家嘴滩"。

[36]　黄冈县：《大清一统志》卷三四零《黄州府·黄冈县》："黄冈县附郭，东西距一百九十里，南北距一百三十里。东至蕲水县界四十里，西至汉阳府黄陂县界一百五十里，南至武昌府武昌县界十里，北至麻城县界一百二十里，东南至蕲水县治一百十里，西南至武昌府江夏县界一百二十里，东北至罗田县治一百六十里，西北至黄安县治二百四十里。战国时，楚迁邾国于此。汉置西陵、西阳、邾三县，属江夏郡。后汉因之。三国魏属弋阳郡。晋惠帝以后，属西阳国。南北朝宋省邾县。南齐置齐安县，属齐安郡。隋开皇中，为黄州治，十八年改曰黄冈县，大业初，为永安郡治。唐为黄州治。宋、元因之。明为黄州府治。本朝因之。"

[37] 阳城河滩：《云南铜志》作"杨城河滩"。

[38] 生关矶滩：《云南铜志》作"牛关矶滩"。

江西省[1]

德化县[2]：梅家洲、园洲[3]、白水港、新洲、回峰矶、套口、杨家洲、八里江。

彭泽县[4]：<全刚料、小孤泆、小孤矶、马当矶>。

（彭泽）〔湖口〕县：屏峰矶、老鸦矶、上钟山、下钟山、柘矶、香炉墩、下石觜、桂家林、秦张洲、何家套[5]。

星子县[6]：渚溪、羊澜[7]、谢师塘、长岭、<青山>、<蓼花池>、<左蚕>、<将军庙>、<南关州>、火焰山、青溪料。

以上三十三滩，均系一等极险之滩。如遭风沉失铜斤，打捞一年，限满无获，由该地方官取结、加结，咨部、咨滇，会疏保题豁免。其应需铜价、运脚，于铜息银内动支，买补清款以上各滩，《户部则例》俱无。

安徽、江南、山东、直隶水道无滩，故无豁免、追赔事例。其在安徽三江口遭风坏船，打捞无获者，奉旨豁免乾隆四十七年，桐城县案[8]。

黄河中心沉溺无获者，地方官与运员各半分赔乾隆五十七年，江南清河县案[9]。

黄天荡沉溺无获者，奉旨豁免嘉庆八年，上元县案[10]。

直隶榆林庄沉溺无获者，地方官分赔十分之三，运员分赔十分之七嘉庆九年，通州案[11]。

江西彭泽县搁排洲，安徽贵池县太子矶、仙姑殿，江南清河县杨家庄、商家庄、马头[12]、惠济（开）〔闸〕、头坝，桃源县重兴集[13]，宿迁县关邳州、磫湾[14]，山东峰县[15]候运闸[16]、王家庄、万年闸，武城县孟古汛[17]，滕县朱姬庄、湖心、刘昌庄，鱼台县南阳湖，济宁州仲浅闸，博平县土桥、费立庄[18]，东平州刑家浅，德州柘园镇，直隶交河县水月寺，具桥县[19]莫家湾等省，历年各运员在彼遭风沉溺铜斤，均已打捞全获，并无赔免之案。

237

注　释

[1]　江西省：江西省一等极险之滩共有三十三处，但是本抄本仅列出德化县、彭泽县、星子县三县所属之二十四滩。《云南铜志》所载江西省所属一等极险之滩亦为三十三处，并详细列出德化县、彭泽县、湖口县、星子县四县所属之三十三滩。故本书江西省险滩，笔者根据《云南铜志》的记载进行修改、补充。

[2]　德化县：《大清一统志》卷三一八《九江府·德化县》："德化县附郭，东西距一百二十五里，南北距一百十里。东至湖口县界五十五里，西至瑞昌县界七十里，南至南康府星子县界九十里，北至湖北黄州府黄梅县界二十里，东南至南康府都昌县治二百里，西南至德安县界九十里，东北至彭泽县界一百十里，西北至湖北黄州府蕲州治二百二十里。本汉采桑、寻阳二县地，分属豫章、庐江二郡。后汉因之。三国吴改属蕲春郡。晋初因之，咸和中移寻阳来治，咸康中又为江州治。宋、齐以后因之。隋开皇初，废柴桑，改置寻阳县，为江州治，开皇十八年，改县曰彭蠡，大业二年，又改曰湓城，为九江郡治。唐武德四年，改曰浔阳，为江州治。五代时南唐改曰德化县，仍为江州治。宋因之。元为江州路治。明为九江府治。本朝因之。"

[3]　园洲：《云南铜志》作"团洲"。

[4]　彭泽县：《大清一统志》卷三一八《九江府·彭澤县》："彭泽县，在府东少北一百四十里，东西距一百二十里，南北距九十里。东至安徽池州府东流县界六十里，西至湖口县界六十里，南至南康府都昌县界九十里，北至安徽安庆府宿松县界半里，东南至饶州府鄱阳县界一百里，西南至南康府都昌县治一百八十里，东北至安徽池州府东流县界七十里，西北至安徽安庆府宿松县界十里。汉彭泽县地。晋阳和城，属豫章郡。隋开皇初，改置龙城县于此，属江州，十八年改曰彭泽，大业初，属九江郡。唐武德五年，属浩州，八年属江州。宋因之。元属江州路。明属九江府。本朝因之。"

[5]　"（彭泽）〔湖口〕"至"何家套"：本书记载在彭泽县属下之10滩次，在《云南铜志》中被记载在湖口县属下，本书无湖口县。另《云南铜志》中所载彭泽县属滩次有：金刚料、小孤洑、小孤矶、马当矶。本书未载这些滩次。

[6]　星子县：《大清一统志》卷三一六《南康府·星子县》："星子县附郭，东西距七十里，南北距一百十里。东至都昌县界二十里，西至九江府德安县界五十里，南至南昌府新建县界六十里，北至九江府德化县界五十里，东南临鄱阳湖，至饶州府余干县治三百五十里，西南至南昌府武宁县治二百三十里，东北至九江府湖口县治一百二十里，西北至九江府德化县治一百四十里。本汉豫章郡柴桑县地。隋为湓城县地。唐为浔阳县地。五代时杨吴置星子镇。南唐为德化县地。宋太平兴国三年，升为星子县，属江州，七年为南康军治。元为南康路治。明为南康府治。本朝因之。"

[7]　羊澜：《云南铜志》作"洋澜"。

[8]　乾隆四十七年桐城县案：《云南铜志·京运》："滩次"条："乾隆四十七年，二运一起官史襃，在安徽桐城县三江口，遭风坏船沉溺，未获铜斤，经安徽具奏，奉旨豁免。"

[9]　乾隆五十七年江南清河县案：《云南铜志·京运》"滩次"条："惟乾隆五十七年，三运二起官熊学淮，在江南清河县黄河中心，遭风坏船沉溺，打捞未获铜斤，奉部议，令地方官与运员各半分赔。"

[10]　嘉庆八年上元县案：《云南铜志·京运》"滩次"条："又嘉庆八年，三运一起官谢樟，在江南上元县黄天荡，遭风坏船沉溺，未获铜斤。经江省具奏，奉旨豁免在案。"

[11]　嘉庆九年通州案：《云南铜志·京运》"滩次"条："又嘉庆九年，二运一起官刘继桂，在直隶通州榆林庄，遭风坏船沉溺，打捞未获铜斤。奉部议，令地方官分赔十分之三，运员分赔十分之七。"

[12]　马头：《云南铜志》作"高家马头"。

[13]　重兴集：《云南铜志》作"众兴集"。

[14]　关邳州、磁湾：《云南铜志》作"宿迁县水工邛州、窑湾"。

[15]　峄县：《云南铜志》作"山东泽县"。

[16]　候运闸：《云南铜志》作"候迁闸"。

[17]　孟古汛：《云南铜志》作"孟古庄"。

[18]　费立庄：《云南铜志》作"贾立庄"。

[19]　具桥县：《云南铜志》作"吴桥县"。

卷四 · 陆运

  铜斤由川运京，经过各省之程站，滩次之险阻，运员之经费，《京运》一门言之详矣。顾铜斤由厂至泸，道里远近，非一水、陆，转输不同，乃设东、寻两店，源源挽运。时其出入。按：东、寻[1]陆运，自乾隆四年起，年运正、耗、余铜四百四十四万斤，由两路各半分运[2]。六年，广西局停铸（东）（京）钱[3]，加运正、耗、余铜一百八十九万一千余斤，连原运共六百三十三万一千余斤。仍由两路分运，中间安设各店，水、陆转输。其改置之沿革，及支销之多寡，有可按册稽者，爰志《陆运》，而以运脚、经费附焉。

注　释

  [1]　东、寻：即东川、寻甸两路。

  《皇朝文献通考》卷十六《钱币考四》："乾隆四年，又议定《云南运铜条例》时，云南巡抚张允随将起运事宜分别条款具奏，经大学士等议定：铜斤出厂宜分两路也。办运京局俱系汤丹等厂，铜产在深山，由厂运至水次，计陆路约有二十三站。查自厂至东川山路崎岖，难于多运。而威宁以下又当滇、黔、蜀三省冲衢，不能多雇运脚。今应将铜斤分为两路，各二百万斤，半自厂由寻甸经贵州之威宁转运至永宁，半自厂由东川经昭通、镇雄转运至永宁，然后从水路接运到京。"

  《钦定户部则例》卷三十六《钱法三·寻甸东川运铜》："云南省汤丹、大水、碌碌等厂，一岁办抵四川泸州备运京局正、耗、余三项共铜六百三十三万一千四百四十斤，由厂发交寻甸、东川两路各半分运。寻甸一路，分运一半，铜三百十六万五千七百二十斤。自厂至寻甸州，马运四站；寻甸州至宣威州，车运六站半；宣威州至威宁州，马运八站半；威宁州至罗星渡，马运十站。罗星渡至南广洞，水运五站；南广洞至泸州，水运三站。自寻甸至此，限一年运竣。东川一路，分运一半，铜三百一十六万五千七百二十斤。自厂至东川府，马运三站半；东川府至昭通府，马运五站半。昭通以下再行分半，两路转运，一由昭通至豆沙关，马运六站；豆沙关至盐井渡，设立站船，水运过渡；盐井渡至泸州，水运二十站。自东川由豆沙关至此，限一年运竣。由昭通至黄草坪，马运三站半，自东川至此，限一年运竣。黄草坪至泸州，水运七站，限六个月运竣。"

[2] 分运：分路运输。《皇朝文献通考》卷十七《钱币考五》："乾隆十三年，又更定云南办铜分路起运之例。云贵总督张允随奏言:'滇省办运京铜，先经议定由寻甸、东川两处陆路运至永宁，交长运官由水路接运至京。寻甸、威宁一路，每年运正、耗、余铜三百十六万五千余斤，每百斤需脚价银二两六钱有奇。东川、昭通一路，每年运正、耗、余铜三百十六万五千余斤，每百斤需脚价银二两五钱有奇。后因昭通一路，系新辟苗疆，马匹雇募不敷，已奏开盐井渡河道，将东川额运铜内酌分一半，改由盐井渡水运至泸州，每百斤较昭通陆路节省银三钱二分有奇。复因威宁一路，与黔铅同运，马匹仍属不敷，奏开罗星渡河道，将寻甸额运铜内酌分一半，改由罗星渡水运至泸州，每百斤较威宁陆路节省银一钱八分有奇。嗣后自寻甸、东川以下，遂分为四路，每路各运铜一百五十八万二千余斤，历年办运无误。见在滇省开修金沙江直通四川，已疏浚完工，舟行无阻，请将威宁一路陆运铜斤，改由金沙江之小江口，水运至泸州，交长运官转运京局，较之陆运每百斤节省银七钱二分有奇。俟将来船只日增，再将昭通一路陆运铜斤，悉改由水运。'户部议如所请，从之。"

[3] 〔京〕钱：指云南广西府代京局所铸钱币。雍正十一年，雍正帝下旨令湖南、湖北和广东三省年办滇铜一百六十六万三千余斤，在滇铸钱解京，云南地方选址开炉于广西府。滇省代京铸钱始于乾隆元年四月，止于乾隆五年三月二十九日。

东川路[1]

凡东川一路铜斤，向由鲁甸奎乡运至四川永宁。

所设东川店，系东川府管理自东川运至鲁店，陆路四站，每站每百斤给运脚银一钱二分九厘二毫。每一百六十八斤，给筐篓一对，银一分七厘。每三百斤，准折耗铜半斤。每领银一千两，每站给驼银、马脚、盘费银一钱三分四厘三毫七丝五忽。

鲁甸店，系昭通府管理运至奎乡，陆路四站。运脚、折耗、马脚，照东店，按站支销。筐篓一对，给银一分一厘五毫六丝。

奎乡店，系镇雄州管理运至永宁，陆路十二站。运脚、筐篓、折耗、马脚，均照东店，按站支销。

永宁店收兑铜斤，系大关同知管理长运各官，自永宁领铜，由泸州水运京局交收。自永宁至泸州，水路一站，每百斤给水脚银九分。

乾隆七年，大关盐井渡河道开通[2]将东川运京铜斤一半由鲁甸、奎乡发运，一半改由盐井渡水运交泸店。自东川至鲁甸，陆路四站，仍系东川府承运。运脚、筐篓、折耗、马脚，照旧支销。

乾隆七年，盐井渡河道开通[3]将东川一半京铜由水运交泸。自鲁甸至盐井渡，陆路八站半，系昭通府承运。运脚、筐篓、马脚，照旧按站支销。每三百斤准折耗十两盐井渡至泸州，水路八站，系大关同知承运。每百斤给水脚、杂费等银七钱二分九厘。每百斤给筐篓一个，价银一分五厘。每三百斤只准折耗铜六两。马脚照旧支给。又泸州铜店，乾隆七年设，委大关同知管理。三十年，委佐杂驻劄管理。四十四年，委丞倅、州县管理，佐杂帮办。四十九年，委知府、丞倅、州县管理，正、副二员，一年一换。

十五年，永善县黄草坪河道[4]开通将东川由鲁甸发运一半铜斤，改由黄草坪水运交泸，即将奎乡店裁撤。按：奎乡店向系镇雄州管理，运至永宁，陆路十二站，运脚、筐篓、折耗、马脚，均照东店，按站支销。自东川至鲁甸，系东川府承运，运脚、筐篓、折耗、马脚，照旧支销。

十五年，永善河道开通将东川由黄草坪一半运京铜斤，改由黄草坪水运交泸。自鲁甸至黄草坪，陆路五站，系昭通府承运，运脚、筐篓、折耗、马脚，照旧支销。

黄草坪至泸州，水路八站系永善县承运，每百斤给水脚、食米、杂费、筐篓银九钱二分四厘二毫。每三百斤准折耗铜半斤。赴省请领运脚，自永善至省，计程十七站，应需马脚、盘费，照例按支站销。筐篓、马脚二项，《户部则例》无。

十七年，将鲁甸铜店裁撤，于昭通府设店东川铜斤径运昭通交收，陆路五站半，每站每百斤给运脚银一钱二分九厘二毫。每铜一百六十八斤，给筐篓一对，银一分七厘。每三百斤准折耗铜半斤。赴省请领运脚，自东至省，计程八站，应需马脚、盘费，照例按站支销。筐篓、马脚二项，《户部则例》无。

十七年，豆沙关至盐井渡河道开通将昭通由豆沙关陆运至盐井渡一站铜斤，改由豆沙关水运。昭通铜斤，只运至豆沙关交收。运脚、筐篓、折耗、马脚，仍照旧支给。豆沙关至盐井渡，水程一站，归大关同知承运。每百斤照领运脚银一钱二分九厘二毫。连自盐井渡至泸州水路八站，每百斤给银七钱二分九厘。共给水脚、杂费等银八钱五分八厘二毫。每百斤给筐篓一个，价银一分五厘。每三百斤准折耗铜六两。赴省请领运脚，自大关至省，计程十八站，应需马脚、盘费，照例按站支销。马脚二项，《户部则例》无。

是年，鲁甸店裁撤，东川铜斤径运昭通。由昭通接收东店铜斤，各半分运豆沙关、黄草坪二处交收。自昭通至豆沙关，陆路六站；至黄草坪，陆路三站半。每站每百斤给运脚银一钱二分九厘二毫。每铜一百六十八斤给筐篓一对，价银一分一厘五毫六丝。每发运关店铜三百斤，准折耗铜十两。发运坪店铜三百斤，准折耗半斤。赴省请领运脚，自昭通至省，计程十三站，应需马脚、盘费，照例按站支销。

注　释

[1]　东川路：《清高宗实录》卷三百九十七"乾隆十六年八月甲寅，户部议覆：'云贵总督硕色奏称"滇省每年办解京铜六百三十三万一千四百余斤，向来寻甸、东川两路分运。东川府应运三百十六万五千七百余斤，由东川陆运至昭通，计马程五站半，需脚价银二万二千余两，雇募民马二万余驮，实属艰难，既虑迟延，复多赔累，不若安设牛站为便，并改由东川鲁甸硝厂河、马鹿沟、大布戛以抵昭通，计程二百九十里，马行止四站半，但须于牛栏江建大桥一、硝厂河、腊溪河各建小桥一，沿途修平道路，车可遄行，并节省一站脚费。应以四十里设一站，共分七站，每站安牛八十只、车八十辆，约计十个月半，可运铜三百十五万斤，较前脚价，每年节省五千六百余两"。应如所请。其节省银贮库，为办铜工本。修路、建桥、买牛、制车银一万三百余两，先以旧设脚价垫发。工竣，即以每年所省归补。'从之。"

[2]　大关盐井渡河道开通：盐井渡通川河道于乾隆七年开修，乾隆九年修竣，为张允随任职云贵总督期间所开展的工程。《张允随奏疏》中详细

记载有该工程的修筑始末。

《张允随奏疏·乾隆七年二月十七日》："为奏明增修新疆河道，陆路通商旅，以裕兵民事：'臣查府城（昭通府）之北有洒鱼河一道，纳鲁甸、凉山诸箐之水，以达于大关盐井渡而其流始大，自盐井渡至四川叙州府按边汛，计水路二百五十里，与滇省之金沙江，川省之成都府河、永宁河道同达于泸州，为川江总汇。每年昭通兵米赴泸州采买，俱由此溯流挽运。因从未开修，两岸俱悬崖密树，中流又多险碛危滩，每船上水，遇大滩必须寸节盘剥，即次险之滩，亦不无撞磕损失之虞。至于下水，更难放行。若将大、小各滩修凿平稳，岸傍开出纤路，使兵米商船上下无阻，百货通行，不独附近昭通各郡物价得以平减，即黔省之威宁等素不产米之处，亦可接济通流。臣于乾隆三年办运京铜之始，即委员查勘，拟由此路分运，当于遵旨议奏事案内表明，并委粮道官尔劝复勘，嗣臣赴京陛见，该道以无庸开修详复。迨臣回任后，委大关同知樊好仁带领熟谙水手，前往盐井渡以下至安边汛一带，将水势、滩形细加估勘，以凭筹画开修，旋因臣奉命署事黔省，未及办理。至乾隆六年五月回滇，据前委堪估之同知樊好仁详称："堪得自盐井渡至安边共七十二滩，内六十一滩略加修治，即可上下无阻。惟大关所属之黄角碏、龙门石、大石、新滩、离梯埂、打扒沱新滩、碛石、灶孔、大白龙及川省之九龙滩、马三挡、串龙门等十一滩，水势陡险，应大加疏凿，或铲去碍船巨石，或开夹碏子河，并于两岸修整纤路，均属人力能施，非绝险可比。至由盐井渡抵昭通府城，旱路七站，计程三百九十五里，除自府城至兔勒塘九十五里，路俱平坦，无庸修治外，其余三百里内，有灵山箐、大小陡口、倒角三湾、老李渡坡、手扒崖、大关脑坡、关圣殿、奔土坎坡、豆沙关口九处，皆系羊肠仄径，驮马难行，向来运送兵米，俱用人夫背负，一夫仅胜三斗，行走甚属崎岖，应请开修宽广，以便人马通行。总计水、陆道路，共估需银八千五百九十六两零"。造册详报到臣。臣查边方要地，惟在兵、民食用充裕，斯足以资饱腾而巩磐石，凡有关于本计，所当亟为讲求。今盐井渡通川河道既经堪明，可以接运通商，自应速为开修。臣思威宁、镇雄两路，转运京铜至永宁水次，陆路俱在二十站以上，今由东川铜店至盐井渡，旱路止二十站，若将铜斤运至盐井渡，雇船运至泸州，少旱路八站，脚价自多节省，即以省出运京铜之脚价作开修之工费，则帑不糜而功易就，约计两年之内，便可告竣。即行委同知樊好仁、游击萧得功预发运铜脚价，将旱路险仄处所修理宽平，并将水路次险各滩，先行疏浚无阻，俟运铜省出脚价，再行归还原款。其最大之滩，一时未能开通，暂令起剥盘运。嗣据该同知等报："灵山箐等处旱路，业已开修平坦，驮马可以往来。"臣即行令管理铜务之员，于东川铜店先发铜十五万斤转运试行去后，据兹同知樊好仁、游击萧得功报称"前项铜斤，于十二月底俱经运赴盐井渡存贮，现在雇船发运，计二月内可以全抵泸州"等情，以上开修大关河道、马路事宜，臣为新疆兵、民生计起见，故一面筹画办理，今已试行有效，理合缮摺恭奏，伏乞皇上睿鉴，训示施行。臣谨奏。'朱批：'既已试行有效，即照所议办理可也。'"

[3] 盐井渡河道开通：《张允随奏疏·乾隆九年十一月十六日》："为恭报开修盐井渡通川河道工程完竣，铜运坦行，商货骈集，克收成效事：'窃照滇省昭通府境内，由盐井渡以达四川叙州府安边塘河道，经臣查出，捐修试有成效，绘图缮摺，奏请于东川陆运京铜脚价项下借拨银两，兴工疏凿，一面试运铜斤，以水路节省运脚为开修之费，无庸另动帑项，经大学士伯鄂尔泰等议准，即以节省脚价作开河工费，俟归还原款后，再行报销等因，仰荷圣恩俞允。臣委令大关同知樊好仁勘估兴修，计全河二百五十里内，应行开凿者三十四滩，自乾隆六年十月兴工，至八年闰四月，开修过丁山碛、黄果碛等一十八滩，及自大关兔勒塘起至盐井渡陆路五站，凡险仄倾陷之处，俱加工修垫平整，并建设桥梁、渡船、人马可以通行，经臣先后奏闻在案。兹据承修之大关同知樊好仁详称"自乾隆八年九月兴工起，至本年六月初八日止，又开修过马三挡、将军石等一十五滩，并最险之九龙大滩，俱疏凿修浚，次第完工，重载上下无阻，惟九龙一滩，两岸夹峙，滩窄坎深，狂澜汹涌，船由陆地架木空拖而上，今开出边碛二百余丈，凡巨石高坎，悉已铲凿深通，冬春重船上下，只须盘载牵放，便可无虞，是通河险滩俱已全竣。并川民请修之高滩、明滩及未入原估之犁辕等五滩，亦俱一律开修，舟行无阻。其运铜陆路五站内，有应建桥梁，并盐井渡下游，沿河未通陆路，及应修纤路、桥道，添设塘、卡，建盖江神庙，俱经完工，共用过工费银六千七百八十五两。自乾隆七年冬及八年秋，两次拨发东川一路运京额铜，共一百万斤，已由此河运至泸州七十万斤，

其余三十万斤，现在源源接运。计水运铜一百万斤，节省银三千三百两，尚不敷银三千三百八十五两，于明岁发运铜斤内，再以一百余万斤节省脚价归补，即可清款。并查新开大关河道，旁多瀑布溪流，遇涨不无崖石冲落滩中，致碍船路。及所修陆路桥梁，或山峻土松，泥深木垫，恐经久雨，牛、马蹂践，至有坍塌，请于每年运铜节省银内动支三百两，以为补修之费"等情前来。臣因河工关系永久，必须委员查勘，委令粮储道官尔劝于赴威宁会查铜、铅，分雇马匹事竣后，即往川省叙州府乘船溯流，由安边塘至盐井渡水路二百五十里，又自盐井渡至兔勒塘陆路三百里，将所开滩身、河路及马道、桥梁等项工程逐一确勘去后，兹据复称"勘得修过三十四滩，俱已化险为平，往来顺利，惟九龙滩水势涌急，重船上下，均须盘载牵放，河内现有盐船三十余只，牵挽而上，约行十余日方到，下水只须两日。其陆路五站，凡险仄难行之处，或砌盘道，或铺木路，或凿去石块，或修平土坡，或建桥射船，人马通行，甚属便利。现今远近客民，多于泊船之处，茸屋兴场，川货日见流通，店房日渐建设，商旅往来渐有内地景象。至于运铜船只，除每年额买大关兵米及盐船客载之外，尚须包雇空船一半凑用，冬、春两季，可分运东川一路京铜之半，较东、威两路陆运脚价，每一百万斤可节省银三千三百两。查河路既已开修通畅，但山峻溪多，冲塌在所难免，应请酌定岁修银三百两，于节省项下支给报销"等语。臣查滇南僻处天末，跬步皆山，必得多开水利，使舟楫可通，庶几缓急有赖。兹大关境内盐井渡河道与金沙江相为表里，经臣奏请借动陆运铜脚开修，凡阅三载，业已告成，所有用过工费，即将水运京铜省出脚价归还原款，兹复定给岁修之费，以为善后之资，从此舟航骈集，百货流通，不独京铜运脚收节省之益，且新疆一带兵民，利赖无穷，实属工省效捷，仰赖我皇上仁恩远被，圣训周详，俾臣得从容筹办，克底厥成。再查承办此案工程及试运京铜诸务，经理咸宜，则有大关同知今升丽江知府樊好仁，协同监修者，则有镇雄州吏目缪之琳，大关游击今升奇兵营参将萧得功，昭通镇把总杨英、陈玉，皆能实心出力。臣不敢壅于上闻，理合一并陈奏，仰乞睿鉴。谨奏。'朱批：'此事卿担当妥办之处，实可嘉悦，若果如所言，永收利赖之益，则甚美而又尽善矣。在工官员，勤劳可嘉，有旨议叙。'"

[4]　黄草坪河道：指金沙江下游黄草坪至新开滩总计五百八十六里的水道。乾隆六年，由署理云南总督张允随在向乾隆皇帝奏明开凿金沙江上、下游河道工程的奏疏中提及。《张允随奏疏·乾隆六年八月初六日》："……至下游一带，虽尚未估勘，第就大势而论，黄草坪至金沙厂六十里，原系未开通之路，其自新开滩至黄草坪五百八十六里，历来永善县赴川县泸州采买兵米，俱雇船觥舡，从此河挽运，尚系船只可通之路，与黄草坪以上人迹罕至者不同。惟挽运兵粮，俱系溯流而上，每遇险滩，即起剥盘载，将空船牵挽而上，虽间有损失，不过十中之一。其下水之船，中流迅疾，人力难施，空船放行，易致损伤。是以历来船户受雇，皆领银买船，多索水脚，到永之后，俱弃船由陆路回泸。今欲舟楫上下通行无阻，必须将江中各滩逐一相度险易，疏凿开修，方可使下水之船无意外之失。查有曲靖府知府董廷扬，明白强干，堪以总理下游承修事务，今于九月间，同原勘之游击韩杰前往叙州府，自新开滩起，至沙厂之异石滩止一带工程，一面勘估详报，即选派分修之员各接，工程难易，分段分滩，次第修凿……'朱批：'所奏俱悉。如此担当办理，方惬朕意。但须察查属员，必使用归实地，则虽费帑金，将来必收其利，若稍照顾不到，将来恐庆复与汝不能当此也。'"

《清高宗实录》卷三百四十三："乾隆十四年己巳六月壬辰，钦差户部尚书舒赫德奏：'履勘金沙江工程，上游之蜈蚣岭至下游黄草坪，滩溜最险，此数百里隔截，自然天险，无取流通。而蜈蚣岭最险一十五处，尚不能尽废陆运，且老滩栉比，铜运实难。嗣后请将铜由厂陆运，到黄草坪上船，直运至新开滩平水，以抵泸州为便。……其自黄草坪至那比渡百里之间，应于铜船行时，令普安营酌拨弁兵巡防，俱停运彻退。又滇铜水、陆两运，驼马、船只均就永宁、叙州等处雇觅，奸民领价逃匿，追捕无从，滇员未免掣肘。请敕四川所属叙永等处地方官员，于关系运铜一事，并受云南督抚节制'。奏入，下军机大臣会部速议行。"

乾隆《东川府志》卷十二《铜运》："乾隆十四年，钦差九门提督舒赫德、湖广总督新柱，查勘金江蜈蚣岭至黄草坪老滩，节次铜运实难，请将铜斤由厂陆运到黄草坪上船，直运到新开滩平水处，以抵泸州为便。自小江口起，至滥田坝一带水运，奏请停止。所有额铜仍行改由鲁甸接收，直运黄草坪上船，转运泸州。"

寻甸路^[1]

凡寻甸一路铜斤，由贵州威宁州运至四川永宁而止。

寻甸店，系寻甸州管理。乾隆四十年将寻甸店发运威宁铜斤，改归寻甸、宣威二州分运。寻甸至宣威，系寻甸州承运。宣威至威宁，系宣威州承运。四十六年，改归曲靖府承运。嘉庆四年，改归迤东道承运，不给筐篓。寻甸运至威宁，计车站十五站。每百斤给车脚银一两，每三百斤准折耗铜一斤，不给筐篓。每请领银一千两，每站给驼银、马脚、盘费银一钱三分四厘三毫七丝五忽。乾隆十六年，将车路改修平直。每百斤只给车脚银九钱三分三厘三毫三丝三忽，每三百斤准折耗铜一斤，不给筐篓。赴省请领运脚，自寻至省计三站，应需马脚、盘费，照例按站支销。马脚，《户部则例》无。

威宁店，系鲁店通判管理自威宁至永宁，陆路十三站，每站每百斤给运脚银一钱二分九厘二毫，筐篓、折耗、马脚，照东店支销。

乾隆十年，镇雄州罗星渡河道^[2]开通将寻甸由威宁发运永宁铜斤，改由罗星渡水运泸店。自威宁至罗星渡，陆路十站，每站每百斤给运脚银一钱二分九厘二毫。自罗星渡至南广硐，水路五站，每百斤给水脚银二钱^[3]。自南广<硐>至泸州，水路三站，每百斤给水脚银九分。每一百六十八斤，给筐篓、木牌一付，银二分。每三百斤，准折耗铜半斤。驼银、马脚、盘费，照旧给。三十五年，改归镇雄州管理。四十四年，改归威宁州管理自威宁至镇雄，陆路五站。每站每百斤给运脚一钱二分九厘二毫。每一百六十八斤，给筐篓、木牌一付，银一分五厘。每三百斤准折耗铜三两。赴省请领运脚，自威宁至省十站，应需马脚、盘费，照例按站支销。

镇雄店，接运威宁铜斤，系镇雄管<理>自镇雄至罗星渡，陆路五站，每站每百斤给运脚银一钱二分九厘二毫。自罗星渡由南广至泸州，水路八站，每百斤给水脚银二钱九分。每铜一百八十六斤，给筐篓、木牌一付，价银五厘。每三百斤准折耗铜五两。赴省请领运脚，自镇雄至省，计程十五站，应需马脚、盘费，照例按站支销。

凡下关店接运大功、宁台等厂京铜，由楚雄、省城运至寻甸而止按：下关店设于乾隆三十九年，专司接运大功、宁台等厂。京铜向系大理府管理自下关运至楚雄，陆路六站半，每站每百斤给运脚银一钱二分九厘二毫。每铜一百六十八斤，给筐篓一对，价银一分七厘。每百斤准折耗铜三两五钱。赴省每领银一千两，每站给驼银、马脚、盘费银一钱三分四毫三毫七丝五忽。

楚雄店，系楚雄府管理运至省城，陆路六站，运脚、马脚，照大理府事例支销。

筐篓每对给银一分一厘五毫六丝。每百斤准折耗铜三两。

省城店^[4]，系云南府^[5]管理运至寻甸，陆路四站。运脚照大理府事例支销，筐篓照楚雄府事例支。惟折耗，每铜百斤，只准折耗铜一两五钱。不给驼银、马脚、盘费。

乾隆四十四年，将下关店改归迤西道经管，直运寻店，至今遂为定例自下关至寻甸，陆路十六站半，运脚照前支销。自关至寻，每铜一百六十八斤，给筐篓一对，价银一分七厘，每百斤准折耗铜半斤。赴省请领运脚，自下关至省，计程十二站半，应需马脚、盘费，照例按站支销。

注　释

[1]　寻甸路：《清高宗实录》卷八十五《乾隆四年正月·丁丑》："云南总督庆复奏：'滇铜运道，自东川起，由昭通过镇雄，直达川属之永宁，最为捷径，施工开辟，便可与咸宁两路分运。但由昭通过镇雄境内，有黔省数十里地方，插入滇界，请即拨归滇省管辖。又，自厂至东川，所经小江塘及寻甸一路，尚多阻塞，亦应一例开修。'得旨：'办理甚属妥协，可嘉之至。'"

[2]　罗星渡河道：乾隆九年由时任云南总督张允随请开，于乾隆十年正月二十五日兴工，至乾隆十年四月初十完工。《张允随奏疏·乾隆九年十一月十六日》："为请开修川省接壤滇境河道，分运威宁铜斤事：'窃滇省岁解京局鼓铸铜六百三十三万一千四百四十斤，由东川、威宁两路各分运铜三百一十六万五千七百二十斤。近因滇铜、黔铅加运，驮脚不敷，自应亟筹疏通之法，庶可无误京铸。除东川一路铜斤，臣现议酌分一半铜一百五十八万二千八百六十斤，由臣新开之盐井渡河道运往泸州，另摺奏明。所有威宁一路铜三百一十六万五千七百二十斤，与黔铅四百七十万斤拥挤一隅，亦须设法疏通。据委驻威宁转运京铜之鲁甸通判金文宗详称"查得四川叙州府珙县所属地方，有罗星渡河一道，直通叙州府之南广洞，计水程五站，与镇雄州接壤，居民常以小舟逐段盘运货物，因水急滩高，重载难于上下，若将滩石加工修凿，自威宁至水次，可省陆路三站。请查勘开修，将一半铜一百五十八万二千八百六十斤，由此路运抵罗星渡，雇船运至南

广，盘上大船，转运泸州，其余一半，仍由威宁运抵永宁，则马匹往返迅速，脚价亦可少省"等请。臣即委粮储道宫尔劝于办理威宁分雇驮脚事竣，前往罗星渡将水、陆道路逐一查勘。去后，兹据复称："勘得自威宁至镇雄，旱路五站，马匹可行；自镇雄至罗星渡，旱路五站，马匹可行；自镇雄至罗星渡，旱路五站，山路崎岖，不无偏窄陡险之处，应加修治。又自罗星渡至南广洞，计水路五站，应修大小七十三滩，内最险者三大滩，次险者一十九滩，又次险五十一滩，均应分别修浚。查威宁运铜至永宁，陆路十三站，今自威宁运至罗星渡，陆路十站，可省陆路三站，以每站每百斤脚价一钱二分九厘二毫计算，应节省运脚银三钱八分七厘六毫。除自罗星渡至南广洞，每百斤约需水脚银二钱外，尚有节省银一钱八分七厘六毫。每年分运铜一百五十八万二千八百六十斤，共可节省运脚银二千九百六十两。请照开修盐井渡之例，于威宁运铜脚价内借动兴修，将威宁一半额铜由此运往泸州，约计两年节省脚价，即可归还原款"。臣查滇南地接三巴，惟因寸步皆山，不能流通百货，但得多开一节水路，滇民即受一节之益，苟有可通河道，亟应筹画开修以利民生。今罗星渡河道可以直达川江，若再加开浚，为利实溥。臣即委令镇雄营参将龙有印、署云南府同知徐柄前往查勘，一面估报，一面借动威宁铜运脚价，乘此水涸农隙之际，上紧开修，俾船只装铜而下，即可载物而上，马匹不致空回，脚户往来迅速，雇募自必较易，不特铜运得济，且于地方亦有裨益。理合缮摺具奏，伏乞皇上睿鉴，训示施行。谨奏。'朱批：'既称有益，妥酌为之。'"

《张允随奏疏·乾隆十年五月二十七日》："为恭报开修罗星渡通川河道工程完竣分运京铜事：'窃照滇省每年办解京局鼓铸铜斤，由黔省之威宁州雇脚分运，近因黔铅加增，驮脚不敷分雇。臣查得镇雄州与四川接壤地方，有罗星渡溪河一道，可达叙州，惟因水急滩高，重船不能上下，若疏浚深通，将铜斤由此分运，较运至永宁省陆路三站，当委粮储道宫尔劝带同鲁甸通判金文宗前往勘估。勘得自罗星渡至叙州府之南广洞，水路五站，应修者七十三滩，请召开盐井渡之例，在威宁一路运脚银内借动兴修，即以节省脚价归还原款，不独铜运得济，且于地方有益。经臣于乾隆九年十一月十六日具摺奏请开修，奉到朱批："既称有益，妥酌为之。钦此。"臣钦遵谕旨，即饬预发运脚价银两，委令镇雄营参将龙有印、署云南府同知徐柄，带领员弁，雇募工匠、夫役，乘时分段开修去后，兹据该参将等报称"查罗星渡河道，原估应修者七十三滩，内最险之沐滩、僭滩、鸥滩三大滩，巨石丛积，跌水成涡，空船上下，每易损坏，应大加疏凿。其余次险之乾岩子等十九滩，及又次险之老哇等五十一滩，或大石突立，或乱石散布，均须分别疏浚。当即分委员弁，先将沐滩、僭滩、鸥滩三处险工，筑坝逼水，将碍船鼓浪巨石烧毁铲凿，加紧开修。其次险、又次险各滩，亦次第分派修浚。幸值天气晴明，河水消涸，夫匠踊跃用力，自乾隆十年正月二十五日兴工起，至四月初十日，全河大小七十三滩工程，俱已告竣，并于沿河两岸开出纤路，及将碍纤竹木砍伐清楚，当即雇募鳅船十一只，将威宁运道运到铜斤装载，共试运铜三万三千斤，经过各滩，俱极平稳，已直抵广南，换船由大江运赴泸州。其自镇雄州城至罗星渡，陆路五站，亦经分段趱修完工。以上开修水路道路，共用过匠、夫工价，官役盘费等项银，共三千三两"等情到臣。臣查滇省地处极边，凡有可通舟楫之路，皆宜设法开修，以宏利济。今金沙大江已蒙皇上特赦动帑疏凿，获告成功，又盐井渡河道，亦蒙圣恩允臣所请借帑开修完竣，两处河道，俱已直通，川蜀米船上溯，铜运下行，成效克著。兹罗星渡河道，仰荷皇上复准开浚，兴工两月有余，即已完竣，铜、铅毫无阻碍，所用工费，即于省出脚价内归还。镇雄新辟夷疆，得此舟楫通行之路，一切盐、米、布帛，藉以通流，于边徼民生不无裨益。但开修伊始，商船至者尚少，不能速济铜运之急，臣行令司、道动借运脚银一千二百两，委员前赴川省之宜宾、庆符、高县一带，购买鳅船六十只，雇募本地水手，令其常川装运铜斤，所费船价，即在应给水脚内陆续扣除，不但目前铜运早得疏通，即将来川、滇沿河一带民人，咸资利赖，此皆蒙我皇上训示办理之所致也。合将工竣日期及分运京铜缘由，缮摺奏报。再查此案工程，堪估官系粮储道宫尔劝、鲁甸通判金文宗，督修官系镇雄营参将龙有印、署云南府同知徐柄，分修官系署镇雄分防威信州州判许肇坤、试用州判席椿、镇雄营千总戴君锡、把总李恺，皆能实心出力，臣不敢壅于上闻，理合一并陈奏，仰乞睿鉴。谨奏。'朱批：'知道了。有旨谕部。'"

[3]　水脚银二钱：《云南铜志·陆运》"寻甸路"条："每百斤给水脚银九分"。

[4]　省城店:《皇朝文献通考》卷十四《钱币考二》:"康熙四十四年,又议令云南省城设立官铜店。时云南广开铜厂,总督贝和诺题定:'按厂抽纳税铜,每年变价将课息银报部,复请于额例抽纳外,预发工本收买余铜,各铜厂每斤价银三四分以至五六分不等。发运省城,设立官铜店,卖给官商,以供各省承办、京局额铜之用。每百斤定价九两二钱,除归还铜本及由厂运省脚费等项外,所获余息尽数归充公用'。从之。臣等谨按云南地多山矿,在唐宋时越在外服,元明有金、银之课,而铜之开采尚少。且民间日用多以海贝巴,而未尝用钱。明嘉靖、万历时,虽暂开铸局,即行停止。至本朝于是年始盛开矿产,凡元江府、顺宁府、开化府、昆阳州、易门县、宁州、蒙自县、路南州、和曲州、禄劝州、赵州、永平县等处各设铜厂,嗣后开采日增,京局皆资用焉。洵乎天地之宝,必有待而后兴也。"

[5]　云南府:《大清一统志》卷四七六《云南府》:"云南府,云南省治,东西距三百七十里,南北距二百五里。西至楚雄府广通县界二百四十五里,南至澄江府新兴州界一百五十五里,北至曲靖府寻甸州界一百四十三里,东南至澄江府河阳县界八十四里,西南至楚雄府南安州界四百二十二厘,东北至寻甸州界二百三十里,西北至武定州界一百一十里。自府治至京师八千二百里。《禹贡》梁州荒裔。战国时庄桥王滇,为滇国。汉元封二年,开置益州郡,治滇池县。三国汉建兴三年,改为建宁郡。晋泰安二年,复置益州郡《晋书·地理志》:'太安二年,惠帝分建宁以西七县,别立为益州郡',永嘉二年,改为晋宁郡是时,郡为李雄所据,已而复归于晋,宋、齐因之按:《宋书》《南齐书》,晋宁郡并治建伶县;《华阳国志》,治滇池县。梁初置南宁州,后入于爨蛮。隋初立昆州,寻废。唐武德元年,复置昆州,贞观六年属戎州都督府,天宝末为南诏蒙氏所据,置鄯阐府《滇记》:'蒙氏名都曰苴咩,别都曰鄯阐府',《志南诏》:'寻阁劝尝改鄯阐曰东京,隆舜时又改东京曰上都'。历五代及宋,为大理国段氏地按:段氏时,以高智昇领鄯阐牧,遂世有其地。元宪宗五年,置鄯阐万户府,至元七年改为路,十三年改鄯阐为中庆,云南行中书省治焉。明洪武十五年,改曰云南府,为云南布政使司治。本朝因之,领州四、县七。"

加增运脚

凡陆运铜斤，自威宁州至罗星渡，共十站，每年额运京铜三百一十五万五千一百六十七斤零，每站每百斤给运脚银一钱二分九厘二毫。

乾隆四十一年，奏准：每站每百斤加银三分[1]，年共需银九千一十余两[2]，在铸息银内动支[3]。

四十五年[4]，改为威宁、镇雄分运。自威宁至镇雄，计五站，归威宁承运。自镇雄至罗星渡五站，归镇雄承运。其加脚银两，各半分支。

五十九年起，在正额节省银内动支[5]。其罗星渡至泸州，水程八站，系镇雄承运，不给加脚。

注　释

[1]　"每站"至"三分"：《云南铜志·陆运》"加增运脚"条："由威宁州至罗星渡系威宁州承运，因马匹稀少，添雇民夫背运，额给运脚，不敷食用。乾隆四十一年，前任总督图奏明，每运铜一百斤，于原给运脚之外，每站加给银三分。"

[2]　九千一十余两：《皇朝文献通考》卷十八《钱币考六》："乾隆四十一年，署云贵总督觉罗图思德等言：'滇省解交京铜六百余万斤，由寻甸、东川两路分运泸州，其中牛驮、马载脚价尚属敷用。唯自威宁州至镇雄州所属之罗星渡，计程十站，山路崎岖，近年马匹稀少，俱系雇夫背运，两夫背运一码，重一百六十斤，给脚银二两。往返一月，食用不敷，夫役每多逃匿。今酌议，每铜一码，加增银四钱八分，约需加脚九千余两，亦请于加给铜价内，每两扣银五分八厘零，即可如数扣增，不必另筹款项'。得旨允行。"

《钦定户部则例》卷三十六《钱法三》："威宁、镇雄运铜：威宁、镇雄二州转运京铜至罗星渡，例给脚价不敷往回食用，每年加增银九千余两，即于正额节省运脚银内动支拨给"。

[3]　"年共"至"动支"：《云南铜志·陆运》"加增运脚"条："于省城、东川二局铸息银内动支。"

[4] 四十五年：《云南铜志·陆运》作"四十六年"。

[5] "五十九年起"至"动支"：《云南铜志·陆作》"加增运脚"条："继因省、东二局停铸，加脚银两无款支发，在于五十九年起，咨奉部复，于正额节省银内动支，按年入册报销。"

厂地搭运

凡汤丹、大水、碌碌、乐马、茂麓、发古六厂发运铜斤，每百斤搭运五斤，不给运脚。年约节省银四百余两，作为汤丹、碌碌二厂加添役食之用汤丹厂，年支银二百九十九两六钱；碌碌厂，年支银一百三十四两四钱[1]。此外各厂别无搭运。

注 释

[1] "汤丹"至"四钱"：《云南铜志·陆运》"厂店搭运"条："嘉庆五年，奉部复准，照该二厂减额铜数，汤丹厂年支银二百九十九两六钱，碌碌厂年支银一百三十四两四钱，按年造册咨销。"

委管泸店

凡泸州铜店，额设委员二名，专司收领各店京铜，发兑各起京运，一年一换。按：泸店设于乾隆七年，向委大关同知管理。三十七年，改委佐杂驻店管理。四十四年，改委丞倅、州县管理，佐杂帮办。四十九年，改委知府、丞倅、州县，不用佐杂。

各店搭运

凡东、寻两路陆运京铜，每百斤搭运五斤，不给运脚[1]。所有七店下关、寻甸、威宁、镇雄、东川、昭通、永善，六厂香树坡、大兴、红坡、发古、凤凰坡、红石岩，每年应扣银两，收入搭运节省项下，作为催铜盘费、卡书工食、修理道路、运员剥费、拨捕改煎、火工、铅价，余银充饷镇雄水运泸店京铜，并无节省，大关水运节省银两，归额外节省项下。

注　释

[1]　不给运脚：《云南铜志·陆运》"各店搭运"条："东、甸两路陆运京铜，自乾隆四年起，应给运脚，俱系每站每百斤给银一钱二分九厘二毫，并无节省。八年，每运铜一百斤，搭运五斤，不给运脚。"

正额节省[1]

凡东川路，乾隆四年办运京铜起，由东川、鲁甸、奎乡运至四川永宁店。自东川至鲁甸四站，每百斤销银五钱一分六厘八毫。自鲁甸至奎乡四站，每百斤销银五钱一分六厘八毫。自奎乡至永宁十二站，每百斤销银一两五钱五分四毫。自永宁至泸州，水程一站，每百斤销银九分。共销水、陆运脚银二两六钱七分四厘。

七年，大关之盐井渡河道开通，将发运永宁铜三百一十六万五千七百二十斤，以一半仍运永，其余一半一百五十余万斤，改由盐井渡水运泸店。自东川至昭通五站半，每百斤销银七钱一分六毫。自昭通至盐井渡七站，每百斤销银九钱四厘四毫。自盐井渡至泸州八站，每百斤（件）〔销〕银七钱二分九厘[2]。共销水、陆运脚银二两三钱四分四厘。较由东川全运之数，每百斤节省银三钱三分，年约节省银五千二百余两，由大关同知领解。

十五年，永善金江下黄草坪河道开通，将发运永宁铜一百五十余万斤，改由黄草坪水运泸店。自东川至昭通五站半，每百斤销银七钱一分六毫。自昭通至黄草坪三站半，每百斤销银四钱五分二厘二毫。自黄草坪至泸店八站，每百斤销银九钱二分四厘二毫。共销水、陆运脚银二两八分七厘。

较由永宁转运之数，每百斤节省银六钱八分二厘，年约节省银一万七百余两，由永善县领解东川原运永宁铜改由黄草坪节省银两，只应按自东至永及自永至泸运脚比较。自东由奎乡至永宁运脚核算，从前比较。自寻甸由威至永，及自永至泸运脚计算，是以至今。

寻店路，乾隆四年办运京铜起，由寻甸、威宁至四川永宁店。自寻甸至威宁，车站十五站，每百斤支销运脚银一两。自威宁至永宁十三站，每百斤支销运脚银一两六钱七分九厘六毫。自永宁至泸州一站，每百斤支销水脚银九分。共销水、陆运脚银二两七钱六分九厘六毫。

十年，镇雄之罗星渡河道开通，由威宁发运永宁铜三百一十六万余斤，改由罗星渡水运泸店。自寻甸至威宁，车站十五站，每百斤支销运脚银一两。自威宁至罗星渡十站，每百斤支销运脚银一两二钱九分二厘。自罗星渡至泸店，水程八站，每百斤支销运脚银二钱九分。共销水、陆运脚银二两五钱八分二厘。较由寻店转运之数，每百斤节省银一钱八分七厘六毫，年约节省银五千九百余两，由镇雄州领解。

十六年，将寻店至威宁车站改修平直，每百斤给银九钱三分三厘三毫三丝三忽，较原给一两，节省银六分六厘六毫六丝六忽，年约节省银二千一百余两，由迤东道领解按：此条与《户部则例》节省银一万七百五十九两一钱二分一厘数目不符，查例，照永善至泸节省银数核算，故与滇省报销之数不符。

凡盐井渡、罗星渡、黄草坪、寻甸店四处水、陆转运京铜，节省运脚银年约二万二三千两，名为正额节省。除放岁修盐井、罗星二处各滩工价，威宁、镇雄二州加增运脚，新增运员帮费外，余银拨入陆运项下，以作下年发运京铜之用。

注 释

[1] 正额节省：《钦定户部则例》卷三十六《钱法三·节省脚费》："解运京铜自寻甸一路运至威宁，每车装铜三百斤，节省银两钱。原定自寻甸运至威宁，车行十五站，每车装铜三百斤，给车脚银三两。继将车路改修平直，共十四站，省车行一站，每三百斤，给车脚银二两八钱，岁共节省

银一万七百五十九两一钱二分一厘有奇。自威宁运至罗星渡，每百斤节省银一钱八分七厘有奇。原定自威宁运至永宁，计程十三站，继改运罗星渡，计程十站，每站每百斤给马脚银一钱二分九厘二毫，三站共节省银三钱八分七厘六毫，除罗星渡至南广洞水脚银二钱外，节省银一钱八分七厘有奇，岁共节省银五千九百一十九两九分四厘有奇。东川一路，自豆沙关水运盐井渡至泸州，每百斤节省银三钱三分。原定陆运，继改水运，岁共正额节省银五千二百三两八钱五分有奇。盐井渡运泸州，遇有客货船只，尽数雇募，每百斤除正额节省之外，有额外节省银九分四厘有奇，每岁多寡无定。永善县运黄草坪水运泸州店，每百斤节省银六钱八分二厘。原定陆运，继改水运，岁共正额节省银一万七百五十九两一钱二分一厘有奇。遇有客货船只，雇运于正额节省之外，更属节省，每岁多寡无定。凡各路请领路费，按原站银数给发，俟运竣，扣明节省，另册造报。"

《张允随奏疏·乾隆十一年九月二十四日》："为遵旨复奏事：'窃照滇省新开金沙江、盐井渡、罗星渡三处通川河道，经臣将水运京铜数目恭摺奏报，钦奉朱批："如此水运，较先前陆运，每年节省几何？缮简明摺奏闻。钦此"。臣即钦遵，行据管理铜务粮储道官尔劝、署迤东道谷确查明，详复前来，谨缮简明摺恭呈御览：一、铜斤由金沙江运至泸州，每百斤较先前陆运节省银六钱三分四厘零。乾隆十、十一两年，水运铜一百九十八万六千七百斤零，节省银一万二千六百六两零。一、铜斤由盐井渡运至泸州，每百斤较陆运节省银三钱三分。自乾隆九年至十一年，水运铜三百一十三万二千七百斤零，节省银一万三百三十八两零。一、铜斤由罗星渡水运至泸州，每百斤较陆运节省银一钱八分七厘零。自乾隆十年七月起至十一年五月，水运铜一百三十八万四千一百斤零，节省银二千五百九十六两零。以上三路，水运过铜六百五十万三千零，共节省银二万五千五百四十两零。臣前奏："金沙江可运铜一百斤，应节省银六千三百四十五两；盐井渡年可运铜一百五十八万二千八百六十斤，应节省银五千二百二十三两四钱零；罗星渡年可运铜一百五十八万二千八百六十斤，应节省二千九百六十九两零。以上三路，每年水运京铜共四百一十六万五千七百二十斤，每年共节省一万四千五百三十七两零。"伏查三处河道，仰蒙我皇上念切民依，特加开浚，自完工以来，运发京铜，就现在办理较从前陆运，每年实可节省银一万四千五百余两。缘工程甫竣，商船无多，尚须按站包空，又各处转运，收铜官役养廉、工食不能减少，是以节省止有此数，将来商船众多，不须包雇，铜斤可多运，官役养廉、工食不须增添，节省自必更多，合并陈明。臣谨奏。'朱批：'览。'"

[2]　七钱二分九厘：《云南铜志》作"七钱一分九厘"。

额外节省

凡大关厅水运京铜水脚，并盐井渡雇募客船节省银两，名为额外节省，拨入搭运节省项下。除放催铜盘费、卡书工食、修理运道、运员剥费、改煎工价外，余拨充饷。其永善县水运雇获客船水脚，锅圈岩、大汉漕船户食米，二处节省银两年共一千七八百两，俱拨归陆运项下，以作下年给发京铜运脚[1]之用《户部则例》无。

昭通店分运大关一半京铜，自乾隆七年起，由盐井渡水运一百五十七万六千九百二十余斤，每百斤额给水脚、杂费银七钱二分九厘。所需船只，如有雇（东）〔募〕川省装运盐、米客货回空船只，顺便装载赴泸者，每百斤约节省银一钱八九分。按雇获客船装运铜数多寡计算，每年约节省银一千八九百两至二千余两不等。十七年，豆沙关河道开通，将自豆沙关至盐井渡一站陆运铜斤，亦改作水运。每百斤水脚、杂（货）〔费〕银九分九厘二毫四丝八忽零[2]。于原给陆运一站运脚银一钱二分九厘二毫内计除外，每百斤节省银二分九厘九毫五丝零，年共节省银四百七十二两三钱九厘。

注　释

[1]　京铜运脚：《钦定户部则例》卷三十六《钱法三》："京铜运脚：铜斤出厂运抵寻甸、东川后分运泸州运脚。寻甸一路，自寻甸至宣威六站半，给车脚银四钱四厘四毫四丝三忽；宣威至威宁八站半，给银五钱二分八厘八毫八丝七忽；威宁至罗星渡，每百斤每站给马脚银一钱二分九厘二毫；罗星渡至南广洞，每百斤五站给水脚银二钱；南广洞至泸州，每百斤三站给水脚银九分。东川一路，自东川至昭通，每百斤每站给马脚银一钱

二分九厘二毫。昭通分半运豆沙关，每百斤每站给马脚银一钱二分九厘二毫；豆沙关额设站船，分运盘铜上载，每百斤给夫价银一分二厘；经过龙拱沱滩，盘铜至猪圈口滩，每百斤给夫价银二分。前赴盐井渡，每百斤增给水脚银一分；盐井渡水运赴泸州，雇夫收铜过秤、贮堆、捆包，每百斤给夫价银一分；水次上载，每百斤给夫价银三厘；经过九龙潭卸载盘铜至张家窝水次，每百斤给夫价银三分；水次上载，每百斤给夫价银三厘。以上夫价，每铜百斤共合银四分六厘。由九龙潭雇船上溯盐井渡水次，运铜抵九龙滩，每百斤共给船价、神福银三钱三分五厘；由盐井渡径雇盐、米客船运铜抵九龙滩，每百斤共给船价、神福银二钱八分。由叙州府南溪、江安等县雇船上溯张家窝水次，运铜抵泸州，每百斤共给船价、神福银二钱二分；由张家窝径雇盐米客船，运铜抵泸州，每百斤共给船价、神福银二钱。又，昭通分半运黄草坪，每百斤每站给马脚银一钱二分九厘二毫；黄草坪水运赴泸，经过大雾基滩至窝圈岩滩二站，额设站船转运，每百斤给水脚银一钱四分四厘，食米一升七合一勺；大锅圈岩滩、大汉漕滩二站，每站每百斤给水脚银一钱四分四厘，不给食米；客船到站，尽雇长船运泸州，每运铜百斤，给水脚银六钱、食米三升。由新开滩雇船运抵泸州，每百斤给水脚银一钱，不给食米。……其威宁、镇雄二州运脚，自省城至威宁州计十站，自省城至镇雄州计十五站，每银一千两，每站给驮银、马脚银一钱三分四厘有奇，由迤东道、镇雄州按站支领。"

[2] 九分九厘二毫四丝八忽零：《云南铜志》作"九钱九分九厘二毫四丝八忽零"。

各店养廉[1]

凡各店员承运京铜，例得支销养廉银两者，计八处：

东川府经管东川店，每年额运昭通京铜三百一十六万五千余斤，应支养廉银七百二十两。

昭通府经管昭通店，每年额运关、坪二店京铜三百一十六万四百余斤，应支养廉银七百二十两。

大关同知经管豆沙关店,每年额运泸州店京铜一百五十七万六千余斤,应支养廉银三百六十两。

永善县经管黄草坪店,每年额运泸州店京铜一百五十七万七千余斤,应支养廉银三百两。

迤东道经管寻甸店,每年额运威宁京铜三百一十六万五千余斤,应支养廉银四百八十两。

贵州威宁州经管威宁店,每年额运镇雄京铜三百一十五万五千余斤,应支养廉银三百两[2]。

镇雄州经管镇雄店,每年额运泸州店京铜三百一十五万三千余斤,应支养廉银九百两。

泸州店委员经管泸店,收发京铜,每年应支养廉银一千二百两。

以上各员应支银两,如铜数运足,即照数支销。如运不足额,即照实运之数摊支,统于陆运项下支销。其有额外多运者,只照原数支销,并不加给。

注　释

[1]　各店养廉:《钦定户部则例》卷三十六《钱法三》:"迤西、迤东运铜:云南迤东各厂运交寻甸铜斤,责成迤东道承运,径交镇雄州按运。运官岁支银四百八十两,店费、工食,每月额支银四十四两。卡房书巡工食,房租,灯油,纸笔等项银三十一两二钱,遇闰加增。以养廉、店费等项,由道赴司请领支发,按年造册报销。至运铜牛、马、车辆,令寻甸、宣威、沾益、平彝等州县协同雇募。铜斤经过处,亦令该地方官各就境内查催,毋许歧视。威宁州查催官一员,月支马脚、盘费银三十两。威宁店委官一员,岁支银一千二百两。东川一路,东川、昭通二府知府,各岁支银七百二十两。大关同知,承运豆沙关,岁支银三百六十两。永善县知县,承运黄草坪,限六个月,月支银三十两。副官村县丞,月支银二十两,扣支六个月。黄草坪查催官一员,月支马脚、盘费银三十两。泸州店委官一员,岁支银一千二百两。以上各官岁支养廉,遇闰不加。"

[2]　"威宁店"至"三百两":《钦定户部则例》卷三十五《钱法二》:

"威宁州每年支养廉银三百两，镇雄州每年支养廉银九百两，遇闰不增。其役食项下除旧设威宁一店照额支给书役银二百七十六两外，添设镇雄、罗星渡、南广三店，每年给书役银四百一十八两八钱。"

各店店费[1]

凡官设铜店，接收转运京铜，例得支销店费银两者，共十四处：

下关店承运京铜，额设家人一名，月给工食银三两；书记一名，月给工食银三两；巡役二名，每名月给工食银一两五钱；搬夫二名，每名月给工食银一两五钱；秤手一名，月给工食银一两五钱；房租月给银一两；灯油、纸笔，月给银一两。自下关至楚雄，计程六站半，每站设催铜差二名，共十三名，每名月给工食银一两共银二十八两五钱。

楚雄店承运京铜，额设书记一名，月给工食银三两。自楚雄至省城，计六站，每站设催铜差二名，共十二名，每名月给工食银一两共银十五两。

省城店承运京铜，额设书记一名，月给工食银三两；自省城至寻店，计程四站，设立巡役二名，每名月给工食银一两五钱共银六两。

以上三处支销银两，《户部则例》无。

威宁州店承运京铜，额设书记一名，月给工食银三两；巡役十名，每名月给工食银二两共银二十三两。

大关同知经管豆沙关店，承运京铜，额设书记一名，月给工食银三两；秤手二名，每名月给工食银二两。盐井渡店，看铜夫二名，每名月给工食银一两二钱。泸店租房一所，月给房租银一两[2]共银十两四钱。

永善县经管黄草坪店，承运京铜，例于十月开运，次年四月撤站[3]，设站五处黄草坪、雾基滩、锅圈岩、大汉漕、新开滩，每处书记一名，每名月给工食银三两；搬夫十名，每名月给工食银二两共银二十三两，五处月共给银一百十五两。

泸州铜店接收、兑发京铜，设书记一名，月给工食银三两；搬夫十二名，每名月给工食银二两月共银二十七两。

以上七处银两，俱遇闰加增，小建不除，于陆运项下支销。惟黄草坪五站，工食遇闰不加。

261

下关店收发、采买，额设书记一名，月给工食银三两；搬夫二名，每名月给工食银二两共银七两。

寻甸店承运京铜，额设家人一名，月给工食银三两；书记一名，月给工食银三两；巡役十名，每名月给工食银二两；搬夫八名，每名月给工食银二两；灯油、纸笔，月给银二两共银四十四两。

东川店承运京铜，额设书记一名，月给工食银三两；巡役八名，每名月给工食银二两；搬夫五名，每名月给工食银二两；灯油、纸笔，月给银十三两二钱八分共银五十二两二钱八分。

以上三处银两，俱遇闰加增，小建不除，于厂务项下支销。

镇雄州承运京铜，额设书记一名，月给工食银二两四钱；搬夫二名，每名月给工食银一两八钱；巡役一名，月给工食银一两八钱；房租月给银二两；灯油、纸笔银，月给银二两五钱共银一十二两三钱。

罗星渡店接京铜，额设书记一名，月给工食银二两四钱；搬铜、打包夫四名，每名月给工食银一两八钱；房租月给银二两；灯油、纸笔，月给银二两五钱共银一十四两一钱。

南广店[4]接运京铜，额设书记一名，月给工食银二两肆钱；搬夫二名，每名月给工食银一两八钱；房租月给银一两三钱三分三厘；灯油、纸笔，月给银（一）〔二〕两[5]共银九两三钱三分三厘。

以上三处银两，俱遇闰加增，小建不除。惟房租一项，遇闰不加，于搭运节省项下支销。

泸州铜店，每年给房租银一百两，遇闰不加，于公件项下发给按：泸店房租每月原给银十二两，年共给银一百四十四两。嘉庆五年十二月起，每年酌减银四十四两，止给银一百两，遇闰摊支。与今《户部则例》所载泸店房租月给一两之数不符。

昭通店接收东店铜斤，分运关、坪二店交收。所有书巡工食银两，系该府自行酌给，并不动项支销。

注　释

[1]　各店店费：《钦定户部则例》卷三十五《钱法二》："役食项下：

威宁店书记一名,月支银三两;搬铜夫十名,每名月支银一两。豆沙关设站船七只,每只水手四名,每名月支银三两。龙拱沱滩书记一名,月支银三两;秤手二名,每名月支银二两。盐井渡看铜夫二名,每名月支银一两二钱。黄草坪以下大雾基滩、大锅圈岩滩、大汉漕滩、新开滩四站,每站设船三十只,每只水手四名,每只月支银两六钱;大锅圈岩滩以上两站,水手每只月支米一石五斗,以下两站不给。雾基滩、锅圈岩滩,每处渡船一只,每只月支银一十二两六钱,米一石五斗;停运看船水手,每船一名,月支银一两二钱,米二升。黄草坪至新开滩五处,每处书记一名,每名月支银三两;搬铜夫二名,每名月支银二两。泸州店书记一名,月支银三两;搬铜夫十二名,每名月支银二两。以上各役工食,黄草坪至新开滩五处,役食扣支六个月,余役岁支,遇闰加给。"

[2] "泸店租房"至"一两":《钦定户部则例》卷三十五《钱法二》:"杂费项下:东川府岁修塘房银一十二两六钱;盐井渡买备筐篓,每只给银一分五厘;开运祭犒,给银七两八钱;盐井渡差役雇船押运,每次二名,每名给银七钱五分;九龙滩添换筐篓,每只给银一分五厘;张家窝租赁铜房,每间每月租银三钱;张家窝差役雇船押运,每次二名,每名给银一两五钱;泸州店租赁铜房,月给银一两。"

[3] 次年四月撤站:《云南铜志·陆运》"各店店费"条:"因金江夏、秋两季,水势溜急,未能装运。俟江水归漕之时,定例于十月开运,次年四月撤站。"

[4] 南广店:《云南铜志》作"广南店"。

[5] (一)〔二〕两:《云南铜志》作"灯油、纸笔银二两"。根据正文中总数及其他各项银数记载,计算可知此处应为二两,误记为一两。

卡书公费

凡各厂、店承运京铜,经过地设卡稽查,例得支给房租、灯油、纸笔、工食银两者,共八处:

汤丹、碌碌、大水、茂麓四厂,发运东店京铜,于腰篷子、杉木箐、尖山三处设卡稽查。每卡书记一名，巡役二名于东川府衙门书役内派拨，不给工食；月给房租银三钱；灯油、纸笔银五钱。三卡月共给银二两四钱。

汤丹厂分运寻甸京铜，于松毛蓬、双箐、关坡、<新>村[1]四处设卡。设巡役二名于该厂原设巡役内派拨，不给工食银；书记一名，月给工食银三两；房租银三钱；灯油、纸笔银五钱。月共给银三两八钱，四卡共银一十五两二钱。

东川店发运昭店京铜，于红石崖[2]、大水塘二处设卡稽查。每卡设书记一名，巡役二名于东川府衙门书役内派拨，不给工食；每卡月给房租银三钱；灯油、纸笔银五钱。月共给银八钱，二卡共银一两六钱。

昭通府分运黄草坪京铜，于新店子设立一卡；分运豆沙关京铜，于大岩硐设立一卡。每卡设书记一名，巡役二名于昭通府衙门书役内派拨，不给工食；每卡月给房租银三钱；灯油、纸笔银五钱。月共给银八钱，二卡共银一两六钱。

大关同知由盐井渡发运泸州店京铜，于九龙潭、张家窝二处设立二卡。每卡书记一名，月给工食银三两；巡役二名，每名月给工食银二两；房租银三钱；灯油、纸笔银五钱；月共给银七两八钱，二卡共银十五两六钱。

以上五处支销银两，《户部则例》未载。

寻甸店发运威宁京铜，于甕得、阿黄、黑得、可渡四处设卡。每卡书记一名，月给工食银三两；巡役二名，每名月给工食银二两；房租银三钱；灯油、纸笔银五钱。月共给银七两八钱，四卡共银三十一两二钱。

威宁州发运镇雄州京铜，于马柜、菩萨塘二处设卡[3]。每卡书记一名，月给工食银三两；巡役二名，每名月给工食银二两；房租银三钱；灯油、纸笔银五钱。月共给银七两八钱，二卡共银十五两六钱。

镇雄州发运罗星渡京铜，于桃园地方设卡。书记一名，月给工食银三两；巡役二名，每名月给工食银二两；房租银三钱；灯油、纸笔银五钱。月共给银七两八钱。

以上各卡应给银两，遇闰加增，小建不除，于搭运节省项下支销。

注 释

[1] <新>村：此处漏记"新"字，根据《云南铜志》补充。

[2] 红石崖：《云南铜志》作"红石岩"。

[3] 二处设卡：《钦定户部则例》卷三十六《钱法三》："威宁、镇雄运铜：威宁州又于马柜、菩萨塘、桃园三处设卡稽查，每年给书役银二百八十两八钱，均于乾隆四十六年奏添。均遇闰加增，由该二州分界支销。内威宁一店，役食银二百七十六两；马柜、菩萨塘二卡，役食银一百八十七两二钱，由威宁州支领。镇雄、罗星渡、南广三店，役食银四百二十八两八钱；桃园一卡，役食银九十三两六钱，由镇雄州支领。"

催铜盘费

凡查催各路京铜委员，例得给予盘费银两者，共十二员：

下关店承运京铜，自下关至楚雄，大理府同知查催，月给盘费银八两。自楚雄至省城，楚雄府司狱[1]查催，月给盘费银八两。自省城至寻甸店，云南府通判[2]查催，月给盘费银八两以上银两，俱遇闰加增，小建不除，于陆运项下支领，《户部则例》无。

寻甸店承运京铜，自寻甸至宣威，寻甸州吏目[3]查催，月给盘费银五两。自宣威至可渡，宣威州吏目查催，月给盘费银五两。自可渡至威宁，可渡巡检[4]查催，月给盘费银五两。

威宁州承运京铜，自威宁至镇雄，彝良州同[5]查催，月给盘费银五两。

镇雄州承运京铜，自镇雄至罗星渡，母享巡检[6]查催，月给盘费银五两。自罗星渡至泸州店，威信州判[7]查催，月给盘费银五两催铜盘费银两，《户部则例》载："威宁州查催官一员，月给盘费银三十两"，与滇省分店开报二十五两之数不符。

东川府承运京铜，自东川至以扯汛[8]，待补巡检查催，月给盘费银六两。自以扯汛至昭通，则补巡检查催[9]，月给盘费银九两。

昭通府承运京铜，由豆沙关、黄草坪两路分运，昭通府经历[10]查催，月给盘费银十五两。

以上银两，俱遇闰加增，小建不除，于搭运节省项下支销。

注 释

[1] 司狱：①官署名。金朝管理狱囚之机构。设司狱一员，下设司吏二人、公使二人、典狱二人。②官名。金朝始置，设于各司狱官署，为管理监狱之官长，正九品，另有属诸节镇者，正八品。元、明、清三朝沿置，为司狱司之主官。又，元大德七年设于刑部，掌率狱吏、典囚徒之事。大都路及南、北两城兵马司下亦置，正八品。明、清于刑部、顺天府、提刑按察使司及各府司狱司皆置，每司一人或数人不等，均为从九品。

[2] 通判：官名。宋朝置，又称半刺，俗称倅。宋太祖乾德元年，始置于湖南诸州。二年，为杜五代藩镇专擅之弊，又置于各藩镇，皆以朝臣充任。因有与州郡长官共同处理政务之意，故名。其后遂为定员。州郡之政皆需通判与长吏签议连署方许下行,且所部官吏有善否及职事修废之情，可刺举上闻，即握有监察官吏之实权，故又号称监州。南宋亦置，平时为州、府副长官，战时则专任粮草之责，元朝不置。明朝于地方各府置，为府之副职，位于知府、同知之下，正六品。无常职，无定员。与同知分掌清军、巡捕、管粮、治农、水利、屯田、牧马等事。清沿明制，设于各府，亦正六品，与府同知分掌粮盐、督捕、河工、水利、职事修废、清军、理事诸务。京府通判例以通政使司经历、知事、京县知县、外府通判等升任，外府通判例以詹事府汉主簿、兵马司副指挥、京县县丞、知县、布政司经历等升任。又，清之直隶厅亦有以通判为行政长官者，其名有理事通判、抚民通判等。其制同直隶州知州及知府，直隶于布政司。清延另设有专管河道之通判及海防通判。因通判之职类似汉之别驾从事史，故别称别驾。以在府之位列知府、同知之下，又别称三府。

[3] 吏目：官名。金朝始置，为首领官。掌案牍和管辖官员，负责处理官府内部具体公事。元朝沿置，亦为首领官。中、下州地方官府中设一至二名，为流外职，任满可升为都目。例由路总管府、府、州司吏考满升入。明朝地方各州设，为州之属官，从九品，掌刑狱及官府内部事务，若州无同知、判官，则分理州事。太常寺牺牲所、五城兵马司、市舶提举司、盐课提举司、中都留守司、兴都留守司、都指挥使司、千户所等亦设，为各衙门属官，秩从九品或未入流，掌出纳文移。清承明制，于地方各州设，

从九品，掌司奸盗、察狱囚、典薄录。例以宣课司大使、礼部铸印局大使、兵马司吏目、典史、巡检、驿丞等升任。又五城兵马司各设一员，未入流，与兵马司副指挥分管各坊，掌平诉讼、诘奸匿、弥盗窃以及收容、赈济诸事。此外，明、清之土州多设吏目，以约束土官。太医院亦设吏目，为医官，明从九品，清正九品。

[4] 巡检：官名。① 负责地方治安之官。五代后唐始置。宋朝置于沿边寨及险要去处，以閤门祇候至诸司使、将军或内侍等充任。另或置同都巡检使，若供奉官以下充任，则不带"使"字。并置巡检都监、巡检使或同巡检使等，若三班使臣充任，则不带"使"字，管辖一州或几州事务。每二至七县，又置驻泊巡检一人。沿海则有刀鱼战棹巡检，江河湖海有捉贼巡检等。西夏及金朝始专置为巡检司长官，秩正九品。元朝沿置，分设于大都东、西、南、北关厢及全国各地。明初置为巡检司长官，初较重视，后改为杂职，各一人，正九品。清沿置。② 清朝各都转运盐使司所属巡检司长官。初两淮二人，后增直隶一人、山西二人，共五人。掌巡查盐场员额、验核引盐出入、盐商单照等事。

[5] 州同：官名。明朝称州同知，清沿置，改称州同，为地方各州之副职，以别于各府之同知。无定员，从六品，与州判分掌督粮、捕盗、海防、水利诸事。全国共设五十二人，属直隶州者二十，例以举人除授；属散州者三十二，例以兵马司副指挥、京县县丞、京府经历等升任。

[6] 母享巡检：《云南铜志》作"母享巡役"。

[7] 州判：官名。清朝地方各州之副职。无定员，从七品，与州同分掌督粮、捕盗、海防、水利诸事。例以鸿胪寺汉主簿、鸣赞、汉军九品笔帖式、按察司知事、府经历、县丞等升任。另，恩拨副贡就职者，可除授直隶州州判。

[8] 以扯汛：《云南铜志》作"以扯汛"。

[9] 则补巡检查催：《云南铜志》作"待补巡检查催"。

[10] 经历：官名。金朝始设，明、清有设于宗人府、都察院、通政司等所属经历司者，为经历司之主官，亦有设于各衙署者，如明、清之盐运使司、土官宣慰司、宣抚司以及清朝某些州等。其品秩为正五品至从七品。

各店逾折[1]

凡东、寻两路各店陆运京铜，除例准<折>耗之外，准报逾折铜斤。每百斤缴价银十一两[2]，完解布政司库，发买补运。如有多报者，即行参办。

威宁发运镇雄铜斤，每年准报逾折铜四千斤。

镇雄发（还）〔运〕泸店铜斤，每年准报逾折铜六千斤。

昭通分运关、坪二店铜斤，每年准报逾折铜六千斤。

大关、永善二处发运泸店铜斤，每年各准报逾折铜四千斤。

凡迤西道经管下关店承运[3]至寻店、东川府经管东店承运[4]至昭通之京铜，除例准折耗外，如有逾折，均自行补运。迤东道经管寻甸店接运威宁之京铜[5]，除例准折耗外，每年准报一万二千斤[6]，每百斤缴价银十一两，完解布政司库，发买补运。

注 释

[1]　逾折：《钦定户部则例》卷三十六《钱法三》："京铜逾折限制：滇省各厂发运四川泸店京铜，除例准折耗之外，寻甸一路，每百斤准折耗一斤；东川一路，每百斤准折耗半斤。每年额定逾折铜二万四千斤。威宁、大关、永善三店，每年各额准报逾折铜四千斤。镇雄、昭通两店，每年各准报逾折铜六千斤。逾折铜斤，令承运各员每百斤赔缴银十一两，交厂员如数买补运泸。若额外多报者，即将该员参办。……滇省寻甸陆运威宁京铜，除每百斤例准折耗一斤之外，每年准报逾折铜一万二千斤。此项逾折铜斤，著落承运之员照数赔价买补，每百斤赔缴价银十一两，解交司库，仍交厂员如数买补运泸，倘有仍前多报致逾酌定之数，即将承运各员严行参办。"

[2]　"每百斤"至"十一两"：《云南铜志·陆运》"客店逾折"条："从前系每百斤缴价银九两二钱。于乾隆四十四年，经总督李奏明，将逾折之例，永行停止，不准再有开报。继因各店仍有逾折，嘉庆十三年，经总督伯、巡抚永会奏，嗣后威宁发运镇雄铜斤，每年准报逾折铜四千斤。镇雄发运泸店铜斤，每年准报逾折铜六千斤。昭通分运关、坪二店铜斤，每年

准报逾折铜六千斤。大关、永善二处发运泸店铜斤，每年各准报逾折铜四千斤，每百斤缴价银十一两，完解司库，发厂买铜，补运各店。"

[3] 下关店承运：承运宁台、大功、得宝坪三厂京铜至寻店交收。

[4] 东店承运：承运汤丹、碌碌、大水、茂麓等厂铜至昭通交收。

[5] "迤东道"至"京铜"：《云南铜志·陆运》"各店逾折"条："其迤东道经管寻甸店，接运宁台、大功、得宝坪、香树坡、双龙、凤凰坡、红石岩等厂京铜，自寻店至贵州威宁店交收。"

[6] 一万二千斤：《云南铜志·陆运》"各店逾折"："于嘉庆十五年咨明户部，请每年以一万二千斤为定，每百斤缴价银十一两。"

运泸沉铜

凡镇雄、大关水运泸店京铜，遇有沉溺者，委员勘明。一面咨明户部，一面打捞，如一年限满无获，〈着〉落承运之员赔补。每百斤加耗铜八两，按照沉失铜数，追买补还。

镇雄州正、耗铜一百斤八两，于寻甸拨卖。每百斤价银七两四钱五分二厘，加自厂至寻运脚银四钱五分二厘，筐篓银一分六厘；自寻至威宁、镇雄，罗星渡至泸水陆运脚、筐篓银二两三钱三分四厘，共（该）〔计〕每百斤应赔银一十两二钱九分一厘。

大关厅正、耗铜一百斤八两，于东川店拨卖。每百斤价银七两四钱五分二厘，加自厂至东运脚银四钱二厘，筐篓银一分六厘，自东由昭通、豆沙关至泸水陆运脚、筐篓银二两二钱二分一厘，共计每百斤应赔银一十两一钱二分八厘。

永善县正、耗铜一百斤八两，于东川店拨卖。每百斤价银七两四钱五分二厘，加自东由昭通、黄草坪至泸水陆运脚、筐篓银二两一钱一分，共计每百斤合银九两五钱九分九厘。

以上三处，《户部则例》无。

永善县由黄草坪、金江水运沉溺者，亦委员勘明，咨部打捞。如在题定十八险滩沉失，限满无获者，饬取水摸甘结，并沿江文武员弁印结，详题豁免。所免铜斤，每百斤添买路耗铜八两，于铜息银内支买补运。在次险滩沉溺，限满无获者，按照沉失铜数，于承运之员名下追买补<运>[1]。

凡金江沉铜，无论次险、极险之滩，如有淹毙水手人等，每名给予恤赏银八两，在运铜节省银内发给该家属承领，入陆运册内报销。大关、镇雄二处，如有淹毙，由该厅、州自行捐给恤赏《户部则例》无。

注　释

[1]　追买补<运>：原文表述不完整，根据文意，可补为"追买补运"。

改煎低铜

凡运员解京铜内，提出低潮铁砂，在部改煎。将煎折铜斤，按照十成之数，咨滇着赔。所有应赔自八六至十成、不足之十五色铜斤价、脚，动支铜息银两买补。其应赔自八五以下，至七一二、七成、六八九不足成色之铜斤价脚，照各厂发运铜数多寡分摊。在滇者就近勒追，离滇者分咨旗籍任所，追买补运。部局追获银两，由各省就近报拨。如无力完缴，题请豁免，滇省照数在京铜项下，作正开除，入汇总内报销。

分赔之数，各按厂价。如自厂至泸、至京，水、陆运脚，一并核计。（外）〔分〕作十股，炉户（运）〔应〕赔五股，于请工本内，每两扣收银二分；厂员应赔（五）〔三〕股[1]，按照运过铜数分赔，追缴转运；各店员并泸店委员，应赔一股，按照在任日月及兑发铜数分赔、着追；长运委员分赔一股，按照本运提出低潮铁砂铜数多寡，分赔追缴。

凡户、工二部局改煎低潮铁砂铜斤，垫出火工、铅价银两，亦照煎折摊赔之例，分作十股。在滇就近着追，离滇分咨旗籍任所，其应解还银两，由直隶藩库照数动拨，就近分交。滇省于每年题拨铜本案内扣除。俟追缴全完，收入铜本项下支用。其咨追外省报拨银两，并无力完缴，题请豁免之数，俱在搭运节省余存银内拨出，收入铜本项下支用。

銅政便覽
校注

270

[1]（五）〔三〕股：此处记载错误，根据文中总数及各分项计算，厂员应赔"三股"。

核减铜色[1]

凡运员解部铜斤，部局收铜均以八成验收，应减铜色银两，在铜息银两扣减，毋庸买补[2]《户部则例》无。

注　释

[1]　核减铜色：《钦定户部则例》卷三十四《钱法一·低铜处分》："云南办运京铜解交部局，如有验出不足八成低潮之铜，查系何厂，即作该厂亏欠分数，统以十分计算，按照铜厂不足月额之例议处。其店、运各员及督办府道，统以一起所解铜斤若干，作为十分，即以京局挑出低潮之铜，作为该员亏欠分数，各按分数议处。店员视厂员减一等，运员又减一等，该管府道又视运员议减一等。仍由户、工二部核明分数，知照吏部，分别议处。至户、工二局监督核验铜色，如有高下其手及有意刁难、徇私收受等弊，亦照例议处。"

[2]　"凡"至"买补"：《云南铜志·陆运》"核减铜色"条："运员解部铜斤，自乾隆四年起，酌定九二成色，每百斤只算足色铜九十二斤，外加耗铜八斤，共合十成足色铜一百斤。从前户、工部局收铜，估验成色，自八六七及九成不等。其自八七八至九二不足之色，应减铜色银两，奉部按起核明行知，在于每年所获铜息银内，扣除造报。计每年约减铜色银，自二万五六千两至三万余两不等。四十一年至五十一年，部局收铜，估验成色，自七六以至八五六不等。五十二年至今，部局收铜，均以八成验收。应减铜色银两，按起奉部，核明行知，在于铜息银内，扣减造报。每年约计核减铜色银三万五六千两至四万余两不等。所有核减铜色，俱毋庸买铜补运。"

卷五·局铸上

《说文》曰："古者货贝[1]而宝龟[2]，至周有泉，秦乃废贝行泉[3]。"滇自唐宋以前皆用贝子[4]。至元大德九年，始以钞、贝参用[5]。明嘉靖三十四年，诏滇省铸钱三千三百余万串送部，云南之铸钱自此始[6]。厥后或仍解京，或充黔饷，大抵民间犹用海贝[7]，初不以此为重也。

国朝顺治十七年，云南设局开铸[8]。始停于康熙九年，再开[9]于二十一、四、七等年。旋以钱法壅贱，复行停止，中间兴废不一。至雍正元年，而《章程》始备[10]。夫滇产铜斤，运京所供采买，凡以为鼓铸。一则滇南本省之鼓铸，实于铜政之成。虽产铜之区，官钱而外，治镕、炼炭，罔敢作奸，而增置损益，时有废通。固操筹总算者，所当于开采、镕炼之外，更谋调剂者焉，志《局铸》[11]。

注　释

[1]　贝：贝币，贝币在中国的演进大概经过两个阶段：最初是专用作装饰品，这应当是在殷商以前；其后是用作货币，这大概发生在殷代到西周间。但是，贝在取得货币的地位之后，仍可被用作装饰品。贝壳被用作货币是因为它具有作为货币的四种基本条件：第一是本身有功用；第二是有天生的单位；第三是坚固耐用；第四是便于携带。

[2]　龟：《周礼·秋官司寇·大行人》有"其贡货物"，贾公彦疏"货物，龟贝也"。班固《汉书·食货志上》："货谓布、帛及金、刀、龟、贝。"但是，彭信威先生认为："龟壳在古代用于卜，是一种贵重物品，不是货币"。

[3] 泉：帛币，古钱币名。《汉书·食货志下》记："货泉径一寸，重五铢，文右曰'货'，左曰'泉'，枚直一。"郑玄注《周礼·天官·外府》云："其藏曰泉，其行曰布。取名于水泉，其流行无不遍。"

[4] 滇自唐宋以前皆用贝子：清代倪蜕《滇云历年传》卷十二："蜕按：滇省历古只用贝巴贝。元世祖时始用钞，十三年，赛典赤以云南未谙钞法，请从民便，交、会、贝子公私通行。成宗大德九年，仍给钞与贝参用。明嘉靖三十四年，云南始铸钱。扣留盐课二万作本，铸钱三万余解户部。至万历四年，以巡抚御史言，开局鼓铸。而民间用贝巴如故，钱竟不行。遂以铸成之钱运充贵州兵饷，停罢铸局，时万历八年也。自此终明之世，俱用贝巴。细考明三百年中，凡海滨地方，悉以用贝巴。至近京师如辽东亦然，不独滇省也。行筹数马，世轻世重，遵制合宜，便民而止，不必泥也。本朝初年，滇省为流遗占据，孙可望亦铸伪'兴朝钱'，禁民用贝。违其令者刖劓之，卒未通行。及至剪除扫荡之余，奉诏自顺治十七年开局铸钱，以利民用。于是贝巴贝散为妇女巾领之饰，而贸迁交易，则惟钱是用矣。但云南地广人稀，行销颇少，不十年而钱多贯朽，以是康熙九年停局不铸。迨十二年逆贼吴三桂反，伪铸'利用钱'。逆孙世璠又铸'洪化'伪钱，而滇中之钱益杂。二十年，吴逆平，总督蔡毓荣请开鼓铸，设局于蒙自、禄丰、云南、大理等处。二十四年，又设临安一局。其时铜、铅富益，工匠众多。匪鹅伊英，窬而不咸。始立严令，苟不以千钱准银两者，以军法从事。已而，以银一两获钱三千余文矣。营兵脱帽之呼，站役去家而窜，钱多为害，竟至于斯！二十七年，总督范承勋始行奏罢，兵役再生。凡停局三十四、五年，而钱尚千七八百文易银一两，则是钱未尝少也。杨抚惑于群言，遂请开局。殊不知总其事者，铸出新钱，以一新易两旧。且论其大小，有三四旧而易一新者。又或准之以权衡，则倍称其数也。官则利矣，民何赖焉？迨后设法流通粤、蜀，则又有运脚、帮贴之苦累。苟其钱文足用，遵照康熙九年停罢，毋使壅贱至极可。"

[5] 钞、贝参用：雍正《云南通志》卷十一《课程志·钱法》："元世祖至元十三年，云南行省赛典赤言：'云南贸易与中州不同，钞法实所未谙，莫若以交、钞、贝子公私通行，庶为民便'，从之。成宗大德九年，以钞给云南行省与贝参用，其贝非出本土者，同伪钞论。"

273

[6] 云南之铸钱自此始：《明世宗实录》卷四百二十一："嘉靖三十四年四月戊寅，兵科给事中殷正茂言：'今财用不足，惟铸钱一事可助国计。但两京所铸以铜价太高，得不偿费。可采云南铜，自四川运至湖广岳州府城陵矶，其地商贾辐集，百物伙贱，且系南北适中之所，可开局铸造。其铜价、俶、运诸费，宜以云南盐课、四川库藏给之。并设总督重臣注选主事专理，计岁费工本银不过三十九万余两，可得钱六万五千万文，值银九十三万余两余。工本外岁得利银五十三万有奇，足以少佐国家之急事'。下户部覆言：'城陵矶五方杂聚，于此开铸，恐奸诡易兴，云南地僻事简，即山鼓铸为便宜。敕云南抚臣以本省盐课二万金，今藩臣一人督造，转运太仓，行之果有成效，即尽留本省盐课，并行两广、福建、山东，凡出铜地方如例遵行。'上从部议。……戊子，遣工部员外尚薰往云南铸钱。"

《明世宗实录》卷四百六十一记："嘉靖三十七年七月，巡抚云南都御史王昺奏：'云南额派铸钱三千三百一万二千一百文，以盐课银二万两为工费。后因物料艰难，转输不便，盐银之外，又加赃罚银一万一千两，止铸钱二千八百七十四万七百文。费多入少，乞罢之'。疏入，户部覆：'昺议是。'上以云南产铜不宜惜小费以亏国用，命给银铸钱如故。"

清代倪蜕《滇云历年传》卷八："嘉靖三十四年夏，诏云南铸'嘉靖通宝'钱。蜕按：云南凤行海贝，钱、钞俱无所用。其上纳赋税，以金为则，用贝折兑。故从来未开鼓铸，宁以重价买贝巴。盖相传之旧，重改作也。今此开铸，解钱户部，是云南此时尚不用钱也。但云南去京师万里，运送殊艰。固不知当时设局何处，苟离水次稍远，则人夫之背负，牛、马之驮载，必有不胜其劳惫者矣。嗟呼！"

[7] 海贝：在古代，印度洋、太平洋沿岸的印度、缅甸、孟加拉、泰国等国也都用海贝作为货币。在云南，唐代南诏国建立以后，海贝与盐块为南诏国的两大法定货币，唐代樊绰《云南志》卷七《物产篇》："蛮法煮盐，咸有法令。颗盐每颗约一两、二两，有交易即以颗计之。"元代李京《云南志略·云南总叙》："诸夷风俗：市井谓之街子，午前聚集，抵暮而罢。交易用贝子，俗呼为贝八，以一为庄，四庄为手，四手为苗，五苗为索。"《皇朝文献通考》卷十三《钱币考一》："元、明时云南行使贝巴子，以之折赋，尚沿贝货之遗。"萧清《中国古代货币史》："南诏国，除天然贝外，继

帛及盐也是重要的交换手段。但是，天然贝这种实物货币形态，在云南地区则始终都是居于主要的地位，而且这一事实，后来还一直延续下去，直到明代，在云南地区仍然盛行着以贝为币。"

[8] 云南设局开铸：《皇朝文献通考》卷十三《钱币考一》："顺治十七年，复开各省镇鼓铸，增置云南省局，定钱幕兼铸地名满、汉文，时定各局钱背分铸地名……并增置云南之云南府局，铸'云'字，皆满、汉文各一，满文在左，汉文在右，每文俱重一钱四分。……康熙二十一年，复开云南省城鼓铸，增置大理府、禄丰县、蒙自县局，钱幕俱铸'云'字。……二十四年，又开云南临安府鼓铸局，钱幕亦铸'云'字。"

[9] 再开：清代倪蜕《滇云历年传》卷十一："（康熙）二十二年癸亥，议于云南、蒙自、大理设局铸钱。"康熙《云南通志》卷三《沿革大事考》："康熙二十二年癸亥，议设鼓铸于云南、蒙自、大理等处，诏许之。"

[10] 《章程》始备：清代倪蜕《滇云历年传》卷十二："雍正元年五月，设宝云局于云南、临安、大理、沾益四处。议定共建炉四十七座，专委总理官一员。每炉工匠二十一名，月给工食银三十六两。每炉月制钱三卯，每卯钱用铜六百斤，铅四百斤，给铸炭一千六百斤，铸钱一百四千文。此从巡抚杨名时之奏也。"

雍正《云南通志》卷十一《课程志·钱法》："雍正元年，敬陈鼓铸等事，奉部议：查得康熙二十四年滇省铜价，每斤五分四厘，铅价每斤五分五厘，铜贱铅贵，是以二、八配铸。今铜价每百斤九两二钱，铅价四两五钱，应照京局铜六、铅四配铸，毋得擅行增减。每铜、铅百斤，止给工料钱一千八百二十文。每铜、铅百斤，止准折耗九斤，具题到日，准其折耗支给。所需工本，应照该抚上年五月所题动用银、铜厂课银九万余两，俟搭放兵饷易银，更番鼓铸。"

《清史稿》卷一百二十四《食货五·钱法》："官局用铜，自（康熙）四十四年兼采滇产。雍正元年，巡抚杨名时请岁运滇铜入京。廷议即山铸钱为便，因开云南、大理、沾益四局，铸运京钱，幕文曰'云泉'。上以钱为国宝，更名'宝云'，并令直省局钱，幕首'宝'字，次省名，纯满文。其后运京钱，时铸时罢。"

[11] 志《局铸》：《皇朝文献通考》卷十五《钱币考三》："雍正元年，

又开云南省城及临安府、大理府、沾益州鼓铸局，定铸幕俱铸满文。先是，云南于康熙四十四年奏开青龙、金钗等铜厂，嗣以铜产日旺，巡抚杨名时奏请每年解京局铜一百万斤，以供鼓铸。经王大臣汇同户部议，言滇省采铜，渐次有效，与其解京多需脚费，不如即留滇开铸。其省城之云南府及临安府、大理府、沾益州四处相近铜厂，转运俱为便易，各令其开局。务选贤能道府官监理，其钱幕应俱用满文，拟令铸'云泉'字样。于康熙六十一年十二月得旨：'依议。其部议钱幕清字铸"云泉"，见在京城二局，系宝泉、宝源字样。钱乃国家之宝，云南应铸"宝云"。以后他省铸钱，俱将"宝"字为首，次铸各本省一字。'至是，云南各局俱行开铸。复题定：'省城局炉二十一座、临安府局炉六座、大理府局炉五座、沾益州局炉十五座，遵照铜六、铅四配铸。铜价每百斤银九两二钱，铅价每百斤银四两五钱。每铸铜、铅百斤，准耗九斤，给工食钱一千二百文，料价六百二十文。除铜、铅本及工料外，得息钱一千二百六十文。每年开铸三十六卯，遇闰加三卯，每炉一卯，用铜、铅千斤，计四十七炉，岁用铜、铅一百六十九万二千斤。于税铜之外，动支厂课银收买充用。俟铸出钱文，搭放兵饷，易银以为次年更铸工本。所需铅斤由黔省采买，至七年以议开罗平州之卑浙厂铅、平彝县之块泽厂铅，即由铅厂每百斤以价银二两收买供铸。臣等谨按钱局鼓铸，例给工料钱，是时京局每铜、铅百斤给工料钱一千九百五十九文，各省匠工、物料贵贱不一，是年云南定每百斤为一千八百二十文，嗣后贵州局、四川局亦照云南之例，各随价直核算。'奏定：其各省钱局例，有总理官以道府官为之，亦有委按察使司者；有监铸官以同知、通判为之，亦有委州县官者。随钱局之远近，与员缺之繁简，无一定之例也。"

云南省局[1]

云南省城钱局，雍正元年十二月设炉二十一座。每炉每月鼓铸三卯，以铜六、铅四配铸。每炉每卯正铸用铜六百斤，每百斤加耗铜十三斤，计加耗铜七十八斤，二共正、耗铜六百七十八斤。白铅四百斤，不加耗。计正铸净铜、铅一千斤，每百给挫磨、折耗九斤，共折耗铜、铅九十斤，实铸净铜、铅九百一十斤。每钱一文，铸重一钱四分[2]，共铸钱一百零四串。内除支销炉匠工食钱十二串，物料钱六串二百文，实存净钱八十五串八百文。

又带铸用铜六十斤，每百斤加耗十三斤，计加耗铜七斤十二两八钱，二共正、耗铜六十七斤十二两八钱。白铅四十斤，不加耗。计带铸净铜、铅一百斤，给挫磨、折耗九斤，实铸净铜、铅九十一斤。每钱一文，铸重一钱四分，共铸钱十串四百文。不给工食，只给物料，净钱六百二十文，实存净钱九串七百八十文。

又外耗用铜五十四斤，每百斤加耗铜十三斤，计加耗铜七斤零三钱二分，二共正、耗铜六十一斤三钱二分。白铅三十六斤，不加耗。计外耗净铜、铅九十斤，不给挫磨、折耗。每钱一文，铸重一钱四分，共铸钱十串二百八十五文七毫。不给工食、物料，只给局中官役廉、食等项钱四串五十七文七毫，实存净钱六串二百二十七文三毫。

计正铸、带铸、外耗三项，共用铜、铅一千九十一斤，铸钱一百二十四串六百八十五文七毫。除支销工食、物料等项钱二十二串八百七十七文七毫，实存净钱一百一串八百八文。二十一炉，年铸七百五十六卯，共钱七万六千九百余串，搭放兵饷[3]、廪糈[4]、驿堡、夫、马工、料等项之用。每钱一串，扣收银一两，共扣收银七万六千九百余两。

又每年七百五十六卯，共用各厂正铜五十三万九千七百八十四斤[5]，耗铜七万一百七十一斤十四两七钱二分。除耗铜不另给价外，每正铜百斤，价、脚银九两二钱，共该铜价银四万九千六百六十两一钱二分八厘。又用卑浙、块泽二厂[6]白铅三十五万九千八百五十六斤，每百斤给价银二两，脚银一两五钱，该价、脚银一万二千五百九十四两九钱六分。二共铜、铅价、脚银六万二千二百五十五两八分八厘。于前项扣获钱本银内计除外，每年共获铸息银一万四千六百四十余两。其每铸净铜一百斤，给炒费银三钱，系于铜息项下，动支给发。

雍正五年二月，添设炉四座，连原设二十一座，共二十五座。年铸九百卯，仍以铜六、铅四配铸。每钱一文，铸重一钱四分。年共铸钱九万一千六百余串。除归还铜、铅本、脚外，计获铸息银一万七千余两。

雍正十二年十一月，减发铜、铅，改为每钱一文，铸重一钱二分[7]，仍以铜六、铅四配铸。每（外）〔卯〕正铸、带铸、外耗，共用铜六百一十一斤十五两九钱九分八厘九毫

277

二丝，白铅四百七斤十五两九钱九分八厘二毫八丝[8]，年共铸钱九万一千六百二十余串。除归还铜、铅本脚外，计获铸息银二万八千余百两[9]。

乾隆元年，改为每钱一串二百文扣收银一两，至今并无更易。又铅斤运脚，每百斤原给银一两五钱，改为给银七钱二分。又炉役工食并外耗开销，照旧发给。惟正铸物料，原给钱六串二百文，改为发给钱五串三百三十三文八毫。带铸物料，原给钱六百二十文，改为给钱五百三十三文二毫，至今亦无更易。<年>铸钱九万二千四百八十余串，除归还铜、铅本、脚外，计获铸息银一万六千四百余两。

乾隆五年十二月，添设炉十座，连原设炉二十五座，共计三十五座，照前鼓铸。年铸一千二百六十卯，共铸钱一十二万九千四百八十余串。除归还铜、铅本、脚外，计获铸息银二万二千九百余两。

乾隆六年十二月，改为四色配铸[10]，每百斤用铜五十斤，白铅四十三斤八两，黑铅三斤八两，锡三斤。黑铅每百斤价银[11]一两四钱八分，脚银七钱二分。锡每百斤价银二两九钱二分七厘，脚银七钱三分六毫七丝八忽。年共铸钱一十二万九千四百八十一串。除归还铜、铅本、脚外，计获息银三万一千余两。

乾隆十五年，减炉十座，（配）〔酌〕留二十五座，照前配铸。年共铸钱九万二千四百八十余串，除归还铜、铅本、脚外，计获铸息银二万二千二百余两。

乾隆十七年，将白铅运脚每百斤原给银七钱二分，改为给银四钱五分。黑铅每百斤原给脚银七钱二分，改为给银六钱二分。年铸钱九万二千四百八十余串，除归还铜本铅脚外，计获铸息二万三千三百余两。

乾隆三十年五月起，每炉每卯正铸项下，加添米、炭价钱二串四百七十文。<年>铸钱九万二百余串，除归还铜本铅脚外，计获铸息银二万一千四百余两。

乾隆四十五年[12]，减炉（四）〔五〕座[13]，（配）〔酌〕留二十座，照前配铸。年共铸钱七万二千二百余串，除归还铜、铅本、脚外，计获铸息银一万七千一百余两。

乾隆四十六年正月，将大理局八炉移于省局添设。连原设二十座，共二十八座，照前鼓铸。应需铜斤，改为每百斤加耗铜十斤四两。计一千零八卯，年共铸钱十万一千九十余串。除归还铜、铅本、脚外，计获铸息银二万四千一两。至五十九年六月，将二十八炉全行裁<撤>[14]。

嘉庆二年二月，复设炉二十八座[15]，以铜六、铅四配铸。每钱一文，铸重一钱二分。计一千零八卯，年共铸钱十万一千九十余串。除归还铜、铅本、脚外，计获铸息银一万七千四百余两。

嘉庆五年四月，改为三色配铸，每百斤用铜五十二斤，白铅四十一斤八两，黑铅六斤八两。年共铸钱十万一千九十余串，除归还铜、铅本、脚外，计获铸息二万三千二百余两。

六年四月，改为三色配铸，每百斤用铜五十四斤，白铅四十二斤十二两，黑铅三斤四两。每炉每卯正铸用铜四百六十二斤十三两没三钱一分四厘二毫零，每百斤加耗铜十斤四两，计加耗铜四十七斤七两八分五厘七毫零，二共正、耗铜五百一十斤四两七钱九分九厘九毫零。白铅三百六十六斤六两八钱五分七毫零[16]，黑铅二十七斤十三两七钱一分四厘二毫零，均不加耗。计正铸净铜、铅八百五十七斤二两二钱八分五厘七毫，每百斤给挫磨、折耗九斤，共折耗铜、铅七十七斤二两二钱八分五厘七毫。实铸净铜、铅七百八十斤，每钱一文，铸重一钱二分，共铸钱一百四串，内除支销匠役工食钱[17]一十二串，物料钱五串三百三十二文八毫零，加添米、炭价钱二串四百七十文，实存净钱八十四串一百九十七文一毫零。又带铸用铜四十六斤四两五钱七分一厘三毫零，每百斤加耗铜十斤四两，计加耗铜四斤十一两九钱八厘五毫零，二共正、耗铜五十一斤四两七分九厘九毫。白铅三十六斤十两二钱八分五厘六毫零，黑铅二斤十二两五钱七分一厘四毫零，均不加耗。计带铸净铜、铅八十五斤十一两四钱二分八厘五毫零，每百斤给挫磨、折耗九斤，共折耗铅、铜七斤十一两四钱二分八厘五毫，实铸净铜、铅七十八斤。每钱一文，铸重一钱二分，共铸钱十串四百文。不给工食，只给物料钱五百三十三文二毫零，实存净钱九串八百六十六文七毫零。又外耗用铜四十一斤十四两五钱一分三厘三毫零，每百斤加耗铜十斤四两，计加耗铜四斤四两三钱一分七厘六毫零，二共正、耗铜四十五斤十四两八钱三分九毫零。白铅三十二斤十五两六钱五分六毫四毫零，黑铅二斤八两一钱一分四厘二毫零，均不加耗。计外耗净铜、铅七十七斤二两二钱八分四厘，不给挫磨、折耗。每钱一文，铸重一钱二分，共铸钱一十串二百八十五文七毫。不给工食、物料，只给局中官役廉、食等项钱四串五十七文七毫，实存净钱六串二百二十八文。计正铸、带铸、外耗三项，共用铅、铜一千一百一十九斤十五两九钱九分八厘二毫，共铸钱一百二十四串六百八十五文七毫。内除支销物料等项钱二十四串三百九十三文八毫零，实存净钱一百串二百九十二文。二十八炉，年计一千零八卯，共钱一十万一千九十四串一百九十二文，搭放厂本、运脚、养廉、鞭祭、铺饩、驿堡之用，四十五两一钱六分。又每年一千八卯，共用各厂正铜五十五万五千二百六斤五两四钱二分，耗铜五万六千九百八十斤十两四钱九分五厘五毫。除耗铜不另给价外，每正铜百斤，价、脚银九两二钱，共该铜价银五万一千七百七十八两九钱八分三厘。又用卑浙、块泽二厂白铅二十一万九千七百六十九斤二两八钱一分二厘，每百斤给价银一两八钱二分，脚银六钱三分，该价、脚银五千三百八十四两三钱四分五厘。又用者海厂[18]白铅二十一万九千七百六十九斤二两八钱一分二厘，每百斤给价银二两，脚银四钱五分，该价、脚银五千三百八十四两三钱四分五厘。用卑浙、块泽二厂黑铅三万三千四百一十五斤三两一钱四分一厘，每百斤给价银一两四钱八分，脚银六钱二分，该价、脚银七百一两七钱一分九厘。共用铅、铜价、脚银六万二千五百四十九两三钱九分二厘，于前项扣获钱本银内计除（卯）〔外〕，每年共获铸息银二万一千六百九十余两。

嘉庆九年，将需用铜斤，改为每百斤拨用各厂八成，照旧加耗，又于下关店存贮宁台铜内拨用二成，每百斤加局耗铜八斤。二共铜一百八斤。又每百斤加煎耗铜一十七斤八两，计加煎耗铜一十八斤十四两四钱，二共铜一百二十六斤十四两四钱。又每百斤加民耗铜三斤二两，计加民耗铜三斤十五两四钱五分。总计每百斤，加局耗、煎耗、民耗铜三十斤十三两八钱五分。照各厂净铜之例，每百斤价、脚银九两二钱。

注 释

[1] 云南省局：雍正《云南通志》卷十八下《公署》记："宝云钱局：在大西门内。"

《钦定户部则例》卷三十四《钱法一·监铸》："云南宝云局，藩、臬两司管理，粮、盐二道查验、收发，云南府知府监铸。"

雍正《云南通志·课程志·钱法》："云南府城旧设新增，共炉二十五座，委监铸官一员，正额每炉三十六卯，二十五炉共实铸铜、铅八十一万九千斤，得钱九万三千六百文。以钱一千作银一两，除去工本银八万二千二百六十两外，实获息钱一万一千三百四十千文。每年支放附近钱局之督抚两标、云南城守、武定营钱二兵饷，滇阳、板桥、杨林、易隆、古城、马龙、南宁、三岔、白水、平彝、炎方、松林、宣威、倘塘、沾益、可渡、七甸等驿，剑川等堡官廪，夫、马工食、草料钱，三钱四万五百一十八千六百二十八文。遵照部文易银作次年工本带铸，每炉三十六卯，二十五炉共实铸铜、铅八万一千九百斤，得钱九千三百六十千，以钱一千作银一两，除去工本银六千七百八十六两外，实获息钱二千五百七十四千文，以为添给解送邻省脚价之费。增铸、外耗，每炉三十六卯，二十五炉共只用铜、铅八万一千斤，无折耗，每炉每卯实铸得钱十千二百八十五文七毫一丝四忽零，共铸得钱九千二百五十七千一百四十三文。内除工本银五千六百零五两二钱外，实获息钱三千六百五十一串九百四十三文。遵奉部覆准，作局内炉役食米，添补灯油、器具，官役养廉、工食等项之用。"

[2] 铸重一钱四分：《清世祖实录》卷七十六："顺治十年癸巳六月，户部会同九卿议奏：'疏通钱法，以后铸钱，务照定式，每文重一钱二分五厘，精工铸造，背面铸一厘两字，每千文作银一两，严饬内外上下画一通行，如有不遵者，治以重罪'。"

《清圣祖实录》卷八十五："康熙十八年己未冬十月，户部等衙门会议钱法十二条：一、顺治钱，初重一钱，后改铸重一钱二分五厘，又改铸重一钱四分，今应仍铸一钱四分重之钱行使。"

《清世宗实录》卷四十："雍正四年丙午春正月，户部等衙门议覆：'陕西道监察御史觉罗勒因特疏奏"欲杜私毁制钱之弊，必先于铜禁加严。康熙二十三年，大制钱改铸重一钱，彼时即有奸民私毁。迨四十一年，每文仍重一钱四分，而钱价益复昂贵，皆由私毁不绝，制钱日少故也。盖以银一两，兑大钱八百四五十文，约重七斤有余，制造铜器可卖银二三两，即如烟袋一物，虽属微小，然用者甚多，毁钱十文制成烟袋一具，辄值百文有余，奸民图十倍之利，安得不毁……失察官员及买用之人，亦照例议处，则私毁之弊可息，而于钱法亦有裨益"'。从之。"

[3] 搭放兵饷：《皇朝通典》卷十《食货十·钱币》："雍正元年，更定兵饷搭放制钱之制：先是，户部给发兵饷，惟二月、八月银、钱各半搭放，每逢放饷时，钱价渐平，过此仍贵。至是从京畿道御史戴芝请，更定每两月一次，银八、钱二兼放，军民便之。"

《皇朝文献通考》卷十六《钱币考四》："乾隆元年，又增定云南饷钱作银之数。奉上谕：'朕闻云南兵饷有搭放钱文之处，每制钱一千作饷银一两，而兵丁领钱千文，实不敷银一两之数，未免用度拮据。其应如何变通，办理以惠养滇省弁兵，着云南督抚妥议具奏。'寻议定：自乾隆二年为始，每钱一千二百文，作银一两配给。"

康熙《云南通志》卷三《沿革大事考》："康熙二十七年戊辰十月，总督范承勋因云南钱价壅贱，兵饷以银七、钱三搭放未便，请以全银支给，诏许之。"

《皇朝文献通考》卷十八《钱币考六》："按云南省局铸出钱文，向例用银七、钱三搭放兵饷，嗣以局钱壅滞，经前督吴达善等节次奏明，以银五、钱五各半搭放。至三十八年，又因局钱积至十八万余串之多，复经督臣彰宝奏请，全数支给钱文，至是仍循乾隆二十七、三十等年之例，各半搭给。寻于四十三年，督臣李侍尧又以钱价平贱，兵丁暗中亏折，奏请如钱价在一千二百文以内，照例搭放，如在一千二百文以外，悉给银两。"

[4] 廪糈：亦作"廪饩"。指由公家供给的粮食之类的生活物资，亦指科举时代由公家发给在学生员的膳食津贴。《南史》卷五十一《萧正德传》："敕所在给汝廪饩。"唐代李渤《喜弟淑再至为长歌》："虽然廪饩各不一，就中总免拘常伦。"雍正《云南通志》卷十一《课程志·钱法》："临安府城旧设新增，共炉十一座……实获息钱一千六百零六千八百五十五文。遵奉部覆准……自雍正七年起，通省各府、州、县，每年鞭春厉祭、铺兵工食、生员廪饩，俱以钱给，每年放给钱一万一十九千八十一文，易银一万一十九两八分一厘。"

[5] 五十三万九千七百八十四斤：《云南铜志·局铸上》"云南省局"条："共用各厂正铜五十一万九千七百八十四斤。"

[6] 卑浙、块泽二厂：清代曲靖府境内的铅锌矿厂。雍正《云南通志》卷十一《厂课》："曲靖军民府·罗平州：卑浙倭铅厂，坐落罗平州地方；块泽倭铅厂：坐落平彝县地方。雍正七年，总督鄂尔泰、巡抚沈廷正题开。八年，题报：抽收课铅每年变价四五千两不等，每百斤抽收课铅十斤，无定额。"

《大清会典事例》卷一百七十四《户部四十七·钱法》："雍正八年，复准：云南罗平州之卑浙、块泽二厂，产在深山，凡米粮、什物、器具，较之他厂甚贵，又二厂每铅百斤约费工本一两七钱九分，交官得价银二两。若照例二八收课，每百斤只得八十斤之价，亏本一钱九分，人生畏阻，恐于鼓铸有妨。请仍照例议，每百斤收课十斤，如遇厂兴旺，商民云集之日，仍照旧例行。又乾隆五年，题准：云南罗平州属卑浙、泽二厂，自停止官收以来，外省铅销日贱，既无客贩来厂收买，炉户运销变售殊难，暂行封闭。十六年，议准：云南省卑浙、块泽二厂煎出倭铅，每百斤抽正课十斤，报部充饷。又抽余课十斤，以五斤给为管厂官役廉、食，以五斤变价解司充公。"

清代罗凤章《罗平州乡土志》卷十一《物产·矿物》："铜铅：均出北路卑浙厂老君台，近则洞老山空，惟铅尚有设局兴办，运省行销。"

《清高宗实录》卷一百五十七："乾隆六年辛酉十二月庚戌，户部等部议准：'署云南总督云南巡抚张允随奏称"省城、临安二局，鼓铸所用倭铅，向在曲靖府属之卑浙、块泽二厂收买，嗣因外省铅价日贱，变价之铅，久不销售，存厂铅足供二局二年之用，经臣题明封闭。今二局共添炉十五座，又开东川局二十座，应用之铅，已属加倍，存厂运局，不敷所需，请将卑浙、块泽二厂，仍行开采，所获铅斤，按例抽课，余铅收买供铸。又东川府属之者海地方亦产铅矿，距东局尤近，现今开采，如能旺盛，另疏具题"。请即将卑浙、块泽二厂仍旧开采'。从之。"

[7] 铸重一钱二分：《皇朝文献通考》卷十五《钱币考三》："雍正十二年，复定钱制每文重一钱二分。奉上谕：'鼓铸钱文，专为便民利用，铜重则滋销毁，本轻则多私铸，原宜随时更定、筹画、变通斯可，以平钱价，而杜诸弊。顺治元年，每文铸重一钱。二年，改铸一钱二分。十四年，加至一钱四分。康熙二十三年，因销毁弊多，仍改一钱。嗣因私铸竞起，于四十一年，又仍复一钱四分之制。迨后铜价加增，以致工本愈重。朕思钱重铜多，徒滋销毁，且奸民不须重本，便可随时熔化，踩缉殊难。非若私铸，必须有力之人，兼设有炉座、器具，易于查拏者可比。若照顺治二年例，每文铸重一钱二分，在销毁者无利，而私铸者亦难，似属权衡得中，着九卿详议具奏。'……世宗宪皇帝因私销之弊，饬九卿议减分数，每文重一钱二分，所以调剂。夫铜贵钱重者，成效自有可观，固已不必屑，屑于禁铜之未务矣。嗣后请弛铜禁，凡民间买卖，悉从其便。祇于云南、江、浙办铜之处，立官分职统计部用铜斤数目采办。如有余铜，任民贩卖，则鼓铸自得充裕，于国计民生均属有益。经九卿等遵旨议定：将收铜及禁铜之处，悉行停止。"

清代王庆云《石渠余记》卷五《纪制钱品式》："雍正十二年，铜贵，钱本多亏，乃酌轻重之中，定一钱二分之制。自是以后，铸质虽有不同，而轻重颇若划一。"

[8] "白铅"至"八丝"：《云南铜志》作"白铅四百七斤十五两九钱九分九厘二毫八丝"。

[9]　二万八千余百两：《云南铜志》作"二万八千一百余两"。

[10]　四色配铸：即以铜、白铅（锌）、黑铅、锡四种金属按照一定比例配铸。

[11]　黑铅每百斤价银：《皇朝文献通考》卷十七《钱币考五》："乾隆十八年，又议定云南各局配铸黑铅价值。云南巡抚爱必达奏言：'滇省黑铅出产衰旺不常，自鼓铸青钱以来，俱于各属地方零星购买，本无一定之厂，历来各局报销，每百斤匀算工本、脚费银二两二钱。今就现在情形核定，省城局黑铅，应用禄劝州甸尾厂所出，每百斤价银一两五钱，自厂至局运脚六钱；临安府局黑铅，应用建水州银厂所出，每百斤价银一两四钱八分，自厂至局运脚九分有奇；大理府局黑铅，应用顺宁府银厂所出，每百斤价银一两五分有奇，自厂至局运脚一两一钱四分有奇；广西府局黑铅，应用罗平州、平彝县白铅厂所出，每百斤价银一两四钱八分，自厂至局运脚五钱；东川新、旧两局黑铅，应用会泽县阿那多厂所出，每百斤价银一两六钱八分有奇，自厂至局运脚五钱一分有奇。饬令管厂各员按年据实报销。'"

[12]　乾隆四十五年：《云南铜志》作"乾隆四十四年"。

[13]　减炉（四）〔五〕座：《皇朝文献通考》卷十八《钱币考六》："乾隆四十四年，云贵总督李侍尧言：'滇省所筹铜数，只有一百九十余万斤，不敷各省采买。谨就三迤地势民情，悉心酌核，除省城、东川府需钱较多，未便议裁外；请于大理局减去一座，只留三座；将省局二十五炉内减去五座，移设大理'。"

[14]　裁<撤>：原文文意表述不完整，根据《云南铜志》补充。

[15]　复设炉二十八座：道光《云南通志》卷七七《食货志·矿厂五·钱法》："又现行铸款，省城设炉二十八座。原系按察司专管，嘉庆元年改为布政司、按察司同管。六年，遵照新定章程，三色配铸，每百斤用铜五十四斤、白铅四十二斤十二两、黑铅三斤四两。每炉每卯正铸用铜四百六十二斤十三两七钱一分四厘零，每百斤加耗铜十斤四两，计加耗铜四十七斤七两八分五厘零，二共正、耗铜五百一十斤四两七钱九分九厘零，白铅三百六十六斤六两八钱五分七厘零，黑铅二十七斤十三两七钱一分四厘零，均不加耗，计正铸净铜、铅八百五十七斤二两二钱八分五厘零。每

284

百斤给错磨、折耗九斤，共折耗铜、铅七十七斤二两二钱八分五厘零，实铸净铜、铅七百八十斤。每钱一文，铸重一钱二分，共铸钱一百四十。内除支销匠役工食钱一十二千，物料钱五千三百三十二文零，加添米、炭价钱二千四百七十文，实存净钱八十四千一百九十七文零。又带铸用铜四十六斤四两五钱七分一厘零，每百斤加耗铜十斤四两，计加耗铜四斤十一两九钱八厘二零，共正、耗铜五十一斤四钱七分九厘零，白铅三十六斤十两二钱八分五厘零，黑铅二斤十二两五钱七分一厘零，均不加耗，计带铸净铜、铅八十五斤十一两四钱二分八厘零。每百斤给错磨、折耗九斤，共折耗铜、铅七斤十一两四钱二分八厘零，实铸净铜、铅七十八斤。每钱一文，铸重一钱二分，共铸钱十千四百文，不给工食，止给物料钱五百三十三文零，实存净钱九千八百六十六文零。又外耗用铜四十一斤十两五钱一分三厘零，每百斤加耗铜十斤四两，计加耗铜四斤四两三钱一分七厘零，二共正、耗铜四十五斤十四两八钱三分零，白铅三十二斤十五两六钱五分六厘零，黑铅二斤八两一钱一分四厘零，均不加耗，计外耗净铜、铅七十七斤二两二钱八分三厘零，不给错磨、折耗。每钱一文，铸重一钱二分，共铸钱一十千二百八十五文零，不给工食、物料，只给局中官廉役食钱四千五十七文零，实存净钱六千二百二十八文零。计正铸、带铸、外耗三项，共用铜、铅一千一十九斤十五两九钱九分八厘零，共铸钱一百二十四千六百八十五文零，内除支销物料等项钱二十四千三百九十二文零，实存净钱一百千二百九十三文零。二十八炉，年计一千八卯，共钱一十万一千九十五千三百四十四文零，将各官养廉搭放一成，各厂工本、运脚搭放半成，鞭春、祭祀、铺工、伇粮、驿堡等项全数支给，每钱一千二百文扣收银一两，共扣收银八万四千二百四十六两一钱二分。又每年一千八卯，共用各厂正铜五十五万五千二百六斤五两二钱四分零，耗铜五万六千九百八斤十两二钱九分零。除耗铜不另给价外，每正铜百斤，价、脚银九两二钱，共该铜价银五万一千七十八两九钱八分零，在于青龙、义都、大美、德宝等厂运供。用白铅四十三万九千五百三十八斤五两五钱二分八厘，每百斤价、脚银二两四钱五分，该银一万七百六十八两六钱八分零。其铅在于卑、块、者海等厂各半运供。用黑铅三万三千四百一十五斤二两九钱九分零，每百斤价、脚银二两一钱，该银七百一两七钱一分零，在于妥妥厂办供。共用

285

铜、铅价、脚银六万二千五百四十九两三钱八分零，于前项扣获钱本银内计除外，共获铸息银二万一千六百九十六两七钱四分零。又每铸正铜百斤，例给炒铜工费三钱，在于铜务项下支给，作为本局添补炉役食米等项不敷之用。嘉庆九年，以需用之铜改为每百斤拨用各厂八成，照旧加耗；又于下关店存贮宁台厂铜内拨用二成，每百斤加局耗铜八斤。二共铜一百八斤。又每百斤加煎耗铜一十七斤八两，计加煎耗铜一十八斤十四两四钱，二共铜一百二十六斤十四两四钱。又每百斤加民耗铜三斤二两，计加民耗铜三斤十五两四钱五分。总计每百斤加局耗、煎耗、民耗铜三十斤十三两八钱五分，照各厂净铜之例，每百斤给价、脚银九两二钱。"

[16] "白铅"至"七毫零"：《云南铜志》作"白铅三百六十六斤六两八钱五分七厘一毫零"。

[17] 支销匠役工食钱：《钦定户部则例》卷三十四《钱法一·局费》："宝云、宝东二局监铸、员役薪工、饭食，于外耗下所获息钱尽数派给。宝云局息钱四千九十串一百六十二文，宝东局息钱一千四百六十串七百七十二文。"

[18] 者海厂：《清高宗实录》卷二百六十九："乾隆十一年丙寅六月十六日，户部议覆：'云南总督兼管巡抚事张允随疏称"东川府属之者海铅厂，矿砂旺盛，离东局止二站，开采供铸，脚价甚属节省，请照卑、块铅厂事例，收买抽课"，应如所请行，至所定运脚，查自厂至局，路止二站，因何每铅百斤给运脚银三钱，应令查明报部'。从之。"

《钦定户部则例》卷三十五《钱法二·派官管厂》："云南省者海铅厂事务，责成会泽县管理，东川府统率稽查，并令臬司督催办解。"

《大清会典事例》卷一百七十四《户部四十七·钱法》："乾隆二十四年，题准：云南东川府所属者海铅厂，每百斤抽正课十斤，外收余铅五斤，以为管厂官役廉、食之用。"

清云南布政司《案册》："乾隆五十九年，裁东川局，者海厂暂闭。奉部照旧开采，所出之铅先尽为官收买，余无论本省、邻省，准其通商。照普马厂例，每百斤抽课十斤，变价银二钱，解司充饷。又抽公、廉铅五斤，以为官役廉、食之需。又抽充公铅五斤，变价银一钱，归入司库闲款项下报销。其动发工本，亦照普马厂每百两收余平银一两五钱，通商铅亦准此。

嘉庆二十二年，东川钱局复开，加办鼓铸白铅十五万六千九百七十七斤十五两七钱二分四厘，有闰加办白铅十七万五十九斤七两七钱一厘。工本、余平、课铅等俱同上。"

清代刘慰三《滇南志略》卷四《东川府》："者海铅厂，（乾隆）二十四年，题准采办铅斤，每百斤抽正课十斤，外收余铅五斤，以为管厂官役廉、食之用。五十九年，裁东川钱局，者海厂暂闭。奉部照旧开采，所出之铅，先尽官为收买，余无论本省、邻省，准其通商。"

东川[1]旧局

东川旧局[2]，雍正十二年九月设炉二十八座[3]。每炉每月鼓铸三卯，以铜六、铅四配铸。每炉每卯正铸用铜五百一十四斤四两五钱七分一厘四毫零，每百斤加耗铜八斤，计加耗铜四十一斤二两二钱八分五厘七毫零，二共正、耗铜五百五十五斤六两八钱五分七厘一毫零。白铅三百四十二斤十三两七钱一分四厘二毫零，不加耗。正铸净铜、铅八百五十七斤二两二钱八分五厘七毫，每百斤给挫磨、折耗九斤，共折耗铜、铅七十七斤二两二钱八分五厘七毫。实铸净铜、铅七百八十斤。每钱一文，铸重一钱二分，共铸钱一百四串。内除支销匠役工食钱一十二串，物料钱五串三百三十二文八毫零，实存净钱八十六串六百六十七文一毫零。

又带铸用铜五十一斤六两八钱五分七厘一毫，每百斤加耗铜八斤，计加耗铜四斤一两八钱二分八厘五毫零[4]，二共正、耗铜五十五斤八两六钱八分五厘六毫零。白铅三十四斤四两五钱七分一厘四毫，不加耗。计带铸净铜、铅八十五斤十一两四钱二分八厘五毫，每百斤给挫磨、折耗九斤，共折耗铜、铅七斤十一两四钱二分八厘五毫，实铸净铜、铅七十八斤。每钱一文，铸重一钱二分，共铸钱十串四百文。不给工食，只给物料钱五百三十三文二毫零，实存净钱九串八百六十六文七毫零。

又外耗用铜四十六斤四两五钱七分四厘[5]，每百斤加耗铜八斤，计加耗铜三斤十一两二钱四分五厘六毫零，二共正、耗铜四十九斤十五两八钱一分六厘零。白铅三十斤十三两七钱一分三厘六毫，不加耗。计外耗净铜、铅七十七斤二两二钱八分四厘，不给挫磨、折耗。每钱一文，铸重一钱二分，共铸钱一十串二百八十五文七毫。不给工食、物料，只给局中官役廉、食等项钱四串九百四十七文四毫零，实存净钱五串三百三十八文二毫零。

计正铸、带铸、外耗三项，共用铅、铜一千一十九斤十五两九钱九分八厘二毫，共铜钱一百二十四串六百八十五文七毫。除支销工食、物料等项钱二十二串八百一十三文六毫，实存净钱一百一串八百七十二文一毫。二十八炉，年铸一千零八卯，共钱十万二千六百一串。每钱一串，合银一两，共合银十万二千六百余两。

又每年一千零八卯，共用各厂正铜六十一万六千八百九十五斤，耗铜四万九千三百五十一斤。除耗铜不另给价外，每正铜百斤，价、脚银九两二钱，共该铜价银五万六千七百五十四两三钱四分。又用卑浙、块泽二厂白铅四十一万一千二百六十三斤，每百斤给价银二两，脚银一两五钱，该价、脚银一万四千三百九十四两二钱。二共铜、铅价、脚银七万一千一百四十八两五钱四分，于前项扣获钱本银内计除。每年共获铸息银三万一千四百余两。共每铸净铜一百斤，给炒费银三钱，系于铜息项下，动支发给。

乾隆元年三月，将二十八炉全行裁撤[6]。

乾隆六年五月，复设炉二十座[7]，年铸七百二十卯，改为四色配铸，每百斤用铜五十斤，白铅四十三斤八两，黑铅三斤八两，锡三斤。黑铅每百斤给价银一两四钱八分，脚银七钱二分。锡每百斤给价银二两九钱二分七厘，脚银一两四钱六分四毫零。正铸项下，加添米价钱二串四百七十文。又外耗项下，原给官役廉、食钱四串九百四十七文四毫零，改为给钱四串五十七文七毫。其余照旧办理。年共铸钱七万二千二百余串，除归还铜、铅本、脚外，计获铸息银一万三千六百余两。

十八年，将白铅运脚原给银一两五钱，改为给银三钱。年获铸息银一万七千四百余两。

十九年二月[8]，添炉五座，连原设二十座，共计二十五座，照前鼓铸。年铸九百卯，共钱九万三百余串[9]。除归还铜、铅本、脚外，计获铸息银二万一千八百余两。

四十四年三月，减炉九座，酌留十六座，照前鼓铸。年铸五百七十六卯，年共钱五万七千七百余串。除归还铜、铅本、脚外，计获铸息银一万三千九百余两。

四十六年，减炉六座[10]，酌留十座，照前鼓铸。年铸三百六十卯，共钱三万六千一百一串。除归还铜、铅本、脚外，计获铸息银八千七百余两。

五十九年六月底，将十炉全行裁（散）〔撤〕[11]。

嘉庆四年正月，因改铸收买小钱，咨明户部，于东川府设炉六座，就近改铸东川、昭通二府属小钱，至五年铸竣，将炉裁撤。

十五年五月，题请仍复炉十座，三色配铸，每百斤用铜五十四斤，白铅四十二斤十二两，黑铅三斤四两。每炉每卯正铸用大风岭、紫牛坡、狮子尾三厂净铜二百三十一斤七两七钱三厘七毫零，用汤丹、碌碌、大水沟、茂麓四厂通商净铜二百三十一斤六两一分五毫零，二共铜四百六十二斤十三两七钱一分四厘二毫零，每百斤加耗铜八斤，计加耗铜三十七斤四钱五分七厘一毫，二共正、耗铜四百九十九斤十四两一钱七分一厘四毫零。白铅三百六十六斤六两八钱五分七厘一毫零，黑铅二十七斤十三两七钱一分四厘二毫零，均不加耗。计正铸净铜、铅八百五十七斤二两二钱八分五厘七毫，每百斤给挫磨、折耗九斤，共折耗铜、铅七十七斤二两二钱八分五厘七毫，实铸净铜、铅七百八十斤。每钱一文，铸重一钱二分，共铸钱一百零四串文。内除支销匠役工食钱一十一串，又物料钱五串三百三十二文八毫，加添米、炭钱二串四百七十文，实存净钱八十四串一百九十七文一毫零。又带铸用大风、紫牛、狮子尾三厂净铜二十三斤二两三钱七分三毫零，用汤丹、碌碌、大水沟、茂麓四厂通商净铜二十二斤二两二钱一厘零，二共铜七十六斤四两五钱七分一厘三毫零，每百斤加耗八斤，计加耗铜三斤十一两二钱四分五厘七毫零，二共正、耗铜四十九斤十五两八钱一分七厘一毫零。白铅十六斤十两二钱八分五厘六毫零，黑铅二斤十二两五钱七分一厘四毫零，均不加耗。计带铸净铜、铅八十五斤十一两四钱二分八厘五毫，每百斤除挫磨、折耗九斤，共折耗铜、铅七斤十一两四钱二分八厘五毫，实铸净铜、铅七十八斤。每钱一文，铸重一钱二分，共铸钱十串四百文。不给工食，只给物料钱五百三十三文二毫零，实存净钱九串八百六十六文七毫零。又外耗用大风、紫牛、狮子尾三厂净铜二十斤十三两三钱三分三厘三毫零，用汤丹、碌碌、大水、茂麓四厂通商净铜二十斤十三两一钱八分零，二共铜四十一斤十四两五钱一分三厘三毫零，每百斤加耗八斤，计加耗三斤三两三钱二分一厘零，二共正、耗铜四十四斤十五两八钱三分四厘四毫零。白铅三十二斤十五两六钱五分六厘四毫零，黑铅二斤八两一钱一分四厘二毫零，均不加耗。计（卯）〔外〕耗净铜、铅七十七斤二两二钱八分四厘，不给挫磨、折耗。每钱一文，铸重一钱二分，共铸钱一十串二百八十五文七毫。不给工食，只给局中官役廉、食等项钱四串五十七文七毫，实存净钱八串二百二十八文。（设）〔计〕正铸、带铸、外耗三项，共用铜、铅一千一十九斤十五两九分八厘三毫，共铸钱一百二十四串六百八十五文七毫。内除支销工食、物料等项钱三十四串三百九十三文八毫零，实存净钱一百串二百九十一文八毫零。十炉年铸三十六卯，共钱三万六千一百五串七十文，搭放厂本、运脚、养廉等项之用。每钱一串二百文，扣收银一两，共扣收银三万零八十七两五钱五分八厘。又每年三十六卯，共用各厂正铜二十一万四千一百五十一斤二钱六分二厘。内拨用大风岭厂铜七万二千斤，紫牛坡厂铜二万九千七百斤，狮子尾厂铜五千四百斤，三共铜十万七千一百斤。除耗铜七千九百三十三斤五两三钱三分三厘七毫不另给价外，实该净铜九万九千一百六十六斤十两六钱六分六厘三毫，每百斤给脚银九两二钱，共该脚、价银九千一百二十三两三钱三分三厘。又用汤丹、碌碌、大水、茂麓四厂通商铜十万七千五十一斤二钱六分二厘，每百斤给价银七两。又自汤丹厂发运到局，每百斤需脚银二钱五分；碌碌厂发运到局，每百斤需脚银四钱；大水沟厂发运到局，每百斤需银四钱；茂麓厂由大水沟转运局，每百斤需脚银八钱五分六厘五毫。各程站远近不一，脚银多少不等，牵扯折中合算，每百斤合给运脚银四钱七分六厘五毫。连铜价银七两，每百斤合价、脚银七两四钱七分八厘五毫，该银八千零三两六钱六分九厘。又用者海厂白铅一十五万六千九百七十七斤十五两七钱二分三厘，每百斤给价银二两，脚银三钱，该银三千六百一十两四钱九分四厘。用阿那多厂黑铅一万一千九百三十三斤十五两九钱七分九厘，每百斤给价银一两六钱八分四厘，脚银五钱一分六厘，该银二百六十二两五钱四分八厘。三共铜、铅价、脚银二万一千两零四分四厘三毫，于前项扣获钱本银内计除外，每年共获铸息银九千八十余两，作为汤丹等厂提拉、水泄、工费之用。

注 释

[1]　东川：东川铸钱始于明朝。《明史》卷八十一《食货五·钱钞附铜场》："至世宗嘉靖六年，大铸嘉靖钱。每文重一钱三分，且补铸累朝未铸者。三十二年，铸洪武至正德九号钱，每号百万锭，嘉靖钱千万锭，一锭五千文。……给事中殷正茂言：'两京铜价大高，铸钱得不偿费。宜采云南铜，运至岳州鼓铸，费工本银三十九万，可得钱六万五千万文，直银九十三万余两，足以少佐国家之急。'户部覆言：'云南地僻事简，即山鼓铸为便。'乃敕巡抚以盐课银二万两为工本。……铜场……而四川东川府会川卫山产青绿、银、铜……正德九年，军士周达请开云南诸银矿，因及铜、锡、青绿。诏可，遂次第开采。嘉靖、隆、万间，因鼓铸，屡开云南诸处铜场。"

《钦定户部则例》卷三十四《钱法一·监铸》："宝东局，归东川府知府，委会泽县查验、收发，又于待补、者海二巡检内派委一员驻局巡察，两月一换，并令该管道按季亲往稽查。"

[2] 东川旧局：《皇朝通典》卷十《食货十·钱币》："雍正十年，时陕西钱价昂贵。户部议请云南岁铸钱十万串，发往易银还滇。寻从云南巡抚张允随奏请，开局于东川府，设炉二十八座，钱幕亦铸'宝云'二字，所铸钱发运陕西。……十三年，陕省钱价渐平，停云南东川府局拨运陕西钱。是时民间多行使翦边钱，定翦边钱禁例及各官失察处分。"

乾隆《东川府志》卷五《钱局》："宝云旧局：在府东门外向南城脚下数十步，北向。大门三间、二门一间、碳房三十间、大堂三间、钱房十二间、书房六间、厨房二间、巡检房三间、卡房四间、栅栏二间、巡检衙署一所、总门一间、炉神庙三间、炉房一百二十间、铁木匠房三间、了望楼一座。"

雍正《东川府志》卷上《钱局》："宝云局，在东关。雍正十二年，知府崔乃镛建，坐南向北"。

[3] 设炉二十八座：《皇朝文献通考》卷十五《钱币考三》："雍正十一年，又议开云南东川府局铸钱运往陕西。户部议言：'陕西钱价昂贵，应令云南岁铸钱十万串，发往易银还滇。其开铸钱局，令该抚相度水陆适中地方。'寻云南巡抚张允随奏请，开局于东川府，设炉二十八座，每年用铜、铅一百一十九万九千五百斤有奇，其铜即由东川府属之汤丹厂采用，其铅由曲靖府属之卑淅、块泽厂采用，钱幕亦铸'宝云'二字。定于十二年正月开，铸钱发运陕西，分头运、二运、三运，令陕西委员接解，每串合工本、脚费银一两一钱一分六厘有奇。"

乾隆《东川府志》卷十三《鼓铸》："雍正十二年，为运陕协饷钱文，东川府崔乃镛详请开设炉局二十八座，于九月二十一日鼓铸，起用炉头、匠役五百八十八名。至乾隆元年三月底停铸，统归广西府局办理，一应炉役，拨发广西。遗存炉房、器具，饬议变价在案。"

清代倪蜕《滇云历年传》卷十二："（雍正十二年）诏：'云南另设局铸钱十万千文，俟陕西委员运领赴秦行用。'陕西省向来行钱最高，每钱一千文需银一两二钱零。钱青绿中，而皆足陌。且器皿用铁多，故无毁钱制器之事，是以钱亦常存，愈加精美。至是，布政司杨馝以陕西钱少，请云南岁铸钱十万串运陕西行用，从之。云南奉旨设局于东川府，就汤丹铜便，铸出钱文。陕西委官前来，三拨运去。一路既水、陆并险，每多损失。脚费重大，乃至陕西，而价已一两二钱不止。且云南沙、水俱劣，匠役手拙，钱色不黄亮，磨锉又多燥涩。市里交易，多不用之。发给营站，悉属强受。于是督抚于次年即便咨题免铸，而云南、陕西俱多糜费矣。"

[4] 四斤一两八钱二分八厘五毫零：《云南铜志》作"计加耗铜四十一两八钱二分八厘五毫零"。

[5] 四十六斤四两五钱七分四厘：《云南铜志》作"四十六斤四两五钱七分四毫"。

[6] 将二十八炉全行裁撤：《皇朝文献通考》卷十五《钱币考三》："雍正十三年，停云南东川府局铸运陕西钱。陕西巡抚史贻直奏言：'陕省钱价已渐平减，且自陕至滇，路经八千余里，水、陆艰难，每年委员领解，亦不能如期接济，请停领运'。经户部议如所请，停止东川局鼓铸。"

《清高宗实录》卷二十一："乾隆元年丙辰六月己卯，户部议覆：'云南巡抚张允随疏请"运京钱文，统于广西府建局鼓铸。东川钱局，截至乾隆元年春季停止"'。从之"。

[7] 复设炉二十座：《皇朝通典》卷十《食货十·钱币》："乾隆六年，复开云南东川府铸局，设炉二十座。"《清高宗实录》卷一百三十一："乾隆五年庚申十一月，云南总督公庆复又奏：'东川府汤丹铜厂，于乾隆二年停炉。现在工费浩繁，请酌设炉二十座，岁可铸青钱七万余串，就近拨用，较之省、临二局，可节运费'。奏入，报闻。"《清高宗实录》卷一百三十三："乾隆五年庚申十二月壬子，查东川开炉鼓铸，业经该督另折奏明，毋庸再议。"

[8] 十九年二月：《云南铜志》作"乾隆三十九年二月"。

[9] 九万三百余串：《云南铜志》作"共钱九万二百余串"。

[10] 减炉六座：《皇朝通典》卷十《食货十·钱币》："乾隆四十四年，以滇省铜斤不敷各省采买，将东川局二十炉内减去四座，移设广西，各加铸半卯。其临安、保山、曲靖三局复设十三座，尽数裁去。惟东川府需钱较多，仍令照旧鼓铸。……四十五年，以云南各厂采铜竭蹶，且距省稍远，稽察难周，其东川府只留十座，余六座并裁。"

[11]　将十炉全行裁（散）〔撤〕：《大清会典事例》卷一百七十四《户部四十七·钱法》："乾隆五十九年，奏准：停各省鼓铸。又，嘉庆元年，奏准：复开各省鼓铸。又题准：云南东川局暂缓开铸。"

东川新局

东川新局[1]，于乾隆十八年设炉五十座。每炉每月鼓铸三卯，铜、铅对配。每卯正铸用铜四百二十八斤九两一钱四分二厘八毫零，每百斤加耗铜八斤，计加耗铜三十四斤四两五钱七分一厘四毫零，二共正、耗铜四百六十二斤十三两七钱一分四厘二毫零。白铅三百七十二斤十三两七钱一分四厘二毫零，黑铅二十九斤十五两九钱九分九厘九毫零，均不加耗。净锡二十五斤十一两四钱二分八厘五毫零，每百斤加耗锡六斤，计加耗锡一斤八两六钱八分五厘七毫零，二共正、耗锡二十七斤四两一钱一分四厘二毫零。计正铸净铜、铅八百五十七斤二两二钱八分五厘七毫，每百斤给挫磨、折耗九斤，共折耗铜、铅、锡七十七斤二两二钱八分五厘七毫，实铸净铜、铅、锡七百八十斤。每钱一文，铸重一钱二分，共铸钱一百零四串，内除支销匠役工食钱十二串，物料钱五串三百三十二文八毫零，加添米、炭价钱二串四百七十文，实存净钱八十四串一百九十七文一毫零。

又带铸用铜四十二斤十三两七钱一分四厘二毫零，每百斤加耗铜八斤，计加耗铜三斤六两八钱五分七厘一毫零，二共正、耗铜四十六斤四两五钱七分一厘三毫零。白铅三十七斤四两五钱七分一厘二毫零[2]，黑铅二斤十五两九钱九分九厘九毫零，均不加耗。净锡二斤九两一钱四分二厘八毫零，每百斤加耗锡六斤，计加耗锡二两四钱六分八厘五毫零，二共正、耗锡二斤十一两六钱一分一厘四毫零。计带铸净铜、铅、锡八十五斤十一两四钱二分八厘五毫，每百斤给锉磨、耗折九斤，共折耗铜、铅、锡七斤十一两四钱二分八厘五毫，实铸净铜、铅、锡七十八斤。每钱一文，铸重一钱二分，共铸十串四百文。不给工食，只给物料钱五百三十三文二毫零，实存净钱九串八百六十六文七毫零。

又外耗用铜三十八斤九两一钱四分二厘，每百斤加耗铜八斤，计加耗铜三斤一两三钱七分一厘三毫零，二共正、耗铜四十一斤十两五钱一分三厘三毫零。白铅三十三斤八两九钱一分三厘五毫零，黑铅二斤十一两一钱九分九厘九毫零，均不加耗。净锡二斤五两二分八厘五毫零，每百斤加耗锡六斤，计加耗锡二两二钱二分一厘七毫零，二共正、耗锡二斤七两二钱五分二毫零。计外耗净铜、铅、锡七十七斤二两二钱八分四厘，不给挫磨、折耗。每钱一文，铸重一钱二分，共铸钱一十串二百八十五文七毫。不给工食、物料，只给局中官役廉、食等项钱四串零五十七文七毫，实存净钱六串二百二十八文。

计正铸、带铸、外耗三项，共用铜、铅、黑铅、锡一千零一十九斤十五两九钱九分八厘二毫，共铸钱一百二十四串六百八十五文七毫。除支销工食、物料等项钱二十四串三百九十三文七毫，实存净钱一百串二百九十二文。计五十炉，年铸一千八百卯，年共铸钱十八万五百二十五串六百文，搭放厂本、运项之用。每钱一串二百文，扣收银一两，共扣收银一十五万四百三十八两。

又每年一千八百卯，共用铜九十一万七千九百九十九斤，耗铜七万三千四百三十九斤。（余）〔除〕耗铜不另给价外，每正铜百斤，价、脚银九两二钱，该银八万四千零五十五两九钱九分八厘[3]。又用者海厂白铅七十九万八千六百五十九斤，每百斤价银二两，脚银三钱，该银一万八千三百六十九两一钱五分。又用阿那多厂[4]黑铅六万四千二百五十九斤，每百斤价银一两六钱八分四厘，脚钱五钱一分六厘，该银一千四百一十三两六钱九分八厘。用个旧厂净锡五万五千零七十九斤，每正、耗锡百斤，给价银二两九钱二分七厘，脚银一两四钱六分四厘零，该银二千五百六十一两五钱九分。四共铜、铅、锡斤价、脚银十万六千八百两三钱四分六厘，于前项扣获钱本银内计除外，每年共获铸息银四万三千六百余两。其每铸净铜一百斤，给炒费银三钱，系于铜息项下发给。

乾隆二十七年七月，减炉二十五座[5]，酌留二十五座，照前鼓铸。年铸九百卯，共钱九万二百余串。除归还铜、铅本、脚外，计获铸息银二万一千八百余两。至三十五年，将二十五炉全行裁撤[6]。

四十二年五月，复设炉十五座[7]，照前鼓铸。年铸五百四十卯，共钱五万四千一百余串。除归还铜、铅本、脚外，计获铸息银一万三千余两。

四十二年八月，减炉七座，酌留八座，照<前>鼓铸。年铸二百八十八卯，共钱二万八千八百余串。除归还铜、铅本、脚外，计获铸息银六千九百余两。至四十四年二月，将八炉全行裁撤。

注　释

[1]　东川新局：《皇朝文献通考》卷十七《钱币考五》："乾隆十七年，又令云南东川府增设新局鼓铸。云南巡抚爱必达奏言：'滇省岁需官兵俸饷银九十万二百余两，向于本省地丁、商税及他省分拨银两支给，而存留司库暨各府库者，仅五十万两有奇。倘有紧要需用，必待腹地各省协济。地处边远，缓不及事。见在各厂矿铜旺盛，铅、锡亦产自境内，不必外求。查汤丹、大碌等厂，皆在东川地方，出铜尤多。而每当发给工本之时，钱价顿贵，厂民称累。东川府旧已设炉二十座，专搭兵饷。应请于就近增开新局，设炉五十座，亦开铸三十六卯，共用正额、带铸、外耗铜、铅、锡一百八十三万六千斤，铸青钱二十二万四千四百三十四串二百文有奇。除去工价等项，即以搭放铜、铅工本、脚价，每银一两，仍照兵饷例，以一千二百文发给。每年扣存息银四万三千两有奇，以备存贮。俟十年之后，合之原存之数，可得一百万两，庶库项日见充足。'户部议如所请，从之。……二十一年，又令云南东川府新局加卯鼓铸。云南巡抚郭一裕奏言：'滇省每年出铜千余万斤以供鼓铸，所获息银亦岁收二三十万两，留备一切公用，关系甚重。查迤东、迤西地方各小厂数十处，产铜不一。惟东川府之汤丹、大碌二厂，岁办获铜七八百万斤，较他厂尤为紧要。近年以来，矿产渐远，物料加昂。前已议每百斤添给价银四钱五分，而厂民仍为竭蹷，应酌量调剂之法。请于东川府新局内，加铸十八卯，即令汤丹、大碌等处厂民，于常额之外，加办余铜，照厂价收买供用，岁可添钱十一万二千二百十七串有奇。核计铸出钱文，归还铸本之外，将息银增给各厂工本。以本厂铜斤加铸之余息，即为该厂添补工费之不足，既不至糜费正帑，而于铜务有益。'户部议如所请，从之"。

《皇朝通典》卷十《食货十·钱币》："乾隆十八年，复于云南东川府设炉二十座鼓铸，专搭兵饷。时东川产铜日盛，令就近增开新局设炉五十座，亦开铸三十六卯，以备存贮。其搭放铜、铅工本、脚价，每银一两，仍照兵饷例以一千二百文发给。二十年，旋令云南东川府新局内加铸十八卯。"

乾隆《东川府志》卷五《钱局》："宝云新局：在府城东南角，北向。照壁一座、大门三间、仪门三间，门内两旁环绕布列建盖炉房三百间、碳房十五间，巡栏、木铁匠役并清字匠房共十五间，仓房三间、大堂三间，铜、铅、钱库房十八间，局书房六间、了望楼四间、巡察衙署一所。"

[2] "白铅"至"二毫零"：《云南铜志》作"白铅三十七斤四两五钱七分一厘三毫零"。

[3] 八万四千五十五两九钱八厘：《云南铜志》作"八万四千四百五十五两九钱八厘"。

[4] 阿那多厂：清云南布政司《案册》："阿那多厂，坐落东川府地方，向供东川局鼓铸。乾隆五十九年，东川钱局停止，阿那多厂封闭。嘉庆二十二年十月初一日，东局复行鼓铸，阿那多厂仍旧开采。年办东川局正课、充公铅一万一千九百三十三斤十五两九钱七分九厘，内正黑铅一万三百七十七斤六两二钱四分三厘，课黑铅一千三十七斤十一两八钱二分四厘三毫，充公铅五百一十八斤三两九钱一分二厘，每百斤厂价银一两六钱八分四厘，课铅、充公铅共变价银二十六两二钱一分三厘，解司充饷，遇闰照加。"《大清会典事例》卷一百七十四《户部四十七·钱法》："乾隆十九年，议准：云南阿那多黑铅厂，准其开采。"

[5] 减炉二十五座：《清高宗实录》卷六百五十："乾隆二十六年辛巳十二月，户部议准：'云南巡抚刘藻疏称"东川新局正铸，已历九载，积息银至四十万余两。请自二十七年为始，酌减一半，合加铸半卯，凑五十炉"'。从之。"《清高宗实录》卷七百三十二："乾隆三十年乙酉三月丙子，户部议准：'云贵总督刘藻疏称"东川新局五十炉，每年应支炒铜工费，前因正铸内已全年支给，题明将加卯项下炒费节省，今正铸减半，将加卯抵补，所有炒费，应按年核增"'。从之。"

[6] 将二十五炉全行裁撤：《皇朝文献通考》卷十八《钱币考六》："乾隆三十五年，户部议查：'滇省办运京铜，每年六百二十九万余斤，该省鼓铸及各省采买共需铜五百余万斤。昨据该督彰宝以滇铜不敷，请暂停采买，

经部议驳在案。今据该抚明德奏称：云南钱价每银一两，易钱一千一二百文，市价已属太贱。向于六府设炉一百一十六座，实属过多。应将东川新设炉二十五座，大理、广西各十五座，临安、顺宁各八座，暂为裁减，岁可省铜一百四十五万余斤。再陕西、广西、贵州、湖北四省岁需滇铜额数，均属过多，亦可酌减铜五六十万斤。加以现在广开子厂，一二年间，外省委员，均可挨次领运，而铜斤亦可从此日加充裕。应如所奏办理。至称减炉七十一座，岁省白铅一百二十余万斤，黑铅十万余斤，板锡八万七千余斤，应运赴汉口，供各省采办之用'。从之"。

[7]　复设炉十五座：《皇朝文献通考》卷十八《钱币考六》："乾隆四十一年，署云贵总督觉罗图思德等言：'滇省近年大小各厂，岁获铜一千二百三四十万斤，除京运、鼓铸，年需高铜九百余万斤，外其宁台、户蒜、金钗等厂，尚积存低铜五百余万斤，并收回一分通商一百二十余万斤，已足敷复炉加铸之用。请于东川局增炉十五座'"。

广西局

广西府[1]即今之广西州，于乾隆元年四月设炉九十四座[2]。每炉每月鼓铸三卯，以铜六、铅四配铸。每炉每卯正铸用铜五百一十四斤四两五钱七分一厘四毫二丝，每百斤加耗铜八斤，计加耗铜四十斤二两二钱八分五厘七毫零[3]，二共正、耗铜五百五十五斤六两八钱五分七厘一毫零。白铅三百四十二斤十三两七钱一分四厘二毫零，不加耗。计正铸净铜、铅八百五十七斤二两二钱八分五厘七毫，每百斤给挫磨、折耗九斤，共折耗铜、铅七十七斤二两二钱八分五厘七毫，实铸净铜、铅七百八十斤。每钱一文，铸重一钱二分，共铸钱一百四串。内除支销匠役工食钱一十二串，物料钱四串三百七十二文八毫零，实存净钱八十七串六百二十七文一毫零。

又带铸用铜五十一斤六两八钱五分七厘一毫，每百斤加耗铜八斤，计加耗铜四斤一两八钱二分八厘五毫零，二共正、耗铜五十五斤八两六钱八分五厘六毫零。白铅三十四斤四两五钱七分一厘四毫，不加耗。计带铸净铜、铅八十五斤十一两四钱二分八厘五毫，每百斤除挫磨、折耗九斤，共折耗铜、铅七斤十一两四钱二分八厘五毫，实铸净铜、铅七十八斤。每钱一文，铸重一钱二分，共铸钱十串四百文。不给工食，只给物料钱四百三十七文二毫零，实存净钱九串九百六十二文七毫零。

又外耗用铜四十六斤四两五钱七分四毫，每百斤加耗铜八斤，计加耗铜三斤十一两二钱四分五厘六毫零，二共正、耗铜四十九斤十五两八钱一分六厘零。白铅三十斤十三两七钱一分三厘六毫，不加耗。计外耗净铜、铅七十七斤二两二钱八分四厘，不给挫磨、折耗。每钱一文，铸重一钱二分，共铸钱一十串二百八十五文七毫。不给工食，只给局中官役廉、食等项钱五串二百五十五文九毫零，实存净钱五串二十九文七毫零。

计正铸、带铸、外耗三项，共用铜、铅一千零一十九斤十五两九钱九分八厘二毫，共铸钱一百二十四串六百八十五文七毫。除支销工食、物料等项钱二十二串六十六文一毫零，实存净钱一百二串六百一十九文五毫零。九十四炉，年铸三千三百八十四卯，共钱三十四万七千二百六十四串六百六文一毫零。内除核减物料钱二千六百三十二串六十八文六毫零，添作运钱官役盘费之用，实存钱三十四万四千六百三十二串三百三十七文五毫。委员由广西之得冲哨，及广南之板（蜂）〔蚌〕、百色，解运至汉口。

又每年三千三百八十四卯，共用各厂正铜二百零七万一千零七斤零，耗铜一十六万五千六百八十斤零。除耗铜不另给价外，每正铜百斤，价、脚银九两二钱，共该铜价银一十九万五百三十二两七钱一分四厘零。又用卑浙、块泽二厂白铅一百三十八万六百七十一斤零，每百斤给价银二两、脚银五钱，计价、脚银三万四千五百一十六两七钱九分六厘。二共铜、铅价、脚银二十二万五千零四十九两五钱一分一厘，照协饷之例，按年酌拨，解滇应用。共每铸净铜一百斤，给炒费银三钱，系于铜息项下，动支发给。

乾隆五年三月，将炉座全行裁撤[4]，将铜斤解京交收。

乾隆十六年正月，复设炉十五座[5]，年铸五百四十卯，改为四色配铸，每百斤用铜五十斤，白铅四十三斤八两，黑铅三斤八两，锡三斤。黑铅每百斤价银一两四钱八分，脚银五（银）〔钱〕。锡每百斤价银二两九钱二分七厘，脚银六钱二分六厘四毫零。又原给炉匠工（钱）〔食〕钱一十二串，改为给钱一十二串三百文[6]。正铸项下，原给物料钱四串三百七十二文八毫，改为给钱三串二百二十文八毫零。带铸项下，原给物料钱四百二十七文二毫零，改为给钱三百二十二文零。外耗项下，原给官役廉、食等项钱五串二百五十五文九毫零，改为给钱四串零五十七文七毫。年共铸钱五万六千四百余串，搭放兵饷，每钱一串二百文，扣收银一两。除归还铜、铅本、脚，年计获铸息银一万四千七百余两。

二十六年，将白铅工本银二两，改为给银一两八钱二分。共铸钱五万六千四百余串。除归还铜、铅本、脚[7]外，计获铸息银一万五千余两。

三十一年，将白铅运脚原给银五钱，改为给银二钱五分。年共铸钱五万六千四百余串，除归还铜、铅本、脚外，计获铸息银一万五千七百余两。

三十五年，将白铅运脚给银二钱五分，仍改为给银（三）〔五〕钱[8]。年共铸钱五万六千四百余串，除归还铜、铅本、脚外，计获铸息银一万五千余百两。是年八月底，十五炉全行裁撤[9]。

四十二年八月，复设炉八座[10]，照前鼓铸。年铸二百八十八卯，共铸钱三万一百余串。除归还铜、铅本、脚外，计获铸息银八千余两。

四十四年三月，减炉四座[11]，酌留四座，照前鼓铸。年铸一百四十四卯，共铸钱一万五千余串。除归还铜、铅本、脚外，计获铸息银四千余两。至四十五年底，将四炉全行裁撤[12]。

注 释

[1] 广西府：清代广西直隶州。《大清一统志》卷四九一《广西直隶州》："广西直隶州，在云南省治东南四百里，东西距四百三十里，南北距三百八十五里。东至广南府界三百里，西至临安府宁州界一百三十里，南至临安府阿迷州界二百里，北至曲靖府陆良州界一百八十五里，东南至广南、开化二府界三百六十里，西南至阿迷州界二百里，东北至曲靖府罗平州界二百六十四里，西北至陆良州界一百里。本州境东西距一百五十五里，南北距一百二十里。东至曲靖府罗平州界九十里，西至弥勒县界六十五里，南至邱北界八十里，北至师宗县界四十里，东南至邱北界一百里，西南至弥勒县界六十里，东北至师宗县界三十里，西北至澄江府路南州界七十里。自州治至京师八千六百里。《禹贡》梁州荒裔。汉益州、牂牁二郡地。三国汉属兴古郡。唐时东爨、乌蛮、弥鹿等部居之，为羁縻州，隶黔州都督府，后为师宗、弥勒、维摩三部所据，历蒙氏、段氏皆不能制。元宪宗七年内

附，隶落蒙万户府，元至元十二年，置广西路，隶云南行省。明初改广西府，隶云南布政使司。本朝因之，属云南省，乾隆三十五年，改为直隶州，领县二。"

[2] 设炉九十四座：雍正十一年十一月，下旨着滇省将湖南、湖北、广东三省应采办解部铜斤，在滇就近铸钱运京。云南遂于广西府开炉鼓铸。

《张允随奏疏·乾隆三年二月十二日》："为京钱初运已竣，据实奏明，仰请圣恩敕停鼓铸事：'查滇省所产铜斤，向供本省鼓铸及卖店铺打造器皿外，余铜听各省办解京局鼓铸之用。湖南、湖北、广东三省，历系每年各办滇铜五十五万四千三百余斤，共铜一百六十六万三千余斤解京鼓铸。嗣于雍正十一年十一月内，钦奉世宗宪皇帝谕旨："现今五省采办洋铜，三省采办滇铜，与其令三省办铜解部，莫若令滇省就近铸钱，运至四川之永宁县下船，由水路运赴汉口，搭附漕船解京，可省京铸之半等因。钦此。"钦遵。经九卿议复，以"滇省铸钱解京，较之办铜解京，多有节省，行令滇、楚各督抚妥议具题"。臣等接准部文，因铸运京钱，关系支放禁兵制饷，办理应加谨慎，与升任督臣尹继善悉心妥商，并行令在省司、道确查去后，据布政使陈弘谋等会议通详，臣复与督臣公同复核，会题于广西府建城局，设炉九十四座，每年鼓铸钱三十四万四千余串，由广南一带新开河道，经历粤西、湖南、湖北等省转运至京。嗣因楚省漕船不能重载，议拨云南、北站船，并雇佣民船起运，由江宁接运抵通，俱经先后题准，部复："奉旨：'依议'。钦遵在案"。今自乾隆二年三月起，至本年十一月止，所有铸出元年分应解京钱三十四万四千六十二串六百四十七文，已全数运出滇境，饬令长运官永昌府同知顾维铸等管运赴京，以供制饷，臣等随时体察，逐事详筹，觉铸运京钱一事，虽取用铜、铅较之京局近便，至于起运之时，于民不无所累，臣何敢因其已经定议，稍存因循回护之心，用敢冒昧沥城，仰祈圣鉴。查钦奉世宗宪皇帝谕旨，令滇省就近铸钱解京，原因四川之永宁县即可由水路运赴汉口，附搭漕船解送，事属便益，是以敕下九卿定议。今楚省漕船不能运载，业已议拨站船，并雇民船应用，水脚费繁，俱关帑项。而滇省附近川界地方，无可建局，经臣与督臣尹继善会委被刻署理迤东道王廷琬、知府陈克复查勘，定于广西府城建局开铸。至于道运，始议自广西府陆运，历师宗州属飞塘河道，至广所属之八达，陆路至土黄新开河道，以至汉口；又自广西府由豆温乡等处陆路径抵百色。水、陆兼运，继因运道务期平稳，方为万全。复委员勘修，改由广西府城陆运到广南府属板蚌地方，下船出西洋江口，与土黄大河会合，直达粤西之百色，自板蚌至百色，水路九百余里，山溪曲折，难容大舟，止用本地小船，每船止装钱一百余串，轮流运送，共需三千余只，募夷民撑驾。查自发运以至运竣，偶值山水涨发之时，间有碰坏钱船十余只，所沉钱文，水平时仍即捞获，遗失无多，是水运程途尚属平稳。惟由广西府城至板蚌，旱路十站，俱系崇山峻岭，鸟道羊肠，牛行须二十四五日，马行须十二三日，每牛驮钱十二串，每马驮钱十八串，滇省牛多于马，以牛、马各半计算，共需牛一万四千余头，马九千余匹。附近钱局各地方，牛、马无几，势须四处雇觅，分拨轮运，以遐方荒僻之区，骤用牛、马、人夫、船只至千万之多，雇募已难，且遇山水陡发，农忙瘴盛之时，即不便停滞中途，又不能克期运竣，病故、逃亡均所不免。承办各官，纵极兢兢奉法犹恐办理不协，臣等严加督率，务使加意体恤，不扰闾阎。而钱文为数既多，运道复险远，解送艰难，细察情形，实有不便于民者如此。至于制钱，关系国宝，理宜铸造精工，方能永久。滇省远在天末，沙水粗燥，匠役技艺蠢拙，铸出钱文，少逊京局，此水土各殊，又非宝源、宝泉二局钱法之精工所可一律相比也。上年，督臣尹继善赴京陛见时，与臣熟商，欲会同奏请停止。嗣因督臣到京，以亲老力恳留京，奉旨内升，未及会奏。今当试运一次已竣。行据布政使陈弘谋等将运道平险，解送难易情形具复到臣，臣伏念铸金贡币，必须计算万全。今因滇省产铜，即在滇省铸运，自滇至京，水路万里，以数百万金钱，每年涉历余夷方瘴疬之乡，脱有迟误，关系非轻。再查铸运京钱，本为节省起见，查滇省铜斤，向于东川卖给各省办，每百斤定价十一两，较之本省钱局九两二钱报销之价，尚有盈余，再少用铜六、铅四搭配及炒费等项，不无节省。臣查滇省东川府属之汤丹等厂近更旺盛，每年可办获铜八九百万斤，应请仍照向例令湖南、湖北、广东三省委员赍价来滇，按照每年额办之数，赴产铜之东川厂店采买，就近永宁一路解京。俾滇省官民，得以专力调剂矿厂开采、收积，以供各省源源办运。其京局所需铅斤，乃令黔省将办获官铅照数解部，惟是半解铜、铅，必期于京局鼓铸钱文足敷兵饷之用，方可将滇省之广西府钱局停其鼓铸。查广西钱局，自乾隆元年四月初一日开铸起，至二年三月解运第一次钱文，按计定限，于乾隆三年八月内运解至京，嗣后铸出钱文，按年起解，俱于次年八月到京。应请将湖南、湖北、广东三省额办滇铜一百六十六万三千余斤，并滇省应解之三十三万余斤，统归三省采买，以乾隆三年为始，照数办解。滇省广西府钱局，以乾隆四年三月停其鼓铸，则铜斤解部，与滇省解京钱文宽余一年，俾京局接续鼓铸，制饷可以无误，而滇省所产之铜斤源源办解，而钱法亦可经久无弊矣。是否有当，伏祈皇上睿鉴，敕部复施行。谨奏。'朱批：'大学士等会同海望、尹继善密议具奏。'"

《皇朝文献通考》卷十五《钱币考三》："雍正十二年，又议开云南广西府局铸钱运京。寻云南巡抚张允随奏请开局于广西府，设炉九十四座，照旧例于正额外加带铸钱及外耗钱。每铜百斤，定价银九两二钱；铅百斤，厂价二两。由厂运至府城加脚价五钱。共用铜、铅三百四十五万一千六百七十八斤，铸钱四十二万一千九百三十六串有奇，钱幕亦铸'宝云'二字。除工料并官役养廉、工食外，实得钱三十四万四千六百三十二串有奇。其运道自广西府城运至粤西思恩府属之百色地方，抵达汉口，每年八、九月内委员运至汉口交贮汉阳县库，听楚省转运到部。总计每钱一串，自广西府至京合银八钱三分八厘有奇。其广西府局，定于丙辰年（乾隆元年）四月开铸，丁巳年起解。"

[3] "计加"至"二毫零"：《云南铜志》作"计加耗铜四十一斤二两二钱八分五厘七毫零"。

[4] 将炉座全行裁撤：《皇朝文献通考》卷十六《钱币考四》："乾隆三年，又议停云南广西府局铸运京钱，令即以原铜解京。户部议言：'从前停止湖北、湖南、广东办铜，令云南铸钱运京，原因滇省就近矿厂，鼓铸便易。其起运钱文由四川之永宁县，即可从水路直达汉口附搭漕船解京。沿途水脚又多节省，是以定议举行。嗣因滇省附近四川地方无可建局，遂定于广西府开炉，即由广西府城陆运至府属板蚌地方下船，抵粤西之百色，中间山川修阻，水、陆艰难，牛、马、舟船需用既多，穷乡僻壤，雇觅不易，较之自永宁直达汉口，已属迥别。且因漕船不便搭解，复令楚省拨站船，及另募民船，应用一切水脚费繁，不如将铜斤直解京局供铸，更为便益。请以乾隆四年三月为始，停止广西局鼓铸，即令云南督抚照依原定一

百六十六万三千二百斤，按年运解至京。'从之。"

《张允随奏疏·乾隆五年六月十一日》："为奏明事：'窃照滇省鼓铸运京钱文，于乾隆四年十月准吏部咨，庚申年钱文停其铸解等因，奉朱批："依议"，钦遵在案。今扣至乾隆五年三月二十九日止，业将四年分钱文铸齐，于是日停铸。除库存钱文现在发运，并将停炉日期另疏题报外，窃查广西局自乾隆元年开铸，设炉九十四座，炉役共一千九百七十四名，俱系逐末贫民，其原籍远近不等。当开铸之初，每名预给安家银两，到局之后，所给食米、工价又足养赡身家。其炉头一役，任重而工食稍充，多有家就业者，今当停铸，未免失业，又有家口之累，归费拮据，若不设法周给，恐至失所。且广西府地近交趾，沙夷杂处，未便骤行散遣，致生事端。臣仰体皇上不使一夫失所之至意，于准到部咨之时，饬令管理钱局之迤东道储之盘预为筹画，将各炉役应得之工食钱文，按卯酌留数十文，扣至停炉之日，每人可得一千数百文，足资归费；其炉头九十四名，酌量远近，每名捐给盘费钱十千、七八千不等。俾得携眷归里，并令兵役护送出境。据报：自四月初一日起，每日陆续启行，各役莫不欢呼踊跃，半月之内，俱已散归，并无在途逗留滋事之处。至原健局房、公署，例应估变归款，并各炉器具，俱饬造册，交广西府题报。所有停止广西局遣散炉役各情由，理合附摺奏闻，仰祈睿鉴。'朱批：'览'。"

[5] 复设炉十五座：《清高宗实录》卷二百九十："乾隆十五年庚午六月丁酉，户部等部议覆：'调任云南巡抚图尔炳阿奏称"滇省省城、临安、东川、大理，现在分设四局，铸钱搭放附近兵饷，及驿堡夫役工食等项，甚属充裕，惟曲靖、开化、广南三镇营相距窎远，不能一体搭放，兵民未免向隅。查广西府城，乃适中之地，而广罗协驻劄同城，若于广西府设炉一十五座，每年铸钱六万余串，曲靖、开化、广罗、广南镇、标、协、营兵饷，照银七、钱三之例，每正钱一千文外，加息钱二百文，作银一两，按季搭放，每年除工本外，约获余息七千余两。再查广西府从前铸运京钱，俱有成规，今所需铜、铅、锡及价值、运脚，仍照前办理，炉房、器具等项，拆旧补新，毋庸动项"，应如该抚所请，至铸局事务，如何委员总理巡察，及应用工料，铸出本息钱文，易银还项各事宜，应令新抚岳浚确查具题'。从之。"

《皇朝文献通考》卷十七《钱币考五》："乾隆十五年，又开云南广西府局鼓铸。云南巡抚图尔炳阿奏言：'从前广西府铸运京钱，时虽未搭放兵饷，但支给一切工料等项钱文，俱系就近行使，故制钱尚为充裕。迨停铸之后，迄今十载，钱价日昂。请复行开局设炉十五座，每年开铸三十六卯，所需铜斤，由东川属各厂拨往，照大理局鼓铸之数，共用正额、带铸、外耗铜、铅、锡五十五万八百斤，铸青钱六万七千三百三十串二百文有奇。除去工价等项，照银七钱三之例，配给曲靖、开化二镇标，广罗协、广南营兵饷。'户部议如所请，从之。"

《皇朝通志》卷八十九《食货略九·钱币》："乾隆十五年，复开云南广西府局"。

[6] 一十二串三百文：《云南铜志》作"一十二串五百文"。

[7] 归还铜、铅本、脚：《清高宗实录》卷五百七十五记："乾隆二十三年戊寅十一月，云南巡抚刘藻奏：'广西府局每岁铸钱六万七千三百三十余串，遇闰加增，除支销外，岁有余剩。乾隆十六年至二十二年，存钱一十一万九百六十二串，应易银归款。查大铜厂例支工本银甚多，其运铜至广西府局回脚，应令带钱至厂，以钱一千二百作银一两，支放工本，扣银解司库归款'。从之。"

[8] （三）〔五〕钱："三十一年，将白铅运脚原给银五钱，改为给银二钱五分。……三十五年，将白铅运脚给银二钱五分，仍改为给银三钱"。根据文意，应为"五钱"。《云南铜志》亦载为"五钱"。

[9] 十五炉全行裁撤：《皇朝文献通考》卷十八《钱币考六》记："乾隆三十五年……将东川新设炉二十五座，大理、广西各十五座，临安、顺宁各八座，暂为裁减。"

[10] 复设炉八座：《皇朝文献通考》卷十八《钱币考六》："乾隆四十一年，署云贵总督觉罗图德等言：'滇省近年大小各厂，岁获铜一千二百三四十万斤，除京运、鼓铸，年需高铜九百余万斤外，其宁台、户蒜、金钗等厂，尚积存低铜五百余万斤，并收回一分通商一百二十余万斤，已足敷复炉加铸之用。请于东川局增炉十五座，曲靖府安炉十八座，广西州复炉十五座，保山局增炉四座，大理局增炉三座，省局添炉一座，共五十六炉，统成一百四十一炉。内东川先经加卯带铸之二十五炉，未便再议加

卯。其余一百十六炉，每年每炉于正铸外，一律加铸三十六卯半，计可获息十六万四千八百两有奇。"

[11]　减炉四座：《皇朝通典》卷十《食货十·钱币》："乾隆四十四年，减广西炉四座，以滇省近年出铜较少，止存炉十二座，其炉役工食，概给以银。"

[12]　将四炉全行裁撤：《皇朝文献通考》卷十八《钱币考六》："乾隆四十五年，又以各厂采铜竭蹶，且距省稍远，稽察难周，其东川府只留十座，余六座与广西局炉四座一并裁撤。"

卷六·局铸下

顺宁（府）〔局〕

　　顺宁局，于乾隆二十九年正月[1]设炉八座[2]。每月每炉鼓铸三卯，铜、铅对配。每卯正铸用宁台厂净铜四百二十八斤九两一钱四分二厘八毫零。每百斤加耗铜八斤，二共铜一百零八斤。又每百斤照湖北省采办事例，加煎耗铜一十七斤八两，计加耗铜一十八斤十四两四钱，二共铜一百二十六斤十四两四钱。又每百斤加民耗铜三斤二两，计民耗铜三斤十五两四钱五分。通共每百斤加局耗、煎耗、民耗铜三十斤十三两八钱五分。共计加耗铜一百三十二斤四两四钱九分九厘零，二共正、耗铜五百六十二斤十三两六钱四分二厘零[3]。白铅三百七十二斤十三两七钱一分四厘二毫，黑铅二十九斤十五两九钱九分九厘九毫零，均不加耗。净锡二十五斤十一两四钱三分八厘五毫零[4]，每百斤加耗锡六斤，计加耗锡一斤八两六钱八分三厘七毫零[5]，二共正、<耗>锡二十七斤四两一钱一分四厘二毫零。计铸净铜、铅、锡八百五十七斤二两二钱八分五厘七毫，每百斤给挫磨、折耗九斤，共折耗铜、铅、锡七十七斤二两二钱八分五厘七毫，实铸净铜、铅、<锡>七百八十斤。每钱一文，铸重一钱二分，共钱一百四串。内除支销匠役工食钱一十二串，物料钱五串三百三十二文八毫零，加添米、炭价钱二串四百七十文，实存净钱八十四串一百九十七文一毫零。

　　又带铸用铜四十二斤十三两七钱一分四厘二毫，每百<斤>照前加耗铜三十斤十三两八钱五分，计加耗铜一十三斤三两六钱四分九厘九毫零，二共正、耗铜五十六斤一两三钱六分四厘二毫零。白铅三十七斤四两五钱七分一厘三毫零，黑铅二斤十五两九钱九分九厘九毫零，均不加耗。净锡二斤九两一钱四分二厘八毫零，每百斤加耗锡六斤，计加耗锡二两四钱六分八厘五毫零，二共正、耗锡二斤十一两六钱一分一厘四毫零。计带铸净铜、铅、锡八十五斤十一两四钱二分八厘五毫，每百斤给挫磨、折耗九斤，共折耗铜、铅、锡七斤十一两四钱一分八厘五毫[6]，实铸净铜、铅、锡七十八斤。每钱一文，铸重一钱二分，共铸钱十串四百文。不给工食，只给物料钱五百二十三文二毫零[7]，实存净钱九串八百六十六文七毫零。

又外耗用铜三十八斤九两一钱四分二厘，照前每百斤加耗铜三斤十三两八钱五分[8]，计加耗铜一十一斤十四两四钱八分四厘七毫零，二共正、耗铜五十斤七两六钱二分六厘七毫零。白铅三十三斤八两九钱一分三厘五毫零，黑铅二斤十一两一钱九分九厘九毫零，均不加耗。净锡二斤五两二分八厘五毫零，每百斤加耗锡六斤，计加耗锡二两二钱二分一厘七毫零，二共正、耗锡二斤七两二钱五分二厘零[9]。计加外耗净铜、铅、锡七十七斤二两二钱八分四厘，不给挫磨、折耗。每钱一文，铸重一钱二分，共铸钱一十串二百八十五文七毫。不给工食、物料，只给局中官役廉、食等项钱四串零五十七文七毫，实存净钱六串二百二十八文。

计正铸、带铸、外耗（二）〔三〕项，共用铜、铅、锡一千零一十九斤十五两九钱九分八厘二毫，共铸钱一百二十四串六百八十五文七毫。除支销工食、物料等项钱二十四串三百九十三文七毫，实存净钱一百串二百九十二文。八炉年铸二百八十八卯，共钱二万八千八百八十四串九十六文，搭放兵饷、鞭祭、铺饩等项之用。每钱一串二百文，扣收银一两，共扣收银二万四千七十两零。

又每年二百八十八卯，共用铜一十四万六千八百七十九斤，耗铜四万五千三百三十五斤。除耗铜不另给价外，每正铜百斤，价、脚银一两二钱，该银一万三千五百一十二两八钱六分八厘。又用卑浙、块泽二厂白铅一十二万七千七百八十五斤，每百斤给价银一两八钱一分[10]，脚银二两四钱四分一毫零，该银五千四百四十三两八钱一厘。又用各厂黑铅一万二百八十一斤，每百斤给价银一两四钱八分，脚银七钱二分，该银二百二十六两一钱八分二厘。用个旧厂净锡八千八百一十二斤，每正、耗百斤，给银二两九钱二分七厘，脚银二两四钱五分八厘零[11]，该银五百零二两二钱七分一厘。四共铜、铅、锡斤价、脚银一万九千六百八十五两一钱二分二厘，于价项扣获钱本银内计除外，每年共获余息银四千三百余两。其每铸净铜一

307

百斤，给炒费银三钱，系于铜息项下发给。

三十五年二月初十日[12]，将八炉全行裁撤[13]。

注 释

[1] 乾隆二十九年正月：《云南铜志》作"乾隆二十九年正月初一日"。

[2] 设炉八座：《皇朝文献通考》卷十七《钱币考五》："乾隆二十九年，又开云南顺宁府鼓铸局。云贵总督吴达善奏言：'滇省办铜各厂除汤丹、大碌两大厂之外，其次即赖大兴、大铜二厂。自乾隆二十一年奏开之后，岁办获铜百余万斤至三四百万斤不等，兼之铜质甚高，大兴厂添拨京局，大铜厂分供省局，每年二厂所余铜，仍以给各省配搭采买之需。但该二厂地势低洼，每被水淹，厂民以有亏资本，采办不前，应及时调剂。拟岁给官本八千两，以为宣泄积水、备料兴工之用。查顺宁府之宁台山厂，并附近芦塘等处，近年矿砂旺盛，积铜甚多，若加耗煎净，尽堪适用。其鼓铸所需铅、锡，亦易拨运。请开局于顺宁府城，设炉八座，每年开铸三十六卯，并照东川新局之例，加铸十八卯，钱幕仍铸"宝云"二字，共用正额、带铸、外耗铜、铅、锡四十四万六百四十斤，铸青钱五万三千八百六十四串二百文有奇。除去工价等项，就近配给永顺镇标官兵俸饷，并搭放顺宁、永昌二府公用，所余钱文，核计归还铸本，将息银八千八百余两，添补大兴、大铜厂经费。'户部议如所请，从之。……乾隆三十一年，减云南顺宁局加卯鼓铸，增省城、临安鼓铸卯期。云贵总督刘藻奏言：'大兴、大铜等厂，嶟硐日深，修费更多。经前督吴达善奏请，于顺宁府设炉八座，每旬每卯加铸半卯，支放兵饷。所获息钱归并大兴、大铜等厂，为工本经费。嗣虑两厂支给官本，归款无期。又请于大理局各炉内加卯鼓铸，获息清款。至宁台厂历年办获铜斤，止能供顺宁局正铸之用，其加卯鼓铸之铜，难以办供应。将三十一年顺宁局停止加卯鼓铸，其顺宁局每年正、加各卯，原系拨还大兴、大铜等厂预支动工、泄水之项，历年清还。惟现在三十一年，所动兴工、泄水原本八

千两，本年正铸局钱，止得其半，不敷抵补，应于省城、临安等局酌量加卯筹办余息归补。'户部议如所请，从之。"

[3] "二共"至"二厘零"：《云南铜志》作"二共正、耗铜五百六十斤十三两六钱四分二厘零"。

[4] "净锡"至"五毫零"：《云南铜志》作"净锡二十五斤十一两四钱二分八厘五毫零"。

[5] "计加"至"七毫零"：《云南铜志》作"计加耗锡一斤八两六钱八分五厘七毫零"。

[6] "共折耗"至"五毫"：《云南铜志》作"共折耗铜、铅、锡七斤十一两四钱二分八厘五毫"。

[7] "只给"至"二毫零"：《云南铜志》作"只给物料钱五百三十三文二毫零"。

[8] "照前"至"五分"：《云南铜志》作"照前每百斤加耗铜三十斤十三两八钱五分"。

[9] "二共"至"二厘零"：《云南铜志》作"二共正、耗锡二斤七两二钱五分二毫零"。

[10] "每百斤"至"一分"：《云南铜志》作"每百斤给价银一两八钱二分"。

[11] "脚银"至"八厘零"：《云南铜志》作"脚银二两四钱五分八毫零"。

[12] 三十五年二月初十日：《云南铜志》作"三十五年二月初二日"。

[13] 将八炉全行裁撤：《清高宗实录》卷八百六十六："乾隆三十五年庚寅八月，户部议准：'原任云南巡抚明德奏称"云南钱价，每银一两，易钱一千一二百文，市价已属太贱，向于六府设炉一百十六座，岁用铜二百三十余万斤，实属过多。应将东川各设炉二十五座，大理、广西各设炉十五座，临安、顺宁各设炉八座，暂为裁减，岁可省铜一百四十五万余斤"'。从之。"

《皇朝通典》卷十《食货十·钱币》："乾隆三十一年，裁减云南顺宁局加卯鼓铸，增省城临安鼓铸卯期。三十五年，减云南炉座。时云南钱值过贱，将东川新设炉二十五座，大理、广西各十五座，临安、顺宁各八座，均行裁减。"

永昌局[1]

永昌府保山[2]局，于乾隆四十一年正月设炉八座，每炉每月鼓铸三卯，铜、铅对配。每卯正铸用铜四百二十八斤九两一钱四分二厘八毫零，每百斤加耗铜二十四斤，计加耗铜一百零二斤十三两七钱一分四厘二毫零，二共正、耗铜五百三十一斤六两八钱一分七厘一毫零[3]。白铅三百七十二斤十三两七钱一分四厘二毫零，黑铅二十九斤十五两九钱九分九厘九毫零，均不加耗。净锡二十五斤十一两四钱二分八厘五毫零，每百斤加耗锡六斤，计加耗锡一斤八两六钱八分五厘七毫零，二共正、耗锡二十七斤四两一钱一分四厘二毫零。计正铸净铜、铅、锡八百五十七斤二两二钱八分五厘七毫，每百斤给挫磨、折耗九斤，共折耗铜、铅、锡七十七斤二两二钱八分五厘七毫，实铸净铜、铅、锡七百八十斤。每钱一文，铸重一钱二分，共铸钱一百四串。内除支销匠役工食钱一十二串，物料钱五串三百三十二文八毫零，实存净钱八十六串六百六十七文一毫零。

又带铸用铜四十二斤十三两七钱一分四厘二毫零，每百斤加耗铜二十四斤，计加耗铜十斤四两三钱七分一厘四毫零[4]，二共正、耗铜五十三斤二两二钱八分五厘六毫零。白铅三十七斤四两五钱七分二厘三毫零[5]，黑铅二斤十五两九钱九分九厘九毫零，均不加耗。净锡一斤九两一钱四分二厘八毫零[6]，每百斤加耗锡六斤，计加耗锡二两四钱六分八厘五毫零，二共正、耗锡二斤十一两六钱一分一厘四毫零。计带铸净铜、铅、锡八十五斤十一两四钱二分八厘五毫，每百斤给挫磨、折耗九斤，共折耗铜、铅、锡七斤十一两四钱二分八厘五毫，实铸净铜、铅、锡七十八斤。每钱一文，铸重一钱二分，共铸钱十串四百文。不给工食，只给物料钱五百三十三文二毫零，实存净钱九串八百六十六文七毫零。

又外耗用铜三十八斤九两一钱四分二厘，每百斤加耗铜二十四斤，计加耗铜九斤四两一钱一分四厘，二共正、耗铜四十七斤十三两二钱五分六厘。白铅三十三斤八两九钱一分三厘五毫零，黑铅二斤十一两一钱九分九厘九毫零，均不加耗。净锡二斤五两二分八厘五毫零，每百斤加耗锡六斤，计加耗锡二两二钱二分一厘七毫零，二共正、耗锡二斤七两二钱五分二厘零[7]。计外耗净铜、铅、锡七十七斤二两二钱八分四厘，不给挫磨、折耗。

每钱一文，铸重一钱二分，共铸钱一十串二百八十五文七毫。不给工食、物料，只给局中官役廉、食等项钱四串零五十七文七毫，实存净钱六串二百二十八文。

计正铸、带铸、外耗三项，共用铜、铅、黑铅、锡一千零一十九斤十五两九钱九分八厘二毫，共铸钱一百二十四串六百八十五文七毫。除支销工食、物料等项钱二十一串九百二十三文七毫，实存净钱一百二串七百六十二文。计八炉年铸二百八十八卯，共钱二万九千五百九十五串四百五十六文，搭放兵饷、鞭祭、铺饩之用。每钱一串二百文，扣收银一两，共扣收银二万四千六百余两。

又每年二百八十八卯，共用铜一十四万六千八百七十九斤，耗铜三万五千二百五十斤。除耗铜不另给价外，每正铜百斤，价、脚银九两二钱，该银一万三千五百一十二两八钱六分八厘。又用卑浙、块泽二厂白铅一十二万七千七百八十五斤，每百斤给价银一两八钱一分[8]，脚银三两一钱一分七厘七毫零，该银六千三百零九两七钱四厘。又用各厂黑铅一万零二百八十一斤，每百斤给价银一两四钱八分，脚银七钱二分，该银二百二十六两一钱八分二厘。用个旧厂净锡八千八百一十二斤，每正、耗锡百斤，给价银二两九钱一分七厘[9]，脚银二两一钱二分八厘四毫零[10]，该价、脚银五百一十五两六钱七分一厘[11]。四共铜、铅、<黑铅>、锡斤价、脚银二万零六百一十四两四钱二分五厘，于前项扣获钱本银内计除外，共获铸息银四（十）〔千〕[12]余两。其每铸净铜一百斤，给炒费银三钱，系于铜息项下发给。

乾隆四十二年正月，添炉四座[13]，连原设炉八座，共计一十二炉，照前鼓铸。年铸四百三十二卯，共钱四万四千三百余串。除归还铜、铅本、脚外，计获铸息银六千余两。

四十二年八月，裁减二炉，酌留十炉，照前鼓铸。年铸三百六十卯，共钱三万六千九百余串。除归还铜、铅本、脚外，计获铸息银五千余两。至四十三年底，将十炉全行撤裁。

嘉庆四年，因改铸收买小钱，咨明户部，于永昌府设炉十座，就近改铸。永昌府所属小钱，至五年铸竣，将炉座裁撤[14]。

注　释

[1]　永昌局：《云南铜志》作"永昌府"。

[2]　保山：永昌府保山县。《大清一统志》卷四八七《永昌府·保山县》："保山县附郭。东西距三百一十里，南北距四百十里。东至顺宁府顺宁县界一百四十里，西至腾越厅界一百七十里，南至潞江安抚司界一百六十里，北至大理府云龙州界二百五十里，东南至顺宁县界一百一十七里，西南至腾越厅界一百四十里，东北至永平县界一百六十七里，西北至野人界一百四十七里。本汉不韦县，属益州郡。后汉为永昌郡治。晋省。梁以后废。元为永昌府治。明洪武十五年，改为永昌、金齿二千户，属金齿卫。正德十四年，改设新安千户，嘉靖元年始置保山县，为永昌府治。本朝因之。"

[3]　"二共"至"一毫零"：《云南铜志》作"二共正、耗铜五百三十一斤六两八钱五分七厘一毫零"。

[4]　"计加"至"四毫零"：《云南铜志》作"计加耗铜十斤四两五钱七分一厘四毫零"。

[5]　"白铅"至"三毫零"：《云南铜志》作"白铅三十七斤四两五钱七分一厘三毫零"。

[6]　"净锡"至"八毫零"：《云南铜志》作"净锡二斤九两一钱四分二厘八毫零"。

[7]　"二共"至"二厘零"：《云南铜志》作"二共正、耗锡二斤七两二钱五分零二毫零"。

[8]　"每百斤"至"一分"：《云南铜志》作"每百斤给价银一两八钱二分"。

[9]　"价银"至"七厘"：《云南铜志》作"价银二两九钱二分七厘"。

[10]　"脚银"至"四毫零"：《云南铜志》作"脚银三两一钱二分八厘四毫零"。

[11]　"该"至"一厘"：《云南铜志》作"该脚、价银五百五十六两六钱七分一厘"。

[12]　四（十）〔千〕：根据文意，应为"四千余两"，《云南铜志》亦载为"四千余两"。

[13]　添炉四座：《皇朝通志》卷八十九《食货略九·钱币》："乾隆四十一年，以云南铜斤足敷加铸，复定东川局增炉十五座……保山局增炉四座。"

《皇朝文献通考》卷十八《钱币考六》："乾隆四十一年，署云贵总督觉罗图思德等言：'滇省近年大小各厂，岁获铜一千二百三四十万斤，除京运、鼓铸，年需高铜九百余万斤，外其宁台、户蒜、金钗等厂，尚积存低铜五百余万斤，并收回一分通商一百二十余万斤，已足敷复炉加铸之用。请于东川局增炉十五座……保山局增炉四座'。"

《清高宗实录》卷一千三十五："乾隆四十二年六月，户部议准：'署云南巡抚图思德疏称"保山局增炉四座，每年铸存钱一万四千余串，请以钱一串二百文，作银一两，对半搭放兵饷等项，即以易回银，还铜、锡、铅工本"'。从之。"

[14] 将炉座裁撤：清云南布政司《案册》："嘉庆四年，临安府设炉六座，广南府设炉六座，东川府设炉六座，大理府下关设炉一十二座，楚雄府设炉十座，永昌府设炉十座，就近收买小钱改铸，于五年、六年铸竣，节次裁撤。"

曲靖局

曲靖局，乾隆四十二年四月设炉十八座[1]，每月每炉鼓铸三卯，铜、铅对配。每卯正铸用宁台厂净铜四百二十八斤九两一钱四分二厘八毫零。每百斤加耗铜八斤，二共铜一百零八斤。又每百斤照湖北省采办事例加煎耗铜一十七斤八两，该加煎耗铜一十八斤十四两四钱，二共铜一百二十六斤十四两四钱。又每百斤加民耗铜三斤二两，该民耗铜三斤十五两四钱五分。通共每百斤加局耗、煎耗、民耗铜三十斤十三两八钱五分，共该加耗铜一百三十二斤四两四钱九分九厘九毫零，二共正、耗铜五百六十斤十三两六钱四分二厘八毫零。白铅三百七十二斤十三两七钱一分四厘二毫零，黑铅二十九斤十五两九钱九分九厘九毫零，均不加耗。净锡二十五斤十一两四钱二分八厘五毫零，每百斤加耗锡六斤，计加耗锡一斤八两六钱八分五厘七毫零，二共正、耗锡二十七斤四两一钱一分四厘二毫零。计正铸净铜、铅、<锡>八百五十七斤二两二钱八分五厘七毫，每百斤给挫磨、折耗（一）〔九〕斤[2]，共折耗铜、铅、锡七十七斤二两二钱八分五厘七毫，实铸净铜、铅、锡七百八十斤。每钱一文，铸重一钱二分，共铸钱一百四串。内除支销匠役工食钱一十二串，物料钱五串三百三十二文八毫，实存净钱八十六串六百六十七文一毫零。

又带铸用铜四十二斤十三两七钱一分四厘二毫零，每百斤照前加耗铜三十斤十三两八钱五分，计加耗铜一十三斤三两六钱四分九厘九毫零，二共正、耗铜五十六斤一两三钱六分四厘二毫零。白铅三十七斤四两五钱七分一厘三毫零，黑铅二斤十五两九钱九分九厘九毫零，均不加耗。净锡二斤九两一钱四分二厘八毫零，每百斤加耗锡六斤，计加耗锡二两四钱六分八厘五毫零，二共正、耗锡二斤十一两六钱一分一厘四毫零。计带铸净铜、铅、锡八十五斤十一两四钱二分八厘五毫，每百斤给挫磨、折耗九斤，共折耗铜、铅、锡七斤十一两四钱二分八厘五毫，实铸净铜、铅、<锡>七十八斤。每钱一文，铸重一钱二分，共钱十串四百文。不给工食，只给物料钱五百五十三文二毫零[3]，实存净钱九串八百六十六文七毫零。

又外耗用铜三十八斤九两一钱四分二厘，照前每百斤加耗铜三十斤十三两八钱五分，计加耗铜一十一斤十四两四钱八分四厘七毫零，二共正、耗铜五十斤七两六钱二分六厘七毫零。白铅三十三斤八两九钱一分三厘五毫零，黑铅二斤十一两一钱九分九厘九毫零，均不加耗。净锡二斤五两二分八厘五毫零，每百斤加耗锡六斤，计加耗锡二两二钱二分一厘七毫零，二共正、耗锡一斤七两二钱五分二毫零[4]。计外耗净铜、铅、锡七十七斤一两二钱八分四厘[5]，不给挫磨、折耗。每钱一文，铸重一钱二分，共铸钱十串二百八十五文七毫。不给工食、物料，只给局中官役廉、食等项钱四串五十七文七毫，实净存钱六串二百二十八文。

计正铸、带铸、外耗三项，共用铜、铅、黑铅、锡一千一十九斤十五两九钱九分八厘二毫，共铸钱一百二十四串六百八十五文七毫。除支销工食、物料等项钱二十一串九百二十三文七毫，实存净钱一百零二串七百六十二文。计一十八炉，年铸六百四十八卯，共钱六万六千五百余串，搭放钱本、运脚之用。每钱一串二百文，扣收银一两，共扣收银五万五千四百余两。

又每年六百四十八卯，共用铜三十三万四百七十九斤，耗铜一十万二十零四斤[6]。除耗铜不另给价外，每正铜百斤，价、脚银九两二钱，共该铜价银三万四百四两。又用卑浙、块泽二厂白铅二十八万七千五百一十七斤，每百斤给价银一两八钱二分，脚银三钱一分五厘，该价、脚银六千一百三十八两。又用卑浙、块泽二厂黑铅二万三千一百一十一斤[7]，每百斤给价银一两四钱八分，脚银五钱，该价、脚银四百五十八两。又用个旧厂净锡一万九千八百二十八斤，每正、耗锡百斤，给价银二两九钱二分七厘，脚银一两零四分三厘四毫二丝七忽九微一纤七尘九渺二漠[8]，该价脚银八百三十四两五钱四厘。四共铜、铅、锡斤价、脚银三万七千八百三十四两五钱四厘，于前项扣获钱本银内计除外，共获铸息银一万七千六百余两。其每铸净铜一百斤，给炒费银二钱[9]，系于铜息项下发给。

乾隆四十三年八月[10]，减炉十座，酌留八座，照前鼓铸。年铸一百八十八卯[11]，共钱二万九千五百余串。除归还铜、铅本、脚外，计获铸息银七千八百余两。

至四十四年十月底[12]，将八炉全行裁撤[13]。

注 释

[1] 设炉十八座：《皇朝文献通考》卷十八《钱币考六》："乾隆四十一年，署云贵总督觉罗图思德等言：'滇省近年大小各厂，岁获铜一千二百三四十万斤，除京运、鼓铸，年需高铜九百余万斤，外其宁台、户蒜、金钗等厂，尚积存低铜五百余万斤，并收回一分通商一百二十余万斤，已足敷复炉加铸之用。请于东川局增炉十五座，曲靖府安炉十八座'。"《皇朝通志》卷八十九《食货略九·钱币》："乾隆四十一年，以云南铜斤足敷加铸，复定东川局增炉十五座，曲靖府安炉十八座。"

[2] （一）〔九〕斤：根据文意及《云南铜志》所载，应为"九斤"。

[3] "只给"至"二毫零"：《云南铜志》作"只给物料钱五百三十三文二毫零"。

[4] "二共"至"二毫零"：《云南铜志》作"二共正、耗锡二斤七两二钱五分二毫零"。

[5] "计"至"四厘"：《云南铜志》作"计外耗净铜、铅、锡七十七斤二两二钱八分四厘"。

[6] "耗铜"至"四斤"：《云南铜志》作"耗铜一十万二千零四斤"。

[7] "又用"至"一十一斤"：《云南铜志》作"又用卑浙、块泽二厂黑铅二万三千一百三十三斤"。

[8] "脚银"至"二僕"：《云南铜志》作"脚银一两零四分三厘四毫二丝七忽九微二纤七塵九渺二漠"。

[9] 给炒费银二钱：《云南铜志》作"给炒费银三钱"。

[10] 乾隆四十三年八月：《云南铜志》作"乾隆四十二年八月初一日"。

[11] 年铸一百八十八卯：《云南铜志》作"年铸二百八十八卯"。

[12] 至四十四年十月底：《云南铜志》作"至四十四年二月底"。

[13] 将八炉全行裁撤：《皇朝通志》卷八十九《食货略九·钱币》记："乾隆四十四年，以滇省铜斤不敷各省采买，其临安、保山、曲靖三局复设十三座，尽数裁去。"《皇朝文献通考》卷十八《钱币考六》："乾隆四十四年，云贵总督李侍尧言：'滇省所筹铜数，只有一百九十余万斤，不敷各省采买。谨就三迤地势民情，悉心酌核，除省城、东川府需钱较多，未便议裁外……其临安、曲靖、保山三局复设十三座，尽数裁去，以节铜斤'。"

临安局

临安局，于雍正元年十二月设炉六座[1]，每炉每月鼓铸三卯，以铜六、铅四配铸。每卯正铸用铜六百斤，每百斤加耗铜十三斤，计加耗铜七十八斤，二共正、耗铜六百七十八斤。白铅四百斤，不加耗。计正铸净铜、铅一千斤，每百斤给挫磨、折耗九斤，共折耗铜、铅九十斤，实铸净铜、铅九百一十斤。每钱一文，铸重一钱四分，共铸钱一百零四串。内除支销炉匠工食钱一十二串，物料钱六串二百文，实存净钱八十五串八百文。

又带铸用铜六十斤，每百斤加耗铜一十三斤，计加耗铜七斤十二两八钱，二共正、耗铜六十七斤十二两八钱。白铅四十斤，不加耗。计带铸净铜、铅一百斤，给挫磨、折耗九斤，实铸净铜、铅九十一斤。每钱一文，铸重一钱四分，共铸钱十串四百文。不给工食，只给物料钱六百二十文，实存净钱九串七百八十文。

又外耗用铜五十四斤，每百斤加耗铜一十三斤，计加耗铜七斤三钱一分[2]，二共正、耗铜六十一斤三钱二分。白铅三十六斤，不加耗。计外耗净铜、铅九十斤，不给挫磨、折耗。每钱一文，铸重一钱四分，共铸钱十串四百八十五文七毫[3]。不给工食、物料，只给局中官役廉、食等项钱四串五十七文七毫，实存净钱六串二百二十七文三毫。

计正铸、带铸、<外耗>三项，共用铜、铅一千九十一斤，共铸钱一百二十四串六百八十五文七毫。除支销工食、物料等项钱二十二串八百七十七文七毫，实存净钱一百一串八百八文。计六炉正铸二百一十六卯，共钱二万一千九百余串，搭放兵饷之用。每钱一串，扣收银一两，共扣收银二万一千九百余两。

又每年二百一十六卯，共用各厂正铜一十五万四千二百二十四斤，耗铜二万零四十九斤。除耗铜不另给价外，每正铜百斤，价、脚银九两二钱，共该铜价银一万四千一百八十八两六钱八厘。又用卑浙、块泽二厂白铅一十万二千八百一十六斤，每百斤给价银二两，脚银一两五钱，该脚、价银三千五百九十八两五钱六分。二共铜、铅价、脚银一万七千七百八十七两一钱六分八厘，于前项扣获钱本银内计除外，每年共获铸息银四千二百余两。其每铸净铜一百斤，给炒费银三钱，系于铜息项下，动支发给。

雍正五年二月，添设炉五座[4]，连原设六座，共计十一炉。年铸三百九十六卯，仍以铜六、铅四（酌）〔配〕铸。每钱一文，铸重一钱四分，年共铸钱四万三百一十余串。除归还铜、铅本、脚外，计获铸息银七千七百余两。

十二年十一月，减发铜、铅，改为每钱一文，铸重一钱二分，仍以铜六、铅四配铸。每卯正铸、带铸、外耗，共用铜六百一十一斤十五两九钱九分八厘九毫二丝，白铅四百七斤十五两九钱九分九厘二毫八丝。年共铸钱四万三百一十余串。除归还铜、铅本、脚外，计获铸息银一万二千三百余两。

乾隆元年，改为<每钱>一串二百文，扣收银一两。又铅斤运脚，每百斤原给银一两三钱[5]，改为给银一两。其炉匠工食，并外耗支销，照旧发给。惟正铸物料，原给钱六串二百文，改为给钱五串三百三十二文八毫。带铸物料，原给钱六百二十文，改为给钱五百三十三文二毫。年共铸钱四万六千九十余串[6]。除归还铜、铅本、脚外，计获铸息银六千七百六十余两。

五年十二月，添设炉五座，连原设十一座，共炉一十六座，照前鼓铸。年铸五百七十八卯，年共铸钱五万九千一百余串。除归还铜、铅本、脚外，计获铸息银九千八百余两。

六年十二月，改为四色配铸，每百斤用铜五十斤，白铅四十三斤八两，黑铅三斤八两，锡三斤。黑铅每百斤价银一两四钱八分，脚银七钱二分。锡每百斤价银二两九钱二分七厘，脚银二钱九厘四毫零，年共铸钱五万九千二百九十余串[7]。除归还铜、铅本、脚外，计获铸息银一万三千五百九十余两。

十五年正月，减炉八座，酌留八座，照前鼓铸。年铸二百八十八卯，其白铅改用普马厂[8]铅斤，每百斤厂价银二两，脚银二钱七分二厘七毫。年共铸钱二万九千五百九十余串。除归还铜、铅本、脚外，计获铸息银七千七百二十余两。

十九年，将黑铅运脚每百斤原给银七钱二分，改为给银九分九毫。年共铸钱二万九千五百九十余串。除归还铜、铅本、脚外，计获铸息银七千七百九十余两。

三十年五月，每炉每卯正铸项下，加添米、炭价钱二串四百七十文。年共铸钱二万八千八百余串。除归还铜、铅本、脚外，计获铸息银七千一百余两。至三十五年八月，将八炉全行裁撤[9]。

四十一年正月，复设炉一十二座，照前鼓铸。年铸四百三十二卯，年共铸钱四万三千三百余串。除归还铜、铅本、脚外，计获铸息银一万七千七百九十一两。

四十二年八月，减炉四座，酌留八座，照前[10]鼓铸。年共铸钱二万八千八百余串。除归还铜、铅本、脚外，计获铸息银七千一百余两。至四十四年二月底，将八炉全行裁撤。

嘉庆四年，因改铸收买小钱，咨明户部，于临安府支炉六座，就近改铸临安、普洱[11]二府属小钱。于是年铸竣，即将炉座裁撤。

注　释

[1] "临安局"至"六座"：临安府设局，始于康熙二十四年，而非雍正元年，雍正元年为复设。雍正《云南通志》卷十一《课程志·钱法》："康熙二十四年，设临安铸局。二十七年，总督范承勋以云南钱法壅贱，奏罢之。"

《皇朝通典》卷十《食货十·钱币》："雍正元年，增开云南鼓铸局四所。时云南产铜日多，足供鼓铸，其省城之云南府及临安府、大理府、沾益州四处，相近铜厂，转运为便，故各令开局鼓铸。省城局炉二十一座，临安府局炉六座，大理府局炉五座，沾益州局炉十五座。每年开铸三十六卯，遇闰加三卯。钱幕铸满文'宝云'字，嗣后他省铸钱俱用宝字为首，次铸本省一字。"

铜政便览
校注

雍正《云南通志》卷十一《课程志·钱法》："雍正元年，临安府城设炉六座，委监铸官一员，每炉三十六卯，六炉共实铸铜、铅一十九万六千五百六十斤，得钱二万二千四百六十四千，以钱一千作银一两，除去工本银一万九千七百四十二两四钱外，实获息钱二千七百二十一千六百文。每年支放附近钱局之临安镇钱、二兵饷钱七千七百千一百五十九文。遵照部文，易银作次年工本。"

雍正《云南通志》卷十一《课程志·钱法》："临安府城旧设新增，共炉十一座，委监铸官一员。正额每炉三十六卯，十一炉共实铸铜、铅三十六万三百六十斤，得钱四万一千一百八十四千，以钱一千作银一两，除去工本银三万六千一百九十四两四钱外，实获息钱四千九百八十九千六百文。每年支放附近钱局之临安镇钱二兵饷钱七千五百九十六千四百七十五文。遵照部文，易银作次年工本。带铸每炉三十六卯，十一炉共实铸铜、铅三万六千三十六斤，得钱四千一百一十八千四百文，以钱一千作银一两，除去工本银二千九百八十五两八钱四分外，实获息钱一千一百三十二千五百六十文，以为添给解送邻省脚价之费。增铸、外耗十一炉三十六卯，共用铜、铅三万五千六百四十斤，每炉每卯得钱十千二百八十五文七毫一丝四忽零，实共铸得钱四千零七十三千一百四十三文。内除去工本银二千四百六十六两二钱八分八厘外，实获息钱一千六百零六千八百五十五文。遵奉部覆，准作局内炉役食米、添补灯油器，其官役养廉、工食等项之用。自雍正七年起，通省各府、州、县每年鞭春厉祭、铺兵工食、生员廪饩俱以钱给，每年放给钱一万一十九千八十一文，易银一万一十九两八分一厘。"

[2] "计加"至"一分"：《云南铜志》作"计加耗铜七斤三钱二分"。

[3] "共铸"至"七毫"：《云南铜志》作"共铸钱十串二百八十五文七毫"。

[4] 添设炉五座：《清世宗实录》卷五十："雍正四年丙午十一月，户部议覆：'云贵总督鄂尔泰疏言"停止大理、沾益二局鼓铸，请于云南、临安二府，共加炉九座，鼓铸钱文，以四万串发运湖广、四川、江西、两广等处"，应如所请'。从之。"

《清世宗实录》卷七十七："雍正四年，户部议发云南所铸之钱二万串、到粤搭放兵饷，军民称便，但数止二万串，散之通省，寥寥无几。……行令云贵、广西总督鄂尔泰，将滇省每年所有铜斤，余出若干，临安一局，约可添炉几座，或铸钱四万串，或可多铸之处酌量定议，委员解赴广西，照例每钱一串，易银一两领回。从之。”

《皇朝通典》卷十《食货十·钱币》：“乾隆五年，增云南炉局十座，及临安局炉五座，其钱照青钱式。又以云南改铸青钱，需用点锡，赴粤采买不易，准其以个旧厂版锡搭配鼓铸。”

雍正《云南通志》卷十一《课程志·钱法》：“雍正五年，停沾益、大理两处铸钱，云南府城增炉四座，仍设监铸官一员；临安府城增炉五座，仍设监铸官一员。二处共合炉三十六座，鼓铸外增铸带铸制钱。……于五年正月三十日沾益、大理停铸。二月初一日，省城、临安添炉九座，开铸并带铸制钱。”

[5] “每百斤”至“三钱”：《云南铜志》作“每百斤原给银一两五钱”。

[6] “年共”至“六千九十余串”：《云南铜志》：“年共铸钱四万六百九十余串”。

[7] “年共”至“九十余串”：《云南铜志》作“年共铸钱五万九千一百九十余串”。

[8] 普马厂：《清高宗实录》卷三百四十四：“乾隆十四年己巳秋七月，户部议准：‘云南巡抚图尔炳阿奏称“滇省临局鼓铸，需用白铅，向于卑、块二厂买运，查普马山铅厂，矿砂旺盛，距临局三站，每百斤需脚价银二钱七分，较卑、块节省银七钱二分，应自庚午年始，照卑、块例，在普马山买铸”’。从之。”

《皇朝文献通考》卷十七《钱币考五》：“乾隆二十一年，议定云南各局配铸白铅价直。先是，云南局白铅，俱系卑浙、块泽二厂所出。乾隆十四年，以建水州新开普马山厂产有白铅，距省城、临安道路较近，奏定照例抽课收买，运供二局鼓铸。寻复议大理、广西二局，亦就近拨用，以省脚费。其旧厂每年但收买二十五万斤存贮，其余听商自行销售。至是厂民呈请每百斤减价一钱八分，仍照旧例拨用。经署巡抚郭一裕奏定：新、旧厂并行开采，除东川局向用卑浙、块泽厂铅外，嗣后省城、临安二局用普马厂铅，每百斤照例厂价二两，大理、广西二局用卑浙、块泽厂铅，每百斤厂价一两八钱二分，按额分运。"

《军机处录副奏折》："嘉庆十六年二月二十四日，云贵总督伯麟、云南巡抚孙玉庭奏：'为铅厂矿砂无出，仰恳圣恩俯准封闭以归核实事。窃查临安府经管之普马白铅厂，因矿砂衰竭，砂丁星散，无从采办。节据该道府查勘属实，附近无子厂可开，出具印结，由藩司详请奏恩封闭。前来臣等伏查普马铅厂，前因开采年久，矿砂微薄，历系贴价、脚购买别厂商铅，添补运供。……经据实详咨，将普马厂封闭……自嘉庆十三年起，全数归于者海厂代办。'"

清云南布政司《案册》："普马铅厂，坐落建水县地方。年办局铅二十一万九千七百六十九斤二两八钱一分二厘，有润办铅二十三万八千八十三斤四两三钱八分。嘉庆八年，厂铅不敷局铸，改令者海厂办铅一十八万八千八十三斤四两三钱八分，本厂办铅五万斤。十三年，全行封闭，局铅归者海厂代办。"

[9] 将八炉全行裁撤：《皇朝通典》卷十《食货十·钱币》："乾隆三十五年，减云南炉座。时云南钱值过贱，将东川新设炉二十五座，大理、广西各十五座，临安、顺宁各八座，均行裁减。"

《皇朝通志》卷八十九《食货略九·钱币》："乾隆三十五年，又以云南总督刘藻请，减云南顺宁府加卯鼓铸，增省城、临安鼓铸卯期。寻以铜斤不敷，将东川新设炉二十五座，大理、广西各十五座，临安、顺宁各八座，暂为裁减"。

[10] 照前：《清高宗实录》卷一千三十四："乾隆四十二年丁酉六月，户部议准：'署云南巡抚图思德题称"建水县普马旧厂之大黑山，另开礦硐，铅砂丰旺，就近拨临安局鼓铸，价值运费，照旧厂章程办理"'。从之。"

[11] 普洱：《大清一统志》卷四八六《普洱府》："普洱府，在云南省治西南一千二百三十里，东西距六百八十里，南北距一千二百四十里。东至元江州界二百五十里，西至顺宁府界四百三十里，南至缅甸界一千五十里，北至镇沅直隶州界一百九十里，东南至老挝南掌界一千四百一十里，西南至缅甸界一千三百里，东北至元江州界二百二十五里，西北至景东厅界二百七十里。自府治至京师九千四百五十里。《禹贡》梁州荒裔，本古产里地，倭泥、貊党诸蛮杂居之。自汉及唐、宋、五代以来，不通中国。元

世祖时，伐交趾，经所部降之。大德中，置撒里路军民总管府，领六甸。明洪武十四年，开滇，土酋那直率众来归，置车里宣慰司，属元江府，后为那崑所据。本朝顺治十六年，平云南，编隶元江府。雍正七年，分车里宣慰所辖江内六版纳地，置普洱府，隶云南省，领县一。"

沾益[1]局

沾益局[2]，于雍正元年十二月[3]设炉十五座，每炉每月鼓铸三卯，铜六、铅四配铸。每炉每卯正铸用铜六百斤，每百斤加耗铜十三斤，计加耗铜七十八斤，二共正、耗铜六百七十八斤。白铅四百斤，不加耗。计正铸净铜、铅一千斤，每百斤给挫磨、折耗九斤，共折耗铜、铅九十斤，实铸净铜、铅九百一十斤。每钱一文，铸重一钱四分，共铸钱一百四串。内除支销炉匠工食钱十二串，物料钱六串二百文，实存净钱八十五串八百文。

又带铸用铜六十斤，每百斤加耗铜一十三斤，计加耗铜七斤十二两八钱，二共正、耗铜六十七斤十一两八钱[4]。白铅四十斤，不加耗。计带铸净铜、铅一百斤，给挫磨、折耗九斤，实铸净铜、铅九十一斤。每钱一文，铸重一钱四分，共铸钱十串四百文。不给工食，只给物料钱六百二十文，实存净钱九串七百八十文。

又外耗用铜五十四斤，每百斤加耗铜十三斤，计加耗铜七斤三钱二分，二共正、耗铜六十一斤三钱二分[5]。白铅三十六斤，不加耗。计外耗净铜、铅九十斤，不给挫磨、折耗。每钱一文，铸重一钱四分，共铸钱十串二百八十五文七毫。不给工食、物料，只给局中官役廉、食等项钱四串五十七文七毫，实存净钱六串二百二十七文三毫。

计正铸、带铸、外耗三项，共用铜、铅一千九十一斤[6]，共铸钱一百二十四串六百八十五文七毫。除支销工食、物料等项钱二十二串八百七十七文七毫，实存净钱一百一串八百八文。十五炉正铸五百四十卯，共钱五万四千九百七十六串三百二十文，搭放兵饷之用。每钱一串，扣收银一两，共扣收银五万四千九百七十六两三钱二分。

又每年五百四十卯，共用各厂正铜三十八万五千五百六十斤，加耗铜五万一百二十二斤十二两八钱，不另给价外，每正铜百斤，价、脚银九两二钱，共该铜价银三万五千四百七十一两五钱二分。又用卑浙、块泽二厂白铅二十五万七千四十斤，每百斤给价银二两，脚银一两五钱，共该价、脚银八千九百九十六两四钱。二共铜、铅价、脚银四万四千四百六十七两九钱二分，于前项扣获钱本银内计除外，每年共获铸息银一万五百余两。其每铸净铜一百斤，给炒费银三钱，系于铜息项下，动支发给。

至雍正五年正月底，将十五炉全行裁撤[7]。

注　释

[1]　沾益：清沾益州，属曲靖府。《大清一统志》卷四八四《曲靖府·沾益州》："沾益州，在府城北三十里，东西距二百六十里，南北距一百二十五里。东至平彝县界八十里，西至东川府界一百八十里，南至南宁县界五里，北至宣威州界一百二十里，东南至陆良州界九十里，西南至马龙州界十五里，东北至贵州普安厅界九十里，西北至东川府界九十里。汉牂牁郡宛温县地。三国汉属兴古郡，晋为宛暖县地。宋、齐因之。唐初置西平州，贞观中改为盘州，天宝末入于蛮，㝎、刺二种居之，后又为摩弥部所据。元初隶摩弥万户府，至元中改置沾益州，领交水、石梁、罗山三县，隶曲靖路。明永乐初，省三县入州，隶曲靖府。本朝因之。"

[2]　沾益局：雍正《云南通志》卷十一《课程志·钱法》："雍正元年，设鼓铸于云南府城、沾益州城、临安府城、大理府城，共建炉四十七座。……沾益州城设炉十五座，委监铸官一员，每炉三十六卯，十五炉共实铸铜、铅四十九万一千四百斤，得钱五万六千一百六十千，以钱一千作银一两，除去工本银四万九千三百五十六两外，实获息钱六千八百四千文。每年支放附近钱局之曲寻援剿左协、寻沾营钱、二兵饷，易隆、马龙、沾益、白水、平彝、松林、炎方、倘塘各驿堡官夫廪食，马匹草料钱，三钱共二万二千六百一十三千四百四文。遵照部文，易银作次年工本。"

雍正《云南通志》卷十八下《公署》："沾益州·宝云钱局：在北门外，

今停。"

[3]　雍正元年十二月：《云南铜志》作"雍正元年十二月二十日"。

[4]　"二共"至"八钱"：《云南铜志》作"二共正、耗铜六十七斤十二两八钱"。

[5]　"二共"至"二分"：《云南铜志》作"二共正、耗铜六十一斤三钱三分"。

[6]　一千九十一斤：《云南铜志》作"共用铜、铅一千九百十一斤"。

[7]　将十五炉全行裁撤：雍正《云南通志》卷十一《课程志·钱法》："雍正五年，停沾益、大理两处铸钱。……四年三月，巡抚管总督事鄂尔泰题：为详筹钱法恳请暂停鼓铸事，疏请暂停鼓铸，庶局钱不致日增，而无壅滞之患。……大理一局，去滇甚远；沾益一局，马脚必由省雇，往返多费。此二局似应减去。……疏入，报可。于五年正月三十日，沾益、大理停铸。"

清代倪蜕《滇云历年传》卷十二："（雍正）四年丙午，停沾益、大理两处铸钱，增云南炉四座、临安炉五座。"

大理[1]局

大理局[2]，于雍正元年十二月设炉五座[3]，每炉每月鼓铸三卯，以铜六、铅四配铸。每卯正铸用铜六百斤，每百斤加耗铜十三斤，计加耗铜七十八斤，二共正、耗铜六百七十八斤。白铅四百斤，不加耗。计正铸净铜、铅一千斤，每百斤给挫磨、折耗九斤，共折耗铜、铅九十斤，实铸净铜、铅九百一十斤。每钱一文，铸重一钱四分，共铸钱一百四串。内除支销炉匠工食钱十二串，物料钱六串二百文，实存净钱八十五串八百文。

又带铸用铜六十斤，每百斤加耗铜十三斤，计加耗铜七斤十二两八钱，二共正、耗铜六十七斤十二两八钱。白铅四十斤，不加耗。计带铸净铜、铅一百斤，给挫磨、折耗九斤，实铸净铜、铅九十一斤。每钱一文，铸重一钱四分，共铸钱十串四百文。不给工食，只给物料钱六百二十文，实存净钱九串七百八十文。

又外耗用铜五十四斤，每百斤加耗铜十三斤，计加耗铜七斤零三钱二分^[4]，二共正、耗铜六十一斤三钱二分。白铅三十六斤，不加耗。计外耗净铜、铅九十斤，不给挫磨、折耗。每钱一文，铸重一钱四分，共铸钱十串二百八十五文七毫。不给工食、物料，只给局中官役廉、食等项钱四串零五十七文七毫，实存净钱六串二百二十七文三毫。

计正铸、带铸、外耗三项，共用铜、铅一千零九十一斤，共铸钱一百二十四串六百八十五文七毫。除支销工食、物料等项钱二十二串八百七十七文七毫，实存净钱一百一串八百八文。计五炉年铸一百八十卯，共钱一万八千三百二十五串四百四十文，搭放兵饷之用。每钱一串，扣收银一两，共扣收银一万八千三百二十五两四钱四分。

又每年一百八十卯，共用各厂正铜一十二万八千五百二十斤，耗铜一万六千七百七斤九两六钱^[5]。除耗铜不另给价外，每正铜百斤，价、脚银九两二钱，共该铜价银一万一千八百二十三两八钱四分。又用卑浙、块泽二厂白铅八万五千六百八十斤，每百斤给价银二两，给脚银一两五钱，该价、脚银二千九百九十八两八钱。二共铜、铅价、脚银一万四千八百二十二两六钱四分，于前项扣获钱本银内计除外，每年共获铸息银三千五百余两。其每铸净铜一百斤，给炒费银三钱，系于铜息项下，动支给发。

雍正五年正月，将五炉全行裁撤。

乾隆九年十一月，复设炉十五座，年铸五百四十卯，改为四色配铸，每百斤用铜五十斤，白铅四十三斤八两，<黑铅三斤八两>^[6]，锡三斤。白铅每百斤价银二两，<照>旧发给。脚银原给银一两五钱，改为给银二两零七分五厘二毫五丝。黑铅每百斤价银一两零五分六厘，脚银一两一钱四分四厘。锡每百斤价银二两九钱二分七厘，脚银二两零八分五厘九毫零。又正铸项下，原给物料钱六串二百文，改为给钱五串三百三十二文八毫，加添米、炭价钱二串四百七十文。带铸项下，原给物料钱六百二十文，改为给钱五百二十三文二毫零^[7]。年共铸钱五万四千一百余串文。除归还铜、铅本、脚外，计获铸息银八千七百余两。

二十四年，将白铅工本原给银二两，改为给银一两八钱二分，年共铸钱五万四千一百余串。除归还铜、铅本、脚外，计获铸息银九千一百余两。至三十五年八月，将十五炉全行裁撤^[8]。

四十一年正月，复设炉十五座，照前鼓铸。年铸五百四十卯，共钱五万四千一百余串。除归还铜、铅本、脚外，计获铸息银九千一百余两。惟铜斤系用宁台铜斤，每百斤加煎耗、民耗、局耗铜三十斤十三两八钱五分。每正铜百斤，价银九两二钱。

乾隆四十二年正月，添设炉三座，连原设炉十五座，共计一十八炉，照前鼓铸。年铸六百四十八卯，共钱六万四千九百余串。除归还铜、铅本、脚外，计获铸息银一万零九百余两。

四十二年八月，裁减十座，酌留八炉，照前鼓铸。年铸二百八十八卯，共钱二万八千八百余串。除归还铜、铅本、脚外，计获铸息银四千八百八十余两。至四十五年，将八炉移于省局[9]，添设鼓铸。

嘉庆四年正月，因改铸收买小钱，咨明户部，于大理府下关地方，设炉二十二座，就近改铸大理、丽江、顺宁、镇沅、永北、蒙化、景东、威远等府、厅、州、县所属小钱。至七年铸竣，即将炉座裁撤。

注 释

[1]　大理：清大理府。《大清一统志》卷四百七十八："大理府，在云南省治西北八百九十里，东西距九百六十里，南北距二百二十里。东至楚雄府姚州界二百八十里，西至永昌府保山县界六百八十里，南至蒙化厅界六十里，北至丽江府鹤庆州界一百六十里，东南至蒙化厅旧定远县界一百三十里，西南至永昌府界一百五十里，东北至永北厅界四百一十里，西北至丽江府界六百二十八里。自府治至京师一万一千四百五十里。《禹贡》梁州荒裔。汉益州郡地。后汉永昌郡地。三国汉云南郡地。晋永嘉五年分置东河阳郡治东河阳，领楪榆。宋、齐因之按：《齐志》：楪榆县属东河阳郡，又有西河阳郡治楪榆。梁末入于蛮。隋属南宁州总管。唐属姚州都督府《元史·地理志》：'唐于昆明之楪栋州置姚州都督府，治楪榆洱河蛮'。天宝以后为南诏蒙氏所据《唐书·南蛮传》：'南诏……本哀牢夷后，乌蛮别种也，夷语王为诏'，其先有六诏，曰蒙嶲诏、越析诏、浪穹诏、邆睒诏、施浪诏、蒙舍诏，兵埒不能相下，蜀诸葛亮讨定之。蒙舍在诸部南，故称南诏。伪号大蒙国，治羊苴咩城，谓之西京，后又改为中都，号大礼国《元史·地理志》：'蒙舍诏皮罗阁逐河蛮，取太和城，至阁罗凤号大蒙国，云南先有六诏，至是请于朝，求合为一，从之，从治太和城，至异牟寻又迁于喜郡史城，又徙居羊苴咩城'，其后郑、赵、杨三氏互相篡夺。五代晋时，段思平更号大理国。元宪宗三年收附，六年立上下二万户府，至元七年，并置大理路，兼置军

民总管府，又置大理、金齿等处宣慰司，都元帅府理于此，隶云南行中书省。明洪武十五年，改为大理府，属云南布政使司。本朝因之，属云南省，领州四、县三、长官司一。"

[2] 大理局：雍正《云南通志》卷十八下《公署》："大理府·宝云钱局：在城西北，今停。"

[3] 设炉五座：大理府设局，始于康熙二十一年，而非雍正元年。

雍正《云南通志》卷十一《课程志·钱法》："康熙二十一年，设鼓铸于云南、蒙自、禄丰、大理等处。二十七年，总督范承勋以云南钱法壅贱，奏罢之。雍正元年，设鼓铸于云南府城、沾益州城、临安府城、大理府城，共建炉四十七座。"

《皇朝文献通考》卷十六《钱币考四》："乾隆六年，又开云南大理府局鼓铸。云南总督张允随奏言：'大理府局自雍正四年停铸之后，迤西一带制钱渐少，兵民交易不便。查迤西地方俱产有铜矿，设法开采，自可多获铜斤。请复行开局设炉十五座，每年开铸三十六卯，所需铜斤，即于附近铜厂采用，如有不敷，再将迤东各厂添拨。其铅、锡等项，仍自迤东运往。共用正额、带铸、外耗铜、铅、锡五十五万八百斤，铸青钱六万七千三百三十串二百文有奇。除去工价等项，照银七、钱三之例配给提标，每百斤每站亦照云南运铜之例，给脚价银一钱二分九厘二毫。"

雍正《云南通志》卷十一《课程志·钱法》："大理府城设炉五座，委监铸官一员，每炉三十六卯，五炉共实铸铜、铅一十六万三千八百斤，得钱一万八千七百二十千。以钱一千作银一两，除去工本银一万六千四百五十二两外，实获息钱二千二百六十八千。每年支放附近钱局之提标、大理城守营钱、二兵饷钱二万四千九十五千四百八十七文。遵照部文，易银作次年工本。"

[4] "计加"至"二分"：《云南铜志》作"计加耗铜七斤零二钱二分"。

[5] "耗铜"至"六钱"：《云南铜志》作"耗铜一万六千六百七斤九两六钱"。

[6] <黑铅三斤八两>：四色配铸，即为铜、白铅、黑钱、锡四种金属搭配铸钱。因下文记录了黑铅的价、脚银，此处漏记"黑铅"，可知根据《云南铜志》所载，此处补充"黑铅三斤八两"。

[7] "改为"至"二毫零"：《云南铜志》作"改为给钱五百三十三文二毫零"。

[8] 将十五炉全行裁撤：《皇朝文献通考》卷十八《钱币考六》："乾隆三十五年……将东川新设炉二十五座，大理、广西各十五座，临安、顺宁各八座，暂为裁减。"

[9] 将八炉移于省局：《皇朝文献通考》卷十八《钱币考六》："乾隆四十五年，又以各厂采铜竭蹶，且距省稍远，稽察难周，将大理府所设八炉遵旨移归省局。"

楚雄局

楚雄府[1]，向未设炉。嘉庆四年，因改铸收买小钱，咨明户部，于楚雄府设炉十座，就近改铸楚雄府属及黑、白、琅三井小钱。至五年铸竣，即将炉座裁撤。

注 释

[1] 楚雄府：《大清一统志》卷四百八十《楚雄府》："楚雄府，在云南省治西四百二十里，东西距三百八十里，南北距七百五里。东至云南府禄丰县界一百五十里，西至大理府界二百二十五里，南至元江州界三百里，北至四川宁远府盐源县界四百五里，东南至云南府昆阳州界二百三十里，西南至景东厅界二百五十里，东北至禄丰县界一百五十八里，西北至永北厅界七百五十里。自府治至京师一万一千二十里。《禹贡》梁州荒裔。汉益州郡地《明统志》："晋成康中置安州于此'。后为杂蛮所居《元史·地理志》：'夷名俄碌，历代无郡邑，后爨酋威楚筑城，俄碌睒居之'。唐初诸蛮内附，至傍、望、览、邱等州，隶朗州都督府《唐书·南蛮传》：'爨蛮之西，有徒莫祇蛮、俭望蛮，贞观二十三年内属，以其地为傍、望、览、邱、求五州，隶郎州都督府'。《滇志》：'五州，惟求州在新兴州境，余皆府境'。天宝末入于南诏蒙氏《府志》：'时蛮王阁罗凤与张虔陀构

隙，据守内楚州城，即令楚雄'，置银生节度。石晋后，大理段氏以其地隶姚州，号当筋睑，寻改白鹿郡，复改为威楚郡《元志》：'高昇泰执大理国柄，封其侄子明量于威楚，筑外城，号德江城，传至其裔长寿'。元宪宗六年，立威楚万户府，八年改威楚路，隶云南行省，后置威楚、开南等路宣抚于此。明洪武十五年，改为楚雄府，隶云南布政使司。本朝因之，隶云南省。乾隆三十五年裁姚安府，以府属姚州大姚县并隶焉，今领州三、县四。"

广 南 局

广南府[1]，向未设局。嘉庆五年，因改铸收买小钱，咨明户部，于广南府设炉六座，就近改铸开化、广南二府属小钱。于是年铸竣，将炉座裁撤。

注 释

[1] 广南府：《大清一统志》卷四百八十二《广南府》："在云南省治东南八百五十里，东西距七百二十里，南北距三百四十里。东至广西思恩府土田州界四百二十里，西至开化府及广西州界三百里，南至交趾界二百九十里，北至广西泗城府西林县界一百四十里，东南至广西镇安府界二百九十里，西南至临安府阿迷州界四百里，东北至广西泗城府西隆州界二百十里，西北至广西州弥勒县界三百里，自府治至京师九千五十里。《禹贡》梁州荒裔。汉牂柯郡地。宋时名特磨道《明统志》：'侬智高之裔居此'。元至元中，立广南西路宣抚司，隶云南行省。明洪武中，改置广南府《明史》：'洪武十七年归附，革元广南西路宣抚司，置广南府，以土官侬郎金为同知'，隶云南布政使司。本朝因之，属云南省，领县一、土州二。"

附：云南省各钱局铸钱成本及获息情况统计

（一）《铜政便览》所载云南各钱局铸钱情况统计

云南省局铸钱情况统计

序号	时间	设炉	年铸钱	年获铸息银
1	雍正元年十二月	二十一座	七万六千九百余串	一万四千六百四十余两
2	雍正五年二月	二十五座	九万一千六百余串	一万七千余两
3	雍正十二年十一月	二十五座	九万一千六百二十余串	二万八千余百两
4	乾隆元年	二十五座	九万二千四百八十余串	一万六千四百余两
5	乾隆五年十二月	三十五座	一十二万九千四百八十余串	二万二千九百余两
6	乾隆六年十二月	三十五座	一十二万九千四百八十一串	三万一千余两
7	乾隆十五年	二十五座	九万二千四百八十余串	二万二千二百余两
8	乾隆十七年	二十五座	九万二千四百八十余串	二万三千三百余两
9	乾隆三十年五月	二十五座	九万二百余串	二万一千四百余两
10	乾隆四十五年	二十座	七万二千二百余串	一万七千一百余两
11	乾隆四十六年正月	二十八座	十万一千九十余串	二万四千一两
12	乾隆五十九年六月	二十八炉全行裁撤	——	——
13	嘉庆二年二月	复设炉二十八座	十万一千九十余串	一万七千四百余两
14	嘉庆五年四月	二十八座	十万一千九十余串	二万三千二百余两
15	嘉庆六年四月	二十八座	一十万一千九十四串一百九十二文	二万一千六百九十余两

东川旧局铸钱情况统计

序号	时间	设炉	年铸钱	年获铸息银
1	雍正十二年九月	二十八座	十万二千六百一串	三万一千四百余两
2	乾隆元年三月	二十八炉全行裁撤	——	——
3	乾隆六年五月	复设炉二十座	七万二千二百余串	一万三千六百余两
4	乾隆十八年	二十座	＜七万二千二百余串＞	一万七千四百余两
5	乾隆十九年二月	二十五座	九万三百余串	二万一千八百余两
6	乾隆四十四年三月	十六座	五万七千七百余串	一万三千九百余两
7	乾隆四十六年	十座	三万六千一百一串	八千七百余两
8	乾隆五十九年六月	十炉全行裁撤	——	——
9	嘉庆四年正月	六座	改铸东川、昭通二府属小钱，至五年铸竣，将炉裁撤	
10	嘉庆十五年五月	十座	三万六千一百五串七十文	九千八十余两

东川新局铸钱情况统计

序号	时间	设炉	年铸钱	年获铸息银
1	乾隆十八年	五十座	十八万五百二十五串六百文	四万三千六百余两
2	乾隆二十七年七月	二十五座	九万二百余串	二万一千八百余两
3	乾隆三十五年	二十五炉全行裁撤	——	——
4	乾隆四十二年五月	复设炉十五座	五万四千一百余串	一万三千余两
5	乾隆四十二年八月	八座	二万八千八百余串	六千九百余两
6	乾隆四十四年二月	八炉全行裁撤	——	——

广西局铸钱情况统计

序号	时间	设炉	年铸钱	年获铸息银
1	乾隆元年四月	九十四座	三十四万七千二百六十四串六百六文一毫零	三十四万四千六百三十二串三百三十七文五毫
2	乾隆五年三月	炉座全行裁撤	——	——
3	乾隆十六年正月	十五座	五万六千四百余串	一万四千七百余两
4	乾隆二十六年	十五座	五万六千四百余串	一万五千余两
5	乾隆三十一年	十五座	五万六千四百余串	一万五千七百余两
6	乾隆三十五年	十五座	五万六千四百余串	一万五千余百两
7	乾隆三十五年八月底	十五炉全行裁撤	——	——
8	乾隆四十二年八月	复设炉八座	三万一百余串	八千余两
9	乾隆四十四年三月	四座	一万五千余串	四千余两
10	乾隆四十五年底	四炉全行裁撤	——	——

顺宁局铸钱情况统计

序号	时间	设炉	年铸钱	年获铸息银
1	乾隆二十九年正月	八座	二万八千八百八十四串九十六文	四千三百余两
2	乾隆三十五年二月	八炉全行裁撤	——	——

永昌局铸钱情况统计

序号	时间	设炉	年铸钱	年获铸息银
1	乾隆四十一年正月	八座	二万九千五百九十五串四百五十六文	四千余两
2	乾隆四十二年正月	一十二座	四万四千三百余串	六千余两
3	乾隆四十二年八月	十座	三万六千九百余串	五千余两
4	乾隆四十三年底	十炉全行撤裁	——	——
5	嘉庆四年	十座	就近改铸小钱，至五年铸竣，将炉座裁撤	

曲靖局铸钱情况统计

序号	时间	设炉	年铸钱	年获铸息银
1	乾隆四十二年四月	十八座	六万六千五百余串	一万七千六百余两
2	乾隆四十三年八月	八座	二万九千五百余串	七千八百余两
3	乾隆四十四年十月底	八炉全行裁撤	——	——

临安局铸钱情况统计

序号	时间	设炉	年铸钱	年获铸息银
1	雍正元年十二月	六座	二万一千九百余串	四千二百余两
2	雍正五年二月	十一座	四万三百一十余串	七千七百余两
3	雍正十二年十一月	十一座	四万三百一十余串	一万二千三百余两
4	乾隆元年	十一座	四万六千九十余串	六千七百六十余两

序号	时间	设炉	年铸钱	年获铸息银
5	乾隆五年十二月	十六座	五万九千一百余串	九千八百余两
6	乾隆六年十二月	十六座	五万九千二百九十余串	一万三千五百九十余两
7	乾隆十五年正月	八座	二万九千五百九十余串	七千七百二十余两
8	乾隆十九年	八座	二万九千五百九十余串	七千七百九十余两
9	乾隆三十年五月	八座	二万八千八百余串	七千一百余两
10	乾隆三十五年八月	八炉全行裁撤	——	——
11	乾隆四十一年正月	复设炉一十二座	四万三千三百余串	一万七百九十一两
12	乾隆四十二年八月	八座	二万八千八百余串	七千一百余两
13	乾隆四十四年二月	八炉全行裁撤	——	——
14	嘉庆四年	六座	就近改铸临安、普洱二府属小钱，于是年铸竣，即将炉座裁撤。	

沾益局铸钱情况统计

序号	时间	设炉	年铸钱	年获铸息银
1	雍正元年十二月	设炉十五座	五万四千九百七十六串三百二十文	一万五百余两
2	雍正五年正月	十五炉全行裁撤	——	——

大理局铸钱情况统计

序号	时间	设炉	年铸钱	年获铸息银
1	雍正元年十二月	五座	一万八千三百二十五串四百四十文	三千五百余两
2	雍正五年正月	五炉全行裁撤	——	——
3	乾隆九年十一月	复设炉十五座	五万四千一百余串	八千七百余两
4	乾隆二十四年	十五座	五万四千一百余串	九千一百余两
5	乾隆三十五年八月	十五炉全行裁撤	——	——
6	乾隆四十一年正月	复设炉十五座	五万四千一百余串	九千一百余两
7	乾隆四十二年正月	十八座	六万四千九百余串	一万零九百余两
8	乾隆四十二年八月	八座	二万八千八百余串	四千八百八十余两
9	乾隆四十五年	八炉移于省局	——	——
10	嘉庆四年正月	二十二座	就近改铸大理、丽江、顺宁、镇沅、永北、蒙化、景东、威远等府、厅、州、县所属小钱。至七年铸竣，即将炉座裁撤。

楚雄局铸钱情况统计

序号	时间	设炉	年铸钱	年获铸息银
1	嘉庆四年	十座	就近改铸楚雄府属及黑、白、琅三井小钱。至五年铸竣，即将炉座裁撤。

广南局铸钱情况统计

序号	时间	设炉	年铸钱	年获铸息银
1	嘉庆五年	六座	就近改铸开化、广南二府属小钱。丁是年铸竣，将炉座裁撤。

(二)《内阁题本》所载乾隆年间云南各钱局铸钱情况统计[1]

云南省、临二局历年铸钱成本及获息情况

设炉时间	铜铅价银（两）	工食物料（串）	铸钱数量（两）	钱一千文值银（两）	铸息银（两）	铸息率（%）
乾隆五年	90 914.399	25 115.309	150 696	0.77	34 666.292	38.13
乾隆十六年	64 710.000	22 307.387	133 848	0.65	46 830.167	72.37
乾隆十七年	59 430.000	20 591.434	123 552	0.64	43 529.860	73.25
乾隆十九年	64 295.000	22 307.387	133 848	0.64	47 245.482	73.48
乾隆二十五年	59 349.350	20 591.434	123 552	0.64	43 611.215	73.48
乾隆三十四年	57 349.351	23 525.740	123 552	0.65	42 676.909	74.41
乾隆四十四年	37 642.000	14 257.440	78 000	0.66	26 100.560	69.34
乾隆五十五年	50 592.000	20 498.832	104 832	0.67	33 741.104	66.69

东川新、旧钱局历年铸钱成本和获息情况

设炉时间	铜铅价银（两）	工食物料（串）	铸钱数量（串）	钱一千文值银（两）	铸息银（两）	铸息率（%）
乾隆元年	114 628.400	29 014.615				
乾隆五年	42 370.806	12 479.651	74 880	0.73	20 029.536	47.27
乾隆十四年	39 120.810	12 479.000	74 880	0.70	23 280.190	59.51
乾隆十六年	39 120.000	12 479.040	74 880	0.70	23 280.960	59.51
乾隆十九年	97 227.000	38 615.571	202 800	0.67	66 956.429	68.87
乾隆二十二年	89 748.311	35 645.143	187 200	0.67	61 806.545	68.87
乾隆二十二年（加）	35 736.584	17 822.571	93 600	0.57	40 040.844	112.04
乾隆二十五年（加）	35 736.584	17 822.571	93 600	0.57	40 040.844	112.04
乾隆二十六年	35 899.000	14 257.152	74 800	0.67	24 643.848	68.85

设炉时间	铜铅价银 （两）	工食物料 （串）	铸钱数量 （串）	钱一千文值 银（两）	铸息银 （两）	铸息率 （%）
乾隆二十八年	35 899.000	14 257.152	74 800	0.67	24 643.848	68.85
乾隆三十二年 （新）	48 613.000	19 306.950	101 400	0.67	33 480.050	68.87
乾隆三十四年 （新）	44 874.000	17 821.800	93 600	0.67	30 904.200	68.87
乾隆三十四年 （旧）	35 899.000	14 257.152	74 800	0.67	24 643.848	68.85
乾隆三十五年 （新）	33 655.000	13 366.917	70 200	0.67	23 178.083	68.87
乾隆四十三年 （新）	15 556.000	6 178.099	32 448	0.67	10 713.901	68.88

广西局历年铸钱成本及获息情况

设炉时间	铜铅价银 （两）	工食物料 （串）	铸钱数量 （量）	钱一千文值 银（两）	铸息银 （两）	铸息率 （%）
乾隆十六年	29 432	4 850.508	60 840	0.56	26 556.642	90.23
乾隆二十四年	29 040	11 583.936	60 840	0.67	20 216.064	69.61
乾隆二十六年	26 806	10 693.080	56 160	0.67	18 660.920	69.61
乾隆四十二年	5 956	2 137.729	12 480	0.65	4 386.271	73.64

大理局历年铸钱成本及获息情况

设炉时间	铜铅价银 （两）	工食物料 （串）	铸钱数量 （量）	钱一千文值 银（两）	铸息银 （两）	铸息率 （%）
乾隆九年	34 839	16 627.600	63 960	0.80	12 492.760	35.86
乾隆二十二年	30 590	9 359.280	56 160	0.71	16 210.720	52.99
乾隆二十九年	14 945	5 346.540	30 420	0.66	10 127.900	71.61
乾隆三十二年	32 747	10 139.721	60 840	0.70	17 953.279	54.82
乾隆三十四年	30 228	9 359.280	56 160	0.70	16 572.720	54.82

乾隆三十四年顺宁局铸钱成本及获息情况

设炉时间	铜铅价银（两）	工食物料（串）	铸钱数量（量）	钱一千文值银（两）	铸息银（两）	铸息率（%）
乾隆三十四年	16 542	5 703.233	29 952	0.74	7 706.464	46.59

乾隆四十二年临安局铸钱成本及获息情况

设炉时间	铜铅价银（两）	工食物料（串）	铸钱数量（量）	钱一千文值银（两）	铸息银（两）	铸息率（%）
乾隆四十二年	12 405	5 593.370	26 208	8 209.006	0.68	66.17

[1]　本组数据统计表来源于王德泰著《清代前期钱币制度形态研究》，165—170 页。

卷七·采买

滇铜供京运、局铸之外，其亟于筹拨催偿者，凡以供采买而已。今天下十八省[1]，仰给于滇者凡十[2]。运员历万里之远，水陆转输，动易年岁。严之以限期，核之以报销，为法至密，而为例至周。充是役者，固常随时随地循例奉行，以期无忝厥职者也。因志《采买》，始"例限"，终"报销"，而各省办过之次数亦备载焉。

注　释

[1]　十八省：《清史稿》卷五十四《地理一》："世祖入关蕲寇，定鼎燕都，悉有中国一十八省之地，统御九有，以定一尊。……穆宗中兴以后，台湾、新疆改列行省；德宗嗣位，复将奉天、吉林、黑龙江改为东三省。"清朝除在北京地区设顺天府外，在地方上设置18个行省和若干个特别政区。18个行省分别为：直隶、山东、山西、河南、安徽、江西、江苏、湖南、湖北、广东、广西、浙江、福建、陕西、甘肃、四川、云南和贵州。此外，东北三省（盛京、吉林、黑龙江）因为是满族发祥地，所以被视为特别区，直到光绪年间改为一般行省。新疆原来被视为藩部，在光绪年间也改为行省。光绪年间还把原属于福建省的台湾改为行省。内蒙、外蒙、西藏和青海都是藩部。

[2]　凡十：江苏、浙江、广西、广东、江西、陕西、福建、湖南、湖北、贵州。《云南铜志》作"几九"，为：江苏、浙江、广西、广东、江西、陕西、福建、湖南、湖北，少一贵州省。

采买例限[1]

凡各省委员赴滇采买铜斤者，以委员到滇兑收铜价之日起限[2]，布政司拨给铜斤一月；委员办理文件、请领运脚一月；招雇牛、马，十万斤者一月，二十万斤者一月十日，三十万斤者一月二十日，四十万斤至五十万者二月。

凡各厂、店兑铜，一二千斤及八九千斤者，限一日；三四万及十余万斤者，照泸店每日兑发京铜一万四千七百余斤之例核扣。

凡委员自省赴下关店领运，计十二站半，限十三日。由下关运回省，一万斤以上者，十二日半；五万斤以上至十万斤者，加十二日半。如中途雨水阻滞，宽限六日。

凡委员赴易门县领运义都、万宝二厂铜斤，计六站，限六日。由厂运回省，一万斤以上者，六日；五万斤以上者，加六日。中途雨水阻滞，宽限四日。

凡委员在省改煎宁台厂铜斤，建盖炉房，打造炉座，限六十日；改煎铜一万斤，限十日。

凡九省[3]江苏、(折)〔浙〕江、广西、广东、江西、陕西、福建、湖南、湖北委员领运上游各厂铜斤，由省城转运剥隘，计二十四站：自省至竹园村，计八站，马运；由竹园村至剥隘，计十六站，牛运。十万斤者，定限九十日马运八日，牛运（三十日）〔三十二日〕，往返转运加（二十日）〔四十日〕，雨水阻滞、牛、马倒毙限（六日）〔十日〕[4]；二十万斤者，一百二十日；三十万斤者，一百五十日；四十万斤者，一百八十日。如拨路南各厂铜斤，则由竹园村赴凤凰坡、红石岩厂领运，计二站，限二日；由厂运至竹园村，限二日。赴红坡、大兴二厂领运，计三站，限三日；由厂运铜回竹园村，限三日。赴发古厂领运，计十五站，限十五日；由厂运回竹园村，限十五日。由剥隘赴文山县，领运竜坒、者囊二厂铜斤，自剥隘至开化府城，计十三站，限十三日。自开化至者囊，计四站，限四日；由厂运回开化，牛运，限八日。自开化至竜坒，计二站，限二日；由竜坒运回开化，牛运，限四日。由开化府转运至剥隘，牛运，限二十六日。由剥隘赴蒙自县店领运金钗厂铜斤，计十七站，限十七日。由蒙自县店运回剥隘，牛运，十万斤者，限七十五日自蒙自至剥隘三十四日，往返转运加限三十四日，雨水阻滞、牛只倒毙，宽限七日。二十万斤者[5]，限一百日；三十万斤者，限一百二十五日；四十万斤者，限一百五十日。

凡贵州委员领运上游各厂铜斤，由省城转运平彝，计七站，牛运，十万斤者，限三十四日自省至平彝十四日，往返转运加限十四日，雨水阻滞、牛只倒毙宽限六日；二十万斤者，四十五日；三十万斤者，五十六日。如拨路南各厂铜斤，由平彝赴凤凰坡领运，计七站，限七日；由厂运回平彝，牛运，限十四日。赴红石岩领运，计八站，限八日；由厂运回平彝，限十六日。赴红坡、大兴领运，计六站，限六日；由厂运回平彝，限十二日。赴发古领运，计八站，限八日；由厂运回平彝，限十六日。由平彝赴蒙自（店）〔县〕店领运金钗厂铜斤，计十五站半，限十五日半。由县店运回平彝县，十万斤者，限六十九日自县店至平彝，限三十一日，往返转运加限三十一日，雨水阻滞、牛只倒毙宽限七日；二十万斤者，九十二日。

凡运员限期，均按厂分、铜数、远近、多寡核扣。如值五、六月脚户归耕，八、九月（牧）〔收〕获之时，不能趱运前进，例由地方官查明结报，展限两月。如运员中途患病，亦由地方官查明取结、加结申报，将病痊日期于扫帮文内申明扣除。

注　释

[1]　采买例限：《钦定户部则例》卷三十七《钱法四·各省采买滇铜期限》："各省委员在滇办理文件，请领运脚、咨牌，每运限一个月。雇募牛、马运铜，数在十万斤者，限三十日；二十万斤者，限四十日；三十万斤者，限五十日；四十万至五十万斤者，限六十日。连办理文件，请领运脚、咨牌，总不得逾九十日之限。各省委员赴滇采买铜斤，由司酌拨，以委员到滇兑收铜价银两之日起，核计所领高低铜数，统于一月限内筹拨，毋致守候稽延。各铜厂拨给铜斤如数在四五千斤以至一万四五千斤者，定限一日兑竣；其在二三万以至十余万斤者，照此递加。倘厂、店各员不依限领运，即行照例分别查参。加展限期，按照铜数多寡，程途远近。如铜在数千斤、道途在十站以内者，酌加宽限二日。如铜在一万斤以上、道途

在十站以外者，酌加宽限四日。如铜在二三万斤以至五万斤以上、道途在十站以外者，酌加宽限六日。于各省采买铜斤案内分晰声明。"

[2] 限：按《云南铜志》所载，此例限为乾隆五十四年，经巡抚谭尚忠题准。

[3] 九省：清云南布政司《案册》记："以上九省由广南剥隘陆路运至百色，由百色水路分运各省。"

[4] "马运"至"（六日）〔十日〕"：此处记载，总数为 64 日，与定限 90 日之数不符。《云南铜志·采买》"采买例限"条：自省至竹园村，计程八站，系用马运，定限八日；由竹园村至剥隘，计程十六站，系用牛运，定限三十二日；往返转运，加限四十日；中途雨水阻滞，牛、马倒毙等事，宽限十日，共计九十日。"故从《云南铜志》。

[5] 二十万斤者：《云南铜志》作"运铜二万斤者"。根据文意，《铜政便览》的"二十万斤者"应为正确。

运员逾限处分

凡各省委员赴滇采办铜斤，逾限不及一月者免议，一月以上者罚俸一年，两月以上者降一级留任，三月以上者降一级调用，四月以上者降二级调用，五月以上者降三级调用，半年以上者革职乾隆四十年吏部奏准。

拨铜章程[1]

凡拨各省采买铜斤，例于委员到滇之日，将应买铜斤指定厂所。一面开明斤数、成色，咨会各省；一面饬令厂员，按照部定成色秤兑，仍取（其）〔具〕委员实收及并无低潮、夹杂钤结。如委员滥收，至本省交铜时验有不足成色者，即令委员赔补，照例查参。凡拨给铜斤，系按委员到滇之先后，挨次轮拨。有同时并到者，按各省程途之远近，先拨远省，后及近省。

[1] 拨铜章程:《钦定户部则例》卷三十七《钱法四·各省买铜章程》:"各省委员赴云南采办铜斤,如委员先后到滇者,尽先到之员给发。同时并到者,按各省道里远近,先给远省之员。于委员到滇之日,即将应办铜斤,指定厂所。将何厂拨铜若干斤,应限若干日,统计何时全数兑交委员收领发运,开列清单,咨部俟奏报。开行时,将厂员给领有无逾违,于折内声叙。如厂员有逾限不给者,即在运员在途逾限之例一律议处,并查明各厂相去远近,按照厂分将兑给限期造册送照,以凭逐运查核。云南厂员兑给各省委员采买铜斤,务照部定成色,不准搀和低潮,倘有不足,准令该委员禀明另换。查验属实,即将厂员严参究办。若因换铜耽延限期,亦将厂员照例议处。如委员漫不经心,并未在滇禀换,回至本省验有不足成色,即令委员赔补,仍照例查参。"

雇募夫马

凡各省委员采办铜斤,应需夫、马,责令地方官协同雇募,按起具详巡抚衙门,发给协雇夫马牌一张,交委员办运,仍饬地方官会同雇募。如有勒掯刁难,贻误遄行者,将协雇不力之地方官,照运员无故耽延例附参乾隆三十七年案[1]。

[1] 乾隆三十七年案:《云南铜志·采买》"寄存运脚"条:"各省委员采办铜斤,应需夫、马,从前俱系委员自行雇觅办运。乾隆三十七年,巡抚李条奏,各省委员赴滇,采办铜斤,系属隔省,未免呼应不灵,应责令地方官协同雇募。"

寄存运脚

凡各省委员采办铜斤，备带运脚、杂费银两，解贮云南布政司库。俟拨给铜斤之后，核明需用银数，陆续具领办运乾隆三十七年案[1]。

注 释

[1] 乾隆三十七年案：《云南铜志·采买》"寄存运脚"条："各省委员赴滇采办铜斤，备带运脚、杂费银两，从前系委员自行存贮寓所。乾隆三十七年，巡抚李条奏，各省委员备带运脚，应解贮藩库。"

借支运脚[1]

凡各省委员采办铜斤，原带运脚不敷，例得具文借领，滇省按照铜数之多寡，程站之远近，自一千两以至二千两为度，此外不准多借乾隆五十五年案[2]。

凡各省办铜委员在滇借支运脚，查明原咨。如已全发，在滇拨铜亦无耽延者，概不准其借给。如本省未经发足，滇省拨铜虽在限内，而不敷办运，必应借支者，务须核明程站远近，铜数多寡，及各省历运准销成例，核计找领银数，切实借给。各省即于委员办竣报销时，将所借银两照数扣抵。倘有未完，勒限三月。如有迟延，即行查参。所借银两，在各上司名下摊完。如本省运脚即未发足，滇省拨铜又迟逾例限，因而运脚不敷，不得不借，或致无着者，滇省与本省，各半分赔嘉庆三年案[3]。

注 释

[1] 借支运脚：《钦定户部则例》卷三十七《钱法四·各省买铜章程》："各省委员赴滇采办铜斤，所需运脚银两，除贵州一省系接壤之区，向照部

344

定价脚发交，并无不敷，毋庸借给外，其余各省应用运脚银两，本省业经全数发给，滇省拨给铜斤亦无耽延者，概不准在滇借给运脚。其本省运脚未经发足，滇省拨铜，虽在限内，而运脚不敷，必须借给者，滇省核明铜数多寡，程途远近，查照历运准销成例，核计找领银数，切实借给，倘遇无着，令本省着赔。本省运脚已经发足，滇省未能按限拨铜，耽延日久，因而运脚不敷，不得不借，或致无着，令滇省着赔。本省运脚既未发足，滇省拨铜又迟逾限外，以致运脚不敷，在滇酌核借给者，遇有无着，滇省与委员之本省，各半分赔。各省委员办铜，所带运脚不敷，例应领借者，于委员回省报销时，即将在滇所借银两，如数扣抵。倘有未完，照京局短少铜斤之例，勒限三个月全完。如有迟延，即行查参。所借银两，在于催追不力之各上司名下摊完，解滇归款。"

[2] 乾隆五十五年案：据《云南铜志·采买》"寄存运脚"条："又各省委员赴滇采办铜斤，原带运脚银两，有全数发给者，亦有扣留一二成，俟办铜回省找领者，情形不一。其在滇借领银数，亦多寡无定。乾隆五十五年，署巡抚富咨准，各省委员在滇借领银两，按照铜数之多寡，程站之远近，自一千两以至二千两为度，此外不准多借。"

[3] 嘉庆三年案：据《云南铜志·采买》"寄存运脚"条："嘉庆三年，准户部咨，嗣后各省办铜委员在滇运脚银两，查明本省原咨。如声明运脚全数发给，滇省拨给铜斤亦无耽延者，概不准其借给。如实系本省未经发足，滇省拨铜，虽在限内，而运脚不敷办运，必应借给，滇省务须核明程站远近，铜数多寡，及各省历运准销成例，核计找领银数，切实借给，不得漫无区别。各省即于委员办竣报销时，将所借银两，照数扣抵。倘有未完，勒限三月全完。如有迟延，即行查参。所借银两，在于各上司名下摊完。如本省运脚既未发足，滇省拨铜又迟于例限，因而运脚不敷，不得不借，或致无着，应令滇省与本省，各半分赔，以昭平允。"

报销运脚[1]

凡滇省大美、大宝、香树、马龙、寨子箐等厂，铜斤零碎，各厂员运省交云南府收存，转发各省委员领运。其白羊、宁台等厂铜斤，运至下关收存，转发各省委员领运。至附近省城之义都、万宝、青龙，及下游各厂铜斤，仍令各省委员，自行雇脚，赴厂领运乾隆四十年案[2]。

凡各省委员领运上游铜斤，自下关至省，并义、万等厂，自厂至省所需运脚银两，由布政司库发给，委员雇运，归入滇省铜厂《奏销案》内报销。其下游自省并自厂至剥隘，所需运脚银两，听委员于备带运脚内支用，归各本省报销。

注 释

[1] 报销运脚：《钦定户部则例》卷三十七《钱法四·各省铜斤运脚》："各省买运云南厂铜运脚，由省店、寻甸店领运至竹园村，每站每百斤俱给银一钱；竹园村至剥隘，每站每百斤俱给银一钱二分九厘二毫。金钗厂自蒙自县领运至剥隘，每站每百斤俱给银一钱二分九厘二毫。宁台厂铜自大理府领运至云南省城，每站每百斤俱给银一钱四厘二毫。自剥隘以下，运回各本省，分别水、陆，按站核给。"

《大清会典事例》卷一百七十六《户部四十九·钱法》："乾隆十九年，又复准：广西、福建、江西、浙江、陕西等省，委员采买滇铜，自剥隘运至百色，每一百斤水脚银八分；自百色运至广西省城，每一百斤水脚银五钱九分七厘有奇，沿途杂费银九分七厘；运至福建省城，每一百斤水脚银一两一钱九分八厘有奇，杂费银六钱一分二厘有奇；运至江西省城，每一百斤水脚银六钱六分二厘有奇，沿途拨费银一钱零一厘，杂费银二钱六分有奇；运至浙江省城，每一百斤水脚银七钱七分四厘有奇，杂费银二钱八分七厘；运至陕西省城，每一百斤水、陆运脚银一两五钱二分一厘有奇，杂费银二钱八分八厘。"

[2] 乾隆四十年案：据《云南铜志·采买》"报销运脚"条：各省委员赴滇采买，拨给省城、迤西上游各厂铜斤，向系由滇省运至省城，在丁省店兑发给领，运回供铸。乾隆三十七年，巡抚李奏准：将省店裁撤，令委员自赴厂店领运。四十年，巡抚图咨奉户部复准：大美、大宝、香树、

346

马龙、寨子箐等厂，铜斤零星，令各厂员运至省城，交云南府收存，转发各省委员领运。其白羊、宁台等厂铜斤，运至下关收存，转发各省委员领运。至附近省城铜多之义都、万宝、青龙，及下游各厂铜斤，仍令各省委员，自行雇脚，赴厂领运。"

江苏[1]

乾隆五年，委员采买高铜三十万斤。每百斤加余铜一斤。每正铜百斤，收价银一十一两[2]。

七年，委员采买金钗厂低铜三十万斤。每百斤加耗铜二十三斤、余铜一斤。每正铜百斤，收价银九两。

十二年，委员采买高铜十万斤，低铜十万斤。

二十七年，委员采买高铜三十万斤，低铜三十万斤。

三十一年，委员采买高铜三十万斤，低铜三十万斤。

四十二年，委员采买金钗厂低铜四十万斤。

四十五年，委员采买金钗厂低铜四十万斤。

嘉庆五年，委员采买高铜五十万斤照前每百斤加余铜一斤，并不加给耗铜。《户部则例》："每百斤加耗四斤"，与滇省咨报兑发之数不符。

八年，委员采买金钗厂低铜五十万斤[3]。

十三年，委员买金钗厂低铜六十五万斤照前加给耗、余铜斤，收价拨运。

注　释

[1]　江苏：《钦定户部则例》卷三十七《钱法四》："各省铜斤运脚：江苏省，自剥隘至汉口，每百斤给银五钱三分五厘有奇；前赴苏州省城，每百斤给银二钱二分五厘五毫。各省运铜杂费：江苏省，委员赴滇买铜，自起程至事竣，每日给饭食银四钱；跟役日给饭食银五分。每百斤给杂费银三钱四分。"

《大清一统志》七十二卷《江苏统部》："江苏省，江宁府为省会。在京师南二千四百里。东西距九百五十里，南北距一千一百三十里。东至太仓州海岸七百七十里，西至安徽和州界一百八十里，南至浙江嘉兴府嘉兴县界四百七十里，北至山东沂州府郯城县界六百六十里，东南至松江府金山县海岸九百三十里，西南至浙江湖州府长兴县界四百八十里，东北至山东沂州府日照县界八百三十里，西北至河南归德府虞城县界九百四十里。《禹贡》扬州及徐、豫二州之域《禹贡》：'淮海惟扬州'，孔安国传：'扬州，北据淮、南距海'。按：经云，东渐于海，则青、徐、扬之海，皆主东言。《通典》云：'扬州北距淮，东南距海，今境内淮以南皆扬州之地。惟徐州府之邳州、宿迁、睢宁及海州，淮安府之清河、安东、桃源为古徐州域。徐州府之铜山、萧县、砀山、丰县、沛县、为豫州之域。春秋时，分属吴、楚，亦兼鲁、宋之疆邾、泗以北属鲁，徐州属宋。后越灭吴，并其地。战国时为楚地。秦置会稽、郯诸郡。汉初置吴、楚二国秦置会稽郡，后汉分置吴郡治吴，今苏州府。吴国，今扬州府。楚国，今徐州府。元丰五年，置十三部刺史，分属扬、徐二州汉置扬州，领郡国七，丹阳、会稽二郡属之。徐州，楚国属之。后汉因之改徐州之楚国为彭城国，为州治。增置下邳国。三国时，扬州属吴吴都建业，置扬州，领丹阳、吴郡，徐州属魏徐州治彭城国，兼领沛国、梁国、邳国。晋亦为扬平吴后治建业，领丹阳、吴郡，增置昆陵郡。惠帝增义兴郡。徐治彭城国，领下邳国、东海、广陵、临淮郡二州。东晋都建康，扬州遂为王畿徐州增置山阳郡，义熙中侨置徐、兖二州于江淮关。刘宋仍为扬领丹阳、吴等郡、徐领彭城下邳、南兰陵等郡二州，改晋置侨州曰南徐领南东海、南琅琊、晋陵、兴义等郡。南兖，领广陵、海陵、山阳等郡二州。萧齐及梁初，仍为扬、徐、南徐、南兖州。天监中，增东徐州晋泰始中，徐州入魏，改为东徐州，寻废。天监初复置，梁中大通五年，又改魏东徐州为武州，而淮表属魏魏延兴初，置南徐州。太和十九年，置南兖州。武定七年，置东楚州宿豫郡，后梁武州为东徐州。大宝以后，江北尽入于高齐先有南徐、东徐、南兖，改东楚州曰东徐州，复东徐州曰武州，复睢州曰潼州。天保二年，克广陵，改东广州。陈承梁绪，仅保江南，亦置扬州、南徐等州。祯明初，增置吴州，而江淮地属齐，旋属后周大象元年，取陈南、北兖州。改武州曰邳州，南兖州曰吴州。隋开皇九年，平陈，置扬州、徐州总管府。大业初，改为丹阳、江都、昆陵、吴郡以上属扬州，彭城、东海、下邳等郡以上属徐州。唐武德初，复改诸郡为州。贞观初，分属江南及淮南道。开元二十一年，又分江南为东西道淮南道采访使治扬州，领扬、楚等州。江南东道采访使治苏州，领润、昇、常、苏四州。昭宗时，为杨行密所据。五代时，杨隆演建吴国都广陵。李昇代之，是为南唐，都建康增置泰州，惟吴郡属于吴越钱氏。周显德五年，克淮南十四州，以江为界又增置通州。宋开宝八年，平南唐，分江南、淮南二路，及分属两浙路。熙宁中，分江南为东、西二路，淮南为东、西二路。亦分属浙西路江宁府，属江南东路。淮安州、清河军、海州、真州、高邮军、泰州、通州属淮南东路。常州、江阴军、镇江府、平江府，属浙西路。元分属河南、江浙行中书省扬州、淮安二路，高邮一府，徐、邳二州，属河南江北行省。平江、常州、镇江、集庆四路，松江一府，属江浙行省。至元二十三年，自杭州移江南诸道，行御史台于集庆路。明初，定鼎建康。改集庆路曰应天府，建为京师当置江南行省，旋罢。永乐二年，改建北京以为行在。正统六年，定北京为京师。以应天府为南京。直隶府六：苏州、松江、常州、镇江、扬州、淮安；州一：徐州。本朝改置江南省。治江宁府。顺治十八年，分属左、右布政使司淮安、扬州二府，徐州一州，属左布政使司；江宁、苏州、松江、常州、镇江五府，属右布政使司。康熙六年，改为江苏省。领江宁、苏州、松江、常州、镇江、淮安、扬州七府，徐州一州。雍正二年，升苏州府属之太仓州，淮安府属之海州，扬州府属之通州为直隶州。十一年升徐州为府。乾隆三十二年，以通州及崇明县沙地，析置海门直隶厅。领府八、直隶州三、直隶厅一：江宁府、苏州府、松江府、常州府、镇江府、淮安府、扬州府、徐州府，太仓直隶州、海州直隶州、通州直隶州，海门直隶厅。"

[2]　价银一十一两：《钦定户部则例》卷三十七《钱法四·各省采办铜价》："江苏、江西、浙江、福建、湖北、陕西、广西、广东、贵州九省买运云南金钗厂低铜，每正铜百斤加耗铜二十三斤、余铜一斤，销价银九两。又各省买运云南各厂高铜，每正铜百斤：江苏、江西二省加耗四斤，浙江省加耗四斤六两七分三厘，福建省加耗四斤六两，湖北省加三斤，广东、广西二省加耗五斤，陕西不加耗铜，各省俱加余铜一斤，销价银一十一两。"

[3]　"八年"至"五十万斤"：清云南布政司《案册》："嘉庆六年，定江苏省三年采买一次，每次应买正高铜一十七万斤，每百斤收价银一十一两。每百斤加余铜一斤，不收价。又买金钗厂正低铜五十二万斤，每百斤收价银九两。每百斤加耗铜二十三斤、余铜一斤，不收价。"

江西[1]

乾隆七年，在九江地方截留滇省解运京铜五十四万九千五百四斤。每百斤加余铜一斤，运回江省供铸。每正铜百斤，缴价银一十一两。

十年，委员采买高铜二十八万八千斤，每百斤加余铜一斤。

十一年及十八年，委员采买二次，每次买高铜二十八万八千斤，均照前收价。

十九年，委员采买金钗厂低铜二十八万八千斤，每百斤加耗铜二十三斤，余铜一斤，每正铜百斤，收价银九两。

二十年及二十六年，委员采买二次，每次买金钗厂低铜二十八万八千斤。

二十七年，委员采买高铜十万斤，每百斤加耗铜四斤、余铜一斤。又买金钗厂低铜二十八万八千斤。

二十八年，委员采买高铜四万斤，低铜二十八万八千斤。

二十九年，委员采买高铜八万斤，低铜二十三万八千斤。

三十年，委员采买高铜十六万斤，低铜十二万八千斤。

三十一年，委员采买高铜十万斤，低铜一十八万八千斤。

三十二年，委员采买高铜十万斤，低铜一十八万八千斤。

三十三年，委员采买高铜二十万斤，低铜八万八千斤。

四十二年，委员采买高铜二十万斤，低铜八万八千斤。

四十七年，委员采买高铜十万三千六百八十斤，低铜十八万四千三百二十斤。

四十八年，委员采买高铜十万三千六百八十斤，低铜十八万四千三百二十斤。

嘉庆元年，委员采买高铜十万三千六百八十斤，低铜十八万四千三百二十斤。

二年，委员采买高铜五万三千六百八十斤，低铜二十二万四千三百二十斤。

三年及十三年，委员采买二次[2]，每次高铜五万三千六百八十斤，低铜二十三万四千三百二十斤均照前加给耗、余铜斤，收价拨运。

注 释

[1] 江西:《钦定户部则例》卷三十七《钱法四》:"各省铜斤运脚:江西省,自剥隘至百色,每站每百斤给银四分;前赴南雄州,每百斤给银一钱二分;前赴南安府,每百斤给银一钱二分;前赴江西省城,每百里每百斤给银一分。百色起拨,每百斤给银三分;韶关起拨,每百斤给银四分;南安起拨,每百斤给银三分。各省运铜杂费:江西省,赴云南买铜委员,自起程至事竣,每日给薪水银一钱;跟役日给饭食银六分。每百斤给杂费银二钱六分五毫。"

《大清一统志》卷三百七《江西统部》:"江西统部,在京师西南四千八百五十里,东西距九百七十里,南北距一千八百里。东至安徽徽州府婺源县界六百里,西至湖南长沙府浏阳县界三百七十里,南至广东惠州府和平县界一千二百三十里,北至湖北黄州府界五百七十里,东南至福建建宁府崇安县界五百八十里,西南至湖南彬州宜章县界九百五十里,东北至安徽池州府东流县界五百六十里,西北至湖北武昌府兴国州界五百七十里。《禹贡》扬州之域。春秋为吴、越、楚三国之界。战国属楚。秦属九江郡。汉初置豫章郡,属长沙国按《汉书·高帝纪》:'四年,立黥布为淮南王'。《布传》:豫章属焉。又《高帝纪》:'五年,以长沙豫章等郡,立番君芮为长沙王'。《纪》《传》不同,其先后分割之故不可考。元封中,属扬州部刺史。后汉因之。三国属吴后汉兴平元年,分置庐陵郡,建安十五年,分置鄱阳湖郡。孙亮太平二年,置临川郡,孙皓宝鼎二年,置安成郡。晋初亦隶扬州。太康三年,增置南康郡。元康元年,分扬、荆二州地,置江州《晋书·地理志》:'割扬州之豫章、鄱阳、庐陵、临川、南康、建安、晋安,荆州之武昌、桂阳、安成十郡,因江水之名置江州',永兴元年,又分置寻阳郡,按:十郡中,建安、晋安二郡今属福建,武昌、桂阳二郡今属湖广,初治豫章,后治武昌。咸康六年,徙治寻阳按《宋书·州郡志》:'江州,初治豫章,咸康六年,移治寻阳',参考王敦、温峤诸传,江州皆治武昌,李吉甫《元和郡县志》云:'元帝时,江州自豫章移理武昌,自后或理溢城,或理寻阳'。宋、齐以后因之按:梁大宝元年,以豫章置豫州。承圣二年,以鄱阳置吴州,太平元年,分江州之巴山、临川、安成、豫章四郡,置高州。二年,又移江州治豫章,以寻阳置西江州,临川置宁州,新关置南江州之类,不可胜纪,然皆不久废省,不为经制。隋平陈,置洪州总管府,及江、饶、抚、吉、虔、

351

袁等州。大业初，府废，复为豫章、九江、鄱阳、临川、庐陵、南康、宜春七郡。唐武德初，改诸郡为州，复置洪州总管府。贞观初，属江南道，开元二十一年，分为江南西道初置采访使，后改观察，领洪、饶、虔、吉、江、袁、信、抚八州。咸通六年，置镇南军节度使《唐书·方镇表》：乾元元年，置洪吉都防御团练观察处置使，兼莫徭军使，治洪州。广德二年，更号江南西道都防御团练观察使。建中四年，升为节度使。贞元元年，废节度，复置都团练观察使。成通六年，升为镇南军节度使。乾符六年，又废为江南西道观察使。龙纪元年，复升镇南军节度使。五代初，属杨吴，后属南唐保大中，增置筠州，交泰初，建南郡。宋置江南西路，治洪州，以东境分属江南东路太平兴国元年，分江南西路，后并东、西为一路。天禧四年，复分西路，领洪、虔、吉、袁、抚、筠六州，临江、建昌、南安三军。其江、饶、信三州及南康军，则属东路。建炎元年，升洪州为帅府。四年，合江东、西为江南路，又置三帅江西路，统江、洪、抚、信州，南康、临江、建昌军。其筠、袁、虔、吉四州及南安军，则属鄂州路。饶州属建康路。绍兴初，复分东、西，以江、洪、筠、袁、虔、吉州，兴国、南康、临江、南安军为西路。而饶、信、抚三州及建昌军属东路。寻以抚州、建昌军还隶西路，南康军还隶东路。未几以江州僻隘，复还治洪州。元至元中，立江西等处行中书省至元十二年，设行都元帅府及安抚司于隆兴。十四年，改江西道宣慰司，立行中书省。十五年，移省赣州。十六年，复还隆兴。十七年，并入福建行省，止立宣慰司。十九年复立，领路十八、州九，龙兴、吉安、瑞州、袁州、临江、抚州、江州、南康、赣州、建昌、南安等十一路及南丰州皆隶焉。其饶州、信州二路，及铅山州，别属江浙行省。至正末，为陈友谅所据。明初讨平之。洪武九年，置江西等处承宣布政使司，治南昌府。本朝因之，为江西省。乾隆十九年，升赣州府之宁都县为直隶州。领府十三、直隶州一：南昌府、饶州府、广信府、南康府、九江府、建昌府、抚州府、临江府、瑞州府、袁州府、吉安府、赣州府、南安府，宁都直隶州。"

[2] 采买二次：清云南布政司《案册》："嘉庆六年，定江西省年半采买一次，每次应买正高铜五万三千六百八十斤，每百斤加耗铜四斤、余铜一斤。金钗厂正低铜二十二万四千三百二十斤，每百斤加耗铜二十三斤、余铜一斤。分别收价、不收价。正高铜每百斤收价银一十一两，正低铜每百斤收价银九两，耗铜、余铜不收价。"

浙江[1]

乾隆五年，委员采买高铜六十万斤，每百斤加余铜一斤，每正铜百斤，收价银一十一两。

十年，委员采买高铜四十七万八千三百七十斤，收价银九两二钱。

十四年，委员采买高铜四十万斤，收价银一十一两。

二十四年，委员采买高铜二十万斤，照前收价。又买金钗厂低铜二十万斤，每百斤加耗铜二十三斤、余铜一斤，每正铜百斤，收价银九两。

二十六年，委员采买低铜四十万斤。

二十七年，委员采买高铜三十万斤，每百斤加耗铜四斤六两《户部则例》："加耗铜四斤六两三钱七分三厘"，与滇省加给铜四斤六两之数不符，余铜一斤，又买金钗厂低铜十万斤。

三十一年，委员采买高铜十一万斤，低铜十一万斤。

三十三年，委员采买高铜十一万斤[2]，低铜十万斤。

三十四年，委员采买高铜二十万斤。

三十七年至四十二年，委员采买四次，每次买高铜十万斤，低铜十万斤。

四十五年至四十九年，委员采买四次，每次买高铜十四万斤，低铜十四万斤。

五十一年，委员采买高铜十九万斤，低铜十四万斤。

五十三年，委员采买高铜十四万斤，低铜十四万斤自五十三年至嘉庆二年，共买高铜十四万斤，低铜十四万斤。

嘉庆二年，委员采买高铜十四万斤，低铜十四万斤。

三年至五年，委员采买三次，每次买高铜二十六万斤，低铜十四万斤。

六年，委员采买高铜十四万斤，低铜二十六万斤。

此后，按年[3]委员赴滇采买一次，每次买高铜二十万斤，低铜二十万斤均照前加给耗、余铜斤，收价拨运。

注 释

[1] 浙江:《钦定户部则例》卷三十七《钱法四》:"各省铜斤运脚:浙江省,自剥隘至百色,每站每百斤给银四分;前赴汉口,每站每百斤给银四钱三分九厘一毫;前赴浙江省城,每百斤给银三分五厘。各省运铜杂费:浙江省,委员赴云南买铜,自起程至事竣,每日给饭食银一钱;跟役日给饭食银六分。每百斤给杂费银二钱八分七厘有奇。"

《大清一统志》卷二百八十一《浙江统部》:"浙江省,在京师南三千三百里,东西距八百八十里,南北距一千二百九十里。东至宁波府大海六百余里,西至安徽徽州府界二百八十里,南至福建建宁府界九百六十里,北至江苏苏州府界三百三十里,东南至福建福宁府界一千一百三十里,西南至江西广信府界七百五十里,东北至江苏松江府界三百七十里,西北至安徽广德州界三百二十里。《禹贡》扬州东境。春秋时属吴、越二国,后并于越。战国属楚周顷王四十六年,楚伐越,大败其王无疆,尽取其地,至浙江北。秦为会稽郡及鄣郡、闽中郡地境内皆会稽地,惟杭州府西境、严州府西境及湖州府西境为鄣郡地。台州府、温州府、处州府为闽中郡地。汉为会稽郡东、西、南三部都尉《汉书·地理志》:西部都尉治钱塘,南部都尉治回浦。虞预《会稽典录》:'阳朔元年,徙东部都尉治鄞,有寇害,复徙句章',及丹阳郡地。元封五年,置十三部刺史,分属扬州,后汉为会稽、吴、丹阳三郡地永建四年,移会稽郡治山阴,而分浙西为吴郡。三国属吴,又增置临海、吴兴、东阳及新都晋太康初改新安四郡。晋亦属扬州。东晋又分置永嘉郡。宋元嘉三十年,分浙东五郡为会州,省扬州。孝建元年,分浙东会稽、东阳、新安、永嘉、临海五郡,置东扬州。而浙西吴郡、吴兴,仍属扬州。大明三年,以东扬州为扬州时以扬州为王畿,故东扬州直云扬州。八年,复曰东扬州。永光元年,仍省入扬州。齐因之。梁普通五年,又分置东扬州,太平元年罢。陈天嘉三年,复置东扬州领会稽、东扬、临海、永嘉、新安、新宁,及晋安、建安,共八郡。贞明二年,割扬州吴郡,置吴州,割钱塘县为郡属焉。隋平陈,置吴、杭二州总管府《隋书·地理志》:'改东扬州曰吴州,废钱塘郡置杭州',及婺、处、睦等州。大业初,改为会稽、余杭、东阳、永嘉、遂安五郡,及吴郡宣城郡地时嘉、湖二府地,皆属吴郡。惟孝丰名原郡,省入绥安,为宣城郡地。唐武德四年,复改诸郡为州置越州总管府,七年改为都督。

贞观元年，属江南道。开元二十一年，分属江南东道领杭、湖、越、明、台、婺、衢、睦、温、括十州。乾元初，分置浙江东、西二道《唐书·方镇表》：至德二载，置江东防御使，治杭州。乾元元年，于昇州置浙江西道节度使，领昇、润等十州，杭、湖二州属焉。于越州置浙江东道节度使，领越、睦、衢、婺、台、明、处、温八州。二年，废浙江西道节度使，置观察。大历五年，废浙江东道节度使，置观察。十四年，合浙江东、西两道，置都团练观察使。建中元年，分浙江东、西为道。二年，合两道观察于润州置节度使，寻赐号镇海军。贞元三年，复分二道，于苏州置浙江西道观察使。元和二年，升浙江西道观察使为镇海军节度使。四年，废节度使，以观察使领镇海军事。二年，废浙江西道观察，复置镇海军节度使。六年，浙西观察罢领镇海军事。十三年，废镇海军节度使，复置观察使。咸通三年，置镇海军节度使，八年罢。十一年，复置镇海军节度使。中和三年，升浙江东道观察使为义胜军节度使。光启三年，改义胜军为威胜军。文德元年，置忠国军节度使，治湖州。龙纪元年，置杭州防御使。景福元年，赐号武胜军。二年升为苏杭等州观察使，寻废，徙镇海军节度使治杭州。乾宁三年，改威胜军为镇东节度。《五代史》：'时拜钱镠为镇海镇东军节度使'，按：自乾元初，分置浙江东、西两道。大历十四年合，建中元年分，二年又合，贞元三年又分，自此东、西二道遂不复合矣。《唐书·地理志》：开元十五道，以浙江十郡尽属江南道，而无浙江之目。至《方镇表》云：'乾元二年，分置浙江东道、西道'，是浙江道之名自乾元始。浙江十郡之不属江南，亦自乾元始。五代为吴越国，增置秀州。宋至道三年，属两浙路，熙宁中，分浙东、西为两路《宋史·地理志》：熙宁七年分，寻合为一，九年又分，十年复合。南渡后，复分西路领临安、嘉兴二府，安吉、严二州，东路领绍兴、庆元、瑞安三府，婺、台、衢、处四州。元置浙江等处行中书省。至元十三年，立两浙都督府于杭州，二十一年，自扬州迁江淮行省治此，改曰江浙行省，领杭州、湖州、嘉兴、建德、庆元、衢州、婺州、绍兴、温州、台州、处州等十一路。又《元史·地理志》：至元十三年，平江南，立两浙都督府，有安抚、宣慰等司及总督府。后又分江南浙西道，肃政廉访使，领杭州、湖州、嘉兴、建德四路；浙东道宣慰司都元帅府，领庆元、衢州二路；浙东海右道，肃政廉访史，领婺州、绍兴、温州、台州四路。统属于中书省。后为方国珍、张士诚等所据。明洪武元年，置浙江行省处于杭州。九年，改为浙江等处承宣布政使司初领杭州、严州、明州、龙游、金华、绍兴、温州、台州、处州九府。十五年，以直隶嘉兴、湖州二府隶焉。本朝因之，为浙江省。雍正六年，设温、台、玉环厅同知。共领府十一、厅一：杭州府、嘉兴府、湖州府、宁波府、绍兴府、台州府、金华府、衢州府、严州府、温州府、处州府，玉环厅。"

[2] 十一万斤：《云南铜志》作"买高铜十万斤"。

[3] 按年：清云南布政司《案册》："嘉庆六年，定浙江省每年采买一次，每次应买正高铜二十六万斤，每百斤加耗四斤六两、余铜一斤；金钗厂正低铜十四万斤，每百斤加耗铜二十三斤、余铜一斤。分别收价、不收价。正高铜每百斤收价银一十一两，正低铜每百斤收价银九两，耗铜、余铜不收价。"

福建[1]

乾隆五年，委正、副运官各一员，赴滇采买高铜二十万斤，每百斤加余铜一斤，每正铜百斤，收价银一十一两。

七年，委员采买金钗厂低铜二十五万斤，每百斤加耗铜二十三斤、余铜一斤，每正铜百斤，收价银九两。

九年，委员采买高铜五十万斤。

十四年，委员采买高铜五十万斤，低铜十万斤。

二十二年，委员采买高铜三十万斤，每百斤加耗铜四斤六两，低铜三十万斤。

二十五年，委员采买高铜三十万斤，低铜三十万斤。

二十八年，委员采买高铜四十万斤，低铜二十万斤。

此后，每三年委正、副运官各一员，赴滇采买一次，正运每次买高铜四十万斤，副运每次买低铜二十万斤[2]均照前加给耗、余铜斤，收价拨运。

注 释

[1] 福建：《钦定户部则例》卷三十七《钱法四》："各省买铜章程：福建宝福局鼓铸应需铜斤，自道光元年起算，嗣后每届三年，委员赴滇采买一次，红铜五十二万一千余斤。每次于秋季委定人员，限年终到省承领价、脚银两，即行给咨起程，毋得借故迟延，致误铸务。各省铜斤运脚：福建省，自剥隘至百色，每站每百斤给银四分；前赴汉口，每百斤给银四

钱四分五厘七毫有奇；前赴福建省城，每百斤给水脚、起拨、搬夫价等银七钱五分二厘二毫。各省运铜杂费：福建省委员赴云南买铜，每百斤给官役骑驮马匹脚价银一钱二分八厘五毫有奇，官役饭食银六钱一分二厘四毫有奇，房银五分一厘。"

《大清一统志》卷四二四《福建统部》："福建统部，在京师南六千一百三十里，东西距九百里，南北距九百八十里。东至海一百里，西至江西宁都州瑞金县界八百五十里，南至海二百八十里，北至浙江处州府龙泉县界七百里，东南至海二百八十里，西南至广东嘉应州界一千二百里，东北至浙江温州府平阳县界五百五十五里，西北至浙江衢州府江山县界八百二十五里。其台湾一府，在省东南海岛中，东距大山，与生番接界。《禹贡》扬州南境。周为七闽地《周礼》：'职方氏，七闽'，郑注：'闽，蛮之别也'。春秋属越。战国属楚《史记》：'楚威王败越，杀王无疆，越以此散，诸族子争立，或为王、或为君。溃于江南海上，服朝于楚'。秦并天下，置闽中郡。汉高帝五年，为闽越国《史记·东越传》：闽越王无诸，其先勾践之后，秦并天下，废为君长，以其地为闽中郡，无诸徙诸侯灭秦，率越人佐汉。汉五年立为闽越王，王闽中故地，都东冶。建元六年，立丑为越繇王。奉闽越先祭祀，立余善为东越王，兴繇王并处。元封元年，国除为冶县，属会稽郡。后汉永和六年，置会稽南部都尉按：《前汉志》：南部都尉治回浦。沈约《宋志》：后分冶县地置东、南二部都尉。盖后汉始改置于冶县也。三国吴永安三年，分会稽南部置建安郡。晋太康三年，分置晋安郡，皆属扬州。元康元年，改属江州。宋泰始四年，改晋平郡，七年复故。齐因之。梁天监中，析晋安郡置南安郡。普通五年，三郡并属东扬州。陈永定初，置闽州，领三郡。天嘉六年，州废。光大二年，升晋安郡为丰州，领建安、南安二郡。隋开皇九年，改为泉州，废建安、南安二郡为县。大业初复改泉州为闽州，三年废闽州，仍置建安郡。唐武德初废郡，置建州，六年仍置泉州，八年置泉州都督府垂拱二年，增置漳州。久视元年，又置武荣州。景云二年，改闽州都督府时改泉州为闽，改武荣州为泉，督闽、泉、建、漳、潮五州。开元十三年，改福州都督府，二十一年，置福建经略使二十四年，增置汀州，割潮州入岭南，仍督五州。天宝元年，自岭南割属江南东道《唐书·方镇表》：乾元元年，改经略使为都防御使，兼宁海军使。上元元年，升节度使。大历六年，废为都团练观察使。乾宁四年，置威武军节度使《五代史》：'光启二年，王潮克泉州。福建观察使陈严表以潮为泉州刺史。景福元年，严卒。潮攻克福州，即以为观察使。乾宁四年，潮卒，弟审知代立。唐以福州为威武军，拜审知为节度使'。五代初为王氏所据，后唐天成元年，王延翰建闽国《五代史》：'梁初，封审知为闽王，升福州为大都督府。唐同光三年，审知卒，子延翰代立。四年，自建闽国称王。其弟鏻寻杀延翰自立。长兴四年，僭号改元。清泰二年，鏻被杀。子昶代立。晋天福四年，国人杀昶。立审知少子曦。八年，曦弟延政自立于建州，建国称殷改元，国分为二'。晋开运二年，南唐灭闽。三年，福州分属吴、越《五代史》：'开运元年，国人杀曦。二年，南唐兵执延政，分置剑州。三年，福州将李仁达降吴越'。宋太平兴国三年，置两浙西南路四年，置兴化军。五年，增邵武军。雍熙二年，改福建路《宋史·志》：领福、建、泉、漳、汀、剑六州，兴化、邵武二军。景德三年，置安抚使。大观元年，升为帅府，四年罢。绍兴三十二年，升建州为建宁府。建炎三年，复升安抚使为帅府。景炎元年，升福州为福安府。元至元十五年，置行中书省，二十二年罢，属江浙行省《元史·志》：至元十四年，置行宣慰司，兼行征南元帅府事于泉州。十五年，改为行中书省。十八年，迁于福州。十九年，复迁泉州。二十年，复迁福州。二十二年，并入杭州。大德元年，置福建道宣慰使司都元帅府《元史·志》：领福州、建宁、泉州、兴化、绍武、延平、汀州、漳州八路，《三山续志》：'至元十五年，置行省于福州。十六年，改置宣慰使司。二十年，复置行省。二十二年，并入江西行省。二十三年，复置，明年改行尚书省。二十八年，仍并入江西。二十九年，仍置行中书省。大德元年，立福建平海行中书省，徙治泉州。三年，改置宣慰使、都元帅府，仍移治福州'，黄仲昭《通志》曰：'《三山续志》修于元致和间，一代兴籍尚存，必有所据，当以为正'。至正十六年，复置行中书省，二十六年罢《通志》：'改置行枢密院'。寻为陈友定所据。明洪武二年，置福建行中书省。九年，改置福建承宣布政使司，统八府福州、兴化、泉州、漳州、延平、建宁、邵武、汀州，一州福宁。本朝因之，为福建省。康熙二十三年，海岛荡平，以其地置台湾府。雍正十二年，升福宁直隶州为福宁府，永春、龙岩二县为直隶州永春旧属泉州府，龙岩旧属漳州。凡领府十、直隶州二：福州府、兴化府、泉州府、漳州府、延平府、建宁府、邵武府、汀州府、福宁府、台湾府，永春直隶州、龙岩直隶州。"

[2] "此后"至"二十万斤"：清云南布政司《案册》："嘉庆六年，定福建省三年采买一次，每次委正、副官各一员，正运官买正高铜四十二万二斤，每百斤加耗四斤六两、余铜一斤；副运官买金钗厂正低铜一十八万

斤，每百斤加耗铜十三斤、余铜一斤。分别收价、不收价。正高铜每百斤收价银一十一两，正低铜每百斤收价银九两，耗铜、余铜不收价。"

湖北[1]

乾隆七年，委员采买金钗厂低铜二十五万八千九百八十四斤，每百斤加耗铜二十三斤、余铜一斤，每正铜百斤，收价银九两。

十三年，委员采买高铜三十万斤，每百斤加耗铜八斤、余铜一斤，每正铜百斤，收价银一十一两。

十五年，委员采买高铜二十万斤，每百斤加耗铜三斤、余铜一斤。

十七年，委员采买高铜三十万斤。

十八年，委员采买高铜二十万斤。

十九年，委员采买高铜五十万斤。

二十年，委员采买高铜七万五千斤，低铜七万五千斤。

二十一年，委员采买高铜十七万五千斤，低铜十七万五千斤。

二十四年，委员采买高铜二十万斤，低铜二十万斤。

二十七年，委员采买高铜十五万斤。

二十八年，委员采买高铜二十五万斤。

二十九年，委员采买高铜二十六万一千五十八斤[2]。

三十年，委员采买高铜三十万斤，低铜二十四万斤。

三十二年，委员采买高铜三十万斤，低铜二十万斤。

三十三年，委员采买高铜三十万斤。

三十五年，委员采买高铜十万斤。

三十六年，委员采买高铜十万斤，低铜十万斤。

三十九年，委员采买高铜三万六千八百六十一斤八两六钱，低铜十八万斤。

四十年，委员采买高铜九万六千六百九十七斤一两八钱，低铜十八万斤。

四十一年，委员采买高铜七万二千三百八十斤十二两三钱，低铜十八万斤。

四十二年，委员采买高铜十二万斤，低铜一十八万斤。

四十六年，委员采买低铜二十二万二千一百一十六斤。

四十九年，委员采买高铜二十万斤。

五十年至五十七年，委员采买七次，每次买高铜二十万斤。

嘉庆四年，委员采买高铜二十七万一百九十斤。

六年，委员采买高铜二十八万一百九十斤[3]。

八年至十年，委员采买<三次，每次买>高铜二十一万四千三十八斤[4]。

十三年，委员采买高铜二十五万四千三十八斤。

十五年，委员采买高铜二十五万四千三十八斤照前加给耗、余铜斤，收价拨运。

注 释

[1]　湖北：《大清会典事例》卷一百七十六《户部四十九·钱法》："乾隆二十八年，复准：湖北省采买宁台厂铜，自大理府运至省城铜店，计程十三站，每站每百斤给运脚银一钱四厘二毫；自省至竹园村，每站百斤给运脚银一钱；竹园村至剥隘，每站每百斤给运脚银一钱二分九厘二毫；自剥隘至百色，每站百斤给运脚银四分；自百色至湖北省城，每百斤给水脚银三钱七分五厘有奇，杂费银三钱一分一厘有奇。"

《钦定户部则例》卷三十七《钱法四》："各省买铜章程：湖北宝武局鼓铸，每年应需采买汉口铜十万九百五十斤，专令盐饬汉阳府知府共同办理，如有行户抬价居奇，即责成汉阳府知府稽查究治。各省铜斤运脚：湖北省，自剥隘至百色，每站每百斤给银四分；前赴南宁，每百斤给银五分八厘；前赴苍梧，每百斤给银六分五厘；前赴桂林，每百斤给银一钱二厘；前赴湘潭，每百斤给银一钱一分；前赴湖北省城，每百斤给银四分。各省运铜杂费：湖北省委员赴云南买铜，自起程至事竣，正运官日给盘费银五钱；协运官日给盘费银三钱；跟役各日给饭食银四分。每百斤给杂费银三钱一分一厘有奇。"

《大清一统志》卷三三四《湖北统部》："湖北省，在京师西南三千一百五十五里，东西距二千四百四十里，南北距六百八十里。东至安徽安庆府宿松县界五百五十里，西至四川夔州府巫山县界一千八百九十里，南至湖南岳州府临湘县界四百里，北至河南汝宁府罗山县界二百八十里，东南至江西九江府瑞昌县界四百五十里，西南至四川酉阳直隶州彭水县界二千五百五十里，东北至安徽六安直隶州霍山县界四百六十里，西北至陕西商州直隶州山阳县界一千四百七十里。《禹贡》荆州之域。周亦为荆州。春秋为楚国及随、邓、弦、黄、唐、郧、庸、穀、夔、州、绞、卢、鄾、郖、二、轸、权、厉诸小国地。战国属楚。汉初项羽建衡山、临江二国《史记·项羽本纪》：项王立吴芮为衡山王，都邾，共敖为临江王，都江陵，寻并于汉，高帝分置江夏、南郡二郡，武帝元封五年，置十三部刺史，此为荆州北境。后汉因之初，刺史治武陵郡，汉寿在今湖南境，汉末刘表为荆州，治襄阳，在今省境内，建安中，分属刘先主、孙权、曹操《晋书·地理志》：'建安十三年，魏武尽得荆州之地，及败于赤壁。南郡以南属吴，吴后遂与蜀分荆州。南郡、零陵、武陵以西为蜀，江夏、桂阳、长沙三郡为吴，南阳、襄阳、南乡为魏'。按：南郡、江夏、襄阳、南乡，俱在今省境。南阳，今属河南，余皆属湖南。三国分属吴、魏杜佑《通典》：'刘备殁后，所分之地悉复属吴，而荆州南、北双立，吴荆州治南郡，领南郡、江夏、蕲春、武陵、宜都、长沙、零陵、桂阳等郡，增置武昌、建平、天门、衡阳、湘东、邵陵、营阳等郡，魏荆州治宛，领江夏、襄阳、义阳、弋阳等郡'。按：天门、衡阳、湘东、邵陵、营阳今属湖南，义阳今属河南，余俱在省境。又当立郢州，见《宋书·州郡志》，旋废，其所领郡未详。晋平吴，并荆州为一荆州初治襄阳，平吴后治江陵，领江夏、南郡、襄阳、新城、魏兴、上庸、建平、宜都、武昌、南平、武陵、天门、长沙、衡阳、湘东、零陵、邵陵、桂阳等十八郡。废义阳、蕲春、营阳三郡。以弋阳郡属豫州。惠帝时立江州，桂阳、武昌属焉。元帝时，侨置新兴南、河东二郡。孝武时，又侨置雍州于襄阳。遥领京兆、始平、扶风、河南、广平、义成、北可南七郡。按：南平以下九郡，今属湖南，余俱在省境。南北朝宋亦为荆州领南郡南平、天门、宜都、巴东、汶阳、南义、阳新、兴南、河东、建平、永宁、武宁等郡。当时亦侨置雍州，领旧郡七，增南上洛、码翊、南天水、建昌、华山五郡。其义阳、随阳、安陆南、汝南四郡属司州，增置郢州治夏口，领江夏、竟陵、武陵、武昌、巴陵、西阳六郡。其魏兴、新城、上庸及新置北上洛属梁州。齐并因之荆州领南郡、天门、宜都等郡。郢州仍领旧郡七，又增置襄阳、安蛮府、南襄等郡属焉。其魏兴、新城、上庸等五郡，仍属梁州。随安、陆二郡属司州。梁亦为荆、郢、雍州雍州仍治襄阳，增置北江治鹿城关、义治罗田、岐治房陵、绥治绥阳、南洛治上洛、北新治新阳、南司治安陆、土治龙巢、应治水阳、宜治夷陵等州，而汉东之地，寻入西魏梁大宝元年，即西魏大统十六年，西魏克安陆，尽有汉东之地，寖及荆、襄西魏恭帝元年，克江陵，立萧詧为梁王、居荆州。时改雍州曰襄州，南洛为上州，北新曰温州，南司曰安州，宜州曰拓州。其义、土、应诸州仍旧。废岐、绥、北郢三州。增置蔡、昌、基、郡、平、岳、随、唐、顺诸州。旋为周有，亦置荆、襄诸州改安州曰涢州，拓州曰硖州，南司曰黄州。废岳州，增置沔、弋、亭、迁、丰、复、临、江、施诸州。惟北江州初属齐，改曰湘州。增置衡州、巴州、南司州、罗州。周灭齐，改罗州曰蕲州，湘州复曰北江州，余皆仍旧。陈承梁续，仅有郢州，别置荆州治公安。隋仍周旧，置荆州都督府。开皇九年，并有陈地。大业初改为南郡、夷陵、竟陵、沔阳、清江、襄阳、汉东、安陆、永安、义阳、江夏等郡，俱属荆州。唐武德初，复改诸郡为州。五年，置荆州大总管府《旧唐书·地理志》：'武德五年，荆州置大总管，管荆、辰、朗、澧、东松、基、沈、复、巴、睦、崇、硖、平等十三州，统潭、桂、高、交、循、夔、康、钦、尹九州。六年，改为大都督。督荆、辰、澧、朗、东松、岳、硖、玉八州，仍统潭、桂、交、夔、高、钦、尹七州。其沈、复、睦、崇四州，循、康二州，都督不统。八年，废玉州。贞观二年，降为都督府，惟督前七州。其桂、潭等七州不统。龙朔二年，升为大都督。督硖、岳、府、郢四州。贞观初，诸州分属淮南及山南道。开元二十一年，又分属江南西及淮南、山南东、黔中道江南西道领鄂州；淮南道领蕲、黄、安三州；山南东道治襄州，领江陵府、硖、归、随、均、房、复、郢、诸州；黔中道领施州。至德二载，置山南东道《唐书·方镇表》：至德元载，置襄阳防御守捉使。二载，升为山南东道节度使，领襄、邓、随、唐、安、均、房、金、商九州，治襄州。贞元三年，增领复州。会昌四年废，是年复置。文德元年，赐号忠义军。天佑三年，忠义军节度使复为山南东道节度使及荆南节度使《唐书·方镇表》：至德二载，置荆南节度使，领荆、澧、朗、郢、复、夔、硖、忠、万、归十州，治荆州。上元元年，领澧、朗、忠、硖四州。二年，领涪、衡、潭、岳、郴、衡、永、道、连九州。广德二年，罢领忠、涪二州。以衡、潭、邵、永、道五州隶湖南观察使。永泰元年，罢领岳州。大历元年，复领澧、朗、涪三州。元和三年，涪州隶黔中节度使。太和六年，废节度使，置都团练观察使。开成三年复置。元和初，置武昌军节度使《唐书·方镇表》：乾元二年，置鄂、岳、沔三州都团练守捉使，治鄂州。上元元年，鄂州隶荆南节度使。永泰元年，升观察使，增领鄂、蕲、黄三州。元和元年，升为武昌军节度使。增置安、黄二州。五年，罢节度使，置鄂、岳都团练观察使。大中元年，复置节度使。二年罢。四年复。六年罢。文德元年复置。五代时，为杨行密、高季兴所分据黄、蕲、鄂三州，属杨行密，后属南唐。周广顺五年，蕲、黄二州，为周所取。高季兴有荆、归、硖三州。惟襄、均、房、随、鄂、复、安七州世属中朝。宋建隆三年，平高季兴。八年，灭南唐，置湖北及京西路。元封中，改荆湖北路，分置京西南路荆湖北路初治鄂州，寻治江陵，领德安府，复、硖、归三州，荆门、汉阳二军。南渡后，增置寿昌军，在今省境，其余今属湖南。京西南路，治襄阳府，领随、房、均、郢四州，在今省境，余今属河南、陕西、淮南西路、夔州路蕲、黄二州属淮南西路，施州属夔州路。元置湖广等处行中书省治武昌路，在省境者，武昌、兴国二路。汉阳府及归州，属湖广省之江南湖北道，亦分属河南行省在省境者，襄阳、蕲州、黄州三路，属河南行省之河南江北道。中兴、硖州二路，安陆、沔阳、德安三府，荆门一州，属河南行省之山南、江北道。惟施州属四川行省之夔路。明洪武初，仍设湖广行省。九年，改置湖广等处承宣布政使司统辖湖南、北。正统三年，设湖广巡抚。崇祯间，设总督，俱驻武昌。本朝康熙三年，分置湖北省，领府八：武昌、汉阳、黄州、安陆、德安、荆州、襄阳、郧阳。雍正六年，升荆州府属归州为直隶州。十三年，升荆州府属夷陵州为宜昌府，降归州直隶州为州，属焉。以旧属归州之恩施县治，置施南府。乾隆五十六年，升安陆府属荆门州为直隶州。共领府十、直隶州一：武昌府、汉阳府、黄州府、安陆府、德安府、荆州府、襄阳府、郧阳府、宜昌府、施南府，荆门直隶州。"

[2] "二十九年"至"五十八斤"：《云南铜志·采买》"报销运脚"条："二十九年，委员赴滇买高铜二十六万一千五十八斤，低铜一十五万斤。"

[3] "六年"至"九十斤"：清云南布政司《案册》："嘉庆六年，定湖北省每年采买一次，每次应买正高铜二十二万四千三十八斤，每百斤加耗铜四斤、余铜一斤。分别收价、不收价，与福建同。正高铜每百斤收价银一十一两，正低铜每百斤收价银九两，耗铜、余铜不收价。"

[4] "八年"至"十八斤"：《云南铜志·采买》"报销运脚"条："自八年至十年，委员赴滇，采买三次，每次买高铜二十一万四千三十八斤。"

湖 南[1]

乾隆七年，委员采买金钗厂低铜十五万八千九百八十四斤，每百斤加耗铜二十三斤、余铜一斤，每正铜百斤，收价银九两。

十六年，委员采买高铜十万斤，每百斤加余铜一斤，每正铜百斤，收价银一十一两。

嘉庆五年，委员采买高铜十万斤，每百斤加耗铜三斤、余铜一斤，又买金钗厂低铜五万斤。

七年[2]，委员采买高铜三十一万⬚千斤，低铜十七万六千斤[3]。

十二年，委员采买高铜二十八万斤，低铜十六万斤。

十三年，委员采买高铜十三万五千斤，低铜六万五千斤均照前加给耗、余铜斤，收价拨运。湖南省采买铜斤，《户部则例》未载。

注 释

[1] 湖南：《钦定户部则例》卷三十七《钱法四》："各省铜斤运脚：湖南省采买滇铜运脚，自剥隘至百色，水程二站，每站每百斤给银四分；至南宁，每百斤给银五分八厘；自南宁至苍梧，每百斤给银六分五厘；自苍梧至桂林府，每百斤给银一钱二厘七毫；自桂林至省城河下，每百斤给银一钱一分六厘三毫四丝六忽。各省运铜杂费：湖南省委员赴云南买铜，自起程至事竣，运官日给盘费银、饭食银三钱；跟役日给饭食银四分。每办铜百斤，给杂费银二钱。"

《大清一统志》卷三五三《湖南统部》："湖南省，在京师西南三千五百八十五里，东西距一千四百二十里，南北距一千一百五十里。东至江西南昌府义宁州界二百八十五里，西至贵州铜仁府铜仁县界一千一百三十五里，南至广东连州界七百六十五里，北至湖北荆州府监利县界三百八十五里，东南至广东韶州府仁化县界七百九十里，西南至广西平乐府恭城县界九百五十九里，东北至湖北武昌府通城县界六百四十里，西北至四川重庆府酉阳州界九百里。《禹贡》荆州之域。周为荆州南境。春秋、战国属楚。秦置长沙郡及黔中郡地。汉高帝置桂阳、武陵二郡，建长沙国《汉书·吴芮传》：'吴芮徙为长沙王，都临湘'。武帝时，又增置零陵郡，俱属荆州。后汉因之废长沙国为郡。建安中，零陵、武陵属蜀汉，长沙、桂阳属吴，后俱属吴，增置天门、衡阳、湘东、邵陵、营阳五郡。晋平吴，废营阳郡，增置南平郡，俱属荆州。惠帝以桂阳郡属江州。怀帝又分置湘州治临湘，领长沙、衡阳、湘东、零陵、邵陵等郡。永嘉元年置，咸和三年省，义熙八年复置，十二年又省。穆帝时，复置营阳郡。南北朝宋亦为湘州武帝永初三年，复立湘州，领郡十，长沙、衡阳、桂阳、零陵、营阳、湘东、邵陵，在今省境；广兴今属广东；临庆始建，今属广西，又增置巴陵郡，初属湘州，后属郢州，武陵郡亦属郢州。惟南平、天门二郡，仍属荆州。齐并因之。梁增置罗、巴、武、郴等州。陈有湘、巴、沅、郴四州。隋大业初，废诸州，改为长沙、巴陵、衡山、武陵、澧阳、零陵、桂阳等郡，俱属荆州。唐武德初，复改诸郡为州。四年置潭州总管府。七年改都督府，开元二十一年，又分属江南西及山南东、黔中道江南西道，领鄂、岳、潭、衡、永、道、郴、邵八州。山南东道，领澧、郎二州。黔中道，领辰、锦、敏、业、溪五州。广德二年，置湖南观察使《唐书·方镇表》'至德二载'：置衡州防御使，领衡、涪、岳、潭、郴、邵、永、道八州，治衡州，上元二年废。广德二年，置湖南观察使，领衡、潭、邵、永、道五州，治衡州。大历四年，徙治潭州。中和三年，升钦化军节度。光启元年，改武安军节度。五代时，为楚马殷所据殷所据潭、衡、澧、朗、岳、道、永、邵、辰、郴、溪、锦、奖十三州，为今省境，余属广东、广西。周广顺初，地入南唐，既而刘言取之，寻又为周行逢所据在今省境者，为郴州，属南汉。溪、锦、奖三州，仍为蛮地。宋平湖南，分置湖南、北路，元丰中，改荆州湖南北路鼎、澧、岳、辰、沅、靖属湖北路。潭、衡、道、永、郴、邵、桂阳监属湖南路。后湖南路又增置武冈、茶陵二军。元为湖广行省地岳州、常德、澧州、辰州、沅州、靖州六路，属江南湖北道。天临、衡州、道州、永州、郴州、宝庆、武冈、桂阳八路，茶陵、耒阳、常宁三州，岭北湖南道。明属湖广布政使司岳州、长沙、常德、衡州、永州、宝庆、辰州七府，郴、靖二州，

365

为本省境。万历二十八年，始置偏沅巡抚，治偏桥镇。本朝康熙三年，分置湖南布政使司，为湖南省是年移偏沅巡抚驻长沙府。雍正二年改为湖南巡抚。七年，置永顺府，升岳州府属澧州。十年，升衡州府，属桂阳州，均直隶布政司。乾隆元年，升辰州府属沅州为府。嘉庆二年，升辰州府属乾州、凤凰、永绥三厅。二十二年，析沅州府芷江县地，置晃州厅，均直隶布政司。今领府九、直隶州四、直隶厅四：长沙府、岳州府、宝庆府、衡州府、常德府、辰州府、沅州府、永州府、永顺府，澧州、桂阳州、靖州、郴州，乾州厅、凤凰厅、永绥厅、晃州厅。"

[2] 七年：清云南布政司《案册》："嘉庆六年，定湖南省每年买一次，每次应买正高铜一十三万五千斤，每百斤加耗铜三斤、余铜一斤；金钗厂正低铜六万五千斤，每百斤加耗铜二十三斤、余铜一斤。分别收价、不收价。正高铜每百斤收价银一十一两，正低铜每百斤收价银九两，耗铜、余铜不收价。"

[3] "七年"至六千斤"：《云南铜志》作"七年，委员赴滇，买高铜二十二万斤，低铜一十二万斤。"

另外，《云南铜志》还记载了九年和十一年湖南省采买滇铜的情况："九年，委员赴滇，买高铜三十万四千斤，低铜一十七万六千斤。十一年，委员赴滇，买高铜二十八万斤，低铜一十六万斤"。

陕西[1]

乾隆十四年，委员采买高铜二十万斤，每百斤加余铜一斤，每正铜百斤，收价银一十一两。

二十九年，委员采买高铜三十五万斤。

三十年，委员采买高铜十五万斤照前收价拨运，又买金钗厂低铜十五万斤，每百斤加耗铜二十三斤、余铜一斤，每正铜百斤，收价银九两。

三十一年，委员采买高铜二十万斤，低铜二十万斤[2]。

三十五年至三十七年，委员采买三次，每次买高铜二十万斤，低铜十五万斤。

三十八年至四十二年，委员采买三次，每次买高铜二十一万斤，低铜十四万斤。

四十三年至五十五年，委员采买六次，每次买高铜二十四万五千斤，低铜十万五千斤。

五十六年，委员采买高铜二十一万七千一十七斤[3]，低铜十三万二千九百八十三斤。

五十九年，委员采买高铜二十四万五千斤，低铜一十万五千斤。

嘉庆四年，委员采买高铜二十四万五千斤，低铜十万五千斤。

此后，按年委员赴滇采买一次，每次买高铜二十四万五千斤，低铜十万五千斤[4]均照前加给耗、余铜斤，收价拨运。

注　释

[1]　陕西：《钦定户部则例》卷三十七《钱法四》："各省铜斤运脚：陕西省，自剥隘至百色，每站每百斤给银四分；前赴汉口，每百斤给水脚银四钱四分；前赴襄阳府，每百斤给银七分；前赴龙驹寨，每百斤给银四钱五分；前赴西安省城，每骡一头，驮铜一百五十斤，每头每百里给银二钱。各省运铜杂费：陕西省委员赴云南买铜，自起程至事竣，每日给口食银一钱九分二厘；跟役日给饭食银三分八厘七毫。每百斤给杂费银二钱八分八厘。"

《清高宗实录》卷八百六十六：乾隆三十五年庚寅八月，户部议准：'原任云南巡抚明德奏称"陕西岁需铜三十五万斤，今办至四十万斤，应将增办之数裁减，广西办铜四十六万斤，贵州办铜四十八万斤，湖北汉口，为商铜聚集之所，今岁办滇铜五十万斤，均属过当，此四省可酌减铜五六十万斤，滇省现开子厂，岁获铜一千万余斤，除供京铜及本省外，可得余铜三百万斤，一二年间，外省委员，均可挨次领运"'。从之。"

《大清一统志》卷二二六《陕西统部》："陕西省，在京师西南二千六百五十里，东西距九百三十五里，南北距二千四百二十六里。东至河南陕州阌湘县界三百五里，西至甘肃秦川清水县界六百三十里，南至四川太平厅界一千三十里，北至榆林边墙一千三百九十六里，东南至河南南阳府淅川县界六百二十里，西南至四川保宁府广元县界一千三百八十五里，东北至山西保德州河西县界一千八百六十里，西北至甘肃庆阳府正宁县界三百二十里。《禹贡》黑水、西河惟雍州孔安国传：'西据黑水，东距西河，即龙门之河，在冀州西，故曰西河。'《晋书·地理志》：'雍州，以其四山之地，故以雍名，亦谓西北之位，阳所不及，阴气雍阏也。'按：今陕西之地，惟汉中府、兴安府、商州为古梁州域，余皆属雍。周为王畿，东迁复属秦，其东境分属晋。战国时，秦都咸阳，其东北境属魏，南境属楚。秦始皇并天下，以京师为内史，兼置上郡、汉中等郡。汉元年，项羽以汉中为汉国，分秦地为雍、塞、翟三国。汉高帝都长安，初置渭南、河上、中地郡。九年，复为内史。景帝分置左、右内史。武帝改内史，置京兆尹，左冯翊，右扶风，是为三辅，置司隶校尉都察之，又以上郡、朔方元朔二年置、西河元朔四年置，等郡属并州，汉中郡属益州武都、安定、北地等郡地属凉州。后汉迁都洛阳，仍置司隶督察三辅《晋书·地理志》：'光武都洛阳，关中复置雍州，后罢，属司隶'，诸郡分属并、益、凉州如故。建安十八年，罢司隶置雍州《献帝春秋》：时省司隶校尉及凉州，以其郡国并为雍州。《魏志》：建安二十年，分汉中之安阳西城为西城郡。三国属魏，仍曰雍州，改京兆尹为太守，冯翊、扶风，各除左、右《华阳国志》：'魏黄初二年，改西城为魏兴郡'，其汉中郡属汉，后属魏，分置梁州。晋仍曰雍、梁二州晋初，于长安置雍州，统京兆、冯翊、扶风、安定、北地、始平、新平七郡。梁州治汉中，所领郡皆在今四川界。魏兴郡后属荆州。建兴元年，复都长安，寻皆陷没建兴二年，李雄陷汉中。四年，刘曜陷长安，太兴二年，曜自平阳徙都长安，改号赵，复置司隶校尉，以幽州刺史镇北地。咸和四年，石勒克长安，复置雍州。永和六年，石氏败，苻健据关中都长安，是为前秦，复置司隶校尉，以荆州刺史镇丰阳。苻坚时分司隶为雍州，分京兆为咸阳郡，移洛州镇陵城。灭燕之后，移洛州居丰阳。太元九年，苻坚败。梁州复属晋。十一年，姚苌据长安，是为后秦，分司隶领北五郡，置雍州刺史。义熙三年，赫连勃勃据朔方，是为夏，都统万。十三年，刘裕灭姚秦，复置雍州。十四年，勃勃陷长安，以雍州牧镇之，又以朔州牧镇三城，秦州刺史镇杏城，北秦州刺史镇武功，豫州牧镇李闰。后魏神麚三年，平关中，仍为雍州，后分置洛太延五年，仍苻秦置荆州，太和十七年改、岐、华、夏三州皆太和十一年置、北华太和十五年置东秦州，后改等州，正始初克梁州刘宋于梁州兼置南秦州，齐、梁因之。正始初，改梁州。后又梁改北梁州，寻改南梁州，梁末又属西魏，后又分置东益、东夏延昌二年置、南岐、东梁皆孝昌三年置及东秦、北雍、东雍诸州。

西魏徙都长安，改易州名废帝元年，改南梁为东梁州。三年，改为金州，又改东雍为华州，北雍为宜州，华州为同州，北华为鄜州，东秦为陇州，东夏为延州，南岐为凤州。废帝二年，改东益州为兴州，又改东梁州为直州，增置绥、丹、洋三州。后周明帝二年，改雍州刺史为雍州牧。保定三年，增置银州。隋开皇二年，建新都，三年，废郡存州。大业初，改雍州为京兆尹，又改诸州为冯翊、本同州、新平本幽州、扶风本岐州、上郡本鄜州，隋初改为鄜城郡、雕阴本绥州，隋初改上州、延安本延州、朔方本夏州、汉川本梁州、西城本金州、河池本凤州、顺政本兴州、上洛本洛州，后周改商州等郡。唐仍隋都，复改诸郡为州，贞观二年，分置关内及山南道关内道，治京兆府，领凤翔府，华、同、商、邠、陇、鄜、坊、丹、延、监、夏、绥、银、宥、麟、胜等州。唐末，李茂贞又增置乾、耀、鼎、翟等州。山南道，开元二十一年，又分东、西，西道治兴元府，领金、商、洋、凤、兴等州。《新唐志》：金州分属东道。按：唐宥州在今延安府靖边县北外边，胜州在今榆林府府谷县东北边外、鄂尔多斯界。唐末废都，五代因之乾、耀、邠、岐、陇、鄜、坊、丹、延九州，初属岐；凤州属岐亦属蜀，金州初属蜀，后皆属唐；梁、洋二州属前、后蜀。宋初曰陕西路。熙宁五年，分为永兴军路，兼属秦凤、利州、京西、河东四路《宋史·地理志》：庆历元年，分陕西沿边为秦凤、泾原、还庆、鄜原四路。熙宁五年，以熙、河、洮、岷州、通远军为一路，又以熙、河等五州、军为一路，通、旧、鄜、延等五路，共三十四州、军。后分永兴、保安军等为永兴军路。秦、阶、陇、凤等为秦凤路，并置传运使。仍以永兴、鄜延、环庆、秦凤、泾原、熙河分六路，各置经略、安抚司。永兴军路，领京兆、延安府、同、华、耀、邠、鄜、商、访、丹等州，其后又增银州、醴州及绥德、清平军。其凤翔府，陇、凤二州，属秦凤路。兴元府，洋、兴二州，属利州路。金州，属京西路。丰、府、礼三州，属河东路。按：宋丰州在今榆林府府谷县东北边外，鄂尔多斯界。南渡后，陕西地入于金，分为京兆、凤翔、鄜延等路京兆府路，本宋永兴军路，皇统二年改名，治京兆府，领商、乾、同、耀、华等州。凤翔路，本宋秦凤路，大定二十七年改名，自秦州移治凤翔府，领陇州。鄜延路，治延安府，领绥德、鄜、坊等州。又以邠州分属庆原路。其兴元府，金、洋、凤、沔等州，则仍属宋利州路。元中统三年，立陕西四川行省，治京兆，治元二十三年，改为陕西等处行中书省领奉元、延安、兴元等路，及凤翔府，邠、泷等州。明初，仍立陕西行省。洪武九年，改置陕西等处承宣布政使司有左、右二使，并治西安府，共领八府、一州，又置陕西都指挥使司，统诸卫所。本朝初因之，康熙二年，移右布政使治甘肃，左布政使仍治西安，领西安、延安、凤翔、汉中四府，兴安一州。六年，改左布政司曰西安布政使司，后改曰陕西布政使司。雍正三年，升西安府之商、同、华、耀、乾、邠六州，延安府之鄜、绥德、葭三州，直隶陕西布政司。九年，又升榆林卫为府。十三年，升同州为府，仍降华、耀、葭三州为属州。乾隆四十八年，升兴安州为府。凡领府七、直隶州五：西安府、延安府、凤翔府、汉中府、榆林府、兴安府、同州府，商州直隶州、乾州直隶州、邠州直隶州、鄜州直隶州、绥德直隶州。"

[2] "三十一年"至"二十万斤"：《云南铜志·采买》"报销运脚"条在此年后还载有："三十二年，委员赴滇，买高铜四十万斤。"

[3] 二十一万七千一十七斤：《云南铜志·采买》"报销运脚"条："五十六年，委员赴滇，买高铜二十七万七千一十七斤。"

[4] "此后"至"五千斤"清云南布政司《案册》："嘉庆六年，定陕西省年半采买一次，每买正高铜二十四万五千斤，每百斤加余铜一斤；金钗厂正低铜一十万五千斤，每百斤加耗铜二十三斤、余铜一斤。分别收价、不收价。正高铜每百斤收价银一十一两，正低铜每百斤收价银九两，耗铜、余铜不收价。"

广东[1]

乾隆十年，委员采买高铜七万八千六百九斤，每百斤加耗铜十斤四两、余铜一斤，每正铜百斤，收价银十一两。又买金钗厂低铜七万五千斤，每百斤加耗铜二十三斤、余铜一斤，每正铜百斤，收价银九两。

十二年，委员采买高铜二十四万九十九斤，每百斤加耗铜五斤、余铜一斤照前收价拨运。又买低铜十五万九千九百斤。

十六年，委员采买高铜四十万斤。

十九年，滇、粤两省铜、盐互易[2]，递年轮委。粤省委员办运，则盐来铜去。滇省委员办运，则铜去盐来。自十九年至二十五年，粤省委员来滇办运过三次，滇省委员办运过二次，共五次。每次办运高铜十万斤。

又自二十六年至五十八年，滇省委员办运过十次，粤省办运过十七次，共二十七次。每次合计办运高铜十万斤，低铜五万斤。

嘉庆四年至六年，滇、粤两省各委员办运过一次。办运高铜十一万六千八百斤，低铜五万八千四百斤。

此后，滇、粤两省按年轮委办运，每年办运高铜十万一千二百二十七斤，低铜五万六百一十三斤[3]均照前加给耗、余铜斤，收价拨运。

注　释

[1]　广东：《钦定户部则例》卷三十七《钱法四》："各省买铜章程：粤省应需高铜十万七千三百斤零，按照八成色由万宝厂拨给；低铜六万二千七百六十斤零，按照七成色由金钗厂拨给。滇省按年委员运至剥隘，交广南府设店收储，咨会粤省委员接运回粤。……广东省以盐易铜，采买云南万宝厂高铜，每百斤加补色铜五斤、余铜一斤，销价银十一两。金钗厂低铜，每百斤加补色铜十三斤、余铜一斤，销价银九两。所需铜价即将盐价作抵，不敷铜价核数支销。各省铜斤运脚：广东省，自剥隘至百色，每站每百斤给银四分；前赴广东省城，每站每百斤给银一分五厘。各省运铜杂费：广东省委员赴云南买铜，自起程至事竣，每日给饭食银二钱；跟役日给饭食银三分八厘七毫。解运铜价：自剥隘至云南省城，每站每百斤给脚价银一钱二分九厘二毫，每铜百斤，用筐篓一对，价银二分。"

《大清一统志》卷四四零《广东统部》："广东统部，在京师西南七千五百七十里，东西距二千五百里，南北距一千八十里。东至福建漳州府诏安县界一千里，西至广西南宁府宣化县界一千五百里，南至大海三百里，北至湖南郴州桂阳县界七百八十里，东南至大海二百八十里，西南至崖州大海二千四百里，东北至江西赣州府长宁县界八百里，西北至广西平乐府贺县界七百三十里。《禹贡》荆、扬二州之南裔。周为藩服《通历》：武王灭殷，乃正九服徹法。以南海地在东南扬州之裔，定为藩服。战国时为百越，亦曰扬越《史记·吴越传》：'吴起相楚，南平百越'。又《南越传》：'秦并天下，略定扬越'，张晏曰：'扬州之南越也'，按：越字，《史记》作越。《汉书》作粤，音、义并同。今从《史记》。秦时号陆梁地，始皇三十三年，取其地置南海郡《史记·秦始皇本纪》：'三十三年，发诸尝逋亡人、赘婿、贾人，略取陆梁地，为桂林、象郡、南海，以适遣戍'。《正义》：'岭南之人，多处山陆，其性强梁，故曰陆梁'。汉初为南越国，元鼎六年，平其地，置南海、苍梧、合浦、珠崖、儋耳等郡《汉书·武帝纪》：'元鼎六年，定越地，以为南海、苍梧、郁林、合浦、交阯、九真、日南、珠崖、儋耳郡。按：《地理志》：珠崖、儋耳二郡，置在元封元年，今广东地。得汉南海、苍梧、合浦、珠崖、儋耳五郡，余属广西安南。元封五年，属交阯部刺史，始元五年，省儋耳郡，初元三年，省珠崖郡。后汉建安中，徙交州治南海郡王范《交广春秋》：'交州治赢陵县。元封五年，徙治苍梧广信县，建安十五年，治番禺县'。《宋书·州郡志》：'汉武帝开百越，交阯刺史治龙编。献帝建安八年，改日交州，治苍梧广信县。十六年，徙治南海番禺。及分为广州，治番禺，交州，还治龙编'。按：二书纪年不同，《水经注》又作建安二十二年迁州番禺，未知孰是。三国吴黄武五年，分交州置广州，寻罢广州，并属交州。永安七年，复分置广州按：吴黄武中，广州领南海、苍梧、郁林、高凉四郡。其合浦郡别属交州。赤为中，复置高兴、珠崖二郡，亦属交州。永安后，广州领南海、高凉、高兴等郡。甘露元年，析桂阳南部置始兴郡，别属荆州。晋太康中平吴，仍为广州及荆、湘、交三州地《晋书·地理志》：'广州，太康中、平吴，以荆州始安、始兴、临贺三郡来属'，统南海始兴、苍梧、高凉、高兴等共十郡，'武帝后省高兴郡。永嘉元年，又以临贺、始兴、始安三郡为湘州，成帝分南海立东官郡，以始兴三郡还属荆州。穆帝分苍梧，立晋康、新宁、永平三郡。太和中置新安郡。安帝分东官立义安郡。恭帝分南海立新会郡'。按：晋时合浦郡仍属交州，其珠崖郡省入合浦。南北朝宋初亦为广州，泰始七年，分交、广二部置越州《宋书·州郡志》：广州领南海、苍梧、晋康、新宁、高凉、新会、东官、义安等郡。元嘉九年，分立宋康郡。十三年立绥化郡。十八年立宋熙郡，皆属广州。泰始七年，分立越州，领陇苏、临漳、合浦、宋寿等郡。其合浦郡仍属交州。齐因之《齐书·州郡志》：广州领南海、东官、义安、新宁、苍梧、高凉、晋康、新会、广熙、宋康、宋隆、绥建、乐昌、齐康等郡。越州领临漳、合浦、龙苏、高兴等郡。梁天监六年，分湘、广二州置衡州。普通四年，分置成州、合州、建州。五年分置东扬州。自后州郡滋多《隋书·地理志》：梁大通中，割合浦立高州。又有东衡、东瀛、新泷、崖安、罗等州，皆梁置，陈因之。隋开皇十年，平陈，置广、循二州总管府领洭、冈、潮、高、罗、端、新、泷、建、封、越、合、崖、钦、连等州。二十年废洭州。仁寿元年，改广州为番州，大业初府废，三年改诸州为南海、龙川、义安、高凉、信安、永熙、苍梧、合浦、珠崖、宁越、熙平等郡《隋书·地理志》：诸郡皆属扬州，惟熙平郡属荆州。《元和志》：'大业六年，置临振郡'，《隋志》不载。隋末陷于萧铣。唐武德四年，复改诸郡为州，置广州总管府。贞观元年，置岭南道《唐书·地理志》：岭南道领广、韶、循、潮、康、泷、端、新、封、潘、春、勤、罗、辩、高、恩、雷、崖、琼、振、儋、万安、钦、连、宝、廉、陆等州。天宝元年，又改诸州为郡。至德元载，置岭南节度使。乾元元年，复改诸郡为州。咸通三年，分为岭南东道，乾宁二年，赐号清海军节度《唐书·方镇表》：至德元载，升五府经略讨击使为岭南节度使，领广、韶、循、潮、康、泷、端、新、封、春、勤、罗、潘、高、恩、雷、崖、琼、振、儋、万安、藤二十二州，治广州。乾元元年，置韶、连、郴三州都团练使，治韶州。元和元年，岭南节度复领潘、辩二州。咸通三年，分岭南节度为东、西道，改岭南节度为岭南东道节度。乾宁二年，赐岭南东道节度号清海军节度。五代为南汉《寰宇记》《十国春秋》：刘龚建国，改广州为兴王府，析韶州置英、雄二州，析循州置祯州，析潮州置敬州，余仍唐旧。宋置广南东路，又分广南西路《宋史·地理志》：广南东路治广州，领肇庆一府，韶、循、潮、连、梅、南雄、英、贺、封、新、康、南恩、惠十三州。其化高、钦、廉、雷、琼六州，南宁、禹安、吉阳三军，属广南西路。元至元十五年，置广东道宣慰司，及海北广东道肃政廉访司治广州路，隶江西行中书省，十七年，又分置海北海南道宣慰司。三十年又置海北海南道肃政廉访司俱治雷州路，隶湖广行中书省，分领诸路《元史·地理志》：广东道宣慰司，海北广东道肃政廉访司，领广、韶、惠、南雄、潮、德、庆、肇庆七路，及英、德、梅、南恩、封、新、桂阳、连循八州。海北海南道宣慰司肃政廉访司，领雷、化、高、钦、廉五路，乾宁、南宁、万安、吉阳四军。明洪武初，改诸路为府，置广东行省参政。九年改置广东等处承宣布政使司，统十府广州、韶州、南雄、惠州、潮州、肇庆、高州、廉州、雷州、琼州、一州罗定。本朝因之，为广东省。雍正五年，升连州为直隶州，十一年升程乡县为嘉应直隶州。嘉庆十一年，降南雄府为直隶州，升嘉应州为府。十六年，复升南雄州为府，降嘉应府为直隶州，置佛冈直隶厅。十七年，仍降南雄府为直隶州。二十一年，置连山直隶厅。共领府九、州四、厅二：广州府、韶州府、惠州府、潮州府、肇庆府、高州府、廉州府、雷州府、琼州府、南雄直隶州、连州直隶州、嘉应直隶州、罗定直隶州、佛冈直隶厅、连山直隶厅。"

[2]　铜、盐互易：《皇朝文献通考》卷十七《钱币考五》："乾隆十八年，又议以广东盐斤与云南铜斤互易供铸。广东巡抚鹤年奏言：'粤东鼓铸岁需正、耗铜十四万一千二百六十四斤，见在虽有存局余铜，仍应每年办

铜十万斤，以备接济。查滇省产盐不敷，亦岁需粤盐一百六十六万一千三百三十三斤，已咨商滇省，彼此抵换，可免委员赍价之烦。嗣后两省按年轮值，遇广东办铜之年，即运盐而往；遇云南办盐之年，即运铜而来。惟粤盐之价，较滇铜尚有不敷，仍扣算补足，实于公务有益。'户部议如所请，从之。嗣后至二十五年，以存局铜斤将完，复议于盐、铜互易之外，每年再动帑添买滇铜五万斤应用。"

[3] "此后"至"一十三斤"：清云南布政司《案册》："嘉庆六年，定广东省每年办运正高铜一十万一千二百二十七斤，每百斤加耗铜五斤、余铜一斤；金钗厂正低铜五万六百一十三斤，每百斤加耗铜二十三斤、余铜一斤。铜、盐互易。分别收价、不收价。正高铜每百斤收价银一十一两，正低铜每百斤收价银九两，耗铜、余铜不收价。"

广西[1]

乾隆十一年至十三年，委员采买三次，每次买高铜十五万斤，每百斤加余铜一斤，每正铜百斤，收价银一十一两。

十四年，委员采买高铜二十五万三千四百二十五斤，每百斤加耗铜五斤、余铜一斤。带运前三次买过铜四十五万斤，应补耗铜二万二千五百斤。

十五年，委员采买高铜一十五万三千四百二十五斤[2]。

十六年，委员采买高铜三十五万三千一百六十斤。

十七、十八两年，委员采买二次，每次买高铜三十九万二千四百斤。

十九年，委员采买高铜三十五万三千一百六十斤。

二十年，委员采买高铜一十四万二千四百斤照前收价拨运，又买金钗厂低铜二十五万斤，每百斤加耗铜二十三斤、余铜一斤，每正铜百斤，收价银九两。

二十一年，委员采买高铜二十五万斤，低铜十四万二千四百斤。

二十二年至二十七年，委员采买六次，每次买高铜十九万六千二百斤，低铜十九万六千二百斤。

二十八年，委员采买高铜十九万六千二百斤，低铜二十二万六千五百七十九斤零。

铜政便览
校注

二十九年至三十三年，委员采买五次，每次买高铜十九万六千二百斤，低铜二十万九千八百七十斤零。

三十四年，委员采买高铜三十九万二千四百斤。

三十六年，委员采买高铜十五万五千三百二十五斤，低铜二十万九千八百七十斤九两。

三十九年，委员采买高铜十二万四千二百六十斤，低铜十九万三千一百七十斤零。

四十年，委员采买高铜九万四千二十七斤零，低铜十九万三千一百七十斤零。

四十二年，委员采买高铜十二万五千五百六十七斤零，低铜二十万四千七百五十六斤[3]。

四十四年，委员采买高铜八万九千六百五十斤零，低铜十三万七千九百一十三斤零。

四十五年，委员采买高铜八万四千五百七十六斤，低铜十三万七千九百一十三斤零。

四十六年，委员采买高铜九万二千四百二十四斤，低铜十五万七百十斤零。

四十七、八两年，委员采买二次，每次买高铜八万四千三百七十六斤[4]，低铜十三万七千九百十三斤零。

四十九年，委员采买高铜九万二千四百二十四斤，低铜十五万七百十斤零。

又买五十年分高铜八万四千五百七十六斤，低铜十三万七千九百十三斤零。

五十一年，委员采买高铜九万二千四百二十四斤，低铜十五万七百十斤零。

五十二、五十三两年，委员采买二次，每次买高铜八万四千五百七十六斤，低铜十三万七千九百一十三斤零。

五十四年，委员采买高铜九万二千四百二十四斤，低铜十五万七十一斤零。

五十五、六两年，委员采买二次，每次买高铜八万四千五百七十六斤，低铜十三万七千九百一十三斤零。

五十七年，委员采买高铜九万二千四百二十四斤，低铜十五万七十一斤零。

五十九年，委员采买高铜八万四千五百七十六斤，低铜十三万七千九百一十三斤零。

嘉庆二年，委员采买高铜十一万三千一十斤零[5]，低铜十八万四千二百八十一斤零。

五年，委员采买高铜四万八百九斤零，低铜六万六千五百四十五斤零[6]。

七年，委员采买高铜二十一万二千五百五十斤。

九年至十二年，委员采买二次，每次买高铜二十一万四千四十八斤。

十三年至十五年，委员采买二次，每次买高铜二十一万二千五百五十斤均照前加给耗、余铜斤，拨卖领运。

注 释

[1] 广西：《钦定户部则例》卷三十七《钱法四》："各省铜斤运脚：广西省，自剥隘抬铜上船，每百斤给银五厘；前赴至百色，每站每百斤给银四分；前赴广西省城，每百斤给银二钱三分九厘一毫有奇；省城抬铜入局，每百斤给银三厘。各省运铜杂费：广西省委员赴云南买铜，自起程至事竣，每日给饭食银一钱；跟役日给饭食银四分。每百斤给杂费银九分七厘。"

《大清一统志》卷四六零《广西统部》："广西统部，在京师西南七千四百六十里，东西距二千八百一十里，南北距二千九百六十五里。东至广东肇庆府广宁县界一千二百六十里，西至云南广南府土富州界一千五百五十里，南至广东广州府云山县界二千四十五里，北至贵州黎平府永徙县界九百二十里，东南至广东高州府石城县界一千一百八十里，西南至越南国界二千三百十里，东北至湖南永州府东安县界三百四十五里，西北至贵州兴义府贞登州界一千三十六里。《禹贡》荆州南徼。春秋时为百越地。秦始皇三十三年，以陆梁地置桂林、象郡。汉初属吴越国。元鼎六年，改置苍梧、郁林二郡，属交州，兼为荆州零陵郡南境。后汉因之。三国属吴，增置始安、临贺、桂林、宁浦四郡。晋为广州地《晋书·地理志》：广州领始安、临贺、苍梧、郁林、桂林、宁浦六郡。元帝分郁林，立晋兴郡。穆帝分苍梧立永平郡。刘宋为湘、广、越三地《宋书·州郡志》：湘州领始建、临庆二郡。广州领始安、临贺、苍梧、郁林、桂林、宁浦六郡，又有南流郡属越州。南齐因之。梁置桂、静二州。隋为始安、苍梧、永平、郁林四郡。唐初复改诸郡为州，属岭南道。置桂、容、邕三管经略使。咸通三年，始分置岭南西道。《唐书·地理志》：岭南道，领邕、澄、宾、横、浔、峦、贵、龚、象、藤、岩、宜、瀼、笼、田、环、桂、梧、贺、柳、富、昭、蒙、严、融、思唐、容、牢、白、顺、绣、郁林、党、禺、义等州。五代初属楚，增置全州。周广顺元年，属南汉。宋至道三年，分置广南西路《宋书·地理志》：广南西路，治桂州、领容、邕、融、象、昭、梧、藤、龚、浔、柳、贵、宜、宾、横、白、郁林等州。其贺州则属东路，全州则属荆湖南路。元置广西两江道宣慰使司，及岭南广西道肃政廉访司，属湖广行省。《元史·地理志》：宣慰司治静江路，领南宁、梧州、浔州、柳州四路，平乐一府，郁林、容、象、宾、横、融、藤、贺、贵九州。废连南丹一安抚司。又有左江领思明、太平二路，右江领田州、来安、镇安三路，其全州治，别属岭北湖南路。至正末，始分置广西等处行中书省。明洪武九年，置广西等处承宣布政使司，统九府桂林、柳州、庆远、思恩、平乐、梧州、浔州、南宁、太平。本朝因之，为广西省，顺治十五年，升泗城土州为府，寻改为军民府隶思恩府。康熙二年，镇安土府改设流官隶思恩府。雍正三年，升郁林为直隶州。四年，仍改泗城军民府为府。七年，升镇安为府。共领府十一、直隶州一：桂林府、柳州府、庆远府、思恩府、泗城府、平乐府、梧州府、浔州府、南宁府、太平府、镇安府，郁林直隶州。”

[2] 一十五万三千四百二十五斤：《云南铜志》作“二十五万三千四百二十五斤”。

[3] 二十万四千七百五十六斤：《云南铜志》作“二十四万四千七百五十六斤零”。

[4] 八万四千三百七十六斤：《云南铜志》作“低铜八万四千五百七十六斤”。

[5] 十一万三千一十斤零：《云南铜志》作“高铜十一万三千一十一斤零”。

[6] "五年"至"四十五斤零"：清云南布政司《案册》："嘉庆六年，定广西省每年采买一次，每次应买正高铜二十一万二千五百五十斤，每百斤加耗铜五斤、余铜一斤。分别收价、不收价。正高铜每百斤收价银一十一两，耗铜、余铜不收价。"

贵　州[1]

雍正八年，委员采买高铜五万八千余斤，每百斤收价银九两八钱。

九、十两年，委员采买二次，每次买高铜二十五万一千三百十四斤，每百斤收价银九两八钱。

十一年，委员采买高铜三十三万五千八十五斤。

十二年，委员采买高铜十六万七千五百四十三斤，每百斤收价银九两二钱自十二年至乾隆元年，共买二次，每次皆高铜十六万七千五百四十三斤。

乾隆二年，委员采买高铜十六万七千五百四十三斤。

三、四两年，委员采买二次，<每次买>高铜二十五万一千三百一十四斤。

五年，委员采买高铜三十七万三千八百一十四斤。

六、七两年，委员采买二次，每次买高铜四十九万六千斤。

八年，委员采买高铜三十万斤。

九年，委员采买高铜三十七万八千四百斤。

十年，委员采买高铜四十万斤。

十一年，委员采买高铜五十四万斤。

十二年，委员采买高铜四十六万六千五百五十一斤，每百斤加耗、余铜一十一斤，每正铜百斤，收价银九两二钱。

十三年，委员采买高铜五十万二千五百斤。

十四年、十五年，委员采买高铜四十六万六千五百五十斤。

十六年至二十年，委员采买五次，每次买高铜四十五万四百五十斤。

二十六年，委员采买高铜二十二万斤照前收价拨运，又买金钗厂低铜二十二万斤，每百斤加耗<铜>二十三斤、余铜一斤。每正铜百斤，收价银九两。

二十七年，委员采买高铜四十四万斤。

二十八年，委员采买高铜二十二万斤。

二十九年至三十一年，委员采买三次，每次买高铜四十四万斤。

三十二年，委员采买高铜四十八万斤。

三十三年，委员采买高铜四十万斤。

三十四年，委员采买高铜十七万斤，低铜十七万斤。

三十五年，委员采买高铜四十四万斤。

三十六年，委员采买高铜四十七万六千斤，低铜二十万四千斤。

三十七年，委员采买高铜二十三万八千斤。

四十一、二两年，委员采买二次，每次买高铜三十一万三千四百五斤零，低铜九万一千四百五十九斤零。

四十三年，委员采买高铜三十万八千斤，低铜一十三万二千斤。

四十四、五两年，委员采买二次，每次买高铜二十一万三千四百五斤零，低铜九万一千四百五十九斤。

四十六年，委员采买高铜二十三万一千一百八十九斤零，低铜九万九千八十一斤零。

四十七、八两年，委员采买二次，每次买高铜二十一万三千四百五斤零，低铜九万一千四百五十九斤零。

四十九年，委员采买高铜二十三万一千一百八十九斤零，低铜九万九千八十一斤零。

五十年，委员采买高铜二十一万三千四百五斤零，低铜九万一千四百五十九斤零。

五十一年，委员采买高铜二十三万一千一百八十九斤零，低铜九万九千八十一斤零。

五十二、三两年，委员采买二次，每次买高铜二十一万三千四百五斤零，低铜九万一千四百五十九斤零。

五十四年，委员采买高铜二十三万一千一百八十九斤零，低铜九万九千八十一斤零。

五十五、六两年，委员采买二次，每次买高铜二十一万三千四百五斤零，低铜九万一千四百五十九斤零。

五十七年，委员采买高铜二十三万一千一百八十九斤零，低铜九万九千八十一斤零。

五十八年，委员采买高铜二十一万三千四百五斤零，低铜九万一千四百五十九斤零。

嘉庆二年，委员采买高铜二十七万一千八十七斤零，低铜一十四万三千二百七斤零。

三、四两年，委员采买二次，每次买高铜二十九万四百二十八斤零，低铜十三万二千一百九十一斤零。

五年，委员采买高铜三十一万六千一百三十二斤零，低铜十四万三千三百七斤零[2]。

六年，委员采买高铜二十九万四百二十八斤零，低铜十三万二千一百九十一斤零[3]。

七年，委员采买高铜二十五万九千五百八十三斤零，低铜一十一万八千九百七十二斤零。

八年，委员采买高铜二十八万二千七百一十七斤零，低铜一十二万八千八百八十六斤零。

九年，委员采买高铜二十五万九千五百八十三斤零，低铜一十一万八千九百七十二斤零。

十年，委员采买高铜二十八万二千七百一十七斤零，低铜一十二万八千八百八十六斤零。

十一年、十二年，委员采买二次，每次买高铜二十五万九千五百八十三斤零，低铜一十一万八千九百七十二斤零。

十三年，委员采买高铜二十八万二千七百一十七斤，低铜十二万八千八百八十六斤零。

十四、十五两年，委员采买二次，每次买高铜二十五万九千五百八十三斤零，低铜一十一万八千九百七十二斤零。

十六年，委员采买高铜二十八万二千七百一十七斤零，低铜十二万八千八百八十六斤零均照前加给耗、余铜斤，收价拨运。

注 释

[1] 贵州：《钦定户部则例》卷三十七《钱法四》："各省采办铜价：贵州省，每正铜百斤加耗、余铜一十一斤，销价银九两二钱。各省铜斤运脚：贵州省采买云南各厂高铜，自厂至贵州省城，每站每百斤给银一钱二分五厘；筐绳银一分二厘五毫零；运费银六分。采买金钗厂低铜，每百斤运费银七分。各省运铜杂费：贵州省买运云南铜斤，沿途杂费每百斤给银五分一厘。齐送铜价，每马一匹，驮银二鞘，每站给银二钱。"《大清会典事例》卷一百七十六《户部四十九·钱法》："乾隆二十七年，题准：贵州省领云南大兴、金钗厂铜，自厂运至贵州，陆路每站每百斤给运脚银一钱二分五厘；水程四站，每百斤给银八分；筐绳银一分一厘，运费银四分。"

《大清一统志》卷四九九《贵州统部》："贵州统部，在京师西南七千六百四十里，东西距一千九十里，南北距七百七十里。东至湖南晃州厅界五百四十里，西至云南曲靖府沾益州界五百五十里，南至广西庆远府南丹州界二百二十里，北至四川重庆府綦江县界五百五十里，东南至广西柳州府怀远县界三百五十里，西南至云南曲靖府平彝县界五百三十里，东北至湖南永绥厅界五百二十里，西北至云南东川府会泽县界五百六十里。《禹贡》荆、梁二州徼外。商、周为鬼方地。战国属楚，为黔中地，兼为夜郎、且兰诸国《史记·西南夷列传》注，《正义》曰：'今泸州南大江南岸，本夜郎国'。《水经注》：'豚水东迳且兰县，谓之牂柯水，水广数里，县临江上，故且兰国也'。秦属黔中郡。汉初为南夷地。元鼎六年，开置牂柯郡《史记·西南夷传》：'已平头兰，遂平南夷，为牂柯郡'，《正义》曰：'崔浩云：牂柯，击船杙也'。常氏《华阳国志》云：'庄蹻伐夜郎，军至且兰，椓船于岸，而步战，既灭夜郎，以且兰有椓船牂处，乃改其名为牂柯'。《汉书·地理志》：牂柯郡，元鼎六年开，县十七。《水经注》：'且兰县，故且兰侯国也，一名头兰，牂柯郡治也。牂柯江中雨山名'。左思《吴都赋》云：'吐浪牂柯者也'。《元和志》：'贵州、播州，汉置牂柯郡'。按：牂柯，《史记》《正义》，崔、常两说，与《水经注》义各不同，未知孰是。《史记》《后汉书》作牂柯，《汉书》《水经注》作牂柯，《元和志》作牂牁，兼为武陵郡地。元封五年，属荆、益二州刺史《汉书·地理志》：武陵郡，属荆州。牂柯郡，属益州。后汉因之。三国分属吴、蜀汉。晋分属荆、益、宁三州，后属

381

荆、宁二州《晋书·地理志》：荆州武陵郡，益州牂柯郡，宁州兴古郡。《宋书·州郡志》：'晋太安二年，宁州增牂柯郡'。宋属宁、郢二州《宋书·州郡志》：宁州刺史，领郡，牂柯太守，兴古太守。孝武孝建元年，分荆州之武陵立郢州，武陵太守，领县，酉阳长，黔阳长。齐、梁因之，陈属武州《陈书·文帝纪》：'天嘉元年，分荆州置武州，治武陵郡'，兼属蛮獠《元和志》：'夷州本徼外蛮夷地，自汉至陈，并属牂柯郡。历代恃险，多不宾复'。按：《通典》《隋书》，宁州至梁末，为西爨蛮所据。则牂柯、兴古二郡，此时尽已入蛮。周置费州《旧唐书·地理志》：'费州，汉牂柯郡地，久不臣附，周宣政元年，信州总管、龙门公裕，招慰生獠王元殊、多质等归国，乃置费州。隋初属庸州、牂州、费州，后改州为郡。属梁州刺史《旧唐书·地理志》：费州，隋黔安郡之涪川县；播州，隋牂柯郡之牂柯县；恩州，隋巴东郡之务川县；夷州，隋明阳郡之绥阳县。大业末，入于蛮《通典》：'牂柯巨帅，姓谢氏，旧臣中国，代为本土收守，隋末大乱，遂绝'。唐武德初，复开置诸州《唐书·地理志》：武德二年，以隋明阳郡之信安县置义州。三年，以牂柯蛮地，置建安县为牂州，牂柯蛮别部，置平蛮县为充州。四年，以蛮地置矩州。隋巴东郡之务川县置务州，又以务州之安夷县置夷州，改牂州为珂州，后复改珂州为牂州。五年，改义州为智州。贞观元年，废夷州。三年，以东谢蛮地，置都尚县为应州。以南谢蛮地，置石牛县为南寿州。以西赵蛮地，置明州。四年，改务州为思州，南寿州为庄州，以思州置涪川县，开南蛮置费州，黔州之都上县，开南蛮置夷州。贞观元年，属江南道，四年，属黔州都督府《元和志》：'贞观四年，于黔州置都督府，总施、业、辰、智、牂、充、务、应、庄九州。按：《旧唐书·地理志》：武德四年，置黔州都督府。今考《通典》诸书。武德七年，改诸总管府为都督府，则黔州都督之置，当依《元和志》为是。施、业、辰三州，俱在今湖北、湖南省境。十一年，置庄州都督府，以黔州都督府诸州来属《旧唐书·地理志》：黔州都督府，贞观十一年，督思、辰、施、牢、费、夷、巫、应、播、充、庄、牂、炎、池、矩十五州。其年，罢都督府，置庄州都督府。《寰宇记》：'庄州，天授三年，升为都督府，统三十六州'。按：《唐书志》，贞观九年，于隋牂柯郡之牂柯县，置恭水县为郎州。十一年，废郎州及恭水县，改智州为牢州，徙治义泉县，又徙夷州于绥阳县。十三年，以牂柯地复置恭水县为播州。十六年，废牢州，开山洞，置荣懿县为漆州，夜郎县为珍州。《寰宇记》：'贞观十七年，廓开边夷，置播川镇，后以镇为珍州。长安四年，改舞州。开元十三年，又改鹤州。十四年，复为珍州'。今考新、旧《唐志》《元和志》，改舞州、鹤州者，奖州也。《寰宇记》疑误。又按：庄州置都督之年及所统州数，《寰宇记》与旧《唐志》不合。今以《旧唐志》为正。景龙四年，罢庄州都督府，置播州都督府。先天二年，罢播州都督府，复以诸州属黔州都督府《旧唐书·地理志》：'播州都督，先天二年废，复以黔州为都督。天宝元年，改黔州为黔中郡，依旧都督施、夷、播、思、费、奖、珍、溱、商九州。又领充、明、劳、义、福、建、邦、炎、清、庄、峨、蛮、牂、鼓、儒、鸾、令、那、晖、郝、总、敦、侯、免、牁、契、稜、添、普宁、功、亮、茂龙、延、训、乡、双、整、悬、抚次水、矩、思源、逸、殷、南平、勋、姜、龙等五十小州，皆羁縻，寄治山谷'。按：《唐书·志》鼓作欧，建作犍，邦作阡，儒作濡，郝作都，侯作候，免作晃，契作樊，茂龙作茂龙，乡作卿，双作双城，抚次水作抚水，龙作衰，又有应、万、宾、鸿四州，无牁州。其诸州所治，多不知所在。开元二十一年，属黔中道采访使。天宝元年改诸州为郡《旧唐书·地理志》：夷州，天宝元年，改为义泉郡；播州，改为播川郡；思州，改为安夷郡；费州，改为涪川郡；溱州，改为溱溪郡；珍州，改为夜郎郡。乾元元年，仍改诸郡为州。大顺元年，属武泰军节度使《唐书·方镇表》：大历十二年，置黔州经略招讨观察使，领夷、思、费、播、溱、珍等州。大顺元年，赐黔州观察使，号武泰军节度使。五代时，复为蛮地《文献通书》：'夜郎国，唐置费、珍、庄、炎、播、郎、牂、夷等州。唐末，王建据西川，由是不通中国。后唐天成二年，牂柯、清州刺史宋朝化等一百五十人来朝。孟知祥据蜀，复不通朝贡'。《明统志》：普安州，蒙氏时为南诏东鄙；播州，唐末没于夷；溱州，五代时，渝于蛮；黎平府，五代时，思州田氏据其地。宋初为羁縻地《宋史·西南溪洞诸蛮传》：'乾德三年，珍州刺史田景迁内附。开宝元年，景迁言本州连岁灾诊，乞改为高州，从之。太平兴国三年，夷州蛮任朗政等来贡'。淳化五年，费州来贡。熙宁复置州，属夔州路转运使《宋史·地理志》：夔州路南平军溱溪寨。本羁縻溱州。熙宁七年，招纳，置荣懿等寨，隶恭州。后隶南平军。大观二年，别置溱州及溱溪、夜郎两县。宣和二年，废州及县，以溱溪寨为名，隶南平军。珍州，唐末没于夷。大观二年，大骆解上下族帅获其地，复建为珍州。绥阳，本羁縻夷州。大观三年，酋长献其地，建为承州，领绥阳、都上、义泉、安夷、洋川五县。宣和三年，废州及都上等县，以绥阳县隶珍州、播州。大观二年，南平夷人杨文贵等献其地。建为州，领播川、琅川、带水三县。宣和三年，废其城，隶南平军。端平三年，复以白锦堡为播州，三县仍废。嘉熙三年，复设播州，充安抚使。咸淳末，以珍州来属，又遵义寨。大观二年，播州杨文贵献其地，建遵义军，及遵义县。宣和三年，废州及县，以遵义寨为名，隶珍州。开禧三年，升军。嘉定十一年，复为寨。思州，政和八年建，领务川、邛水安、夷三县。宣和四年，废州为务川城。邛水、安夷二县皆作堡，隶黔州。绍兴元年，复为思州。务川、安夷、邛水并复。元置思州宣慰司、播州宣慰司、八番宣慰司、顺元宣抚司、新添葛蛮安抚司、贵州宣慰司，并属湖广等处行中书省《元史·地理志》：湖广等处行中书省，八番顺元蛮夷官，管番民总管，顺元等路军民安抚司。思州军民安抚司，播州军民安抚司，新添葛蛮安抚司。又《世祖纪》：至元十八年，勒镇远隶潭州行省。二十一年，改思、播二州隶顺元路宣抚司。二十二年，以荆湖行省所隶八番罗甸，隶四川行省。二十六年，以八番罗甸隶湖广行省。二十八年，以湖广行省八番罗甸司复隶四川行省，割八番洞蛮，自四川隶湖广行省。普安路、普定路，属云南等处行中书省，乌撒宣慰司、都云定云安抚司，属四川等处行中书省。明洪武初，仍分属湖广、四川、云南。十五年，置贵州都指挥使司，永乐十一年，置贵州等处承宣布政使司《明实录》：'永乐十一年，以思州二十二长官司，分设思州、新化、黎平、石阡、四府、思南十七长官司，分设思南、镇远、铜仁、乌罗、四府，而于贵州设贵州等处承宣布政使司，以总八府，仍与贵州都司，同管贵州宣慰。十三年，改普安安抚司为普安州，隶布政。宣德九年，并新化府入黎平府。正统三年，革乌罗府隶铜仁、思南二府。又改贵州金筑安抚司，并镇宁州、永宁州、安顺州，俱隶贵州布政司。成化十二年，设程番府。宏治七年，设都匀府。隆庆三年，更名程番府为贵阳府。万历二十九年，分播地为二都，以关为界，关内为川，曰遵义；关外属黔，曰平越。其二府与贵阳府，俱加军民二字，以便兼协。三十年，升安顺州为安顺军民府'。本朝因之，为贵州省。领贵阳、安顺、平越、都匀、镇远、思南、石阡、思州、铜仁、黎平十府。康熙四年，增置黔西府以宣慰司之水西城置、平远府以水西宣慰司之比喇壩置、大定府以水西宣慰司之大方城置。改乌撒军民府为威宁府来隶旧隶四川布政司，至是改名来隶。二十三年，罢黔西、平远二府俱改为隶大定府。二十六年，罢贵州都指挥使司，又罢大定府改为州，与平远、黔西二州，俱隶威宁府。雍正五年，增置南笼府旧置南笼通判于安笼所，为南笼厅，至是改为府，以安顺府所属，普安州及安南、普安二县，并新设永丰州隶焉。七年，以遵义府来隶旧隶四川，至是来隶，仍置大定府，罢威宁府为州，隶大定府。乾隆四十一年，置仁怀直隶厅罢遵义通判，即其所驻仁怀旧县地为仁怀直隶厅。嘉庆二年，改南笼府为兴义府以所属永丰州改为贞丰州。三年，以普安州属黄草壩地，置兴义县，改铜仁府属之松桃同知为松桃直隶厅。三年改平越府为平越直隶州罢平越县，以黄平州改隶镇远府。十四年，升兴义府属之普安州为普安直隶州。十六年，改为直隶厅。共领府十二、直隶州一、直隶厅三：贵阳府、安顺府、都匀府、镇远府、思南府、石阡府、思州府、铜仁府、黎平府、大定府、兴义府、遵义府，平越直隶州，松桃直隶厅、普安直隶厅、仁怀直隶厅。"

[2] 十四万三千三百七斤零：《云南铜志》作"低铜十四万三千二百七斤零"。

[3] "六年"至"九十一斤零"：清云南布政司《案册》："嘉庆六年，定贵州省每年采买一次，每次应买铜三十六万三千八百六十七斤十五两六钱二分，每百斤加耗一十一斤。每正铜百斤收价九两二钱，耗铜不收价。由平彝运回黔省。"

附：各省采买滇铜统计

江苏省采买滇铜统计

序号	时　间	数　　量	合　计
1	乾隆五年	高铜三十万斤	三十万斤
2	七年	低铜三十万斤	三十万斤
3	十二年	高铜十万斤、低铜十万斤	二十万斤
4	二十七年	高铜三十万斤、低铜三十万斤	六十万斤
5	三十一年	高铜三十万斤、低铜三十万斤	六十万斤
6	四十二年	低铜四十万斤	四十万斤
7	四十五年	低铜四十万斤	四十万斤
8	嘉庆五年	高铜五十万斤	五十万斤
9	八年	低铜五十万斤	五十万斤
10	十三年	低铜六十五万斤	六十五万斤
小计		四百四十五万斤	

江西省采买滇铜统计

序号	时　间	数　　量	合　计
1	乾隆七年	五十四万九千五百四斤	五十四万九千五百四斤
2	十年	高铜二十八万八千斤	二十八万八千斤
3	十一年	高铜二十八万八千斤	二十八万八千斤
4	十八年	高铜二十八万八千斤	二十八万八千斤
5	十九年	低铜二十八万八千斤	二十八万八千斤
6	二十年	低铜二十八万八千斤	二十八万八千斤
7	二十六年	低铜二十八万八千斤	二十八万八千斤
8	二十七年	高铜十万斤、低铜二十八万八千斤	三十八万八千斤
9	二十八年	高铜四万斤、低铜二十八万八千斤	三十二万八千斤

序号	时间	数量	合计
10	二十九年	高铜八万斤、低铜二十三万八千斤	三十一万八千斤
11	三十年	高铜十六万斤、低铜十二万八千斤。	二十八万八千斤
12	三十一年	高铜十万斤、低铜一十八万八千斤	二十八万八千斤
13	三十二年	高铜十万斤、低铜一十八万八千斤	二十八万八千斤
14	三十三年	高铜二十万斤、低铜八万八千斤	二十八万八千斤
15	四十二年	高铜二十万斤、低铜八万八千斤	二十八万八千斤
16	四十七年	高铜十万三千六百八十斤、低铜十八万四千三百二十斤	二十八万八千斤
17	四十八年	高铜十万三千六百八十斤、低铜十八万四千三百二十斤	二十八万八千斤
18	嘉庆元年	高铜十万三千六百八十斤、低铜十八万四千三百二十斤	二十八万八千斤
19	二年	高铜五万三千六百八十斤、低铜二十三万四千三百二十斤	二十八万八千斤
20	三年	高铜五万三千六百八十斤、低铜二十三万四千三百二十斤	二十八万八千斤
21	十三年	高铜五万三千六百八十斤、低铜二十三万四千三百二十斤	二十八万八千斤
小计		六百四十七万九千五百四斤	

浙江省采买滇铜统计

序号	时间	数量	合计
1	乾隆五年	高铜六十万斤	六十万斤
2	十年	高铜四十七万八千三百七十斤	四十七万八千三百七十斤
3	十四年	高铜四十万斤	四十万斤
4	二十四年	高铜二十万斤、低铜二十万斤	四十万斤
5	二十六年	低铜四十万斤	四十万斤
6	二十七年	高铜三十万斤、低铜十万斤	四十万斤
7	三十一年	高铜十一万斤、低铜十一万斤	二十二万斤

序号	时　间	数　量	合　计
8	三十三年	高铜十一万斤、低铜十万斤	二十一万斤
9	三十四年	高铜二十万斤	二十万斤
10	三十七年至四十二年	委员采买四次：每次买高铜十万斤、低铜十万斤	八十万斤
11	四十五年至四十九年	委员采买四次：每次买高铜十四万斤、低铜十四万斤	一百一十二万斤
12	五十一年	高铜十九万斤、低铜十四万斤	三十三万斤
13	五十三年	高铜十四万斤、低铜十四万斤	二十八万斤
14	嘉庆二年	高铜十四万斤、低铜十四万斤	二十八万斤
15	三年	高铜二十六万斤、低铜十四万斤	四十万斤
16	四年	高铜二十六万斤、低铜十四万斤	四十万斤
17	五年	高铜二十六万斤、低铜十四万斤	四十万斤
18	六年	高铜十四万斤、低铜二十六万斤	四十万斤
小计		七百七十一万八千三百七十斤	

福建省采买滇铜统计

序号	时　间	数　量	合　计
1	乾隆五年	高铜二十万斤	二十万斤
2	七年	低铜二十五万斤	二十五万斤
3	九年	高铜五十万斤	五十万斤
4	十四年	高铜五十万斤、低铜十万斤	六十万斤
5	二十二年	高铜三十万斤、低铜三十万斤	六十万斤
6	二十五年	高铜三十万斤、低铜三十万斤	六十万斤
7	二十八年	高铜四十万斤、低铜二十万斤	六十万斤
8	此后	每三年委正、副运官各一员赴滇，采买一次： 正运每次买高铜四十万斤、副运每次买低铜二十万斤	
小计		三百三十五万斤（截至乾隆二十八年）	

湖北省采买滇铜统计

序号	时 间	数 量	合 计
1	乾隆七年	低铜二十五万八千九百八十四斤	二十五万八千九百八十四斤
2	十三年	高铜三十万斤	三十万斤
3	十五年	高铜二十万斤	二十万斤
4	十七年	高铜三十万斤	三十万斤
5	十八年	高铜二十万斤	二十万斤
6	十九年	高铜五十万斤	五十万斤
7	二十年	高铜七万五千斤、低铜七万五千斤	十五万斤
8	二十一年	高铜十七万五千斤、低铜十七万五千斤	三十五万斤
9	二十四年	高铜二十万斤、低铜二十万斤	四十万斤
10	二十七年	高铜十五万斤	十五万斤
11	二十八年	高铜二十五万斤	二十五万斤
12	二十九年	高铜二十六万一千五十八斤	二十六万一千五十八斤
13	三十年	高铜三十万斤、低铜二十四万斤	五十四万斤
14	三十二年	高铜三十万斤、低铜二十万斤	五十万斤
15	三十三年	高铜三十万斤	三十万斤
16	三十五年	高铜十万斤	十万斤
17	三十六年	高铜十万斤、低铜十万斤	二十万斤
18	三十九年	高铜三万六千八百六十一斤八两六钱、低铜十八万斤	二十一万六千八百六十一斤八两六钱
19	四十年	高铜九万六千六百九十七斤一两八钱、低铜十八万斤	二十七万六千六百九十七斤一两八钱
20	四十一年	高铜七万二千三百八十斤十二两三钱、低铜十八万斤	二十五万二千三百八十斤十二两三钱
21	四十二年	高铜十二万斤、低铜一十八万斤	三十万斤
22	四十六年	低铜二十二万二千一百一十六斤	二十二万二千一百一十六斤
23	四十九年	高铜二十万斤	二十万斤

序号	时　间	数　　量	合　　计
24	五十年至五十七年	委员采买七次：每次买高铜二十万斤	一百四十万斤
25	嘉庆四年	高铜二十七万一百九十斤	二十七万一百九十斤
26	六年	高铜二十八万一百九十斤	二十八万一百九十斤
27	八年	高铜二十一万四千三十八斤	二十一万四千三十八斤
28	九年	高铜二十一万四千三十八斤	二十一万四千三十八斤
29	十年	高铜二十一万四千三十八斤	二十一万四千三十八斤
30	十三年	高铜二十五万四千三十八斤	二十五万四千三十八斤
31	十五年	高铜二十五万四千三十八斤	二十五万四千三十八斤
小计		九百五十二万八千六百六十七斤五两十五钱	

湖南省采买滇铜统计

序号	时　间	数　　量	合　　计
1	乾隆七年	低铜十五万八千九百八十四斤	十五万八千九百八十四斤
2	十六年	高铜十万斤	十万斤
3	嘉庆五年	高铜十万斤、低铜五万斤	十五万斤
4	七年	高铜三十一万斤、低铜十七万六千斤	四十八万六千斤
5	十二年	高铜二十八万斤、低铜十六万斤	四十四万斤
6	十三年	高铜十三万五千斤、低铜六万五千斤	二十万斤
小计		一百五十三万四千九百八十四斤	

陕西省采买滇铜统计

序号	时　间	数　　量	合　　计
1	乾隆十四年	高铜二十万斤	二十万斤
2	二十九年	高铜三十五万斤	三十五万斤
3	三十年	高铜十五万斤、低铜十五万斤	三十万斤
4	三十一年	高铜二十万斤、低铜二十万斤	四十万斤
5	三十五年	高铜二十万斤、低铜十五万斤	三十五万斤

序号	时　间	数　量	合　计
6	三十六年	高铜二十万斤、低铜十五万斤	三十五万斤
7	三十七年	高铜二十万斤、低铜十五万斤	三十五万斤
8	三十八年至四十二年	委员采买三次：每次买高铜二十一万斤、低铜十四万斤	一百零五万斤
9	四十三年至五十五年	委员采买六次：每次买高铜二十四万五千斤、低铜十万五千斤	二百一十万斤
10	五十六年	高铜二十一万七千一十七斤、低铜十三万二千九百八十三斤	三十五万斤
11	五十九年	高铜二十四万五千斤、低铜十万五千斤	三十五万斤
12	嘉庆四年	高铜二十四万五千斤、低铜十万五千斤	三十五万斤
13	此后	按年委员赴滇采买一次： 每次买高铜二十四万五千斤、低铜十万五千斤	
小计		六百五十万斤（截至嘉庆四年）	

广东省采买滇铜统计

序号	时　间	数　量	合　计
1	乾隆十年	高铜七万八千六百九斤、低铜七万五千斤	十五万三千六百九斤
2	十二年	高铜二十四万九十斤、低铜十五万九千九百斤	三十九万九千九百九十九斤
3	十六年	高铜四十万斤	四十万斤
4	十九年至二十五年	共五次：每次办运高铜十万斤	五十万斤
5	二十六年至五十八年	共二十七次：每次办运高铜十万斤、低铜五万斤	四百零五万斤
6	嘉庆四年至六年	共两次：每次办运高铜一十一万六千八百斤、低铜五万八千四百斤	三十五万四百斤
7	此后	滇、粤两省按年轮委办运： 每年办运高铜十万一千二百二十七斤，低铜五万六百一十三斤。	
小计		五百八十五万四千八斤（截至嘉庆六年）	

广西省采买滇铜统计

序号	时 间	数 量	合 计
1	乾隆十一年	高铜十五万斤	十五万斤
2	十二年	高铜十五万斤	十五万斤
3	十三年	高铜十五万斤	十五万斤
4	十四年	高铜二十五万三千四百二十五斤	二十五万三千四百二十五斤
5	十五年	高铜一十五万三千四百二十五斤	一十五万三千四百二十五斤
6	十六年	高铜三十五万三千一百六十斤	三十五万三千一百六十斤
7	十七年	高铜三十九万二千四百斤	三十九万二千四百斤
8	十八年	高铜三十九万二千四百斤	三十九万二千四百斤
9	十九年	高铜三十五万三千一百六十斤	三十五万三千一百六十斤
10	二十年	高铜一十四万二千四百斤、低铜二十五万斤	三十九万二千四百斤
11	二十一年	高铜二十五万斤、低铜十四万二千四百斤	三十九万二千四百斤
12	二十二	高铜十九万六千二百斤、低铜十九万六千二百斤	三十九万二千四百斤
13	二十三	高铜十九万六千二百斤、低铜十九万六千二百斤	三十九万二千四百斤
14	二十四	高铜十九万六千二百斤、低铜十九万六千二百斤	三十九万二千四百斤
15	二十五	高铜十九万六千二百斤、低铜十九万六千二百斤	三十九万二千四百斤
16	二十六	高铜十九万六千二百斤、低铜十九万六千二百斤	三十九万二千四百斤
17	二十七	高铜十九万六千二百斤、低铜十九万六千二百斤	三十九万二千四百斤
18	二十八年	高铜十九万六千二百斤、低铜二十二万六千五百七十九斤	四十二万二千七百七十九斤
19	二十九年	高铜十九万六千二百斤、低铜二十万九千八百七十斤	四十万六千七十斤

铜政便览

校注

392

序号	时　间	数　　量	合　计
20	三十年	高铜十九万六千二百斤、低铜二十万九千八百七十斤	四十万六千七十斤
21	三十一年	高铜十九万六千二百斤、低铜二十万九千八百七十斤	四十万六千七十斤
22	三十二年	高铜十九万六千二百斤、低铜二十万九千八百七十斤	四十万六千七十斤
23	三十三年	高铜十九万六千二百斤、低铜二十万九千八百七十斤	四十万六千七十斤
24	三十四年	高铜三十九万二千四百斤	三十九万二千四百斤
25	三十六年	高铜十五万五千三百二十五斤、低铜二十万九千八百七十斤九两	三十六万五千一百九十五斤九两
26	三十九年	高铜十二万四千二百六十斤、低铜十九万三千一百七十斤	三十一万七千四百三十斤
27	四十年	高铜九万四千二十七斤,低铜十九万三千一百七十斤	二十八万七千一百九十七斤
28	四十二年	高铜十二万五千五百六十七斤、低铜二十万四千七百五十六斤	三十三万三百二十三斤
29	四十四年	高铜八万九千六百五十斤、低铜十三万七千九百一十三斤	二十二万七千五百六十三斤
30	四十五年	高铜八万四千五百七十六斤、低铜十三万七千九百一十三斤	二十二万二千四百八十九斤
31	四十六年	高铜九万二千四百二十四斤、低铜十五万七百十斤	二十四万三千一百三十四斤
32	四十七年	高铜八万四千三百七十六斤、低铜十三万七千九百十三斤	二十二万二千二百八十九斤
33	四十八年	高铜八万四千三百七十六斤、低铜十三万七千九百十三斤	二十二万二千二百八十九斤
34	四十九年	高铜九万二千四百二十四斤、低铜十五万七百十斤	二十四万三千一百三十四斤

序号	时　间	数　　量	合　计
35	五十年	高铜八万四千五百七十六斤、低铜十三万七千九百十三斤	二十二万二千四百八十九斤
36	五十一年	高铜九万二千四百二十四斤、低铜十五万七百十斤	二十四万三千一百三十四斤
37	五十二年	铜八万四千五百七十六斤、低铜十三万七千九百一十三斤	二十二万二千四百八十九斤
38	五十三年	铜八万四千五百七十六斤、低铜十三万七千九百十三斤	二十二万二千四百八十九斤
39	五十四年	高铜九万二千四百二十四斤、低铜十五万七十一斤	二十四万二千四百九十五斤
40	五十五年	高铜八万四千五百七十六斤、低铜十三万七千九百十三斤	二十二万二千四百八十九斤
41	五十六年	高铜八万四千五百七十六斤、低铜十三万七千九百十三斤	二十二万二千四百八十九斤
42	五十七年	高铜九万二千四百二十四斤、低铜十五万七十一斤	二十四万二千四百九十五斤
43	五十九年	高铜八万四千五百七十六斤、低铜十三万七千九百一十三斤	二十二万二千四百八十九斤
44	嘉庆二年	高铜十一万三千一十斤、低铜十八万四千二百八十一斤	二十九万七千二百九十一斤
45	五年	高铜四万八百九斤、低铜六万六千五百四十五斤	十万七千三百五十四斤
46	七年	高铜二十一万二千五百五十斤	二十一万二千五百五十斤
47	九年至十二年	采买二次：每次买高铜二十一万四千四十八斤	四十二万八千九十六斤
48	十三年至十五年	采买二次：每次买高铜二十一万二千五百五十斤	四十二万五千一百斤
小计		一千四百五十四万七斤一百九十一斤九两	

贵州省采买滇铜统计

序号	时 间	数 量	合 计
1	雍正八年	高铜五万八千余斤	五万八千余斤
2	九年	高铜二十五万一千三百十四斤	二十五万一千三百十四斤
3	十年	高铜二十五万一千三百十四斤	二十五万一千三百十四斤
4	十一年	高铜三十三万五千八十五斤	三十三万五千八十五斤
5	十二年	高铜十六万七千五百四十三斤	十六万七千五百四十三斤
6	乾隆元年	高铜十六万七千五百四十三斤	十六万七千五百四十三斤
7	二年	高铜十六万七千五百四十三斤	十六万七千五百四十三斤
8	三年	高铜二十五万一千三百一十四斤	二十五万一千三百一十四斤
9	四年	高铜二十五万一千三百一十四斤	二十五万一千三百一十四斤
10	五年	高铜三十七万三千八百一十四斤	三十七万三千八百一十四斤
11	六年	高铜四十九万六千斤	四十九万六千斤
12	七年	高铜四十九万六千斤	四十九万六千斤
13	八年	高铜三十万斤	三十万斤
14	九年	高铜三十七万八千四百斤	三十七万八千四百斤
15	十年	高铜四十万斤	四十万斤
16	十一年	高铜五十四万斤	五十四万斤
17	十二年	高铜四十六万六千五百五十一斤	四十六万六千五百五十一斤
18	十三年	高铜五十万二千五百斤	五十万二千五百斤
19	十四、十五年	高铜四十六万六千五百五十斤	四十六万六千五百五十斤

序号	时 间	数 量	合 计
20	十六年	高铜四十五万四百五十斤	四十五万四百五十斤
21	十七年	高铜四十五万四百五十斤	四十五万四百五十斤
22	十八年	高铜四十五万四百五十斤	四十五万四百五十斤
23	十九年	高铜四十五万四百五十斤	四十五万四百五十斤
24	二十年	高铜四十五万四百五十斤	四十五万四百五十斤
25	二十六年	高铜二十二万斤、低铜二十二万斤	四十四万斤
26	二十七年	高铜四十四万斤	四十四万斤
27	二十八年	高铜二十二万斤	二十二万斤
28	二十九年	高铜四十万斤	四十万斤
29	三十年	高铜四十四万斤	四十四万斤
30	三十一年	高铜四十四万斤	四十四万斤
31	三十二年	高铜四十八万斤	四十八万斤
32	三十三年	高铜四十万斤	四十万斤
33	三十四年	高铜十七万斤、低铜十七万斤	三十四万斤
34	三十五年	高铜四十四万斤	四十四万斤
35	三十六年	高铜四十七万六千斤、低铜二十万四千斤	六十八万斤
36	三十七年	高铜二十三万八千斤	二十三万八千斤
37	四十一年	高铜三十一万三千四百五斤、低铜九万一千四百五十九斤	四十万四千八百六十四斤
38	四十二年	高铜三十一万三千四百五斤、低铜九万一千四百五十九斤	四十万四千八百六十四斤
39	四十三年	高铜三十万八千斤、低铜一十三万二千斤	四十四万斤
40	四十四年	高铜二十一万三千四百五斤、低铜九万一千四百五十九斤	三十万四千八百六十四斤

序号	时 间	数 量	合 计
41	四十五年	高铜二十一万三千四百五斤、低铜九万一千四百五十九斤	三十万四千八百六十四斤
42	四十六年	高铜二十三万一千一百八十九斤、低铜九万九千八十一斤	三十三万二百七十斤
43	四十七年	高铜二十一万三千四百五斤、低铜九万一千四百五十九斤	三十万四千八百六十四斤
44	四十八年	高铜二十一万三千四百五斤、低铜九万一千四百五十九斤	三十万四千八百六十四斤
45	四十九年	高铜二十三万一千一百八十九斤、低铜九万九千八十一斤	三十三万二百七十斤
46	五十年	高铜二十一万三千四百五斤、低铜九万一千四百五十九斤	三十万四千八百六十四斤
47	五十一年	高铜二十三万一千一百八十九斤、低铜九万九千八十一斤	三十三万二百七十斤
48	五十二年	高铜二十一万三千四百五斤、低铜九万一千四百五十九斤	三十万四千八百六十四斤
49	五十三年	高铜二十一万三千四百五斤、低铜九万一千四百五十九斤	三十万四千八百六十四斤
50	五十四年	高铜二十三万一千一百八十九斤、低铜九万九千八十一斤	三十三万二百七十斤
51	五十五年	高铜二十一万三千四百五斤、低铜九万一千四百五十九斤	三十万四千八百六十四斤
52	五十六年	高铜二十一万三千四百五斤、低铜九万一千四百五十九斤	三十万四千八百六十四斤
53	五十七年	高铜二十三万一千一百八十九斤、低铜九万九千八十一斤	三十三万二百七十斤
54	五十八年	高铜二十一万三千四百五斤、低铜九万一千四百五十九斤	三十万四千八百六十四斤

序号	时　间	数　　量	合　　计
55	嘉庆二年	高铜二十七万一千八十七斤、低铜一十四万三千二百七斤	四十一万四千二百九十四斤
56	三年	高铜二十九万四百二十八斤、低铜十三万二千一百九十一斤	四十二万二千六百一十九斤
57	四年	高铜二十九万四百二十八斤、低铜十三万二千一百九十一斤	四十二万二千六百一十九斤
58	五年	高铜三十一万六千一百三十二斤、低铜十四万三千三百七斤	四十五万九千四百三十九斤
59	六年	高铜二十九万四百二十八斤、低铜十三万二千一百九十一斤	四十二万二千六百一十九斤
60	七年	高铜二十五万九千五百八十三斤、低铜一十一万八千九百七十二斤	三十七万八千五百五十五斤
61	八年	高铜二十八万二千七百一十七斤、低铜一十二万八千八百八十六斤	四十一万一千六百零三斤
62	九年	高铜二十五万九千五百八十三斤、低铜一十一万八千九百七十二斤	三十七万八千五百五十五斤
63	十年	高铜二十八万二千七百一十七斤、低铜一十二万八千八百八十六斤	四十一万一千六百零三斤
64	十一年	高铜二十五万九千五百八十三斤、低铜一十一万八千九百七十二斤	三十七万八千五百五十五斤
65	十二年	高铜二十五万九千五百八十三斤、低铜一十一万八千九百七十二斤	三十七万八千五百五十五斤
66	十三年	高铜二十八万二千七百一十七斤、低铜十二万八千八百八十六斤	四十一万一千六百零三斤
67	十四年	高铜二十五万九千五百八十三斤、低铜一十一万八千九百七十二斤	三十七万八千五百五十五斤
68	十五年	高铜二十五万九千五百八十三斤、低铜一十一万八千九百七十二斤	三十七万八千五百五十五斤
69	十六年	高铜二十八万二千七百一十七斤、低铜十二万八千八百八十六斤	四十一万一千六百零三斤
小计		二千五百七十四万七千六百二十八斤	

卷八·杂款

《周礼》："司会[1]掌九式，以均节邦之财用。"诚以国家经费有常，其出入度支，在在与正供相为表里。滇铜利用极天下，自厂地以迄采买，转输之艰难，费用之繁琐，亦既件系其事。井然类从矣。顾动放工本，抽收税课，以及接济、水泄之杂需，官房、工食之款项，虽事属细微，每与铜政相为维系。持筹固当预知其数，会通焉以利用者也。爰综诸条，统为"杂款"，以著于篇。

注 释

[1] 司会：① 官名。周朝置。掌国家财政计划之长官。《礼记·王制》："司会以岁之成，质于天子"，郑玄注："司会，冢宰之属，掌计要者。成，计要也。质，平也，平其计要"。《周礼·天官》有司会，为冢宰属官，中大夫二人，下大夫四人，上士八人，中士十六人。郑玄注："会，大计也。司会主天下之大计，计官之长"，其职"掌邦之六典、八法、八则之贰，以逆邦国都鄙官府之治。以九贡之法致邦国之财用，以九赋之法令田野之财用，以九功之法令民职之财用，以九式之法均节邦之财用。掌国之官府、郊野、县都之百物财用。凡在书契、版图者之贰，以逆群吏之治，而听其会计"。② 官署名。西魏恭帝三年置，属天官府。北周沿置。以司会中大夫为长官，下设司会上士、司会中士、司会旅下士、司书中士等官属，管理全国财政。又，北周先后于同州、并州、相州三处亦置司会，隋文帝开皇元年废。③ 西魏、北周司会中大夫简称。

题拨铜本[1]

凡办运京铜，应需铜本银两，如办丙年铜，先于甲年秋由司详请具题，听候部拨银一百万两，委员解滇。所用过铜本，水、陆运脚，杂费，官役养廉以及核减铜色银两，准其分案报销，仍俟各案报销核准之日，将实在用过数目，汇造总册报部。

凡部拨铜本银两，例交布政司库收贮，按年共拨银一百万两，内解户、工部饭食六万四千四百五十五两二钱，通州坐粮厅[2]车脚、吊载四千九百七十两一钱八分，正运四起自汉口至仪征水脚一万四百三十四两，自仪征至通州水脚一万六千二百六两，共银九万六千六十五两三钱八分，外实拨银九十万三千九百三十四两六钱二分。又，除每年应发正、额运京铜价五百七十万四千斤，每百斤九两二钱，应需银五十二万余两，东、寻两路运脚、养廉、店费、工食二十八万余两，运员水脚、杂费、养廉除拨解汉口、仪征正运水脚之外，需银五万余两，共银八十六万余两，外其余剩银两年约三万数千余两。存备接流、采办铜斤、支销工本，按年造册题销[3]。俟正、加各运报销覆准，即查照原拨银一百万两之数接流，汇造总册，详请题销。

注　释

[1]　题拨铜本：《钦定户部则例》卷三十五《钱法二·铜本》："滇省办运京铜，岁拨银一百万两，自嘉庆二十年起，每年减拨银四万两。道光十七年，奏准：仍复原额。内除应解户、工部正项铜批饭食银六万四千四百五十五两二钱，加办铜批饭食银二千三百一两八钱四分四厘，应解天津道库拨费银二千八百两，应解坐粮厅库正额铜斤车脚、吊载银四千九百七十两一钱八分，加办铜斤车脚、吊载银一百七十九两九钱八分四厘，各运剥费银八千四百两，六共银八万三千一百七两二钱八厘，均由直隶司库分别拨解。又自汉口至仪征运铜水脚银一万四百三十四两，由湖北司库拨给。又自仪征至通州运铜水脚银一万六千二百六两，由江苏省司库拨给。又停止沿途借支之例，增给各运经费银一万三千两，由湖北、江宁二省司库各

半拨给。其余银八十七万七千二百五十二两七钱九分二厘，按年奏请邻省协拨。如丙年铜本，滇省于甲年具奏，户部即行核拨，协拨省分作速委员起解，限于乙年春间到滇交兑。俾可及时发厂采办，免至挪借。"

《张允随奏疏·乾隆三年五月三十日》："工本银两宜预拨协济也。查汤丹等厂每年约办铜七八百万斤，所需工本、厂费等项，不下五六十万两。又每年办运京铜四百万，约需脚价，官役盘费银十余万两。又每年应解司库余息银二十余万两。应请每年预拨银一百万两解贮司库，除按年支销外，如有余剩，照升任督臣尹继善题定之例，即归余息项下充公。如再有余剩，截作下年工本、脚价，每年于铜务并运铜案内据实报销。"

《皇朝文献通考》卷十六《钱币考四》："乾隆四年，又议定《云南运铜条例》时，云南巡抚张允随将起运事宜分别条款具奏，经大学士等议定：办铜之工本宜为协济也。汤丹等厂出铜甚多，每百斤需价银九两二钱，每年约需工本、厂费等项银五六十万两。其中拨运京铜四百余万斤，又约需脚价及官役盘费银十余万两。应令按年具题，就近拨给银一百万两，存贮司库，陆续动用报销。如有余剩，留作下年之用。"

[2]　坐粮厅：明、清两代由户部派出、设置在通州的接收、转运漕运粮食的机构。清朝京运额铜，亦由大运河漕运，故亦由坐粮厅监管、转运。

《明史》卷二百二十五《王国光传》："万历元年……京军支粮通州者，候伺甚艰。（王）国光请遣（户）部郎一人司之，名坐粮厅，投牒验发，无过三日，诸军便之。"

《钦定户部则例》卷三十六《钱法三·长运铜铅程限》："铜船自天津过关以后，该运官预将船只铜包各数，及沿途有无沉溺、折损，具报通州坐粮厅，转报户、工两部。船抵通州坝口，该运官打包过秤毕，坐粮厅亲赴点验秤掣，饬令经纪领贮号房，陆续拨运。以十万斤为率，起拨之初，一面知照大通桥接运，一面具报户、工部局，仓场侍郎，崇文门。铜运到通，大通桥监督加掣点交车户，由朝阳门陆运赴局。其坐粮厅具报崇文门公文，先交运官收执，起车时运官填日期亲投，听崇文门专差查验，给票放行。凡各运铜船抵通，各限两个月全数进局候兑。其坐粮厅、大通桥先后转运，仍责成运官管押。"

《大清会典事例》卷一百七十四《户部四十七·钱法》："又议准：铜船

运抵通州，运官开明包数，呈报坐粮厅点验，按数核给脚价，饬令经纪转运。由闸河拨运大通桥，大通桥监督点交车户运局，均令运官亲自管押。铜斤起运时，坐粮厅呈报户、工二部，仓场总督，崇文门。大通桥将起运公文给发运员收撤，亲诣崇文门投递，查验放行。"

《皇朝文献通考》卷十六《钱币考四》："乾隆六年，又移铜房于通州，令坐粮厅兼管铜务。先是，张家湾设立铜房，每铜船到湾，监督与云南委驻之转运官按数称收，一面给发回批，领运官即回滇报销；一面自张家湾转运至京局。至是，以张家湾地方淤隘，车辆稀少，且自湾起岸至京，计程六十余里，道路低洼，易于阻滞。户部议定：将铜房移设通州，令坐粮厅兼管铜务。嗣后，滇省径具批解局铜斤抵通州，交坐粮厅起运至大通桥，由大通桥监督接运至京。并令领运官自行管押赴局交收，倘有短少，亦令运官添补。其由部派往驻扎张家湾监督一员，即行停派。云南原委之转运官，亦裁去一员，止留杂职一员，移驻通州，协理投掣文批之事。至二十六年，复议铜斤至京，既有坐粮厅及大通桥监督为之转运，且领运官既押铜至局，则一应文批自应由运官办理，无庸更委一员承办，令云南将转运之杂职官一并撤回。……又定铜斤自通州运局限期，并预行拨解车价之例。户部奏言：'铜斤到通，交坐粮厅，由五牐运至东便门外，令大通桥监督，用车运局，统计应定限两月，全数进局。间值漕粮同时并到，及阴雨泥泞，实在不能依限到局。即令坐粮厅及大通桥监督详报仓场侍郎，查明咨部展限。至铜斤自滇至通一应水、陆脚费，系给发领运官随带应用，其自大通桥运局车价银，应令云南预行拨解坐粮厅存贮，以待临期按运给发。'从之。"

[3] 题销：《清宣宗实录》卷六十六："道光四年甲申三月，谕内阁：'户部奏：查明积余铜本，截至嘉庆十六年底止，所存银两，将应抵不应抵各款，分晰开单具奏，著该督抚先行按照单开各款，遴委妥员，迅速清厘，以重帑项，并著嗣后将每年正、加六运所有一切价、脚等项银两，即照该年实发之数，入册开除，预为题报。如各员名下，尚有应行找领追缴之款，俟该部核定之日，随时入于各年总运《奏销案》内，分别收除。其二十三年以后，应行题销各案，即遵照此次奏定章程，勒限造报，趱符年限，至该省办存局铸，及各省采买铜斤，原抵积余铜本银四十九万二千余两，应将售获价银，按数仍归原款。该督等屡请免扣，并于道光二年咨部案内，

复将归公、养廉、厂课、余息等项，牵并计入，并不截清款目。又原抵《考成册》造存银两，前准其于拨给铜本时，照数免扣。现查截至道光二年止，实存银四十六万五千余两，较前次准留之数，已盈余银二十二万余两，不得概行免扣。又该省追存金钗厂抵款银四千二百余两，亦应一并扣拨，前项铜本积存各款，先经该部奏准于题拨乙酉年《铜本案》内，先行酌提银二十二万五千余两。其余银两，著该督等确实查明，按年匀扣。滇省铜本自乙亥年起，每年除扣银四万两，计按年拨银九十六万两。其十七、十八、十九等年，每年尚拨银一百万两，按照每年余银之数，应存银十二万余两，并著该督等按年核查，将盈余实存银数，一体报部扣拨，以昭核实’。"

白铜税课

凡商民煎贩白铜[1]，例得抽收税课者，计四处：

定远县大茂岭白铜厂[2]，乾隆四十六年开采，厂民自备工本煎办。每撘炉一座，抽收炉墩课铜二两六钱六分六厘，每斤折收银三钱，由定远县按年批解司库，并无定额[3]。其商民贩运白铜，由定远县填给引票，交商民执持，运至省店，过秤、抽课、销售。

元谋县税所，抽收四川立马河厂运滇白铜。每商民贩运铜一码，计一百七十斤，收课银七钱，由元谋县按年批解司库，并无定额[4]。其商民贩运白铜，由元谋县填给引票，交商执持，运至省店，过秤、纳课、销售。

云南省店，抽收商民办运大茂岭、立马河等厂白铜，至省城销售。每铜一百一十斤，抽收课铜十斤，每斤折收银三钱，按季完解司库[5]。

会泽县，抽收商民贩运川厂白铜，由会泽县经过，查明领有宁远府印票者，每百斤收税银一两；如无印票者，每一百一十斤抽课铜十斤，每斤折收银三钱，由会泽县按年批解司库，并无定额[6]。其所收银两，由大茂岭、立马河、省店收获课银，一并入于铜厂《奏销余息册》内造报《户部则例》无。

注　释

[1]　白铜：银白色的铜，实为铜镍合金。东晋常璩《华阳国志》卷四《南中志》："堂螂县（清代东川府），因山名也。出银、铅、白铜，杂药，有堂螂附子。"清代吴大勋《滇南闻见录》下卷《物部》："白铜，白铜另有一种矿砂，然必用红铜点成，故左近无红铜厂，不能开白铜厂也。闻川中多产白铜，然必携至滇中锻炼成铜，云滇中之水相宜，未知确否。"清代倪蜕《滇云历年传》卷十一："本朝自蔡毓荣于《筹滇疏》内四议理财，将金沙江金场，石羊南北衙银场，妈泰等白铜场，诸州、县铁场诸课定额，此为额课之始。"

[2]　大茂岭白铜厂：清云南布政司《案册》："大茂岭白铜厂，坐落定远县地方。开采年分无考。收炉墩小课白铜，每百斤折收银三钱，年解司库银十九两二钱。"清代刘慰三《滇南志略》卷二《大理府》："大茂岭白铜厂，开采年分无考，收炉墩小课白铜，每百斤折收银三钱，年解司库银一十九两二钱，此厂商民以其铜运省，省城白铜店按以一百一十斤抽课十斤，解价变价银自四五百两至一千一二百两不等"。

[3]　"定远县"至"无定额"：《云南铜志·志余》"白铜税课"条："年约收银十七八两"。

[4]　"元谋县"至"无定额"：《云南铜志·志余》"白铜税课"条："年约收银四五十两及六七十两不等"。

[5]　"云南省店"至"司库"：《云南铜志·志余》"白铜税课"条："年约收银一千四五百两"。

[6]　"会泽县"至"无定额"：《云南铜志·志余》"白铜税课"条："年约收银四十二三两及四十六七两不等"。

铜厂额课

凡各铜厂应征课银年共额征银一万八百二十五两七钱零九厘[1]，按年于铜厂奏销余息银内拨出，收入石羊等银厂课款册内，汇造报拨充饷《户部则例》无。

注 释

[1] "课银"至"九厘"：《云南铜志·志余》"铜口额课"条："各铜厂应征课银，从前作何收解，无案可稽。惟雍正二年，总督高、巡抚杨会奏铜厂利弊案内声明，康熙四十九年，征获银九千六百二十余两，此后即为定额。雍正四年，汤丹等厂归滇采办，每年增纳课银一千二百两，共合额征课银一万八百二十五两七钱九厘。"

公廉捐耗

凡汤丹、碌碌、大水沟、茂麓、大风、紫牛、人老山、箭竹塘、乐马、梅子沱、小岩坊、长发坡、宁台、白羊、马龙、寨子箐、香树坡、义都、大美、大宝、凤凰坡、红石岩、红坡、大兴、青龙、竜邑、者囊等二十七厂，每厂民办铜一百斤，抽公、廉、捐、耗四斤二两，内归公铜二斤五两四钱五厘[1]，养廉铜十二两四钱六分九厘[2]此二款于铜厂《奏销册》内收造，所收铜斤，照各厂余铜例价核计，按年拨归公件项下，备放各官养廉及院司房承办铜务书巡工食之用[3]，捐铜三两六钱五分七厘[4]此款亦于铜厂《奏销册》内收造，每百斤变价银九两二钱，按年拨入铜息项下，以备岁修金江之用[5]，耗铜十二两四钱六分九厘[6]内除发运各店局铜斤，每百斤准销路耗铜半斤外，所存之铜名耗下尽铜，亦于铜厂《奏销册》内收造，每百斤变价银九两二钱[7]，拨入铜息项下支用。

每年照例支销，按款造报《户部则例》："归公、养廉、折耗铜五斤内，以一斤备折耗，一斤为厂员养廉，三斤变价归公。又三百五十斤，收捐铜一斤，为岁修金江之用"，与滇省每厂民交毛铜百斤，扣收公、廉、捐、耗铜四斤二两之数不符。

注 释

[1] "内"至"五厘"：《云南铜志·志余》"公廉铜斤"条："内归公铜二斤五两四钱五厘，年约收铜十万三千二三百斤。"

[2] "养廉"至"九厘"：《云南铜志·志余》"公廉铜斤"条："养廉铜十二两四钱六分九厘，年约收铜三万四千三四百斤。"

[3] "备放"至"用"：《云南铜志·志余》"公廉铜斤"条："承办铜务书巡工食之用，年约收银九千六七百两"。

[4] "捐铜"至"七厘"：《云南铜志·志余》"公廉铜斤"条："捐铜三两六钱五分七厘，年约收铜一万一千一二百斤"。

[5] "岁修金江之用"：《云南铜志·志余》"公廉铜斤"条："年约收银一千二三十两"。

[6] "耗铜"至"九厘"：《云南铜志·志余》"公廉铜斤"条："又耗铜十二两四钱六分九厘，年约收铜三万七八千斤不等。"

[7] 九两二钱：《云南铜志·志余》"公廉铜斤"条："每百斤变价银九两二钱，年约收银一千一二百两不等。"

铜息银两

凡各厂京运六百三十余万七百斤、带解二十余万斤、本省局铸年需用铜六十余万斤，每正铜百斤，收价银九两二钱，耗、余铜并不收价。各省采买年需用铜二百数十万斤，俱在办获铜内拨卖。每正高铜百斤，<收价银一十一两；正低铜百斤>[1]，收价银九两，耗、余铜并不收价。所收银两，按数入于铜厂《奏销册》内造报。

凡拨卖各款铜斤，除按照实发例价[2]，及各厂运至各店运脚，筐篓，领本，驮银，马脚、厂员、书、巡薪食，厂费，督抚、藩司、管厂道府书巡工食，省局炒铜工费外，余剩银两同省城白铜店，定远、元谋、会泽三县抽收白铜税银，金钗厂小课，一并计价划除。余银名为铜息[3]，以备支放学院养廉，办理贡茶，兵部饭食，督抚役食，三善堂食米，各属监遣犯口粮，查办灾赈官役饭食、纸笔，委解缘事官员进京盘费，各属岁修塘房，汤丹、碌碌、大水、茂麓四厂水泄，永善岁修金江工费，买补、豁免各运员沉失铜斤价、脚，全数沉铜捞费，买补部局煎炼不足成色铜斤价、脚之用，按年造册咨销《户部则例》无。

[1]　"<收价"至"百斤>"：根据前文《采买》卷所载，各省采买高铜铜价为每百斤十一两，低铜每百斤九两。《云南铜志》亦载为："每正高铜百斤，收价银一十一两；正低铜百斤，收价银九两。"故此处补。

[2]　例价：《云南铜志·志余》"铜息银两"条："大厂每余铜百斤，给价银七两四钱五分二厘。中厂每余铜百斤，给价银六两九钱八分七厘。小厂每余铜百斤，给价银六两。金钗厂低铜，每百斤给价银四两六钱。"

[3]　铜息：《云南铜志·志余》"铜息银两"条："每年约有七八万以至十万余两不等。"

接济银两[1]

凡各厂采办铜斤，应需工本银两，俱系随时酌发。如有办铜较多、势须接济者，该管道府核实具领按：现在各厂应需工本、脚费银两，俱按照额办铜数，按季核实、给发，其接济一项，现止汤丹、碌碌、大水、茂麓等厂，每次酌发银三四万两；宁台厂，每次酌发银一二万两；万宝、金钗二厂，每次酌发银五六千两。由布政司详明，发交厂员承领办运。俟各该厂请领工本银两时，分四季扣收，还入于四季工本及《考成册》内造报。

注　释

[1]　接济银两：《钦定户部则例》卷三十五《钱法二·铜厂章程》："滇省铜厂距省远近不一，接济工本赴司请领，往返需时。迤东道所属厂分较多，应发银八万两，迤西道应发银四万两，分贮道库。凡所属铜厂，须本接济，该道即亲往查明报拨。迤南道所辖厂地，远于省城，仍由藩司查明酌发。粮道专辖亦有厂地，地与藩司同在省城，报明向藩司领银转发。所有接济银两，于请领月额工本内，按季分扣，年清年款。倘道员滥行多发，

致有欠本，即令道员赔偿；如系知府专管之厂，转禀请发，着落道府分赔；如藩司额外多发，以致厂员滥放无着，一律参赔。"

底本银两

凡各厂采办铜斤，除随时酌发工本收买外，其有预借两月底本银两者，于交铜百斤之外，扣收铜五斤，计四十个月扣清，之后再行酌借乾隆三十六年案[1]，《户部则例》无。

汤丹厂，借银二万四千五百三十三两有奇。碌碌厂，借银六千六百一十三两有奇。大水沟厂，借银四千二百六十六两有奇。茂麓厂，借银二千九百八十六两有奇。宁台厂，借紫板底本银四千二百一十一两零，照每百斤给银五两一钱五分二厘五毫之数核发。借蟹壳底本银二万九百六十一两，照每百斤给银六两二钱八分八厘三毫之数核发。万宝厂，借银三千一百四十四两有奇。大功厂，借银四千一百九十二两有奇，俱照每百斤给银六两二钱八分八厘三毫之数核发。金钗厂，借银六千九百两，照每百斤给银四两六钱之数核发。得宝坪厂，亦准照各厂之例，预借两月底本银两。

注 释

[1] 乾隆三十六年案：《云南铜志·志余》"底本银两"条："乾隆三十六年，总督彰、巡抚诺（诺穆亲）会奏，各厂预借两月底本银两，于交铜百斤之外，抽收铜五斤。计四十个月，即可扣收清楚。俟前借银两扣清之后，再行酌借。奉部复准。自后三十七年及四十一年两次，汤丹厂每次预借银三万三千七百六十七两零，碌碌厂每次预借银二万一千一百二十两，大水沟厂每次预借银八千四百二十六两零，茂麓厂每次预借银四千二百二十两零，俱照每百斤给银六两四钱之数核发。金钗厂每次预借银九千二百两，照每百斤给银四两六钱之数核发。"

水泄工费[1]

凡各厂采办铜斤，例准官给提拉水泄工费银两者，计八处：

义都厂，每办铜一万斤，给予水泄银六十五两二钱一分七厘四毫，于省局铸息银内动支[2]。

汤丹厂，每办铜百斤，给银二钱[3]。

碌碌厂，每办铜百斤，给银二钱二分二厘二毫二丝。

大水沟、茂麓二厂，每办铜百斤，给银二钱五分。

以上四厂，均于铜息、铸息项下，各半动支。

大功厂，无论出铜多寡，每年约给水泄银三千两，于省局铸息银内动支。

宁台厂，按照年办铜二百九十五万余斤核计，每百斤给银一钱六分九厘四毫九丝一忽五微二纤，于省局铸息项下动支。

得宝坪厂，照年办铜一百二十万斤核计，每百斤给银一钱六分九厘四毫九丝一忽五微二纤，于省局铸息项下动支《户部则例》无。

注 释

[1] 水泄工费：《钦定户部则例》卷三十五《钱法二·铜厂章程》："云南省汤丹厂，每办铜百斤，准给水泄银二钱，于铸息项下动支。大水、茂麓二厂，每办铜百斤，准给水泄银二钱五分。碌碌厂每办铜百斤，准给水泄银二钱二分二厘二毫二丝。均于铜局余息、铜斤余息项下动支。大功厂每办铜百斤，准给水泄银七钱五分。宁台、得宝坪二厂，每办铜百斤，准给水泄银一钱六分九厘四毫九丝一忽五微二纤。义都厂每办铜百斤，准给水泄银六钱五分二厘一毫七丝四忽一微四纤。均于铸息项下动支。按办铜多寡，分晰支给。如有浮销，年终指名查参，年终报部核销。"

光绪《大清会典事例》卷二百十五《户部六十四·钱法》："道光十

二年奏准：云南省汤丹等四厂，因礛洞深远，矿路低洼，厂民无力宣泄，以致水淹之处时误攻采，每年给汤丹厂水泄银六千两，碌碌厂水泄银四千两，大水、茂麓二厂水泄银一千五百两，在铸钱余息并铜斤余息项下动支。……按该省节年铜厂奏销册造支销水泄银数，照额办铜斤核算，汤丹厂每办铜百斤，给银二钱；碌碌厂每办铜百斤，给银二钱二分二厘二毫二丝；大水、茂麓二厂每办铜百斤，给银二钱五分。又大功山厂，每年酌给银三千两，按该省节年铜厂奏销册造支销水泄银数，照额办铜四十万斤核算，每百斤给银七钱五分。又宁台厂，每年酌给银五千两，按该省节年铜厂奏销册造支销水泄银数，宁台厂、得宝坪厂照额办铜斤核算，每百斤给银一钱六分九厘四毫九丝一忽五微二纤。义都厂照额办铜斤核算，每百斤给银六钱五分二厘一毫七丝四忽一微四纤。均在铸钱余息项下动支。”

[2] “义都”至“动支”：《云南铜志·志余》“水泄工费”条：“经总督杨（杨应琚）、巡抚汤（汤聘）奏准，于顺宁局铸息银内，自三十一年起，每年酌给银三千两。三十五年，顺宁局停铸，改于铜息银内动支。三十七年，巡抚李条奏，水泄银两应按照实获铜数酌给，以免糜费。义都厂，每办铜一万斤，给予水泄银六十五两二钱一分七厘四毫。奉部复准，于省局铸息银内动支。”

[3] “汤丹”至“二钱”：《云南铜志·志余》“水泄工费”条：“经总督彰、巡抚李会奏，请自三十八年起，各按出铜多寡，酌给水泄银两。奉部议复，汤丹厂每办铜百斤，给银二钱。”

驼银马脚盘费

凡各道府专管之厂，其自省至各处衙门驼载工本、运脚之马脚、盘费银两，由道府赴司请领者，计八处：

迤东道专管汤丹、碌碌、大水沟、茂麓、大风岭、紫牛坡、人老山、箭竹塘、双龙、梅子沱、乐马等十一厂。自寻甸自寻甸州城一站至易隆，一站至杨林，一站至板桥，一站至省城至省城共四站。

昭通府专管长发坡、小岩坊二厂。自府城一站至响水，一站至乌蒙箐，一站至威宁州城，一站至箐头铺，一站至倘塘驿，一站至宣威州城，一站至炎方驿，一站至松林驿，一站至沾益州城，一站至马龙州城，一站至易隆，一站至杨林，一站至板桥，一站至滇省城，省城共十（三）〔四〕站[1]。

澄江府专管凤凰坡、红石岩、红坡、大兴、发古等五厂。至府城、至呈贡县城一站，呈贡县至省城一站，共二站。

开化府专管竜岜、者囊二厂。自府城至自开化府城一站至马塘，一站至石榴红，一站至腻草龙，一站至大江边，一站至竹园村，一站至新哨，一站至弥勒县城，一站至平地哨，一站至蓑衣山，一站至北山，一站至宜良县，一站至七甸，一站至省城，通共计程十三站。

临安府专管金钗厂、绿硐、鼎新等三厂。自府城至自府城一站至馆驿，一站至通海县城，一站至江川县城，一站至晋宁州城，一站至呈贡县城，一站至省城，通共计程六站。

迤西道专管宁台、回龙、得宝坪等三厂。自大理至省城，共计十三站。

大理府专管大功、白羊二厂。自府至省城，程站与迤西道同。

楚雄府专管香树坡、秀春二厂。自府城至省城共六站。

以上各道府，赴司请领工本、脚费银两，除扣钱本外，每千两按每站给驼银、马脚、盘费银一钱三分四厘，于厂务项下支销。

凡各道府专管之厂，因离道府署遥远，迳由厂员赴司请领驼载工本、运脚之马脚、盘费者，计五处：

迤东道专管狮子尾厂，自厂至省计程九站。

迤西道专管马龙、寨子<箐>二厂，自马龙至省十一站，寨子箐厂至省十三站。

迤南道专管青龙厂，自厂至省计程六站。

粮储道专管大宝厂，自厂至省计程五站。

云南府专管义都、万宝、大美三厂，自义都、万宝二厂至省六站，自大美至省三站。

以上各厂，赴司请领工本、运脚，均由厂员迳赴司库请领，所需驼银、马脚、盘费，俱在该厂脚费项下支销。

注　释

[1]　十（三）〔四〕站：根据文中所记载的程站，自昭通府至省城应为十四站。

厂欠银两[1]

凡各厂办铜，炉户领欠工本银两，分有着、无着，于每年十月内具奏，候旨豁免、追赔。

凡有着厂欠，如炉户故绝停歇，无可着追，即于经放厂员名下追赔。如经放之员家产尽绝，无力完缴，历过任所亦无隐寄，由布政司详情豁免。其无着厂欠，由布政司库将扣收市平银两拨补《户部则例》无。

按：办理厂欠，时有不同，其无着一项，有在余息银内拨补者，如雍正二年起至乾隆三十六年案[2]是也。

有将市平银拨补不准豁免者，三十七年<案>[3]至四十年案是也。

有将局铸加卯获息弥补者，三十八年案[4]是也。

有添炉鼓铸获息弥补者，四十一年案[5]是也。

有着经放之员赔缴者，四十三年案[6]是也。

有将督抚、藩司、经管道府养廉摊扣拨补者，五十五年案[7]是也。

有全行豁免者，六十年案[8]是也。

有着落清查不实之总督分赔二股、巡抚分赔三股、布政司分赔五股者，有着落总督分赔一股、巡抚分赔一股、布政司分赔二股、经放厂员分赔六股者，嘉庆六年案[9]是也。

有既将司库扣存市平拨补，其不敷银两，着经放之员赔缴者，七年案[10]是也。

有既将司库扣存市平银两拨补，其不敷银两，着落督抚合赔一股，布政司分赔一股，该管巡道分赔二股，厂员分赔六股；如系州县经管之厂，督抚合赔一股，布政司分赔一股，该管知府、直隶州分赔二股，厂员分赔六股者，十年案[11]是也。

有既将司库扣存市平拨补，其不敷银两，奉旨豁免者，十年至十三年案[12]是也。

至历年有着厂欠，仍于原欠炉户名下定限勒追。

凡各厂请领工本银两，照军需之例，每百两扣收市平银一两，拨补逃亡无着厂欠，按年汇册详咨乾隆三十七年案。

注 释

[1] 厂欠银两：《钦定户部则例》卷三十五《钱法二·铜厂章程》："云南各铜厂无着厂欠，如有实在厂衰矿薄，炉户故绝无追者，取具道府、藩司印加切结，临时奏明，请旨办理。傥不应豁免，着落分赔，按督抚、藩司、道府、直隶州，分作十股摊。计督抚分赔一股，藩司、道府、直隶州分赔一股。如系知府、直隶州经营之厂，该管巡道分赔二股；如系州县经管之厂，该管知府、直隶州分赔二股。厂员均分赔六股。"

[2] 雍正二年起至乾隆三十六年案：雍正二年案。《云南铜志·志余》"厂欠银两"条："自雍正二年，总督高、巡抚杨查出，粮道李自康熙六十年至雍正元年二月，经放厂欠银一万二千一百五十一两，奏准于余息银内拨补。雍正三年至乾隆三十一年，各厂详报无着厂欠，自数百两以至四五千及七八千两不等，俱于余息银内拨补。其有着厂欠，于考成实在项下声登，在于各炉户名下追收，归作办铜工本之用。"

乾隆三十六年案。《云南铜志·志余》"厂欠银两"条："三十二年，巡抚明查出，汤丹、碌碌、大水沟三厂，节年积欠银一十三万七千余两。奏明着落粮道罗及经管厂员汪大镛、程之章、陈昌元、孙焯等赔补。三十三、四、五、六等四年，每年详报无着厂欠银九千数百余两，亦系在于余息银内拨补。"

[3] 三十七年<案>：《云南铜志·志余》"厂欠银两"条："三十七年，经总督彰奏请，将各厂请领工本银内，照军需之例，每百两扣收市平银一两，拨补逃亡无着厂欠，按年汇册详咨。其豁免之例，即自三十七年停止。"

[4]　三十八年案：《云南铜志·志余》"厂欠银两"条："三十八年，巡抚李查出，汤丹、碌碌、大水沟、茂麓等四厂，三十四、五、六等年，积欠有着未完银一十三万九千余两，奏请以东川局加卯带铸获息银两弥补。"

[5]　四十一年案：《云南铜志·志余》"厂欠银两"条："四十一年，兼署巡抚图查出，汤丹、碌碌、大水、茂麓、宁台、大功、义都、万宝、金钗等厂，官借油、米、炭斤未完银十二万二千余两。又九渡箐等厂，未完工本银五万六千余两。奏准于大理、临安、省城等处，添设炉座，收回商铜，鼓铸获息弥补。"

[6]　四十三年案：《云南铜志·志余》"厂欠银两"条："四十三年，总督李、巡抚裴查出，各厂截至四十二年底，积欠无着银二十七万六千余两。奏准：厂欠在销过铜价十一以外，银五万九千余两，着落经放之员赔缴。其厂欠在销过铜价十一以内，银一十八万余两，及产尽无追银三万余两，并三十八、四十两年，奏明以铸息弥补未完银八万四千余两，均蒙豁免。又查出有着厂欠银二十七万二千余两，在于原欠各炉户名下，分别银数多寡，统限五年勒追。"

[7]　五十五年案：《云南铜志·志余》"厂欠银两"条："五十五年，总督富、巡抚谭查出，各厂自四十九年至五十四年底，积欠无着厂银三十九万八千余两，奏准豁免。又查出四十二、八两年，有着厂欠除追收外，未完银十一万九千余两。奏准：在于督抚、藩司及经管厂务之道府养廉银内，摊扣拨补。又查出有着厂欠银一十二万九千余两，奏准：于原欠各炉户名下，照前定限勒追。嗣汤丹等厂应追银两，各炉户无力完缴，于经放厂员、东川府知府萧文言名下追赔。因萧文言家产尽净，无力赔缴，照例题请豁免。"

[8]　六十年案：《云南铜志·志余》"厂欠银两"条："六十年，总督福、巡抚费查出，各厂自五十五年至五十九年底，积欠无着厂银三十六万四千余两，有着厂欠银一十三万二千余两。奏奉恩旨，全行豁免。"

[9]　嘉庆六年案：《云南铜志·志余》"厂欠银两"："嘉庆六年，总督琅、巡抚初查出，四十二、四十八及五十四、五十九等年，四次清查，册除各厂旧欠银二十七万三千余两，奏准：着落四次清查不实之总督分赔二股，巡抚分赔三股，布政司分赔五股。又查出各厂自乾隆六十年至嘉庆五

年底，积欠无着厂欠银一十二万一千一两，奏准：着落总督分赔一股，巡抚分赔一股，布政司分赔二股，经放厂员分赔六股。又查出有着厂欠银五万五百余两，奏准：于原欠各炉户名下，定限二年勒追。并奏准各厂厂欠，按年截数查办，此后即按年清查一次。"

[10]　七年案：《云南铜志·志余》"厂欠银两"条："七年，总督琅、巡抚永查出，各厂嘉庆六年经放无着厂欠银一万八千七百余两，奏准：全数于司库扣存市平银内拨补。其有着厂欠银一万一千九百余两，于原欠各炉户名下，定限一年勒追。八年，总督琅、巡抚永查出，各厂七年经放无着厂欠银二万七千五百余两，奏准：将司库扣存市平银一万六百余两拨补外，不敷银一万六百余两，着落经放厂员赔缴。"

[11]　十年案：《云南铜志·志余》"厂欠银两"条："十年，总督伯、巡抚永查出，各厂嘉庆八年经放无着厂欠银一万八千三百余两，除将司库扣存市平银六千八百余两拨补外，不敷银一万一千五百余两；九年无着厂欠银一万六千四百余两，除将司库扣存市平银三千七百余两拨补外，不敷银一万二千七百余两。着落总督分赔一股，布政司分赔一股，该管巡道分赔二股，厂员分赔六股。如系州县经管之厂，督抚分赔一股，布政司分赔一股，该管知府、直隶州分赔二股，厂员分赔六股。"

[12]　十年至十三年案：《云南铜志·志余》"厂欠银两"条："自十年至十三年，各厂经放无着厂欠银两，除将司库扣存市平银两拨补外，不敷银两，声明请旨，俱奉部奏明，奉旨豁免。至有着厂欠银两，仍于原欠炉户名下，定限一年勒追。"

修理官房道路

凡各厂修建官房，例准支销银两者，计十处：

汤丹厂，原建官房一所，计五十三间，准销工料银一千八百五十五两零，于耗铜变价及寻甸节省银内开销。乾隆六年补修一次，准销银三百七十九两零；十二年补修一次，准销银四百四十六两零；十七年补修一次，准销银四百七十六两零；二十三年补修一次，准销银一百一十两零；二十六年补修一次，准销银二百四十八两零；三十年补修一次，准销银二百二十八两零；三十四年补修一次，准销银二百六十六两零；四十一年补修一次，准销银三百六十一两零；四十八年补修一次，准销银六百五十五两零。均于东、威搭运节省项下支销。

碌碌厂，原建官房一所，计六十六间，准销工料银九百一十八两零。乾隆二十六年补修一次，准销银一百九十二两零；三十六年补修一次，准销银四百一十六两零；五十七年补修一次，准销银六百三十五两零。

大水沟厂，原建官房一所，计三十三间，准销工料银三百二十两零。乾隆三十年补修一次，准销银二百四十两零；三十五年补修一次，准销银三百三十九两零；四十年补修一次，准销银三百六两零。

茂麓厂，原建官房一所，准销工料银四百三十八两零[1]。乾隆四十年补修一次，准销银二百七十六两零。

白羊厂，原建官房一所，计十四间，准销工料银二百四十九两零。

大功厂，原建官房一所，计二十四间，准销工料银四百九两零。

宁台厂，原建官房一所，计十五间，准销工料银二百三十二两零[2]。

义都厂，原建官房一所，计三十二间，准销工料银三百三十七两零。

大兴厂，原建官房一所，计二十四间，准销工料银三百八两零。

以上各厂，建修官房，准销工料银两，均在东、威搭运节省项下支销。

发古厂，原建官房一所，计十八间，准销工料银一百七十一两零，于金沙、乐马二厂归公银内支销。

注 释

[1] "准销"至"四百三十八两零"：《云南铜志》作"准销工料银三百三十八两零"。

[2] 二百三十二两零：《云南铜志》作"三百三十二两零"。

凡厂店发运铜斤，经由道路、桥梁，例准官给银两者，计十五处：

汤丹厂，自厂至东川府城，计陆路二站。经过道路、桥梁，每补修一次，约需银五六百两。

碌碌厂，自厂至东川府城，计陆路三站半。经过道路、桥梁，每补修一次，约需银三百八十九两[1]。

大水沟厂，自厂至东川府城，计陆路三站半。经过道路、桥梁，每补修一次，约需银三百四五十两。

茂麓厂，自厂至东川府城，计陆路七站半。经过道路、桥梁，每补修一次，约需银三百二三十两。

大风岭厂，自厂至东川府城，计陆路六站。经过道路、桥梁，每补修一次，约需银三百一二十两。

以上道路、桥梁，均五六年补修一次[2]，于搭运节省项下发给。由该管之东川府承领补修，造册报销。

义都厂，自厂至省城，计陆路六站。经过道路、桥梁，每十八九年补修一次。由该管之易门县领银承修，每次约需银二百八九十两或三百两，亦在搭运节省项下发给。

东川府承运昭通京铜，自东川府城起，至交界之江底止，计陆路三站半。经过道路、桥梁，每五六年补修一次。由东川府领银承修，每次约需银七八百两。

昭通府承运京铜，自交界之江底起，至昭通府城止，计陆路二站；又自昭通至永善县经管之黄草坪，计陆路三站半。经过道路、桥梁，每五六年补修一次，由昭通府领银承修，每次约需银八九百两。

昭通府城至大关同知经管之豆沙关，计陆路六站。经过道路、桥梁，每五六年补修一次。由大关同知领银承修，每次约需银八九百两。

迤东道由寻甸承运京铜，自寻甸至威宁州城，计车站十五站。经过道路、桥梁，五六年补修一次。由迤东道领银承修，每次约需银一千四五百两。

贵州威宁州承运京铜，自威宁至镇雄州城，计陆路五站。经过道路、桥梁，每五六年补修一次。由威宁州领银承修，每次约需银七八百两。

镇雄州承运京铜，自镇雄至雨洒河，计陆路二站。经过道路、桥梁，每五六年补修一次。由镇雄州领银承修，每次约需银七八百两不等。

以上六处银两，于搭运节省项下拨给，造册报销。

镇雄州承运泸店京铜，自罗星渡至南广，均系水路，每年酌给修滩工费银三百两。

大关同知承运泸店京铜，自盐井渡至泸洲，均系水路，每年酌给修滩工费银三百两。

以上（一）〔二〕处银两，均于正额节省项下酌给，按年造册报销[3]。

永善县承运京铜，自黄草坪至泸洲店，均系水路，每年给修滩工费银一千两。于铜息项下动支，按年造册报销。

修理官房、道路，及修江各款，《户部则例》无。

注　释

[1]　"约需"至"九两"：《云南铜志》作"约需银三百八九十两"。

[2]　均五六年补修一次：《云南铜志》作"均系十五六年补修一次"。

[3]　按年造册报销：《云南铜志·志余》"修理道路"条："查镇雄、大关两处，酌给岁修银两，系乾隆二十年内，前总督张奏明，于正额节省银内酌给之项，按年造册报销。"

书役工食

凡办理铜务衙门设立书、役，例得官给工食银两者，计九处：

总督衙门，办理铜务经书，年支工食银八十两。

巡抚衙门，办理铜务经书，年支工食银一百六十两。

布政司衙门，办理铜务经书，年支工食银八百五十九两二钱；巡役，年支工食银一百八十二两四钱。

迤东道衙门，办理铜务经书，年支工食银一百六十两；巡役，年支工食银九十一两二钱。

迤西道衙门，办理铜务经书，年支工食银二十两。

云南府衙门，办理铜务经书，年支工食银十九两二钱。

临安府衙门，办理铜务经书，年支工食银二十两。

澄江府衙门，办理铜务经书，年支工食银二十两。

以上书、役工食银，遇闰加增，小建不除。惟布政司衙门差遣巡役，赴厂店及沿途催铜盘费并年节犒赏，年支银四百四十六两，遇闰不加，小建不除，均于厂务项下动支。

参考文献

[1] 穆彰阿，潘锡恩等. 大清一统志[M]. 上海：上海古籍出版社，2008.

[2] 吴大勋. 滇南闻见录[M]//方国喻. 云南史料丛刊. 昆明：云南大学出版社，2001.

[3] 伯麟. 滇省舆地图说[M]//揣振宇. 滇省夷人图说·滇省舆地图说. 北京：中国社会科学出版社，2009.

[4] 张允随. 张允随奏稿[M]//方国喻. 云南史料丛刊. 昆明：云南大学出版社，2001.

[5] 承启，英杰等. 钦定户部则例[M]. 台北：成文出版社，1968.

[6] 清实录[M]. 北京：中华书局，1986.

[7] 宋濂等. 元史[M]. 北京：中华书局，1976.

[8] 张廷玉等. 明史[M]. 北京：中华书局，1974.

[9] 鄂尔泰等. 雍正《云南通志》[M]//方国瑜. 云南史料丛刊. 昆明：云南大学出版社，2001.

[10] 阮元等. 道光《云南通志》[M]//方国瑜. 云南史料丛刊. 昆明：云南大学出版社，2001.

[11] 范承勋等. 康熙《云南通志》[M]. 北京：北京图书馆出版社，1998.

[12] 赵尔巽等. 清史稿[M]. 北京：中华书局，2014.

[13] 周锺岳，赵式铭等. 新纂云南通志[M]. 昆明：云南人民出版社，2007.

[14] 皇朝通典[M]. 上海：上海图书集成局，1902.

[15] 皇朝文献通考[M]. 上海：上海图书集成局，1901.

[16] 清会典[M]. 北京：中华书局，1991.

[17] 昆冈等. 钦定大清会典事例[M]. 台北：新文丰出版公司，1976.

[18] 奉节县编纂委员会. 夔州府志[M]. 北京：中华书局，2011.

[19] 宋应星. 天工开物[M]. 上海：上海古籍出版社，1993.

[20] 倪蜕. 滇云历年传[M]. 李埏，点校. 昆明：云南大学出版社，1992.

[21] 檀萃. 滇海虞衡志[M]. 宋文熙，校注. 昆明：云南人民出版社，1990.

[22] 方桂等. 乾隆《东川府志》[M]. 梁晓强，校注. 昆明：云南人民出版社，2006.

[23] 云南省档案馆，云南省经济研究所. 云南省档案史料丛编·云南近代矿业档案史料选编（1890—1949 年）[G]. 内部资料，1990.

[24] 王瑰，陈艳丽，马晓粉等.《清实录》中铜业铜政资料汇编[M]. 成都：西南交通大学出版社，2016.

[25] 彭信威. 中国货币史[M]. 上海：上海人民出版社，2007.

[26] 吕宗力. 中国历代官职大辞典[M]. 北京：商务印书馆，2015.

[27] 《古代汉语字典》编委会. 古代汉语字典[M]. 北京：商务印书馆，2015.

[28] 王德泰. 清代云南铜矿垄断经营利润的考察[J]. 清史研究，2012（3），30-44.